·毛泽东谈文论史全编·

顾 问：龙新民 郑欣淼 陈 晋 阎晓宏

评点中国古代名诗赏析

MAOZEDONG PINGDIAN ZHONGGUO
GUDAI MINGSHI SHANGXI

8

毕桂发 主 编
陈锡祥 副主编

中国文史出版社

目 录

杨 慎

杨慎（1488—1559），字用修，号升庵。新都（今四川新都）人。明代文学家、诗人。少能诗文。明武宗正德六年（1511），殿试第一，年二十四，授翰林院修撰。豫修《武宗实录》，秉性刚直，每事必直书。武宗微行出居庸关，上疏抗谏。武宗不听，乃愤而托病归。世宗继位，任经筵讲官。嘉靖三年（1524），众臣因议大礼违背世宗意愿而受廷杖，杨慎谪戍云南永昌卫（今云南保山）三十余年，死于戍地。明熹宗天启中，追谥文宪。著作之富，有明第一。有《升庵全集》八十一卷、《升庵外集》一百卷、《升庵遗集》二十六卷。

【原文】

春兴二首

最高楼上俯晴川，万里登临绝塞边。
碣石东浮三绛色[1]，秀峰西合点苍烟[2]。
天涯游子悬双泪，海畔孤臣谪九年。
虚拟短衣随李广[3]，汉家无事勒燕然[4]。

天上风云此际多，山中日月竟如何？
争传鸣凤巢阿阁[5]，又见飞鸿出罻罗[6]。
宣室鬼神思贾谊[7]，中原将帅用廉颇[8]。
难教迟暮从招隐[9]，拟把生涯学醉歌。

【毛泽东圈评等情况】

1958年3月，在成都会议期间，毛泽东圈阅的《诗词若干首》（唐宋明朝诗人写的有关四川的一些诗和词）中有这两首诗。

[参考] 刘开扬注释：《诗词若干首》（唐宋明朝诗人咏四川），

四川人民出版社 1979 年版，第 164—165 页。

【注释】

（1）碣石，海畔山名，即今河北昌黎西北仙台山。《书·禹贡》："夹右碣石入于河……大行、恒山，至于碣石，入于海。"三绛，古县名，西汉置，治所在今云南元谋北金沙江北岸。

（2）点苍，山名，在今云南大理西北。

（3）李广（？—前 119），陇西成纪（今甘肃秦安）人，西汉名将。前后与匈奴作战大小七十余次，以勇敢善战著称。

（4）燕然，山名，即今杭爱山。勒，刻石。

（5）阿阁，四面都是檐霤的楼阁。《尸子》卷下："泰山之中有神房阿阁帝王录。"《文选·古诗〈西北有高楼〉》："交疏结绮窗，阿阁三重阶。"李善注："《尚书中侯》曰：'昔黄帝轩辕，凤皇巢阿阁。'《周书》注：'明堂咸有四阿。'然则阁有四阿，谓之阿阁。郑玄《周礼》注云：'四阿，若今四注者也。'"

（6）鸿，大鸟，即黄鹄。罗，鸟网。罻，小网。罻罗即罗网。

（7）宣室，汉未央宫前的正室。汉文帝曾于宣室向贾谊询鬼神事。贾谊（前 200—前 168），洛阳（今河南洛阳东）人，西汉政论家、文学家。

（8）廉颇，战国时赵国名将。赵王用乐乘代廉颇，颇奔魏。后赵王仍想用廉颇为将，因使者进谗言而罢。后死于楚。

（9）迟暮，比喻晚年。《楚辞·离骚》："惜草木之零落兮，恐美人之迟暮。"王逸注："迟，晚也……而君不建立道德，举贤用能，则年老耄晚暮，而功不成事不遂也。"招隐，征召隐居者出仕。《楚辞》有淮南小山《招隐士》。

【赏析】

春兴，春日遣兴。这是杨慎在永昌卫（今云南保山）戍所时作七言律诗。原为八首，这里选的是第一首、第八首。

我们先看第一首。这首七律可分为前后两部分。前四句为第一部分，写诗人谪戍之地的风物。诗人被谪戍在永昌卫，距京都有万里之遥，可谓名副其实的"绝塞"。所以，诗人写道："最高楼上俯晴川，万里登临绝塞边。碣石东浮三绛色，秀峰西合点苍烟。"最高楼上，指永昌城楼上。《徐霞客游记》说永昌"会真楼高爽，可尽收一川阳晴"。晴川指永昌上河水、下河水，流入潞江（即怒江），在城楼可以俯见。《升庵集》最高作遥岑。遥岑楼在云南安宁州（今安宁）东，南有螳螂川，西有安宁河。二说皆可通。明朝的京师在今北京，北京到云南永昌卫近万里。这句说诗人是从京师贬谪到万里之遥的边塞，叙事之中已含不满之意。碣石，海畔山名，这里是泛指。三绛在越嶲郡，今四川会理东南，金沙江东岸，借以写漠中景色。杨慎《滇载记》："南诏异牟寻以绛云露山（一名云龙山，在今云南禄劝东北）为东岳，点苍山名中岳。"三绛本是县名，这里借用与下句点苍相对。云南大理西点苍山，一名灵鹫山，有十九峰，苍翠如玉，盘亘三百多里，以产大理石著名。烟，云烟。以上四句是说，诗人从京城谪戍永昌，登上城楼俯看晴日河水，遥望远山，云雾缭绕，山花吐红，美不胜收，可谓凄苦之中寻觅诗情画意，借以自遣。可是诗人并不是来此观光旅游的，而是充军发配来的"天涯游子""海畔孤臣"。他的感受、他的想望就与一般游人大不相同了。所以接下来诗人沉痛地写道："天涯游子悬双泪，海畔孤臣谪九年。虚拟短衣随李广，汉家无事勒燕然。"前两句意分两层，都是杨慎就自己而言，他不仅是游客思乡，而且是谪臣怀念故都，下句更深一层。谪九年，用唐刘禹锡《谪九年赋》典故。九是多数，并非确指九年。杨慎谪戍云南直到老死，共计三十多年，至于此诗到底写于哪一年不能确指。下二句用李广和窦宪典故，写自己空有立功报国志愿。唐杜甫《曲江三章》之三："短衣匹马随李广，看射猛虎终残年。"短衣便事，不同于儒服。这句和下句连续，是说自己想从军远征，空怀壮志。下句是随李广的目的，就是像东汉窦宪一样破北匈奴，登燕然山，刻石纪功而还。班固作铭，有"萧条万里，野无遗寇"等语。这就是说，诗人作为一个书生而被充军绝塞，仍想投笔从戎，立功报效国家，可谓对明王朝忠心不改。

第二首与第一首有所不同，诗人的思想更加深沉，积愤更多。全诗也分前后两部分。首联、颔联四句为第一部分："天上风云此际多，山中日月竟如何？争传鸣凤巢阿阁，又见飞鸿出罻罗。"天上，指朝廷。风云，比喻人才的遇合。此际，指当时，即杨慎在朝为官之时。首句说当时朝廷上人才济济，风云遇合。山中，指谪戍地。这句说自己谪戍已久，外间变化很大。这里用了晋朝王质入山砍柴的典故。南朝梁任昉《述异记》上："信安郡石室山，晋时王质伐木，见童子数人，棋而歌，质因听之。童子以一物予质，如枣核，质含之，不觉饥。俄顷，童子谓曰：'何不去？'质起，视柯柄烂尽，既归，无复时人。"后以"烂柯"谓岁月流逝，人事变迁。这里诗人是说自己贬谪已久，还不遇赦，怨愤之情蕴含其中。接下二句说果然传来了好消息：朝廷中争传祥瑞，人才得用，有罪的人将得到释放。诗人的贬谪生涯似乎出现了转机。诗的颈联、尾联四句接着写道："宣室鬼神思贾谊，中原将帅用廉颇。难教迟暮从招隐，拟把生涯学醉歌。"前两句用了汉文帝再召贾谊和战国时赵王想再次起用名将廉颇的典故，说明朝廷上发生了一些有利于诗人的新变化：皇帝思召谪臣和再用老将。尾联二句诗人无奈地写道：当时政治空气虽然比较缓和，可惜自己已是衰年，难于依从召隐之作，打算学作醉歌来度此生涯罢了。这首的结联比上首的更悲愤。后来的事实证明了诗人的感觉是正确的，实际上他最终也没有得到赦免，一代诗人老死于谪所，乃是他最后的归宿，岂不悲哉？（毕桂发）

【原文】

宿金沙江

往年曾向嘉陵宿[1]，驿楼东畔阑干曲[2]。

江声彻夜搅离愁[3]，月色中天照幽独[4]。

岂意飘零瘴海头[5]，嘉陵回首转悠悠[6]。

江声月色那堪说，肠断金沙万里楼。

【毛泽东圈评等情况】

1958 年 3 月，在成都会议期间，毛泽东圈阅的《诗词若干首》（唐宋明朝诗人写的有关四川的一些诗和词）中选录了这首诗。

[参考] 刘开扬注释：《诗词若干首》（唐宋明朝诗人咏四川），

四川人民出版社 1979 年版，第 154 页。

【注释】

（1）嘉陵，江名，为四川大川之一。嘉陵江源出陕西凤县东北，与西汉水汇合，入四川境。

（2）驿楼，驿站的楼房。驿站是古时供传递文书、官员来往及运输等中途暂息、住宿的地方。阑干，也作"栏杆"，用以遮拦庭院走廊。曲，转折。

（3）彻夜，通夜。搅离愁，搅动离情别绪。

（4）中天，天空中，指半夜月高时。幽独，寂静孤独，亦指寂静孤独的人。《楚辞·九章·涉江》："哀吾生之无乐兮，幽独处乎山中。"此是杨慎自谓。

（5）瘴海，云南有洱海，其地多瘴气，所以叫瘴海。《十道志》说，越嶲有泸水，四时多瘴气，中人常闷绝，唯五月无害。金沙江正在其间，也有瘴气。

【赏析】

诗题《宿金沙江》。金沙江，长江上游，由四川西部流入云南北部，再东北流至四川宜宾与岷江汇合。杨慎《升庵外集》卷三《渡泸辨》："泸水，乃今金沙江（按：当为金沙江支流雅砻江），即黑水也。今之金沙江，在滇蜀之交，一在武定府之江驿……"今云南元谋北有金沙江镇，在龙川江入金沙江口东南，或即其地。

这是一首歌行体古诗，是杨慎谪戍云南、途经金沙江边宿于驿楼时所作。诗采用对比的手法，突出了诗人颠沛流离的生活和久别难逢的内心痛苦。

杨慎于明武宗朱厚照正德六年（1511）殿试第一，状元及第，授翰林院编修，当时他才二十三岁。明世宗朱厚熜嘉靖三年（1524）因议大礼，

明

诗

2759

触怒了皇帝，受廷杖，被发配到云南永昌卫，当时也才三十六岁。此后他在云南三十多年，直到老死，其间曾因病要求回川，不料行至途中又被追回，成为终身遗恨。

诗分前后两部分，前四句回忆从前宿金沙江："往年曾向嘉陵宿，驿楼东畔阑干曲。江声彻夜搅离愁，月色中天照幽独。"往年，表明从前夜宿时间，但又不确指。也许是他赴京应试之时，也许是被流放的途中，总之，是诗人所经历的一次难以忍受的别离之苦，所以，事隔多年还记忆犹新。回想当年诗人在嘉陵驿的驿楼投宿，孑然一身寄居在驿站东边有曲折栏杆回护的楼房上。怎奈江涛之声彻夜响个不停，搅乱了诗人的离愁别绪；月亮又高高地挂在天空中，洞幽触微，直照着他这个孤独的人。

诗人在前四句中，着力描写往年夜宿金沙的情景，离愁别绪力透纸背，其实，其重要作用还在于为诗的后四句作铺垫："岂意飘零瘴海头，嘉陵回首转悠悠。江声月色那堪说，肠断金沙万里楼。""岂意"一句陡然一转，由对从前夜宿金海的叙述转到今日夜宿金沙的描写上。怎会料到如今被充军云南瘴疠之地，往年在此地被江声搅乱离愁、月色照着孤独的自身已经很渺远了；而今夜江声月色已无法述说，自己在金沙江畔的驿楼已肝肠寸断了。末二句力言对自己的远谪感到十分悲痛。这今昔的对比，表现了诗人的离愁别恨的与日俱增，突出了生离可能成为死别的悲痛，也是诗人对统治者迫害的抗议和控诉。

全诗由两个部分组成，前四句写的是过去，后四句写的是现在，从过去到现在，表现出诗人不幸命运的连续和感情层次的递进。全诗写得层次分明，形象生动，缠绵哀怨，凄楚动人。（毕桂发）

【原文】

三岔驿

三岔驿，十字路，北去南来几朝暮？
朝见扬扬拥盖来⁽¹⁾，暮看寂寂回车去⁽²⁾。
今古销沉名利中⁽³⁾，短亭流水长亭树⁽⁴⁾。

【毛泽东圈评等情况】

1958 年 3 月，在成都会议期间，毛泽东圈阅的《诗词若干首》（唐宋明朝诗人写的有关四川的一些诗和词）中选录了这首诗。

[参考]刘开扬注释：《诗词若干首》（唐宋明朝诗人咏四川），

四川人民出版社 1979 年版，第 157 页。

【注释】

（1）扬扬，得意之态。盖，车盖。拥，掩蔽。此句是说早上见得意乘车而来。

（2）此句说晚上看失意回车而去。寂寂，落寞。

（3）销沉，消失，沉没。

（4）短亭，古时十里设一长亭，五里设一短亭。古代用为送别之词。树，应指柳树，古人离别折柳为赠。

【赏析】

诗题《三岔驿》。三岔驿，在今陕西凤县南五十里。又云南霑益白水驿一名三岔驿，杨慎所写或即此地。这首七言古诗，首二句用三言，是变体。作者称它为长短句。这首行旅诗主要是借以反映封建社会官吏政治上的得失变化。

"三岔驿，十字路，北去南来几朝暮？"诗用"三岔驿，十字路"开端，立刻便让人联想到人生的三岔路口、十字街头，使读者从一个小小的驿站推想到辽阔的人生旅途，具有深广的象征意义。再从结构上来讲，落笔写"三岔驿"，眼前自然就出现"十字路"。因为是"十字路"，便看得到"北去南来"的宦游者。北去，是指升宦北上京师；南来，是说谪迁南返。几朝暮极言时间短暂，形容宦海升沉，变化瞬息。下面便紧承"朝见扬扬拥盖来，暮看寂寂回车去"。此两句是说早上见他们得意扬扬乘车而来，晚上看他们失意回车而去。朝暮，极言变化很快。他们北去南来，都要经过三岔驿，这驿站便成了此辈宦海浮沉的见证人。于是诗人无限感慨地说："今古销沉名利中，短亭流水长亭树。"今古实说今古的人。短亭、长亭，古时于道路每隔十里设一长亭，每隔五里设一短亭，供行旅停息。近城者常为送别之处。北周庾信《哀江南赋》："十里五里，长亭短亭。"树，应指柳树，古人离别折柳为赠。语出《三辅黄图·桥》："霸桥在长安东，跨水作桥。汉人送客至此桥折柳赠别。"末二句是说，古往今来，无数追名逐利之徒，都销灭沉没了，只见他们的分别地三岔驿的清水长流树木依旧葱绿。面对这变幻的人事与不变的景物，能不令人深刻思考人生的出处行藏吗？令人回味，发人深省。（毕桂发）

【原文】

锦津舟中对酒别刘善充

锦江烟水星桥渡⁽¹⁾，惜别愁攀江上树⁽²⁾。

青青杨柳故乡遥，渺渺征人大荒去⁽³⁾。

苏武匈奴十九年⁽⁴⁾，谁传书札上林边。

北风胡马南枝鸟⁽⁵⁾，肠断当筵蜀国弦⁽⁶⁾。

【毛泽东圈评等情况】

1958 年 3 月，在成都会议期间，毛泽东圈阅的《诗词若干首》（唐宋明朝诗人写的有关四川的一些诗和词）中选录了这首诗。

[参考] 刘开扬注释：《诗词若干首》（唐宋明朝诗人咏四川），

四川人民出版社 1979 年版，第 159 页。

【注释】

（1）星桥，原成都西南两江上有七星桥。传说为李冰所造，上应天上北斗七星，故名。

（2）"惜别"句，古代习俗折柳枝赠别。江上树，指柳树。

（3）征人，行者，杨慎自称。大荒，最荒远的地方，此指云南戍所。渺渺，幽远之状，悠远之状。《管子·内业》："折折乎如在于侧，忽忽乎如将不得，渺渺乎如穷无数。"尹知章注："渺渺，微远貌。"

（4）"苏武"二句，苏武出使匈奴被扣不降，十九年才得回汉朝。匈奴单于假称苏武已死。苏武属官常惠教后来汉使对匈奴单于说：汉帝在上林苑射雁，雁足系有帛书，称苏武还在某泽中，单于不得已放苏武还朝。杨慎用此典故，说自己外贬多年，却没有人替他传书信于朝廷，让他得以回朝。札，木简。

（5）"北风"句，《古诗十九首·行行重行行》："胡马依北风，越鸟巢南枝。"意为鸟禽都思念故乡，何况人乎？用以自比。

（6）当筵，在筵席上。蜀国弦，乐府《相和歌辞》四曲名，和《蜀道难》相似，写蜀道铜梁玉垒的险阻。

【赏析】

锦津，锦江渡口，其地在今四川成都东门外安顺桥头，俗称南河口（大安横街和大安正街间的转弯处）。明曹学佺《蜀中名胜记》卷二："宋吕大防《合江亭记》云：'……沱旧循南湟，与江并流以东，唐人高骈始凿新渠，缭出府城之北，然犹合于旧渎。渎者合江故亭。唐人宴饯之地……'按即今之锦官驿矣。"又："薛涛井旧名玉女津，在锦江南岸。"即今望江楼。这里说的锦津，当指玉女津。杨慎将赴戍地，友人刘善充置酒送他，他便写了这首诗赠别，另有《招刘善充》一诗。刘善充不详其人。

这是一首七言律诗，全诗八句，可分为两部分。前四句即首联、颔联为第一部分，写诗人在锦津渡舟中与友人刘善充对酒话别，其诗云："锦江烟水星桥渡，惜别愁攀江上树。青青杨柳故乡遥，渺渺征人大荒去。"一般人离乡远去，总是依依不舍，何况诗人是被充军发配呢？自然就更加不忍离别故乡了。在诗人的眼中，故乡是那样美好：锦江上水气蒸腾，烟波浩渺；两河上的星桥，恰似天上的北斗七星；西岸杨柳青青，春意盎然。这不由使人想起唐刘禹锡的《柳枝词》："杨柳青青江水平，忽闻岸上踏歌声。东边日出西边雨，道是无情却有情。"故乡的人民对它养育的儿子是挚爱的，不信你看，诗人虽遭贬谪远戍却有友人刘善充置酒送别便是明证。而诗人对生他养他的故乡热土也是满怀深情的。古代虽有折柳枝赠别的习俗，但诗人"惜别"时却"愁攀江上树"，这不仅表现了诗人对故乡亲友的一往情深，还在于酒别之后诗人便要无可奈何地要踏上贬谪之地的漫漫长途，奔向那荒无人烟的云南戍所。所以，诗的前四句紧扣诗题而写。

后四句即颈联、尾联为第二部分，便转写自己的感慨和企盼："苏武匈奴十九年，谁传书札上林边。北风胡马南枝鸟，肠断当筵蜀国弦。"前两句用汉苏武雁足系书的典故。《汉书·苏武传》："昭帝即位，数年，匈奴与汉和亲。汉求武等，匈奴诡言武死。后汉使复至匈奴，常惠请其守者与俱，得夜见汉使，具自陈道。教使者谓单于，言天子射上林中，得雁，足有系帛书，言武等在某泽中。使者大喜，如惠语以让单于。单于视左右而惊，谢汉使曰：'武等实在。'"苏武在匈奴羁拘十九后得以回归汉朝，封典属国。杨慎这两句用这个典故，说自己外贬多年，却没有人传书于朝廷，让他得以回朝。末二句抒情，先引《古诗十九首·行行重行行》中胡马越鸟之语，意思是鸟兽都依恋故乡，何况人乎？用以自比，十分贴切。末句用"当筵"二字回到"锦津舟中对酒别刘善充"，前后照应，而且在筵席上所奏"蜀国弦"，为故乡歌曲，更衬托出难以辞别故乡亲友之意，使诗题别意更加完足。（毕桂发）

【原文】

送余学官归罗江

豆子山[(1)]，打瓦鼓[(2)]。阳坪关[(3)]，撒白雨[(4)]。白雨下[(5)]，娶龙女。织得绢，二丈五[(6)]。一半属罗江，一半属玄武[(7)]。我诵绵州歌[(8)]，思乡心独苦，送君归，罗江浦[(9)]。

【毛泽东圈评等情况】

1958 年 3 月，在成都会议期间，毛泽东圈阅的《诗词若干首》（唐宋明朝诗人写的有关四川的一些诗和词）中选录了这首诗。

[参考]刘开扬注释：《诗词若干首》（唐宋明朝诗人咏四川），

四川人民出版 1979 年版，第 162 页。

（1）豆子山，在四川罗江东北，交中江界（据清李调元纂修《罗江县志》，东北或当作东南）。

（2）打瓦鼓，指风吹山石作响。瓦鼓，本炮土之鼓。

（3）阳坪关，阳平关，在四川中江西北三十里，旧志称阳平镇。坪，一作"平"。

（4）撒白雨，雨点很大。唐南卓撰《羯鼓录》载，唐朝宋璟说打羯鼓"头如青山峰，手如白雨点"。山峰取不动、雨点取碎急之意。

（5）"白雨下"二句，雨下后水涨了，可以去娶龙王的女儿了。元杂剧《张羽煮海》写张羽与龙女琼莲结婚事，恐由这首古巴民歌传说敷衍而来。

（6）"织得绢"二句，龙女织绢，每匹四丈，这里说"二丈五"，是为了押韵，《明诗综》作"三丈五"。此用绢比河流。

（7）"一半属罗江"二句，古代罗江与中江间河道可通航。这二句说两县可以平分水利。玄武，北周玄武郡伍城县，隋改为玄武（玄武，山名），即今中江。

（8）绵州歌，即以上十句，旧称巴歌。唐天宝初才改绵州为巴西郡，清沈德潜《古诗源》归于晋乐府，误。罗江属绵州。

（9）罗江浦，旧罗江在罗江西岸约半里。浦，水边。罗江有二源，涪水与安昌水（即汭江与潇水），至县北寺前合流，蹙成罗纹，所以叫罗江，也叫纹江。

【赏析】

绵州罗江，今四川德阳罗江镇。杨慎有《九厓草堂歌为督学余公赋》一诗，知余名九厓，为云南督学，罗江人。

这是诗人谪戍云南期间所作的一首送别诗。他所送的那位余九厓要回四川罗江去。诗人也是四川人，所以当送别人返乡时，不免更增添了对故乡的思念之情。

在这首送别诗中，诗人采用一种特别的结构方式：他先引用了一首长达十句的民间歌谣，只在最后才写上自己的诗。这首民间歌谣名《绵州巴歌》，清沈德潜《古诗源》将之归于晋乐府，恐误。因为《绵州巴歌》，旧称巴歌，而唐天宝初年才改绵州为巴西郡，才可能有《巴歌》之称。下面我们先看这首民歌。

"豆子山，打瓦鼓"，豆子山，在四川罗江东北，交中江界。瓦鼓，陶制乐器。《周礼·秋官·壶涿氏》"以炮土之鼓之"。汉郑玄注："炮土之鼓，瓦鼓也。"打瓦鼓，似说风吹山石叮咚作响，犹如击打瓦鼓之声。起首二句先写罗江山之奇，恰切送余学官归罗江题意。"阳坪关，撒白雨"，阳坪关，在四川中江西北三十里。唐南卓《羯鼓录》：唐朝宋璟说打羯鼓"头如青山峰，手如白雨点"，以山峰为喻，取其不动；以雨点作比，限其碎急。白雨，暴雨。唐李白《宿湖诗》："白雨映寒山，森森似银竹。"《中国谚语资料·农谚》："下白雨，娶龙女。"原注："凡大晴天忽下暴雨称白雨，也称白撞雨。"清屈大均《广东新语·天》："凡天晴暴雨忽作，雨不避日，日不避雨，点大而疏，是曰白撞雨，亦曰过云，亦曰白雨……谚曰：'早禾壮，须白撞。'"阳平关距罗江不远，由于地势高寒，气候变化无常，常常是天上艳阳高照，便忽然下起一阵暴雨。这突如其来的白雨，对禾苗的生长却极为有利，所以民众也写入歌谣。这二句是写罗江天气变幻莫测。"白雨下，娶龙女"，这是说雨下后罗江水涨了。龙王的女儿来临，有人要娶她为妻，人神相悦，这便成了美丽的神话了。元杂剧沙门岛《张羽煮海》写樵夫张羽与龙女琼莲成婚事，恐怕是由这首巴歌传说演化而来。龙女要出嫁了，她要自己动手织绢缝衣，罗江便是她亲手织成的绢罗。她把它分成两半，一半送给罗江，另一半送给玄武（今中江）。这便是"织得绢，二丈五。一半属罗江，一半属玄武"的大意。这个美丽神话故事表现了古代劳动人民丰富的艺术想象力，也反映出诗人对家乡风土人情的无比挚爱。所以下面接着写道："我诵绵州歌，思乡心独苦。"以上十句便是绵州歌。绵州歌反映了罗江的山水之奇、风物之美，诗人有家归不得，怎不让他"思乡心独苦"呢！末二句说"送君去，罗江浦"。归结题意，诗人远戍，亲朋必少，也许只有余学官一个同乡，如今又要归去，诗人孤身一人，负载思乡之情更加沉重，故"心独苦"，揭示了心独苦的原因。

总之，《送余学官归罗江》有着浓郁的地方色彩，它把罗江两岸的地理环境及风土民情整合在一起，形成了一种质朴明快的风格。诗人所续写的四句与绵州巴歌连在一起，色调也完全一致。通俗质朴的语言，长短错落的音节，都和绵州巴歌极为相配，不着连缀痕迹，足见诗人高度的艺术工力。（毕桂发）

【原文】

武侯庙

剑江春水绿沄沄[1]，五丈原头日又曛[2]，
旧业未能归后主[3]，大星已先落前军[4]。
南阳祠宇空秋草[5]，西蜀关山隔暮云。
正统不惭传万古[6]，莫将成败论三分[7]。

【毛泽东圈评等情况】

1958 年 3 月，在成都会议期间，毛泽东圈阅的《诗词若干首》（唐宋明朝诗人写的有关四川的一些诗和词）中选录了这首诗。

[参考]刘开扬注释：《诗词若干首》（唐宋明朝诗人咏四川），

四川人民出版社 1979 年版，第 168 页。

【注释】

（1）剑江，北魏郦道元《水经注》卷二十："小剑水西南出剑谷，东北流经其戍下，入清水，清水又东南注白水。"剑江指此。沄沄（yún），水流旋转之状。《楚辞·汉王逸〈九思·哀岁〉》："窥见兮溪涧，流水兮沄沄。"

（2）五丈原，在陕西眉县西南，诸葛亮病死处。曛，日落时的余光。

（3）旧业，指先主刘备开创之业。

（4）"大星"句，《晋阳秋》载，有星赤而芒角，自东北向西南流，投于亮营，三投再还，往大还小。俄而亮死。这是传说附会。前军，前营。

（5）南阳祠宇，诸葛亮出山前隐于南阳（今河南南阳，一说隐于隆

中，今湖北襄阳西隆中），后人建祠庙纪念他。空秋草，意谓他死后无人躬耕。

（6）正统，东晋朝习凿齿著《汉晋春秋》，以蜀汉为正统，因其为汉室之后。。

（7）"莫将"句，不能以成败评论三国。三分，指魏、蜀、吴三分天下。

【赏析】

清沈德潜、周准编选《明诗别裁集》编后注云："古来'武侯庙'诗，以此章为最，情韵声律无一不合也。或云升庵录元人作。"今陕西勉县东南有武侯庙。

这首七律歌颂了诸葛亮鞠躬尽瘁的奉献精神，表现了一种不以成败论英雄的观点。"剑江春水绿沄沄，五丈原头日又曛。"首联描写，暗点武侯庙。春暖花开的季节，清澈的剑江水旋转着向下流去，五丈原上又夕阳西下，放射着余光。起首二句一俯一仰，写出了武侯庙周围的景色。五丈原，在今陕西眉县西南、岐山县西南，斜谷西侧，渭水南岸，是个军事要塞。它在诸葛亮一生的勋业中有重要地位。相传蜀汉丞相诸葛亮六出祁山、北伐中原时曾驻军于此。234年，诸葛亮伐魏，出斜谷，驻军屯田，相持百余日，病卒于北。《三国志·蜀书·诸葛亮传》："（建兴）十二年（234）春，亮悉大众由斜谷出，以流马运，据武功五丈原。"杨慎《升庵诗话·吕温题阳人城》："孔明屯五丈，魏人畏之如虎。"诸葛亮所率蜀军与魏将司马懿所率魏军相持百余日，司马懿只是坚持不出，八月，在萧瑟的秋风中，诸葛亮病死于军中。正如唐代诗人杜甫所言："出师未捷身先死，长使英雄泪满襟。"（《蜀相》）由于多方面的原因，诸葛亮虽未能完成统一大业，但其鞠躬尽瘁、死而后已的精神成为后代人臣的楷模，流传千古，受到赞颂。

"旧业未能归后主，大星先已落前军。"颔联写后主刘禅不能继承先主刘备所开创的蜀汉事业，加以发扬光大，而诸葛亮作为丞相终病卒于前线军营，已做到鞠躬尽瘁。此两句将刘禅与诸葛亮对比来写，褒贬之间，更增强了诸葛亮形象的光辉。

"南阳祠宇空秋草，西蜀关山隔暮云。"颈联寓凭吊怀念之意。诸葛亮归刘备前，躬耕于南阳。刘备三顾茅庐，诸葛亮草庐对，为刘备提出东联孙吴、北抗曹操、占据荆襄、西取巴蜀的建国方略，后来逐步得到实现，刘备终于在成都建立了蜀汉政权。所以南阳为其发祥之地，后人建祠庙纪念他。但如今斯人已逝，南阳祠宇周围仅剩一片秋草，蜀都成都又远隔万里关山，重重暮云。蜀国军民当同为丞相一哭。

　　"正统不惭传万古，莫将成败论三分。"尾联议论，表示不能以成败论英雄。这两句是说，蜀汉为汉室之后，应属正统，名传万世，不能以成败评论魏、蜀、吴三个国家。三分，即天下一分为三，亦称鼎足三分。鼎有三足，比喻三方并峙之势。《三国志·蜀书·诸葛亮传》："操军破，必北还，如此则荆吴之势强，鼎足之势成矣。"这是说赤壁之战，曹操战败，无力吞并刘备、孙权，便形成了三分天下的局面。又："今天下三分，益州疲弊，此诚危急存亡之秋也。"则是诸葛亮出师北伐时，特别是诸葛亮病逝之后的局势。但造成这种局面不应由诸葛亮来负责，不能归罪于诸葛亮，这便是不以成败论英雄之意。一说这首诗是元人所作，杨慎录它，也反映了他的封建正统思想，和他议大礼的思想是一致的。（毕桂发）

黄夫人

黄夫人（1498—1569），名峨，字秀眉，遂宁（今四川遂宁）人。尚书黄珂之女，状元杨慎续娶的妻子，明诗人。杨慎戍滇，黄峨随行。杨慎父死，和杨慎一起奔丧回四川新都。后杨慎独还戍所，黄峨留家中。穆宗隆庆三年死。能诗词，散曲尤有名。寄杨慎的诗词为人传颂。有《杨夫人乐府诗余》《杨夫人诗集》。

【原文】

寄　外

雁飞曾不度衡阳⁽¹⁾，锦字何由寄永昌⁽²⁾。

三春花柳妾薄命⁽³⁾，六诏风烟君断肠⁽⁴⁾。

日归日归愁岁暮⁽⁵⁾，其雨其雨怨朝阳⁽⁶⁾。

相闻空有刀环约⁽⁷⁾，何日金鸡下夜郎⁽⁸⁾？

【毛泽东圈评等情况】

1958年3月，在成都会议期间，毛泽东圈阅的《诗词若干首》（唐宋明朝诗人写的有关四川的一些诗和词）中有此诗。

[参考]刘开扬注释：《诗词若干首》（唐宋明朝诗人咏四川），

四川人民出版社1979年版，第170页。

【注释】

（1）"雁飞"句，用回雁峰的传说和雁足传书之说（见《汉书·苏武传》），喻书信难通。

（2）锦字，前秦窦滔镇襄阳，其妻苏蕙织锦为回文诗二百余首寄他。

他读后很感动，便具车迎苏氏。永昌，杨慎所在之地。

（3）三春，指孟春、仲春、季春，即农历正月、二月、三月。花柳易凋谢，比喻女子命薄。妾，古代妇女自己谦称。

（4）六诏，西南彝族称王为诏。其先有渠帅六，所以称六诏，其中蒙舍在最南边，称南诏，五诏都被它所并。风烟，风云。君，称杨慎。

（5）"曰归曰归"句，《诗经·小雅·采薇》："曰归曰归，岁亦莫（暮）止。"是说岁晚才得归。愁岁暮，岁暮仍不得归，这是说杨慎。

（6）"其雨其雨"句，《诗经·卫风·伯兮》："其雨其雨，杲杲日出。"快要下雨，太阳却又出来了。比喻说丈夫将来，却又不来。阮籍《咏怀》之二："膏沐为谁施，其雨怨朝阳。"这句是黄峨就自己而言。

（7）相闻，互相转告。刀环约，汉昭帝时，霍光等人派任立政到匈奴召还李陵，当着单于的面，任立政不便明言，便目视李陵，并屡次自抚其刀环，表示可还归汉。"环"与"还"音同。

（8）"何日"句，北齐赦罪日，武库令设金鸡和鼓于阊阖门外，集合囚徒，击鼓千声，开释枷锁。唐朝赦日也树金鸡（竿长七尺，鸡高四尺，黄金饰首）。下夜郎，李白曾流放夜郎（今贵州桐梓东），至重庆巫山得赦。这句说杨慎何日才能得赦。

【赏析】

诗题《寄外》。寄外，即寄给杨慎。过去妇女称自己的丈夫为外子。

明代女诗人黄峨，人称黄夫人或黄安人，和丈夫杨慎（升庵）是一对著名的文学伉俪。杨慎状元及第后在朝为官，后因直言进谏，被遣戍云南永昌卫（今永昌）至死，长达三十一年之久。两地分居期间，黄峨经常写诗词抒发离情，寄慰丈夫，《寄外》便是其中有名的一首。

这是一首七言律诗。"雁飞曾不度衡阳，锦字何由寄永昌。"首联二句连用回雁峰传说、雁足传书之说及苏蕙织锦为回文诗寄窦滔故事，说明书信难通，已暗含思念丈夫之意。衡阳有回雁峰，传说雁至此而回。雁足传书，系用汉苏武典故。苏武出使匈奴被羁拘十九年不得归。后匈奴和亲，汉索要苏武等人。匈奴假称苏武已死，苏武属吏常惠教后来汉使，对匈奴单于说，汉帝在上林苑射猎，雁足系有帛书，称苏武还在某泽中。于是，单于不得不承认苏武实没有死，并让他返回汉朝。首句合用二典，是说书信难通。次句用苏蕙典故。前秦窦滔镇襄阳，其妻苏氏（名蕙，字若兰）织锦为回文诗二百余首寄他，他读后很感动，便具车迎苏氏。次句说丈夫作为充军囚犯没有办法迎接自己团聚。

"三春花柳妾薄命，六诏风烟君断肠"，颔联写夫妻二人异地相思。二句夫妻对写，用春天的花柳比喻自己，用六诏的风烟比喻丈夫。花柳好景不长，容易凋谢，比喻自己命运不好，这是带有迷信的说法，不足为凭，但十分契合诗人的身份。六诏，在今四川、云南交界地。风烟，犹风云。用六诏风烟状写其夫杨慎谪戍之地的荒凉。断肠，即肝肠寸断，以此说明丈夫对自己的深切思念。异地相思之中写出了夫妻之间恩爱情深。

"曰归曰归愁岁暮，其雨其雨怨朝阳"，颈联用典，写丈夫的盼归与诗人的想望。上句用《诗经·小雅·采薇》的语句，本说岁晚才得归，而诗人化用并缀以"愁岁暮"，便成了岁晚仍不得归乡，这句是就杨慎而言。下句用《诗经·卫风·伯兮》中语句，意谓快要下雨了，太阳却又出来了，比喻说伯（丈夫的字）将来，却又不来。又，魏晋阮籍《咏怀》诗之二："膏沐为谁施，其雨怨朝阳。如何金石交，一旦更离伤。"这句是就自己而言。这两句诗用前人语表现夫妻异地相思，十分工巧。

"相闻空有刀环约，何日金鸡下夜郎？"尾联用典，写企盼丈夫赦回。相闻，互相转告。《明诗综》作"相怜"。刀环约，用李陵典故。刀环，刀尖上的环。语出《汉书·李陵传》："（任）立政等见陵，未得私语，即目视陵，而数数自循其刀环，握其足，阴谕之，言可还归汉也。"环与还同音，后因以刀环为还归的隐语。这句说杨慎多次有回归之约，都无法兑现，故说"空有"。下句合用金鸡大赦与李白遇赦之典。金鸡，一种金首鸡形，古代颁赦诏时所用的仪仗。《太平御览》卷九一八引《三国典略》："齐长广王湛即皇帝位，于南宫大赦，改元。其日将赦，库令于殿门外建金鸡。宋孝王不识其义，问于光禄大夫司马膺之：'赦建金鸡，其义何也？'膺之曰：'案《海中星占》曰：天鸡星动，当有赦。由是帝王以鸡为侯。'"《新唐书·百官志三》："赦日，树金鸡于仗南，竿长七尺，有鸡高

四尺，黄金饰首，衔绛幡长七尺，承以彩盘，维以绛绳。将作监供焉。击
捆鼓千声，集百官、父老、囚徒。"后因用为大赦之典。唐大诗人李白在
安史之乱中参加永王李璘的幕府，璘败后，李白被判充军夜郎（今贵州桐
梓东），至巫山得赦。这句说杨慎何日才能遇赦。现实是杨慎至死未能遇
赦，于世宗嘉靖三十八年（1559）死在戍所。黄夫人又活了十年，于穆宗
隆庆三年（1569）死于家乡。黄夫人的思夫之情，真可谓"天长地久有时
尽，此恨绵绵无绝期"。（毕桂发）

皇甫汸

皇甫汸（1497—1582），字子循，号百泉，长洲（今江苏苏州）人，明诗人。世宗时进士，历官工部郎中、南京吏部郎中，谪开州（今重庆市开州区）、处州（今浙江丽水）同知，升云南按察司金事，后免官。与兄冲、涘，弟濂都有文名，时称"皇甫四杰"。

【原文】

从军行寄赠杨用修

思文际圣君[1]，稽古萃群辟[2]。子云侍承明[3]，胡为去荒城[4]？被命事犀渠[5]，差胜下蚕室[6]。愤志酬八书[7]，荣名重三策[8]。丁年子卿嗟[9]，皓首仲升泣[10]。看鸢穷瘴烟[11]，放鸡定何日[12]？业既违操觚[13]，勋还期裹革[14]。五月行渡泸[15]，千里望巴国[16]。泸水向东流，巴云忽西匿[17]。相思持寸心[18]，愿附双飞翼。

【毛泽东圈评等情况】

1958 年 3 月，在成都会议期间，毛泽东圈阅的《诗词若干首》（唐宋明朝诗人写的有关四川的一些诗和词）中有这首诗。

[参考] 刘开扬注释：《诗词若干首》（唐宋明朝诗人咏四川），

四川人民出版社 1979 年版，第 173 页。

【注释】

（1）思文，《诗经·周颂·思文》："思文后稷。"后稷，周朝的祖先，播殖百谷，有大功，周公思念他。圣君，指明朝的皇帝。际，遭逢。这句是说，遭逢好皇帝。

（2）稽古，考古。萃，会聚。群辟（bì），百僚，诸侯群臣。这句是说，文德修明，人才济济。

（3）子云，西汉著名辞赋家扬雄的字。成帝时王根推荐扬雄文似司马相如，召雄待诏承明之庭。承明庐在石渠阁外，汉侍臣所居之处。杨慎在武宗时为翰林修撰，世宗时充经筵讲官，故拿扬雄的文才来比。

（4）胡为，为什么。去，往。荒城，指杨慎云南贬所。暗说杨慎廷谏触怒世宗和谗臣毁谤他的事。

（5）被命，受命。犀渠，犀牛一类的兽，食人，滇南盛产。事犀渠，与犀渠为伍。

（6）差胜，较胜。下蚕室，指西汉司马迁受腐刑。蚕室，受腐刑的人所居住的房子。

（7）酬，偿愿。八书，司马迁《史记》中有八书，这里代表《史记》。这句比喻杨慎著书。

（8）三策，西汉儒学大师董仲舒上天人三策。这里说杨慎上疏名重如董仲舒。

（9）丁年，丁壮之年。子卿，西汉苏武字子卿，"丁年奉使，皓首而归"。嗟，叹声。

（10）仲升，东汉班超字仲升，在西域三十一年，年老思乡，上疏求归，有"常恐年衰，奄忽僵仆，孤魂弃捐"等语。其妹班昭也代请，后得归洛阳。此指杨慎远戍。

（11）"看鸢"句，东汉马援带兵到交趾去，在浪泊、西里间，下潦上雾，毒气熏蒸，仰见飞鸢跕跕堕水中。鸢，猛禽，俗名老鹰。瘴烟，瘴气，此指杨慎戍所。

（12）此句指杨慎何时才能赦归。

（13）操觚（gū），持木简作书，指作文。觚，木简。杨慎本为翰林修撰、经筵讲官，理应操觚，而现在却违背本业了。

（14）裹革，马革裹尸的略语。《后汉书·马援传》："援曰：'男儿要当死于边野，以马革裹尸还葬耳。'"后指英勇作战，死于沙场。勋，功勋。

（15）"五月"句，指杨慎南行。泸，泸水，即雅砻江，入金沙江，其地即今渡口北。

（16）"千里"句，是就作者而言。巴国，指开州。

（17）匿，藏匿，驰去。

（18）寸心，心为方寸之地，故叫寸心。

【赏析】

从军行，乐府相和歌辞平调曲有《从军行》。杨用修，即杨慎，用修是其字，这是皇甫汸贬作开州同时送杨慎入滇的诗。二人可谓难兄难弟，同病相怜，对朝廷迫害的积愤和怨忧写来特别沉痛。

这是一首五言古诗。"思文际圣君，稽古萃群辟"，开头两句的意思是说遭逢圣君，文德修明，人才济济。圣君，指明朝的皇帝。写诗安慰逐臣，却从歌颂圣君明时落墨，起笔奇特。"子云侍承明，胡为去荒城？"三四句用典。子云是西汉文学家扬雄的字。扬雄曾待诏石渠阁外的承明庐。杨慎在武宗时为翰林修撰，世宗时充经筵讲官，所以上句拿扬雄的文才相比。下句出之问语，暗说杨慎廷谏触怒世宗和谗臣毁谤他的事。刚颂明主，又酿冤案，皮里阳秋之笔。"被命事犀渠，差胜下蚕室"，五六两句仍是用典，是说杨慎因直谏被谗，贬谪云南永昌卫（今永昌），在荒远的地方与犀牛一类的禽兽为伍，比西汉司马迁受宫刑居蚕室稍微好些。这是将杨慎比作西汉著名史学家、文学家司马迁，为其被远谪而未被严刑庆幸。"愤志酬八书，荣名重三策"，七八两句继续用典。上句紧承上言司马迁来说，司马迁著《史记》，其中有八书，这里用以代表《史记》。这句比喻杨慎发愤著书。下句又以汉代另一位大学者董仲舒比杨慎，董仲舒曾上天三策，这里说杨慎上疏名比董仲舒还重。"丁年子卿嗟，皓首仲升泣"，九、十两句仍是用典，写杨慎远戍。诗人又拿两位汉代著名的志士作比。子卿是西汉苏武的字，武帝时出使匈奴，"丁年（丁壮之年）奉使，皓首（白头）而归"；仲升是东汉班超的字，班超在西域三十一年，晚年得归都城洛阳。诗人用此二人作比，忧虑杨慎久戍不归。"看鸢穷瘴烟，放鸡定何日"，十一、十二两句写杨慎云南戍所环境之恶劣。"看鸢"句用东汉马援带兵到交趾去，在浪泊西里间，见毒气熏蒸，飞鸢堕水中，写出戍所乃瘴疫之地，环境极其恶劣。下句放鸡指大赦。北齐赦罪日，武库令设金鸡和鼓于阖阊门外，集合囚徒，击鼓千声，开释枷锁。唐朝赦日也树金鸡（竿长七尺，鸡高四尺，黄金饰首）。所以后来"金鸡""放鸡"便成大赦的隐语，此句是企盼杨慎能遇赦而还。"业既违操觚，勋还期裹革"，十三、十四两句是说杨慎本是文官，理应操觚（持木简作书），现在却违背本业了；但杨慎即使在被谪戍边期间，仍然忠心不改，希望能为国立功。"裹革"即"马革裹尸"之略语。东汉名将马援有"男儿要当死于边野，以马革裹尸还葬耳"之语。十五、十六句"五月行渡泸，千里望巴国"，上句就杨慎南行说。《升庵外集》卷三《渡泸辨》："今之金沙江……在姚安之左卻，据《沉黎志》，孔明所渡当是今左卻也。"按：泸水，即雅砻江，入金沙江，其地即今四川渡口北。《十道志》说，越巂有泸水，四时多瘴，中人常闷绝，唯五月无害。三国时蜀汉丞相诸葛亮南征时过此曾遭受挫折。下句就作者自己说，自己也要被贬往千里之外的巴国。巴国即巴州。皇甫汸由吏部司勋郎中贬开州同知，由正五品降到从六品，连降几级。自己与杨慎相同的遭遇，更增加了他对杨慎的同情。十七、十八句"泸水向东流，巴云忽西匿"，上句仍说杨慎所往，下句说作者自己。水流云驰，说时间过去，两人就分别了。末二句说："相思持寸心，愿附双飞翼。"相别之后，只剩下相思，相思要奉献寸心，表示竭诚之意。不仅如此，还要随南飞鸟奉献己心，把对杨慎的关爱发挥到极致。（毕桂发）

戴　冠

戴冠（生卒年不详），字章甫，自号濯缨，长洲（今江苏苏州）人，明代诗人。八次应举不第，明孝宗弘治四年（1491）"始以年资贡礼部"，授浙江绍兴府儒学训导，后罢归。

【原文】

钓台怀古

赤伏符兴罢战争⁽¹⁾，钓竿三尺足平生。

远携仙女桐江隐⁽²⁾，深悔羊裘大泽行。

一夜星辰凌帝座，九重贵贱见交情。

请看七里泷中水⁽³⁾，未到钱塘彻底清⁽⁴⁾。

【毛泽东圈评等情况】

毛泽东读清沈德潜、周准编选《明诗别裁集》卷十二时圈阅了此诗。

[参考] 张贻玖：《毛泽东评点、圈阅的中国古典诗词》，中国工人出版社 1992 年版，第 257 页。

【注释】

（1）赤伏符，又叫赤符。新莽末年谶纬家所造符录，谓刘秀上应天命，当继汉统为帝。后泛指帝王受命的符瑞。

（2）桐江，一名桐庐江，在浙江中部。钱塘江自建德梅城到桐庐一段的别称，有著名的七里泷峡谷。

（3）七里泷，又叫七里滩、七里濑、富春渚，在桐庐严陵山西。钱塘江两岸山峦夹峙，水流湍急，连亘七里，故名。

（4）钱塘，今浙江杭州。

【赏析】

这是一首怀古七律，是怀念东汉隐士严光的。钓台，即东汉隐士严光垂钓处，在今浙江桐庐南富春山，下临钱塘江。《后汉书·隐逸传·严光》："除为谏议大夫，不屈，乃耕于富春山，后人名其钓处为严陵濑焉。"魏郦道元《水经注·浙江水》："自县（桐庐）至于潜，凡十有六濑，第二是严陵濑，濑带山，山下有一石室，汉光武帝时严子陵之所居也。故山及濑，皆即人姓名之。"

严光，本姓庄，避明帝讳改，一名遵，字子陵，亦省称严陵，东汉初会稽余姚（今浙江余姚）人。少有高名。与光武帝刘秀同学。刘秀即帝位后，他改名隐居。刘秀思真贤，极力物色之。后齐国上书：有一男子，披羊裘钓泽中，乃派使者征聘他。一连请了三趟，才把他请到京师洛阳。刘秀当天亲到严光下榻的馆舍去看望他。严光高卧不起。刘秀到他睡觉的房子用手抚摸着他的肚子说："咄咄子陵，不可相助为理耶。"后两人共叙旧谊，因同床共卧。严光的腿伸到了刘秀的肚子上。第二天太史奏说客星犯帝星甚急。刘秀笑道："朕与故人严子陵共卧耳。"除谏议大夫，不就。耕于富春山。年八十余卒。事详见《后汉书·隐逸·严光传》。古代诗人中咏其事的很多。这首怀古诗，也是咏此事的，诗中赞扬了严光隐居不仕的高风亮节及二人的友谊。

"赤伏符兴罢战争，钓竿三尺足平生。"首联叙事，上句写刘秀平定天下，结束战争。《后汉书·光武帝纪上》："光武先在长安时同舍生彊华自关中奉赤伏符，曰'刘秀发兵捕不道，四夷云集龙斗野，四七之际火为主'。辟臣因复奏曰：'受命之符，人应为大，万里合信，不议同情，周之白鱼，曷足比焉？今上无天子，海内淆乱，符瑞之应，昭然若闻，宜答天神，以塞群望。'"彊华等谶纬家所奉献的符录，是说刘秀上应天命，当继汉统为帝。所以刘秀结束了新莽末年的战乱，统一了全国，做了皇帝，这是颂刘秀之功。下句歌严光之德。严光作为刘秀的老同学，又受到刘秀的器重，却拒绝入朝做官，而归隐于浙江桐庐的富春山，每天手持三尺长的钓竿在钱塘江边垂钓，以慰其平生所愿，这就赞扬了他不攀龙附凤谋求富贵荣华的可贵品德。起首二句，刘秀、严光并写，可谓双起。接下来二联则叙二人交谊。仙女，指严光的妻子。额联写严光隐入山东大泽中垂钓，颈联写严光被征至京与刘秀同榻而眠足压秀腹事。二人一个贵为天子，一个贱为草民，却能平等相待，足见其交情之深。"请看七里泷中水，未到钱塘彻底清"，末联抒情，是说钓台之下的钱塘江水，还没有流到下游杭州就已经清澈见底了，暗示二人交谊如水清玉洁，不含杂念，所以为高。清沈德潜、周准编选《明诗别裁集》在其诗末批注道："南枝《钓台诗》多至千余章，皆潦倒浅率，此择其尤雅者，首尾浑成，精神满腹，可以传世。"所评大抵确当。（毕桂发）

谢 遨

谢遨，字汇先，宜兴（今江苏宜兴）人，明诗人。思宗时举人。家贫，抚育兄弟成人，家境渐裕，乐善好施。不受招聘。入清构竹屋以居，约二十年。晚岁举乡饮大宾，卒于69岁。

【原文】

巴女词

巴川积水极岷峨⁽¹⁾，巴女明妆艳绮罗⁽²⁾。
为语秋江风浪急，断肠休唱木兰歌⁽³⁾。

【毛泽东圈评等情况】

1958年3月，在成都会议期间，毛泽东圈阅的《诗词若干首》（唐宋明朝诗人写的有关四川的一些诗和词）中有这首诗。

[参考]刘开扬注释：《诗词若干首》（唐宋明朝诗人咏四川），
四川人民出版社1979年版，第182页。

【注释】

（1）巴川积水，巴水上游有东西二河，东河一名宕水，源出陕西镇巴西北大巴山；西河一名诺水，源出陕西南郑南米仓山，入川后二水合流，至巴中东南，汇南江水为巴江。南流为渠江，与嘉陵江合流入长江。积水，指支流汇聚。极岷峨，远通岷峨。岷峨，岷山和峨眉山，用以泛指蜀中大山。

（2）明妆，明丽的妆饰。绮罗，绫罗。

（3）木兰，落叶乔木，开紫色花，俗称紫玉兰。古代传说鲁班刻木兰为舟。

（4）木兰歌，即《木兰花》，词牌名，唐朝教坊曲名。大体是七言八句中，或一句六字，或前后阕各一句六字，与玉楼春微有不同。《减字木兰花》，则前后阕各一句减去三字。词的内容多写离情和感叹流光易逝等。休唱，不要唱。

【赏析】

这首七言绝句，是模仿竹枝词作的。《竹枝词》，《乐府》近代曲之一。本为巴渝（今四川东部）一带民歌，唐诗人刘禹锡据以创作新词，歌咏三峡风光和男女恋情，盛行于世。后人所作也多歌咏当地风土或儿女柔情。其形式为七言绝句，语言通俗，音调轻快。朱自清《中国歌谣》三："《词律》云：'《竹枝》之音，起于巴蜀唐人所作，皆言蜀中风景。后人因效其体，于各地为之。'这时《竹枝》已成了一种叙述风土的诗体了。"谢遴的这首《巴女词》也是这样。它反映了明代巴州女子的风习及恋情，活泼明快，刚健清新，有浓郁的民歌气息。明朝的巴州在今四川巴中。

"巴州积水极岷峨，巴女明妆艳绮罗。"一、二句写巴州形胜及巴女风韵。首句写巴州山水形胜。巴水，或指巴江，或指嘉陵江。周朝时巴子国在今重庆巴南区。积水，支流汇聚。极岷峨，远通岷山和峨眉山。岷峨是四川的名山，用以泛指大山，这里实际上说的是大巴山。此句写出巴山蜀水的胜概。次句写出巴女盛装。巴川上的女子明丽的装饰艳丽胜过绫罗，特别有风韵。这便是巴地风习了。首句写景观，次句出人物，便是诗的主人公了，这便为三、四句抒情作了铺垫："为语秋江风浪急，断肠休唱木兰歌。"二句是说，我告诉你，秋天的江水大，风浪特别急，再难过也不要唱木兰歌。言外之意是，再想家也不要急着回来。巴女这话是说给谁听的呢？显而易见，是说给她的在外地行船的情郎。"一日不见，如三秋兮"，巴女难道不想见她的情郎？当然想。但因秋江风大浪急，易出危险，所以宁愿晚些相见，也不愿让情郎冒生命危险回来相会，此所谓情之真爱之切也。此诗反映了巴地的风习及巴女的恋情，不失为一篇佳作。（毕桂发）

黄幼藻

黄幼藻,字汉荐,福建莆田(今福建莆田)人,明女诗人。苏州府通判黄仪的女儿。学于老儒方泰,年十三四岁,即工声律通经史。

【原文】

题明妃出塞图

天外边风扑面沙,举头何处是中华⁽¹⁾?
早知身被丹青误⁽²⁾,但嫁巫山百姓家⁽³⁾。

【毛泽东圈评等情况】

1958年3月,在成都会议期间,毛泽东圈阅的《诗词若干首》(唐宋明朝诗人写的有关四川的一些诗和词)中有这首诗。

[参考]刘开扬注释:《诗词若干首》(唐宋明朝诗人咏四川),
四川人民出版社1979年版,第196页。

【注释】

(1)中华,古代华夏族多建都于黄河南北,以其在四方之中,因称中华。华,文明之意,如称华夏,此指汉朝。

(2)"早知"句,汉元帝后宫嫔妃很多,叫画工画像以便选择,宫人都贿赂画工,昭君不与,便丑图之。元帝后以昭君远嫁匈奴。丹青,丹砂和青,绘画所用的颜料,因称图画为丹青。此指毛延寿为昭君画的肖像。

(3)但,只要。巫山,在今重庆巫山东。昭君生长在湖北秭归东北四十里,地近巫山。

【赏析】

　　这是一首题画诗，为七言绝句。明妃，即王昭君。汉王嫱字昭君，晋朝人避司马昭讳改称明君，后人又称为明妃。这首诗一作黄潜（字仲昭）诗。

　　"天外边风扑面沙，举头何处是中华？"一、二句写昭君远嫁匈奴。此二句是说，在辽远的胡地，风吹沙砾，扑面而来，昭君举头远望哪里是汉朝呢？明妃，名嫱，字昭君，晋南郡秭归（今湖北秭归）人。她本是汉元帝宫人。汉元帝刘奭竟宁元年（前33），匈奴呼韩邪单于入朝，求美人为阏氏，以结和亲。王昭君自请嫁匈奴。入匈奴后，王昭君被称为宁胡阏氏，生一男。呼韩邪死，其前阏氏子代立，成帝又命她从胡俗，复为后单于的阏氏。生二女。卒葬匈奴。现内蒙古呼和浩特南有昭君墓，世称青冢。她的故事成为后来诗词、戏曲、小说、说唱、绘画等的流行题材，但塑造的形象大多不符合历史真实。相当流行的一个说法是，王昭君远嫁匈奴是因为没有贿赂画师毛延寿，而被画丑了，才被送去和亲。事见《西京杂记》：毛延寿是汉代杜陵（今陕西西安）人。元帝后宫既多，不得常见，使延寿等画工图形，按图召幸。诸宫人皆贿画工，独王嫱（昭君）不肯，遂不得见。其后匈奴求美人为阏氏，遂遣嫱。临行召见，貌为后宫第一，元帝穷暗其事，毛延寿等画工皆弃市。第三句"早知身被丹青误"，即指此事而言。这乃是小说家言，不足为信。"但嫁巫山百姓家"，末句是诗人对此事的评价，意谓与其让昭君远嫁匈奴，还不如嫁给故乡的普通老百姓。诗人生于鞑靼等异族侵扰严重的明朝末年，作出这种评价，乃是爱国主义精神的一种表现，是不应受谴责的。（毕桂发）

李梦阳

　　李梦阳（1472—1529），字天赐，更字献吉，号空同子，甘肃庆阳（今甘肃庆阳）人，其父李正曾任周王府教授，故迁居河南开封。明诗人。明孝宗弘治七年（1494）进士，累官户部主事、郎中、江西提学副使等职。曾因反对外戚和宦官刘瑾，五次下狱。在文学上以复古为号召，与何景明等倡导古文运动，为"前七子"首领，在反对"台阁体"中起了积极作用，但提倡"文必秦汉，诗必盛唐"，步入复古主义歧途。

【原文】

送毛监察还朝是时皇帝狩于杨河

　　　　楚生临水送将归⁽¹⁾，黎子当筵赋《式微》⁽²⁾。
　　　　天下汝为真御史⁽³⁾，百年吾是旧渔矶⁽⁴⁾。
　　　　沙寒白日蓬科转⁽⁵⁾，风起黄河木叶稀。
　　　　此去有书应力上，太平天子本垂衣⁽⁶⁾。

【毛泽东圈评等情况】

　　毛泽东读清沈德潜、周准编选《明诗别裁集》卷四时圈阅了此诗。

　　　　[参考]张贻玖：《毛泽东评点、圈阅的中国古典诗词》，
　　　　　　　　中国工人出版社1992年版，第257页。

【注释】

　　（1）楚生，当指毛监察。毛监察是江苏人，古代江苏地区一度为楚地。生为"先生"的省称，指有才学的人，亦为读书人的通称。此句是说，在临水之处置酒送别将要还朝的毛监察。

（2）黎子，黎侯。此句用典。《式微》，为《诗经·邶风》中的篇名。《诗序》说，黎侯流亡于卫，随行的臣子赋《式微》中"式微，式微，胡不归"的话，劝他回国。后来用作思归故国语。此是勉励毛监察还朝之意。

（3）御史，官名，即监察御史，其职责是弹劾和进谏。此是勉励毛监察直言进谏，为国效力。

（4）渔矶，可供垂钓的水边岩石。唐戴叔伦《过故人陈羽山居》："峰攒仙境丹霞上，水绕渔矶绿玉湾。"旧渔矶，表示诗人不能为国效力的遗憾。

（5）蓬科转，典出《史记·老子韩非列传》："且君子得其时，则驾；不得其时，则蓬累而行。"张守节《正义》："蓬，沙碛上转蓬也；累，转行貌也。"此句劝毛监察相机行事。

（6）垂衣，垂衣裳的缩语。谓衣服之制，示天下以礼，后用以称颂帝王无为而治。《易·系辞下》："黄帝尧舜垂衣裳而天下治，盖取诸乾坤。"韩康伯注："垂衣裳而以辨贵贱，乾尊坤卑之义也。"

【赏析】

这首七言律诗是一首送别诗，但诗中并不像一般送别诗那样着重表现送别时的依依之情，而是借送别表达了诗人对友人的殷切期望和鼓励。毛监察，即毛澄，字宪清，昆山（今江苏昆山）人。弘治进士第一，授编修，累官至礼部尚书。武宗微服巡边，毛澄屡疏谏止。世宗欲推所崇生父兴献王，毛澄复抗疏力争。澄端亮有学术，论事侃侃不挠。世宗敬畏之，虽数忤旨，恩礼不衰。乞归卒，谥文简。有《毛文简集》。皇帝指明武宗。狩于杨河，指正德十二年（1517）八月，武宗微服到杨河狩猎，引起鞑靼小王子入侵寇边事。杨河，指阳和卫，即今山西阳高，或因讳言而用同音字"杨河"。

"楚生临水送将归，黎子当筵赋《式微》。"首联两句是用典，表明送别之意。首句说诗人在河畔设宴为毛监察送行。次句写毛监察赋《式微》反问诗人何以不归。《式微》，为《诗经·邶风》中的篇名。《诗序》说，黎侯流亡于卫，随行的臣子赋《式微》以劝他归国。后人因用作思归之意。这两个典故都与送别、归国有关，用来表达送别双方的心情是最恰当不过的。历史上送别的典故很多，作者偏偏选用这两个典故又是为什么呢？如果我们联系下文及题目中"是时皇帝狩于杨河"义，对这个问题就不难理解了。别者身为监察御史，担负着疏谏皇上的职责，送者又是一位屡谏遭忌而弃官家居的有识之士。此时皇帝置朝政于不顾，巡狩于外，正是需要劝谏之时。这样一个要送别，一个要归国，二人将国事置于朋友私情之上的情怀，忧国忧民的思想感情，通过两个典故充分地表现出来。

"天下汝为真御史，百年吾是旧渔矶。"颔联前句是对毛监察的赞许和鼓励，后句是对自己当前处境的感叹。御史，官名，明朝仅存监察御史，通常的职能是弹劾及谏言。渔矶，可供人垂钓的水边岩石。这两句的意思是说，您是当今真正能为国家出力、为皇上谏言的人，而我已成了江边垂钓之人。前句鼓励毛监察为国出力谏言是非常明确的，后句作者以旧渔矶自比，似乎显得消沉。其实不然，这里恐怕更多是表达自己不能像毛监察那样为国出力的一种遗憾。我们从他对毛监察的鼓励与赞许中可以看出这一点。

"沙寒白日蓬科转，风起黄河木叶稀。"颈联二句一方面表现了对朋友的关心，一方面表现了对朝政的忧虑。蓬科转，《史记·老子韩非列传》："且君子得其时，则驾；不得其时，则蓬累而行。"张守节《正义》："蓬，沙碛上转蓬也；累，转行貌也。"沙寒白日，言气候的变化，犹言寒暑、阴晴。这两句的字面意思是，当沙漠的冬天来临时，蓬类就会随风转行他处；黄河上风起时，树上的叶子就会掉落而变稀。实际上，作者在此是以蓬转、叶稀作比喻，告诫友人，要审时度势，相机进言，不然就会像树叶一样遇风而陨落。也可以理解为，朝中政治气候变化无常，使人无所适从，能够拱卫朝廷的大臣已经不多。无论从哪个方面理解，这二句都可以看作是诗人的经验之谈（诗人李梦阳为官时由于性格刚直，敢于直谏，屡遭贬斥，最后不得已去仕家居）。

"此去有书应力上，太平天子本垂衣。"尾联两句是作者对毛监察的进一步劝勉，希望他能够有言必上，尽力谏言，促使朝纲整肃、国家太平。垂衣，垂衣而治之意。《书·武成》："惇信明义，崇德极功，垂拱而天下治。"这两句的意思是说，此次还朝应尽力上谏，使皇上在太平盛世之时能不需劳力、费神而治理好国家。这是对毛监察的希望，也隐含了对皇上婉转的批评，皇上如能像古人说的那样，"惇信明义，崇德极功"，本可垂拱而治的，又何必劳力劳神，屡屡四出巡察呢？毛监察曾上疏请武宗回宫，武宗不听劝谏。武宗狩猎，引起鞑靼部小王子入寇，武宗亲自率太监抵御，激战二日，鞑靼军才退去，官军死伤甚众，武宗本人差点儿被俘虏酿成严重后果，史称杨河之战。这里表现了作者虽家居而不忘朝政的忠君爱国思想。

全诗写送别，不露半点伤感别离之情，相反，那种鼓励向上、忧国忧时的浩然之气却充斥诗中。这出自一个落魄封建文人的送别诗作，确是不可多得的。（辛庆祥）

【原文】

秋　望

黄河水绕汉边墙⁽¹⁾，河上秋风雁几行。

客子过壕追野马⁽²⁾，将军弢箭射天狼⁽³⁾。

黄尘古渡迷飞挽⁽⁴⁾，白月横空冷战场。

闻道朔方多勇略⁽⁵⁾，只今谁是郭汾阳⁽⁶⁾？

【毛泽东圈评等情况】

毛泽东读清沈德潜、周准编选《明诗别裁集》卷四时圈阅了此诗。

[参考] 张贻玖：《毛泽东评点、圈阅的中国古典诗词》，中国工人出版社 1992 年版，第 257 页。

【注释】

（1）汉边墙，指甘肃一带的秦汉时代长城，实指明代修筑的北方长城。《明史·兵志三》："乃请修筑宣、大边墙千余里，烽堠三百六十三所。"

（2）客子，离家在外的人，此指士卒。壕，护城河。野马，指尘埃。

《庄子·逍遥游》说："野马也，尘埃也，生物之以息相吹也。"郭象注："野马者，游气也。"成玄英疏："此言青春之时，阳气发动，遥望薮泽之中，犹如奔马，故谓之野马也。"

（3）弢，盛弓的袋子。天狼，星名，古人以为天狼星主侵略，此指侵略者。

（4）飞刍挽粟之略语，谓迅速运粮运草。《汉书·主父偃传》："又使天下飞刍挽粟。"颜师古注："运载刍稿令其疾至，故曰飞刍也。挽谓引车船也。。

（5）朔方，我国古时北方的郡名，西汉有朔方，东汉有朔方郡，唐则为方镇，这里泛指北方。

（6）郭汾阳，即郭子仪（697—781），华州郑县（今陕西华县）人，唐代名将，玄宗时曾为朔方节度使，安史之乱中，受命于危难之时，平息安史之乱战功卓著，被封为汾阳郡王，故称郭汾阳。

【赏析】

诗题清钱谦益《列朝诗集》作《出使云中》。诗人在明孝宗弘治十三年（1500）作为户部主事时，曾奉命犒赏榆林军，此诗当为诗人榆林劳军时所作。

这首七言律诗写秋季战云密布的塞上景象，抒发感时怀古的情思，慷慨悲凉。

首联"黄河"二句写秋望所见景象。汉边墙，一作汉宫墙，指长城，此指明代为防御鞑靼入侵修筑的九边长城。榆林为九边之一，所筑边墙即今陕西边外之长城，东北起府谷的黄甫川堡，西至定边的盐场堡。这里地近黄河，河水绕墙而过，河上空有几行大雁在秋风中向南飞去。此二句既写出深秋季节特有的景物，也写出寒冬将至时节的苍凉情调。黄河从古至今，川流不息；大雁秋去春来，往返不止。此景似历史长卷，绵延不绝，自然引发了作者溯古抚今的情思。

颔联"客子"二句是说备战中的士卒与将军。客子，是士卒。壕，护城河。过壕即是说出城河去。野马指尘埃。《庄子·逍遥游》说："野马也，尘埃也，生物之以息相吹也。"追野马，是说风尘仆仆，进行野练。"将军"句是说将军身带弓箭去抵御外族的侵扰。弢（一作韬，意同弢），盛弓的袋子。天狼，星名，古人以为天狼星主侵略，此指侵略者。射天狼则有反击侵扰之意。《楚辞·九歌·东君》有"举长矢兮射天狼"，即为此意。此处天狼指鞑靼，此次诗人正饷军榆林，故借天狼以喻西北入侵之敌。

颈联"黄尘古渡迷飞挽，白月横空冷战场"是对训练结束之后的黄河渡口情况的描绘。飞挽，飞刍挽粟。二句是说，在黄河边上，战车飞驰，扬起了满天黄尘，遮蔽了黄河上的古渡口；夜间，皓月当空，战场上才显得冷落。

尾联"闻道"二句是说，自汉代以来守战于朔方的将士多有勇有谋，只是现在又有谁能像唐代的郭子仪那样呢？朔方，我国古时北方的郡名，西汉有朔方，东汉有朔方郡，唐则为方镇，这里泛指北方。郭汾阳，即郭子仪，唐代名将，玄宗时曾为朔方节度使，安史之乱爆发，郭受命于危难之时，平息安史之乱战功卓著，被封为汾阳郡王，故称郭汾阳。这两句怀古感时：古来战守于北方的勇略之士虽多，但或开疆拓土，或安边御寇，大多受命于国力强盛之时，只有郭子仪受命于危难之时，而大节不移，效忠国家，立下了不朽业绩。而今，皇帝昏庸，宦乱迭起，国家正值危难之时，能不能出现像郭子仪那样的勇略忠良之士，拯救国家、朝政于危难呢？这是作者的忧虑，也是作者的希望。作者忧国之情跃然纸上。（辛庆祥）

【原文】

灵武台

环县城边灵武台⁽¹⁾，肃宗曾此辟蒿莱⁽²⁾。

二仪高下皇舆建⁽³⁾，三极西南玉玺来⁽⁴⁾。

衣白山人经国计⁽⁵⁾，朔方孤将出群才⁽⁶⁾。

可怜一代风云际⁽⁷⁾，不劝君王驾鹤回⁽⁸⁾。

【毛泽东圈评等情况】

毛泽东读清沈德潜、周准编选《明诗别裁集》卷四时圈阅了此诗。

[参考] 张贻玖：《毛泽东评点、圈阅的中国古典诗词》，

中国工人出版社1992年版，第257页。

【注释】

（1）环县，今甘肃环县。灵武台，灵武是郡名，在今宁夏灵武西北。唐玄宗天宝十五年（756），安禄山攻破潼关，玄宗逃往蜀中，遣太子亨北行，至灵武。朔方留治（官名）杜鸿渐等拥立亨即位于郡城南楼，灵武台即指此处。

（2）辟蒿莱，蒿莱本指一种野草，此借用，辟蒿莱即为开辟基业的意思。

（3）二仪，指日月。皇舆，皇帝乘的车子，此代指皇帝尊位。

（4）三极，指天、地、人。《易·系辞上》："六爻之动，三极之道也。"王弼注："三极，三才也。"孔颖达疏："六爻递相推动而生变化，是天地人三才至极之道。"玉玺，皇帝的玉印。

（5）衣白山人，白衣指平民穿的衣服。山人指仙家、道士之流。此衣白山人当指李泌。李泌，字长源，世居京兆，幼时即以才敏著名，及长，上书言事，洞中时弊，玄宗欲授官职，泌固辞不受，乃令与太子游，联为布衣交。后受奸相杨国忠谗害，隐居颍阳。肃宗北行，发使敦请，至灵武，肃宗欲任为右相，泌固辞。肃宗引军士"黄衣为圣人，白衣为山人"语劝其受职，李泌乃着官服受职。

（6）朔方孤将，当指郭子仪及李光弼等。安史之乱时，郭、李等将镇守北方，肃宗即位后，从肃宗平安史之乱建立功业。

（7）风云际，风云际会之略语，指君臣遇合。

（8）君王，指唐玄宗。驾鹤回，即驾鹤西游，死的婉称。

【赏析】

唐玄宗天宝十四年（755），爆发了安史之乱，次年，唐玄宗逃往四

川，太子李亨在灵武即皇帝位，是为唐肃宗。玄宗从蜀地回京后被尊为太上皇，不久便抑郁而死。这首七言律诗就是以这段史实为内容，抒发作者叹古感怀之情。

"环县城边灵武台"等首联、颔联四句，点明肃宗即皇位的地点、背景及经过。环县，在今甘肃东北部。灵武台，灵武，郡名，在今宁夏北部。唐玄宗天宝十五年（756）安禄山攻破潼关，玄宗逃往蜀中，途中遣太子亨北行，至灵武。朔方留治（官名）杜鸿渐等拥立太子亨即位于郡城南楼，灵武台即指此处。辟蒿莱，是开辟蒿莱而建立基业的意思。蒿莱，本指一种野草。此处用"蒿莱"大致有两层用意：一是当时北方尚不发达，环境荒僻；二是指肃宗即位是在艰难之中。二仪，指日月。二仪高下犹言日月高照。皇舆，皇帝乘的车子，此代指皇帝尊位。三极，指天、地、人，表示皇帝权力所及的范围。玉玺，皇帝的玉印。这两句的意思是说，肃宗在天地间重建了皇帝尊位，从西南送来了标志着皇帝统治权力的玉印。肃宗在灵武登皇帝位时，玄宗避安史之乱于蜀，得知肃宗即位，派人奉国宝（玉玺）及传位诏册送至灵武，故曰"西南玉玺来"。

"衣白山人经国计，朔方孤将出群才"，颈联二句写肃宗身边的文臣武将。衣白山人即白衣山人。白衣，平民穿的衣服。山人，指未做官的仙人道士。此处的白衣山人，当指李泌。李泌，字长源，世居京兆，幼时即以才敏著名，及长，上书言事，洞中时弊，玄宗欲授官职，泌固辞不受，乃令与太子游，联为布衣交。后受奸相杨国忠谗害，隐居颍阳。肃宗北行，发使敦请，至灵武，肃宗欲任为右相，泌固辞。肃宗引军士"黄衣为圣人，白衣为山人"语劝其受职，李泌乃着官服受职。朔方孤将，当指郭子仪及李光弼等。安史之乱时，郭、李等将镇守北方，肃宗即位后，从肃宗平安史之乱建立功业。这两句字面意思是说，肃宗身边有可以谋划治国之策的文臣，也有才干超群的武将。

"可怜一代风云际，不劝君王驾鹤回"，尾联二句紧承上两句，抒发作者的感叹。一代指上两句中提到的李泌、郭子仪等文臣武将。风云际，指君臣遇合。驾鹤回，死的婉称。这两句的意思是，可惜一代才力超群的文臣武将，在风云动乱之时，没有劝玄宗复登龙位，重掌乾坤，而是让他做"太上皇"，以致玄宗抑郁而死。这是对肃宗及其左右文臣武将的委婉批评。清沈德潜、周准在《明诗别裁集》中批注道："咎肃宗之阙于子职也，语微而显。"所评是对的。

作者在诗中缅怀历史，表达了对历史人物的惋惜、批判之情。作者胸中的那种不负时势、为君王尽心尽责的情怀，也得以隐约地表露。（辛庆祥）

【原文】

潼　关

咸东天险设重关⁽¹⁾，闪日旌旗虎豹闲⁽²⁾。

隘地黄河吞渭水⁽³⁾，炎天白雪压秦山⁽⁴⁾。

旧京想象千官入⁽⁵⁾，余恨逡巡六国还⁽⁶⁾。

满眼非无弃繻者⁽⁷⁾，寄言军吏莫嗔颜⁽⁸⁾。

【毛泽东圈评等情况】

毛泽东读清沈德潜、周准编选《明诗别裁集》卷四时圈阅了此诗。

[参考] 张贻玖：《毛泽东评点、圈阅的中国古典诗词》，
中国工人出版社 1992 年版，第 257 页。

【注释】

（1）咸东，咸阳的东面。咸阳，今陕西咸阳。重关，险要的关塞。

（2）虎豹，指旌旗上绘制的动物图形。

（3）渭水，即渭河，横贯渭河平原，东流至潼关，入黄河。

（4）秦山，指今陕西蓝田之终南诸山。唐杜甫《同诸公登慈恩寺塔》："秦山忽破碎，泾渭不可求。"

（5）旧京，指咸阳。想象，回想当年的意思。

（6）余恨，遗恨。逡巡，徘徊不进。六国，指战国时代潼关以东的齐、楚、燕、赵、韩、魏六国。

（7）繻，古代作通行证用的帛，上写字，分成两半，过关时验合，

以为凭信。弃，用汉终军故事。《汉书·终军传》载，终军入关时，关吏给他缮，供还时验证。终军弃之，说大丈夫西游，不打算东还，要这个有什么用。弃缮者在此指有志献身的人。

（8）嗔，发怒，生气。

【赏析】

这是一首怀古感时的七言律诗。潼关地当陕西、河南、山西三省要冲，关城雄踞山腰，下临黄河，背依华山，形势险要，是拱卫陕中的重要关隘，历来为兵家必争之地。历史上，在这里也发生了许多可叹、可憾、可赞的故事。本诗即作者有感于发生在潼关前的历史事件，并对其作了倾向鲜明的评说。

"咸东天险设重关，闪日旌旗虎豹闲"，首联点明了潼关布军形势。咸东，咸阳的东面。咸阳是秦的国都，举咸阳是以代秦地，故咸东即指秦的东面。重关，指潼关。闪日旌旗，旌旗在日光下闪烁。虎豹，指旌旗上绘制的虎豹将军动物图形。闲即安闲。旌旗是军队中使用的旗帜。这里说"旌旗虎豹闲"，指在关前无战事发生。

"隘地黄河吞渭水，炎天白雪压秦山"，颔联点明潼关的地理形势。前句写水势：渭水汇入黄河，水量增加，极言水盛；后句写山势：炎热的季节，山顶白雪终年不化，极言山高。元张养浩《潼关怀古》有"山河表里潼关路"句，意思是潼关外有黄河，内有华山，地理形势险要。这二句诗描写潼关一水一山的地理形势，回应了第一句的"天险设重关"。

"旧京想象千官入，余恨逡巡六国还"，颈联有典。旧京，指咸阳。想象，是回想当年之意。千官入，指许多人入关到咸阳做官。余恨，遗恨。逡巡，徘徊不前的样子。六国，指战国时除秦以外的韩国、赵国、魏国、齐国、楚国、燕国六国。这二句是对历史的回顾，前句是说想当年秦国都城咸阳繁荣昌盛，许多人纷至沓来，谋求官职，争享太平富贵。后句是说六国军队在潼关前徘徊不前，不敢奋力攻关，西击强秦，最终招致灭亡，留下遗恨。此二句回应了第二句的"虎豹闲"（没有战事发生）。

"满眼非无弃缮者，寄言军吏莫嗔颜"，尾联寄慨。缮，古代作通行证用的帛，上写字，分成两半，过关时验合，以为凭信。弃繻，用汉终军故事。《汉书·终军传》载，终军入关时，关吏给他繻，供还时验证。终军弃之，说大丈夫西游，不打算东还，要这个繻有什么用，表现了一种义无反顾的气概。弃繻者在此即指有志献身的人。嗔颜，发怒，责骂人。这两句意思是说，在潼关前出现的那么多人中，并不是没有立志献身的人，希望守关的军吏不要发怒斥责他们。

作者对诗中历史上出现于潼关的事和人加以观点鲜明的评说。潼关——一个险恶的关隘，是这些事件发生和人物活动的背景。这些人和事大致可以分为三类：一是趋之若鹜、争享富贵的；二是不思进取、畏缩无能的；三是义无反顾、有志献身的。作者对这三种人的态度非常鲜明，对前两种人批判，含蓄而尖刻；对后一种人褒扬，情真而意长。然而作者在这里绝非仅为回忆古事，凭吊古人。如果我们联系作者所处的现实，就可以清楚地了解这一点。作者所处的时代，正是武宗当政的时代，皇帝昏庸腐败，宦官专权，许多正直敢言之士惨遭诛杀或谴贬，可以说朝政处在极其险恶的危难关头。一些人卖身投靠乱宦，获得一官半职，享受乱世荣华；一些人噤若寒蝉，或请退回乡，或委曲求全；也有一些不畏权势的刚直之士，他们敢于同乱宦斗争，虽屡遭迫害而不屈。作者李梦阳，即是这样的一位不屈之士。理解到这一层，我们对作者在诗中借古喻今的用意就十分清楚了。另外，我们从作者对历史上不同人和事的态度，也可以了解作者的心志。（辛庆祥）

【原文】

明远楼春望

贡院初开阁[1]，春阴独倚栏[2]。

柳边千舰聚，花里万家残。

风雨江声壮[3]，兵戈地色寒[4]。

断肠沙雁北[5]，群起向长安[6]。

【毛泽东圈评等情况】

毛泽东读清沈德潜、周准编选《明诗别裁集》卷四时圈阅了此诗。

[参考] 张贻玖：《毛泽东评点、圈阅的中国古典诗词》，

中国工人出版社 1992 年版，第 257 页。

【注释】

（1）贡院，科举时代考试士子的场所。《明史·选举志二》："试士之所，谓之贡院。"开阁，汉公孙弘为宰相，"起客馆，开东阁以延贤人，与参谋议"。见《汉书·公孙弘传》。后以开阁指大臣礼贤爱士。

（2）春阴，春季天阴时空中的阴气，或解作春日花木的阴翳。

（3）江，长江。

（4）兵戈，兵器，指战争。

（5）沙雁，即雁，常栖息于江湖沙渚中，故称。

（6）长安，指国都，西汉、隋唐皆建都于长安，故唐以后常以长安代指国都。

【赏析】

这是一首居安思危、借景寄愁之作。明远楼，一名楚泽楼，在今安徽无为旧城东门上，宋程远有《明远楼》诗。此诗当写于诗人就任江西提学副使途经此地之时。

经过明初的休养生息，生产得到了恢复和发展，社会经济呈现出繁荣局面。同时，封建统治阶级逐渐走向腐化堕落，加重了对人民的剥削和压榨，社会矛盾随之激化，出现了潜在的危机。作为一个比较有政治远见的诗人，作者看到了这种危机的存在，在春望之时触景生情，想见古时战乱给社会、人民造成的苦难，在诗中抒发了悲伤忧虑之情。

"贡院初开阁，春阴独倚栏。"这首五言律诗首联一二两句点明倚栏独望的时间和背景。贡院，科举时代考试士子的处所。开阁，指大臣礼贤爱士。科举考试多在开春时举行，所以写考试刚刚开始，大臣应在用人之际，有点明时间的作用。另外，科举考试一般都是在社会安定的情况下才

得以正常进行的。在此写贡院开阁，也有交代社会背景的作用。春阴，指一个天色阴晦的春日。这首诗的题目是"明远楼春望"，写"春阴独倚栏"回应了诗题。春日本是万物复苏、满眼生机之时，可作者却将所望放在一个阴沉沉的背景下，实是表明作者倚栏独望时的阴沉沉的心情。一个"阴"字，也为全诗定下了感情基调。

"柳边千舰聚，花里万家残。"颔联二句写出作者心绪低沉的原因所在，即作者看到春日绿柳边聚集了众多准备出征的战船。由此想到在这百花盛开之时将有许多家庭离散凋残。绿柳、红花是春天特有的景色，但作者的着墨点不在这柳暗花明的春天景色，而是以春色为背景来写"千舰聚""万家残"。这两种景象，放在柳暗花明的背景下，是多么不和谐啊！但这正是作者的高明处。这样来写，既是一种反衬，以春日的勃勃生机衬托战争将给国家、人民带来的不幸，又是一种象征，象征着国家虽处于初步安定时期，但战乱使得万家残破不堪。作者正为这酝酿中的悲剧而忧心忡忡，心绪又怎么能高昂起来呢？

"风雨江声壮，兵戈地色寒。"颈联二句紧承前两句而起。前句是起兴，意思是说风鼓雨击使长江涛声也显得雄壮。后句才是写实，意思是说兵戈（战争）起，使大地面貌变得寒彻（荒凉）。这是写战乱将带来的恶果。如果我们再联系到前面写到的"万家残"，这即将发生的战祸给社会、给人民所造成的悲剧，其可悲的深刻程度自不待言。这里写"地色寒"，又何尝不是写万家之心寒、作者之心寒呢？

"断肠沙雁北，群起向长安。"尾联二句是写想象中的征战将士的心境。断肠，形容悲伤到了极点。沙雁北，沙雁栖息的北方战场，即兵士戍守征战的地方。长安，指国都。西汉、隋唐皆建都于长安，故唐以后常以长安代国都。兵士们长年征战在偏远的北方，有家而不得归，那种悲伤至极的心情是可以想象的。"群起向长安"既是写将士们的动作，翘首回望故国首都；又是写将士们的心愿，即希望国家长治久安，永保太平，使他们能早日返回家园。这两句从征战将士厌战的心情，来写战乱给人们带来的不幸，从另一个侧面表现了作者忧国忧民之情。

全诗艺术上的一大特点是以虚写实，虚实交错。从思想内容方面讲，写景为虚，写居安思危之忧情是实；从表现形式方面讲，由"春望"缘起，则写景为实，写对战乱危机的忧虑为虚。这样虚虚实实，情景交融，较好地表达了作者的思想感情。（辛庆祥）

【原文】

泰　山

俯首无齐鲁，东瞻海似杯。

斗然一峰上⁽¹⁾，不信万山开⁽²⁾。

日抱扶桑跃，天横碣石来。

君看秦始后，仍有汉皇台⁽³⁾。

【毛泽东圈评等情况】

毛泽东读清沈德潜、周准编选《明诗别裁集》卷四时圈阅了此诗。

[参考] 张贻玖：《毛泽东评点、圈阅的中国古典诗词》，
中国工人出版社1992年版，第257页。

【注释】

（1）斗，通"陡"，陡峭。一峰，指泰山极顶天柱峰（也称玉皇顶）。

（2）不信，没有意料到。开，敞开。

（3）汉皇，指汉武帝。

【赏析】

这是一首咏泰山的五言律诗。诗人沈德潜、周准编选《明诗别裁集》言此诗"四十字有包络乾坤之概，可以作泰山诗矣"。

"俯首无齐鲁，东瞻海似杯。"首联二句，就显示出泰山不凡的气势。齐，古国名，今山东泰山以北黄河流域及胶东半岛地区，为西周、春秋时齐国之地，汉以后沿称为齐。鲁，古国名，今山东泰山以南的汶、泗、沂、沭水流域，是春秋时鲁国之地，秦汉以后沿称为鲁。瞻，往远处看。无齐

鲁，言泰山之大，即杜甫《望岳》"齐鲁青未了"之意。海似杯，极言其远，海亦似杯。李贺《梦天》有"遥望齐州九点烟，一泓海水杯中泻"之句。这二句写登上泰山顶峰低头往下看，齐鲁大地一片苍翠；抬头远望，东海就像一个小小的杯子。一个"无齐鲁"，一个"海似杯"，将泰山之高大雄伟反衬得无以复加。

"斗然一峰上，不信万山开。"颔联二句写作者登上泰山极顶的感受。斗，通陡，高耸的样子。一峰，这里指泰山极顶天柱峰（也称玉皇顶）。不信，没有意料到。开，敞开。这二句是说，登上高高耸起的泰山极顶，意想不到万山竟敞开屏障，各种景色尽收眼底。作者为此发出惊叹。这二句在此有连接作用，作者以登上泰山顶峰的感受，将前后登上山顶的所见联系起来。

"日抱扶桑跃，天横碣石来。"颈联二句用典。扶桑，神话中树木名。《山海经·海外东经》："旸谷（古代传说中日出的地方）上有扶桑，十日所浴。"碣石，古山名，在河北昌黎西北，山南距渤海约四五十里，秦始皇、汉武帝均在此刻石观海。此二句的意思是说，在峰顶可以看到海日从扶桑之地一跃而出，横空而立的碣石山也扑进视野。一个"跃"，一个"来"，给人以强烈的动感，也将作者登临顶峰豁然开朗的感受写到极致。作者在这里将神话中的扶桑、历史上多位帝王刻石观海的碣石写入诗中，给人以神奇和久远的感觉。

"君看秦始后，仍有汉皇台。"末联二句又变换了一个视角，由作者写登泰山所见景物，转而写历代帝王登临泰山的史实。秦始，就是秦始皇。汉皇，指汉武帝。这两位在历史上建立卓越功绩的帝王都曾登泰山举行祭祀大典，刻石纪功。当然作者在这里并非只是叙述两位帝王登山封禅的史实，而是以秦始皇、汉武帝作为代表，说明泰山受到历代帝王的重视，以此来显示泰山独尊五岳的特殊地位。

这首诗写泰山，不提泰山一字，不写泰山一物，却将泰山的高大巍峨写得鲜明生动。一二句以纵横千里的齐鲁大地、辽阔无垠的东海反衬泰山高大；三四句以登上泰山的感受对泰山之高大作进一步渲染；五六句以放眼所见的奇妙景物烘托泰山的雄伟神奇；结尾二句以泰山所受的殊荣证明山的不凡。作者在诗中还不断变换手法和角度，写"无齐鲁""海似杯"从静的方面写，写海日、碣石从动的方面写，写"万山开"立足于现实感受，写帝王登临着眼于历史追溯。如此，作者笔下的泰山，连同他的《泰山》诗一起令人叹为观止。（辛庆祥）

【原文】

郑生至自泰山

昨汝登东岳，何峰是绝峰？
有无丈人石⁽¹⁾，几许大夫松⁽²⁾？
海日低波鸟，崖雷起窟龙。
谁言天下小？化外亦王封⁽³⁾。

【毛泽东圈评等情况】

毛泽东读清沈德潜、周准编选《明诗别裁集》卷四时圈阅了此诗。

[参考] 张贻玖：《毛泽东评点、圈阅的中国古典诗词》，中国工人出版社 1992 年版，第 257 页。

【注释】

（1）丈人石，即丈人峰。泰山极顶西北处有巨石矗立，状似老人佝偻，故称丈人峰，上刻有"丈人峰"三字。

（2）大夫松，《史记·秦始皇本纪》：始皇登泰山，立石祠祀，下山时风雨骤至，休息于树下，因封其树为五大夫。

（3）化外，王化之外，旧时称政令教化所达不到的偏远的地方。王封，帝王的疆土。

【赏析】

这首诗由郑姓朋友登泰山归来作为缘起，借物咏怀，抒发了作者的心志。

郑生，名作，字宜述，歙（今安徽歙县）人。读书于方山之上，自号方山子。后弃文从商，不废吟咏。李梦阳招致门下，过从甚密。明世宗嘉靖五年（1526）卒。李梦阳曾有多篇诗文相赠，为其编定诗歌选集《方山子集》并作序。从年龄说，李梦阳比郑作大八岁，故以"郑生"相称。

前四句是向朋友询问登泰山所观：昨天你登上泰山，可看到哪座峰是最高的峰？又是否见到了丈人石、大夫松？东岳即泰山。绝峰，最高的峰，当指玉皇顶——天柱峰，是泰山的最高峰。丈人石即丈人峰。泰山极顶西北处，有巨石矗立，状似老人，故称丈人峰，上刻有"丈人峰"三个大字。大夫松，泰山普照寺内的一株苍松，枝叶平生，状如华盖，据传是秦始皇封的"五大夫"松。

泰山作为"五岳之尊"，名胜极多。作者不问别处，独问绝峰、丈人石、大夫松，表现了他的志趣所在。这些景物有一个共同特点：高大巍峨，具有顶天立地之势。作者对这些景物所表现出的关切与喜爱，正是他仰慕伟岸、高洁人格的心志的自然表露。

作者对泰山的景物如此熟悉，说明他也曾登过泰山。"海日低波鸟，崖雷起窟龙"，五六句就是写作者的自我观感。前句是说，海日升起时比海波上的飞鸟显得还低；后句的意思是，崖边雷声聚响，山间潜伏的龙也惊得从洞穴里腾飞而出。如果说前句写海日、写波鸟，是由所见之远映衬泰山之高，后句写崖雷、写窟龙，则是以崖雷、窟中之龙作对照，呈现出泰山之大和宏大气势，表达了作者刚毅不屈、蔑视险阻的气概。

"谁言天下小？化外亦王封。"末二句直接抒怀。化外，旧时统治者称政令教化所达不到的偏远地方。这两句的意思是：谁说天下小？化外也是帝王的封土。《孟子·尽心上》说："孔子登东山而小鲁，登泰山而小天下。"小天下，即以天下为小，原是用来形容泰山之高的。作者在这里并不是简单地否定孔子登泰山的观感，而是化用此典，连同下句，抒发自己登泰山的独特感受，即：天下非常广大，到处都是王化之地，应施展才能，报效国家，表达了诗人要匡正朝纲、一展抱负的信心。清沈德潜、周准在《明诗别裁集》中评此诗结尾两句为"陈语须此翻用法"，是对诗人化旧为新的匠心作出的高度评价。

　　李梦阳处在一个宦官专权、朝政黑暗的时代。李梦阳本人也因参与弹劾宦官刘瑾，几遭杀害。在以后的仕途上，又屡遭谗贬，历尽不平。在这样的情况下，他能够始终坚守大节，保持旷达向上的情怀，对于一个封建士大夫来说，也确是难能可贵的。（辛庆祥）

【原文】

秋怀（二首）

庆阳亦是先王地[(1)]，城对东山不窀坟[(2)]。
白豹寨头惟皎月[(3)]，野狐川北尽黄云[(4)]。
天清障塞收禾黍[(5)]，日落溪山散马群。
回首可怜鼙鼓急，几时重起郭将军[(6)]？

苑西辽后洗妆楼[(7)]，槛外芳湖静不流[(8)]。
乱世君臣那在眼，异时松柏自深愁。
雕阑玉柱留天女，锦石秋花隐御舟[(9)]。
万古中华还此地，我皇亲为扫神州。

【毛泽东圈评等情况】

　　毛泽东读清沈德潜、周准编选《明诗别裁集》卷四时圈阅了此诗。

[参考] 张贻玖：《毛泽东评点、圈阅的中国古典诗词》，
中国工人出版社1992年版，第257页。

【注释】

　　（1）庆阳，府名，明代辖境相当于今甘肃东部庆阳、宁县、环县、合水、华池、正宁一带。先王地，先王所开拓管辖的疆土。

　　（2）东山，在甘肃静宁东，北宋吴璘令其子杰在此筑堡以抗金人。不窀坟，当指建于东山上的帝王坟墓保存完好。

　　（3）白豹寨，即白豹城，在甘肃庆阳北。

（4）野狐川，位于今甘肃武威天祝富什斯镇，此处地势险峻，风力猛烈，金元构兵，以此为重险。

（5）障塞，古代防御用的堡垒。

（6）郭将军，指郭子仪，唐时名将。

（7）苑，养禽兽植树木的地方。辽后，指辽国帝王的后妃。

（8）槛，围野兽的栅栏，此指帝王游猎之所。

（9）锦石，有美丽花纹的石头。御舟，皇帝乘坐的船只。

【赏析】

这是一组咏怀诗，为七言律诗。两首诗既互为联系、又各自相对独立。第一首主要表现作者对北方边防的关心和忧虑。

“庆阳亦是先王地，城对东山不窑坟。”首联二句述史。庆阳，府名，明代辖境相当于今甘肃东部庆阳、宁县、环县、合水、华池、正宁一带。此处靠近北方边防，作者李梦阳祖籍庆阳，因此全诗从此地写起，也属自然。先王地，先王所开拓管辖的疆土。这句意思是说，庆阳一带也是先王所管辖的地方。东山，在甘肃静宁东，宋吴璘令其子杰在此筑堡以抗金人。不窑坟，当指建于东山上的帝王坟墓还保存完好。这句引出在历史上与抗击少数民族入侵有关的东山，以及其与庆阳城对峙的关系，旨在说明庆阳在边防上的重要地位。

“白豹寨头惟皎月，野狐川北尽黄云。”颔联二句写今，既是秋景的描写，也是北方边防形势的描写。白豹寨，即白豹城，在甘肃庆阳北。野狐川，位于今甘肃武威天祝，说明此处是北方少数民族同中原相互拒守的重要防地。这两句诗的意思是，白豹城上空明月高挂，一片清辉；野狐川北面黄沙飞扬，满天混沌。这里隐含着作者对边防形势的认识。秋风渐紧，以游牧为主的北方少数民族，正面临寒冬将至、粮草奇缺的威胁，此时正是他们随时可能南侵掳掠的关键时刻。

“天清障塞收禾黍，日落溪山散马群。”颈联二句写出一派和平景象。障塞，古代防御用的堡垒。这两句是说，白天，秋高气爽，农人们在堡垒边收割成熟的庄稼；傍晚时分，在小溪边、山坡上放牧着闲散的马群。作者将这眼前和平的劳动，放在同战争相关的障塞的背景中，既表现了对战争随时可能发生的担忧，也为下文写战争骤起做了铺垫。

"回首可怜鼙鼓急，几时重起郭将军？"尾联两句直接抒发作者对北方边防的忧虑。鼙鼓，古代军队中使用的一种鼓，在此指代战争。郭将军，指郭子仪，唐时名将，曾镇守北方边防。这两句的意思是说，将来一旦不幸爆发战事，什么时候重新起用像郭子仪这样的名将呢？前句显然是一种假设，但作者的假设绝不是没有根据的，北方历来是用兵之地，随时可能有战事发生，历代明君都深知这一点，派精兵强将加以镇守。作者在这里无非想提醒当朝的统治者，要加强边防，尽早派勇略之将镇守，否则，一旦战事骤起，先王之地必会遭受损失。

第一首诗从边关形势说起，到提醒朝廷加强关防，表达了诗人对边防形势的关心和忧虑，表现了诗人忧国忧时的爱国思想和远见卓识。

第二首诗主要回顾少数民族统治者南侵中原的史实，提醒当朝统治者不忘前车之鉴，并颂扬当朝统治者恢复汉族统治的功绩。

"苑西辽后洗妆楼，槛外芳湖静不流"，首联述史。苑，养禽兽植树木的地方。槛，围野兽的栅栏，在此均指帝王游猎之所。辽后，指辽国帝王的后妃。这两句是说，在朝廷苑囿的旁边至今还留有外族统治者入主中原的遗迹。

"乱世君臣那在眼，异时松柏自深愁"，颔联是说外族入侵造成的危害。乱世，指外族入侵时的战乱时期。君臣，此当指汉族王朝的君臣。北方少数民族在中原肆虐，哪把中原朝廷的君臣放在眼里，展望未来令人担忧。

"雕阑玉柱留天女，锦石秋花隐御舟"，颈联是写外族统治者入主中原时的淫奢生活。雕阑，指雕有花形图案的栏杆。玉柱，指玉石柱子。在此，雕阑玉柱实指宫中豪华的殿舍。天女，即仙女，指美女。前句是说统治者的声色无度。锦石，指有美丽花纹的石头。御舟，皇帝乘坐的船只。后句是说统治者在花石间尽情游乐。两句的意思是，豪华的宫殿中收储着许多美女，御舟在花石间时隐时现。揭露了外族统治者入主中原时穷奢极欲的糜烂生活。

"万古中华还此地，我皇亲为扫神州"，尾联是写明朝统治者恢复汉族统治的史实。中华，即中华民族，此指汉族。还，返回。我皇，从作者所处时代及所述史实来看，当指明太祖朱元璋。扫，扫荡。神州，中国。《史记·孟子荀卿列传》："中国名曰赤县神州，赤县神州内自有九州……"此处"中国"，指中原广大地区。两句的意思是说，历史悠久的中华民族重新返回了这块地方（指神州），我们的太祖皇上亲自平定了神州大地。

　　从辽的南侵，到金宋政权对峙，直至元朝统治整个中国，外族对中原的侵扰或统治历时数百年，给中原人民带来了极大的灾难。直到明王朝建立，才结束了这段痛苦的历史。作者凭着知识分子的敏锐和忠直，追溯历史，着眼于当世，以古讽今，向统治者提出加强北方边防的忠告，表现了一种忧国忧民的爱国思想，在当时是有着积极意义的。（辛庆祥）

边 贡

边贡（1476—1532），字廷实，号华泉。历城（今山东济南）人。明代文学家、诗人。明孝宗弘治九年（1496）进士，时年二十岁。初为太常博士，后擢兵科给事中，历陕西、河南提学副使，嘉靖时官至南京户部尚书。为"前七子"之一。其诗清婉平和，造语清圆，歌行绝句，时有佳篇。与李梦阳、何景明、徐祯卿合称弘（治）正（德）"四杰"。有《华泉集》。

【原文】

谒文山祠

丞相英灵迥未消⁽¹⁾，绛帷灯火飒寒飙⁽²⁾。
黄冠日月胡云断⁽³⁾，碧血山河龙驭遥⁽⁴⁾。
花外子规燕市月⁽⁵⁾，水边精卫浙江潮⁽⁶⁾。
祠堂亦有西湖树⁽⁷⁾，不遣南枝向北朝。

【毛泽东圈评等情况】

毛泽东读清沈德潜、周准编选《明诗别裁集》卷五时圈阅了此诗。

[参考] 张贻玖：《毛泽东评点、圈阅的中国古典诗词》，
中国工人出版社 1992 年版，第 257 页。

【注释】

（1）丞相，指文天祥。宋端宗即位于福州后，1276 年文天祥曾任南宋右丞相，封信国公。迥，长远，长久。

（2）绛帷，即灵前的红色帐帷。灯火，指灵案上的蜡烛、香火。飒，

指风声。寒飙,狂风。扬雄《河东赋》:"风发飙拂,神腾鬼趡。"

(3)黄冠,古代用箬竹制的帽子,色黄故日黄冠,一般村民用,这里代指文天祥。《宋史·文天祥传》载文天祥语:"国亡,吾分一死矣,倘缘宽假,得以黄冠归故乡,他日以方外备顾问可也。"胡云,指元朝。

(4)龙驭,皇帝车驾,这里借指皇帝。

(5)子规,杜鹃鸟,其声哀切。燕,今北京。文天祥囚于燕京四年,最后在柴市就义。文天祥被俘北去,曾作《金陵驿》诗,末云:"从今别却江南路,化作啼鹃带血归。"

(6)水边,一作"柳边"。精卫,神话中鸟名。神话云:炎帝少女溺死于东海,化为精卫,衔木石填海不已。

(7)西湖树,清吴焯等撰《西湖志》载:岳飞墓上古树,树枝皆向南。岳飞墓在西湖旁。这里是以岳飞比喻文天祥。

【赏析】

《谒文山祠》是明诗中比较著名的作品。这首七言律诗赞颂了文天祥的民族气节,表达了作者对文天祥的敬仰。谒,即表示出作者对文天祥的敬仰之意。

文天祥,号文山,南宋末年抗元的民族英雄。1278年12月文天祥被俘,元廷逼迫他给宋将张世杰写劝降信,未许,后被解元京都大都(今北京),囚禁三年,始终坚贞不屈。1282年正月9日英勇就义。后人在他被囚的兵马司狱故址建文山祠,以兹纪念。文天祥的诗句"人生自古谁无死,留取丹心照汗青",一直激励着人们为正义事业而作出英勇的奉献。

"丞相英灵迥未消,绛帷灯火飒寒飙。"首联诗人直抒胸臆,说文天祥的英灵远远没有消失。1276年文天祥曾任南宋右丞相,所以这里称文天祥为丞相。接着写祠堂内景物,寓情于景。绛帷即灵前的红色帐帷,灯火即灵案上的蜡烛、香火。文天祥虽然逝去很久了,但人们仍在纪念他。绛帷、灯火都是最好的说明。人们纪念他,也说明他的英灵仍在感动着人们。然而飒飒的寒风响个不止,又不免使人战栗。景色的描写反映诗人的内心极不平静。

　　"黄冠日月胡云断，碧血山河龙驭遥。"颔联赞扬文天祥的民族气节。黄冠，古代用箬竹制的帽子，色黄故曰黄冠，一般村民用。这里代指文天祥。《宋史·文天祥传》载文天祥语："国亡，吾分一死矣，倘缘宽假，得以黄冠归故乡，他日以方外备顾问可也。"龙驭，皇帝车驾。上联说文天祥的英灵未消，他的坚贞不屈精神、浩然之气必将与日月并存，而杀害他的元朝却早已终结，他的鲜血染红了祖国山河大地，而宋朝皇帝却也早已死去，表现出诗人的无限感慨与惋惜之情。

　　"花外子规燕市月，水边精卫浙江潮。"颈联赞文天祥的精神感人之深。子规，即杜鹃。燕，今北京。精卫，神话中鸟名，神话说：炎帝少女溺死于东海，化为精卫，衔木填海不已。这两句高度赞颂文天祥的坚贞不屈精神。说文天祥被害之后，他的魂魄化为杜鹃，早晨在花丛里，晚上在北京月下，不停啼鸣。他又像衔木填海的精卫和浙江的浪潮一样永无休止。极言其精神感人之深。

　　"祠堂亦有西湖树，不遣南枝向北朝。"尾联赞扬文天祥的精神万古长存。西湖树，据《西湖志》说，岳飞坟上的古树，枝皆向南。这两句以岳飞比拟文天祥，赞美其不屈不挠的民族精神。岳飞抗金被害后，后人在西湖旁为之建庙修墓，墓上种的树枝皆向南而不向北。这虽然是人们的一种臆想，但它表现了人们对岳飞绝不向北方金朝低头的敬仰。作者说文天祥的坚贞不屈精神和岳飞一样感动了万物，他的祠堂里的树枝和岳飞墓上的树枝一样，向南而不向北。诗人高度赞颂了文天祥绝不向敌人低头的民族气节。（英男）

顾　璘

顾璘（1476—1547），字华玉，号东桥、东桥居士，先世吴县（今江苏苏州）人，明初徙上元（今江苏南京）。明代诗人。与同里王韦、陈沂肆、朱应登并称"金陵四大家"。明孝宗弘治九年（1496）进士，授广平知县，后为开封知府，因与太监廖堂等相忤，下狱，谪全州（今广西全州）。官至南京刑部尚书。晚年罢归，构息园，大治亭舍，宾客常满，以诗酒自娱。工诗文。有《浮湘集》《山中集》《凭几集》《息园存稿》《缓恸集》《国宝新编》等。

【原文】

庚辰元日

诸侯玉帛会长安(1)，天子南巡历壮观(2)。
共想正元趋紫殿(3)，翻劳边将从金鞍(4)。
沧江饮马波先静(5)，黄竹回銮雪未干(6)。
北极巍巍天咫尺(7)，五云长护凤楼寒(8)。

【毛泽东圈评等情况】

毛泽东读清沈德潜、周准编选《明诗别裁集》卷五时圈阅了此诗。

[参考] 张贻玖：《毛泽东评点、圈阅的中国古典诗词》，
中国工人出版社1992年版，第257页。

【注释】

（1）玉帛，瑞玉和缣帛，古代诸侯祭祀、会盟、朝聘所持珍贵礼物。长安，汉唐都城，借吟明之京师。

（2）天子南巡，指明武宗正德十四年（1519）南巡。历壮观，一作"下楚关"，古代江苏地区，一度曾是楚地。

（3）正元，即旧历正月初一。紫殿，帝王宫殿，即金銮殿。

（4）翻，同"反"。边将，指武宗。当时武宗是以威武大将军太师镇国公朱寿名义统率各镇边兵征剿南巡的。金鞍，本指马鞍，这里借指兵马。

（5）沧江，江流，江水。以江水呈苍色，故称。此指长江。

（6）黄竹，即《黄竹》诗，传为周穆王作，诗为四言，每章七句，以首句"我徂黄竹"，故名。后人常以穆王乘八骏漫游，讽吟帝王之好游幸。

（7）北极，即北极星，借喻帝王所在地。杜甫《登楼》："北极朝廷终不改，西山寇盗莫相侵。"

（8）五云，五色的祥云，这里指皇帝所在地。凤楼，指皇宫内的楼阁。

【赏析】

庚辰，中国古代以旧历法纪年，每年都用天干与地支相配合之后，取其一对作为当年的标记。庚辰年这里指明武宗正德十五年（1520）。元日，即旧历正月初一。正德十四年八月，明武宗假亲擒宁王朱宸濠之名南游，而朱宸濠早已被王守仁擒获，但武宗仍游乐江南不归。所以，这首诗对武宗南游乐而忘返有谴责之意。沈德潜在这首诗后批注："应是宁庶人已擒，而武宗犹巡游不返，故有此诗。"

这是一首七言律诗。"诸侯玉帛会长安，天子南巡历壮观。"首联中的"玉帛"，古代诸侯祭祀、会盟、朝聘时所持的礼物。天子南巡，指明武宗正德十四年南巡。正德十三年（1518），明武宗托言边关多警，自称总督军务威武大将军总兵官朱寿，统六师往征，在幸臣江彬诱导下，游历了大同、绥德、西安、太原，正德十四年二月还京，敕谕南巡。武宗每次出巡和归来，百官都要具"彩帐羊酒"迎送。"帝御帐殿，阁臣奉觞称贺。"史载，正德十四年六月，江西宁王朱宸濠反，七月便被巡抚南赣的王守仁平定。八月，武宗假亲征朱宸濠南游。行至涿州（河北涿州），王守仁擒朱宸濠捷奏至，但武宗不公布而继续南下，一路淫乐无度，十二月抵南京。正德十五年闰八月武宗命于南京广场释朱宸濠，然后伐鼓鸣金而擒之，示为己所俘。追献俘礼毕，始北归，年底回到北京。长达十六个月的南巡，真可谓历史上的"壮观"之游。

"共想正元趋紫殿，翻劳边将从金鞍。"颔联中的"正元"，即旧历正月初一。紫殿，即金銮殿。边将，此指武宗。当时武宗是以威武大将军太师镇国公朱寿名义统率各镇边兵征剿南巡的。武宗南巡时，兵部郎中黄巩与员外郎陆震上疏指出：当时纪纲法度，"一坏于刘瑾，再坏于佞幸，又再坏于边师"。这里"边师"指武宗所统帅征边之师。这两句的意思是，本来百官想着在正月初一到金銮殿为皇帝庆贺新年，没想到事情翻转过来了，武宗却离开京城，率领兵马，南下征讨。

"沧江饮马波先静，黄竹回銮雪未干。"颈联中的"沧江"即长江。黄竹，即《黄竹》诗，传为周穆王作，盖后人伪托。其诗为四言，每章七句，以首句为"我徂黄竹"，故名。銮，即銮驾。这两句意为，在武宗南征饮马长江之前，江水的波浪已经平静了，言外之意为朱宸濠反乱已经平息。过去周穆王打猎看到民间受冻而赋《黄竹》诗篇，他立刻停止了打猎，銮驾回到宫中雪尚未干。今天的皇帝何不想想民间疾苦，赶快停止南巡回銮宫中呢？

"北极巍巍天咫尺，五云长护凤楼寒。"尾联中的"北极"，即北极星，借喻帝王所在地。杜甫《登高》："北极朝廷终不改，西山寇盗莫相侵。"五云，有两意：一为五色瑞云，《南齐书·乐书》："圣祖降，五云集。"唐骆宾王《为齐州父老请陪封禅志》："瑞开三眷，祥洽五云。"二指皇帝所在地。《赠郭楼》诗："承恩新拜上将军，当值巡更近五云。"这里应指皇帝所在地。凤楼，指宫内楼阁。这两句意为，高高的北极星，与蓝天的距离很近，皇帝的住处及宫中楼阁都显得沉寂荒凉了，皇帝还是早日回銮吧！（英男）

何景明

何景明（1485—1523），字仲默，号白坡，又号大复山人，信阳（今河南信阳）人。明代文学家、诗人。明孝宗弘治进士，授中书舍人，官至陕西提学副使。与李梦阳齐名，世称"李何"，为"前七子"领袖。倡复古，但反对模拟，主张"法同语不必相同"。所作古诗取法汉魏，近体多学盛唐，诗文流露出对当时政治浑浊的不满。其诗风丰神秀逸，清新可读。有《大复集》。

【原文】

送雷长史

彤管先朝随帝子⁽¹⁾，白头今日奉王孙。

汉庭亦羡相如美⁽²⁾，楚客重看贾傅尊⁽³⁾。

花下图书开玉殿⁽⁴⁾，日高琴瑟在朱门。

十年亭阁淮西宴⁽⁵⁾，肠断梁王雪夜樽⁽⁶⁾。

【毛泽东圈评等情况】

毛泽东读清沈德潜、周准编选《明诗别裁集》卷五时圈阅了此诗。

[参考] 张贻玖：《毛泽东评点、圈阅的中国古典诗词》，
中国工人出版社 1992 年版，第 257 页。

【注释】

（1）彤管，杆身漆朱的管笔，古代女史记事用。《诗经·邶风·静女》："静女其娈，贻我彤管。"毛传："古者后夫人必有女中彤管之法，史不记过，其罪杀之。"这里指在朝任官。帝子，帝王的儿子。唐王勃《滕

王阁》诗："阁中帝子今何在，槛外长江空自流。"

（2）汉庭，即汉朝。相如，汉代著名辞赋家司马相如。

（3）楚客，指屈原，亦泛指客居他乡的人。贾傅，即长沙王太傅贾谊。

（4）玉殿，指仙宫或者官署。汉时，让翰林待诏于玉堂殿。

（5）淮西，指今安徽北部、河南东部淮河北岸一带。淮西宴，汉高祖刘邦的孙子刘安为淮南王时，好文学及神仙术，曾招致宾客方士数千人。这里指刘安宾客事。

（6）梁王，汉梁孝王刘武在今开封东南建东苑（亦称兔园），广纳宾客，名士云集。

【赏析】

诗题《送雷长史》。雷长史，疑为雷仕檀（1475—1540），字季芳，号房村居士，建安（今福建建瓯）人。明武宗正德二年（1507）举人，授安顺知州，迁吉府长史（古代王府均设长史，总管府内事务）。卒年六十六岁，有《房村稿》。

这是一首七言律诗。"彤管先朝随帝子，白头今日奉王孙"，首联议论。彤管，赤管笔，这里指在朝任官。帝子，皇帝的儿子。王孙，古代贵族子弟的通称。这两句意为，在前朝时，你已经为皇帝的儿子做事了，现在虽已是白头老人，但还侍奉王府的子弟。诗首先写雷长史劳苦有功。

"汉庭亦羡相如美，楚客重看贾傅尊"，颔联用典。汉庭，即汉宫廷。相如，指司马相如，著名辞赋家。汉景帝时为武骑常侍，因病免。客游梁，为梁孝王门客，与辞赋家枚乘、邹阳交游，作《子虚赋》《上林赋》，为汉武帝所重，用为郎，奉命出使西南有功。楚客，这里指客居他乡的人。贾傅，即贾谊，汉文帝初年官大中大夫，力主改革政制，为权贵中伤，出为长沙王太傅。四年后又被诏入为梁怀王太傅。怀王死后，贾谊郁郁而死。这两句意为，汉宫廷非常欣赏司马相如的文学才能，所以一再让他为朝廷做事。楚地汉长沙王对他的老师贾谊也是非常尊重的。诗人这里用司马相如和贾谊事，显然意在安慰鼓舞雷长史，认为他也会像司马相如和贾谊一样，受到重用和尊重。

"花下图书开玉殿，日高琴瑟在朱门"，颈联用典兼叙事。玉殿，指仙宫或官署。晁冲之《以少炭寄江子之》诗："金籍曾通玉虚殿，仙曹拟拜翠微郎。"又，汉时，让翰林待诏于玉堂殿。琴瑟，皆乐器。朱门，豪富之门。这两句意为，像司马相如、贾谊一样，有学识有才华自然可以打开通向仙宫或官署之门，高雅的乐声会长响于豪富之家。雷长史善于词赋，但官运不佳。何景明在《答雷长史四首》诗中说："汝上相逢岁已长，故人官次近荒凉。"又说："十载寒毡郑画师，风流文采更堪思。朱门鼓琴官乃违，青殿挥毫出每迟。万里风烟还薄暮，孤城雨雪已多时。极知岁晚伤心切，起傍宫梅自咏诗。"雷长史不得志，灰心丧气，所以何景明用贾谊、司马相如事鼓励他。

"十年亭阁淮西宴，肠断梁王雪夜樽"，尾联抒情。淮西，隋唐以前，从长江下游通向中原，都在今安徽寿县附近渡淮，这一段淮水流向系自南而北，因习称今皖北豫东淮河北岸一带为淮西。淮西宴，汉置淮南国，治所在寿县。汉高祖刘邦的孙子刘安为淮南王时，好文学、神仙术，博雅好古，曾招致宾客方士数千人。淮西宴应指刘安好宾客事。梁王雪夜樽，汉梁孝王刘武在今开封东南建东苑（亦称兔园），方圆三百余里，宫殿连属，供游赏驰猎，广纳宾客，当时名士司马相如、邹阳、枚乘等都是座上客。这两句意为，淮南王刘安长期广纳宾客，天下贤士咸集，达数千人。梁孝王雪夜宴请佳友，但盼望到肠断而相如仍未到达。何景明认为有才学的人，用不着为自己不得志犯愁，要自我修养，一旦时机到来，自会受到贤者青睐。

这首诗鼓励有文采有学识而不得志的雷长史要安贫乐道，加强自我修养，终会受到贤者青睐。（东民）

【原文】

送卫进士推武昌

少年佐郡楚城居[1]，十郡风流尽不如。
此去且随彭蠡雁[2]，何须不食武昌鱼[3]。

仙人楼阁春云里⁽⁴⁾，贾客帆樯晚照余⁽⁵⁾。
大别山前汉江水⁽⁶⁾，画帘终日对清虚⁽⁷⁾。

【毛泽东圈评等情况】

毛泽东读清沈德潜、周准编选《明诗别裁集》卷五时圈阅了此诗。

[参考] 张贻玖：《毛泽东评点、圈阅的中国古典诗词》，

中国工人出版社 1992 年版，第 257 页。

【注释】

（1）佐郡，协理州郡政务，指任州郡的司马、推官、通判等职。佐，辅佐，指任副职。楚城，楚国王城又名楚城，古城旧址在今河南信阳西北。

（2）彭蠡，指今江西鄱阳湖。

（3）武昌鱼，即团头鱼，亦称团头鳊，头小体扁，银灰色，肉味鲜美，为上等食用鱼类。

（4）仙人楼阁，指黄鹤楼。春云，即春天的云。

（5）贾客，即商贩。

（6）大别山，在鄂豫皖三省边界，西接桐柏山，东接霍山，为长江淮河分水岭。

（7）清虚，太空，天空。画帘，画栋珠帘之略语。语出唐王勃《滕王阁》诗："画栋朝飞南浦云，珠帘暮卷西山雨。"画栋，有彩色装饰的栋梁。珠帘，串珠而成的门帘。

【赏析】

诗题《送卫进士推武昌》。卫进士，疑即卫道，河南叶县人，明武宗正德九年（1514）进士。任推官，征为给事中，后升贵州参政，累官南京刑部右侍郎。《送卫进士推武昌》，即送卫进士到武昌府任推官。

这是一首七言律诗。"少年佐郡楚城居，十郡风流尽不如"，首联赞扬卫进士少年有为。佐，辅佐。楚城，楚国王城又名楚城，古城旧址在今河南信阳西北。这两句意为，你少年时代在楚城居住的时候就颇负盛名，

十几个郡县的青年学子都望尘莫及。诗首先称赞卫进士少年时代就才气出众，颇负盛名。

"此去且随彭蠡雁，何须不食武昌鱼"，颔联点出送行题旨。彭蠡，约为今鄂东皖西滨江诸湖。西汉后，彭蠡渐南移，扩展成今之鄱阳湖。武昌鱼，即团头鱼，亦称团头鲂，头小体扁，长约四十厘米，重约六斤，银灰色，肉味鲜美，脂肪丰富，为上等食用鱼类。三国时孙权要把吴国都城由武昌（今湖北鄂城）迁往建业（今江苏南京），不少人反对，时有一首民谣云："宁饮建业水，不食武昌鱼。宁还建业死，不止武昌居。"明时的武昌府，即今湖北武汉武昌，与三国时不是同一地。这两句意为，这次到武昌去，可以到鄱阳湖游览胜地，祝你像那里的大雁一样展翅高飞。美味可口的武昌鱼更是非吃不可的。以亲切的口吻预祝卫进士到武昌游览愉快，前途鹏程万里。

"仙人楼阁春云里，贾客帆樯晚照余"，颈联点武昌特色。仙人楼阁，指黄鹤楼。唐崔颢《黄鹤楼》诗云："昔人已乘黄鹤去，此地空余黄鹤楼。"昔人，指传说中的仙人。传说古代仙人王子安乘黄鹤过此（见《齐谐记》），又说费文伟登仙驾鹤于此（见《太平寰宇记》引《图径》）。贾客，即商贩。樯，帆船上挂风帆的桅杆。晚照余，夕阳西下，阳光余晖。这两句写黄鹤楼坐落在春天的彩云之中，贾客帆船在落日余晖之中，风景如画，令人流连忘返。

"大别山前汉江水，画帘终日对清虚"，尾联寄予希望。大别山，在鄂豫皖三省边境，西接桐柏山，东接霍山，长江淮河分水岭。汉江，又称汉水，长江最大支流，源出陕西西南部宁强，东流经陕西南部、湖北西北部，在武汉入长江。这两句意为，在大别山前，汉江水边，你居在画栋珠帘的房屋之中，面对着天空，过着悠闲自得的生活。

此诗写送友，祝福友人赴武昌上任，极写武昌山明水秀，风景如画，足以荡涤为俗官的俗事，陶冶情操，永葆人的清纯。所以沈德潜、周准在《明诗别裁集》此诗末批注云："明秀。"（东民）

送陆舍人使吴下

柳拂清江画鹢飞⁽¹⁾，节旄更喜便南归。

回风树里吹官骑，返照河边上客衣。

北固楼台秋寺遍⁽²⁾，长洲花草故宫非⁽³⁾。

登临莫怪多词赋，吴下才人是陆机⁽⁴⁾。

【毛泽东圈评等情况】

毛泽东读清沈德潜、周准编选《明诗别裁集》卷五时圈阅了此诗。

[参考] 张贻玖：《毛泽东评点、圈阅的中国古典诗词》，

中国工人出版社 1992 年版，第 257 页。

【注释】

（1）画鹢（yì），古代在船头上画鹢鸟像，故称，此指船。

（2）北固楼，在今江苏镇江北固山上，又名北顾楼，晋蔡谟始建。

（3）长洲，古苑名，在今江苏苏州西南。故宫，泛指过去的宫殿。

（4）才人，指有才能的人。陆机（261—303），字士衡，吴郡吴县华亭（今上海松江）人，西晋文学家，祖逊父抗，皆三国吴名将。太康末，与弟云至洛阳，文才倾动一时，时称"二陆"。所写《文赋》为古代重要的文学论文。有《陆士衡集》。这里借指陆舍人。

【赏析】

诗题《送陆舍人使吴下》。陆舍人，不详。舍人，官名，其职务历代不同。明代舍人所指不一。带刀散骑舍人，均为近侍武官；内阁中的中书科也设中书舍人，专管缮写；军卫应袭子弟亦称舍人。吴，古国名。春秋战国时吴国占有今江苏及安徽、浙江的一部分，建都苏州。三国时的东吴，占有今长江下游，南至福建、两广及越南北部及中部，建都南京。苏州亦称吴县。这里应指苏州。题意为，送陆舍人奉使到苏州。

这是一首七言律诗。"柳拂清江画鹢飞，节旄更喜便南归。"首联两句写陆舍人乘水运到南方。鹢，水鸟。画鹢，古代在船头上画鹢鸟像，故称船为画鹢。节即符节，古代使者所持以作凭证。旄，古时旗头上用旄牛尾作的装饰，因指有这种装饰的旗为旄。节旄，即古代使者所持以作凭证的旗。这两句意为，杨柳轻轻拂扫着清澄的江面，画有鹢鸟的船飞快地行驶，更为可喜的是陆舍人奉有重要的使命回南方去了。

"回风树里吹官骑，返照河边上客衣。"颔联两句意谓，他们行军非常迅速，行进时带有一种回头风，当走进林荫大道时，那种回头风吹着他们一行的坐骑显得特别厉害。他们在岸上行进的姿态还常常倒映在清清的河水之中。以上四句，写陆舍人因有重要使命在南行途中情景，勾勒出一幅水陆急速行军图。

"北固楼台秋寺遍，长洲花草故宫非。"颈联二句写吴下风光。北固楼，楼名，在今江苏镇江北固山上，又名北顾楼，晋蔡谟始建。梁武帝有《登北顾楼》诗。宋辛弃疾《南乡子·登京口北固亭有怀》词："何处望神州，满眼风光北固楼。"北固山上还有甘露寺、铁塔等名胜。长洲，古苑名，在今江苏苏州西南，太湖北，自唐至明与吴县历为苏州、平江府、平江路、苏州府治所。故宫，这里泛指封建王朝遗存的宫殿。这两句意为，北固山上的北固楼，寺院秋景非常壮观。长洲的仙花异草尤为赏心悦目，它们使古代王朝宫殿里的花草也显得有些逊色。这些名胜古迹自然是应游览观赏的。

"登临莫怪多词赋，吴下才人是陆机。"尾联二句赞陆舍人才干。才人，这里指有才能的人。陆机，这里指代陆舍人。这两句意为，登北固楼到长洲观光游览，陆舍人一定会创作许多诗篇，这谁能怪他呢？因为陆舍人是苏州一带最有才华的人啊！

这首诗前四句写陆舍人南归沿途情况，后四句写陆舍人到南方后游览山水名胜，吟诗作赋，并赞美陆舍人的才华，预祝他创作丰收。（张淑英）

武昌闻边报

传闻虏骑近长安⁽¹⁾，北伐朝廷已遣官。

路绕居庸烽火暗⁽²⁾，城高山海戍楼寒⁽³⁾。

一时边将当关少⁽⁴⁾，六月王师出塞难。

先帝恩深能养士⁽⁵⁾，请缨谁为系楼兰⁽⁶⁾！

【毛泽东圈评等情况】

毛泽东读清沈德潜、周准编选《明诗别裁集》卷五时圈阅了此诗。

[参考] 张贻玖：《毛泽东评点、圈阅的中国古典诗词》，
中国工人出版社 1992 年版，第 257 页。

【注释】

（1）虏骑，强悍的部队。虏，张满弩弓。《孙子·兵势》："势如彍弩。"又唐玄宗时招募一些兵丁，每年宿卫长安两月，免除出征，称为虏骑。这里指蒙古小王子的军队。明孝宗弘治十八年（1505）八月，蒙古小王子军犯大同，十月又犯固原。边报，应是小王子犯固原的军报。

（2）居庸，即居庸关，在北京昌平西北，长城要道之一，明洪武元年（1368）建。

（3）山海，即山海关，又称榆关、渝关，在河北秦皇岛，长城东起点，明初置关戍守。戍楼，边境上的哨楼。

（4）当关，即把守关口，此指守关的人。

（5）先帝，指明孝宗朱祐樘。

（6）请缨，《汉书·终军传》："南越与汉和亲，乃遣军使南越，说其王，欲令入朝，比内诸侯。军自请：'愿受长缨，必致南越王而致之阙下。'"后以请缨谓自告奋勇，请求杀敌。

【赏析】

《武昌闻边报》写于明孝宗弘治十八年（1505）。这年五月，明孝宗（敬帝）崩。何景明奉哀诏出使云南，十月归，得诗一百首。此诗便是其中之一。《何大复集》第二十四卷第一首诗为《舟次汉阳》，题下注"以下使集"，第二首便是《武昌闻边报》。《何大复年谱》也说："五月敬帝崩，先生奉哀诏使云南，……至云南，云南郡长及中贵咸请题咏，……十月朔归……得诗共一百首。先生诗所谓使集者也。"

这是一首七言律诗。"传闻虏骑近长安，北伐朝廷已遣官。"首联中的"虏骑"，唐玄宗招募一些兵丁，每年宿卫长安两月，免除出征，称之为虏骑。这里指蒙古小王子的军队。明弘治十八年（1505）八月，蒙古小王子军队犯大同，十月又犯固原。十月何景明恰从云南归来至武昌。边报，应是小王子犯固原的军报。这两句意为，听说蒙古军队已经逼近长安，朝廷已经派遣兵将去北方讨伐。

"路绕居庸烽火暗，城高山海戍楼寒。"颔联中的"居庸"，即居庸关，在北京昌平西北，长城要道之一，明太祖洪武元年（1368）建。山海，即山海关，亦称榆关，又称渝关，在河北秦皇岛，长城起点。明初置关戍守。戍楼，边防岗楼。这两句意为，在道路曲折的居庸关上的烽火不能及时燃起，长城上的山海关的戍楼也显得沉寂。为什么边防这样松懈，不能严加防守而让小王子的队伍入侵到长安呢？

"一时边将当关少，六月王师出塞难。"颈联是对上句提问的回答。当关，即守关，李白《蜀道难》诗："一夫当关，万夫莫开。"六月王师，《诗经·小雅·六月》写狎狁侵扰甚剧，周王于六月遣师出征。这里指明朝军队。这两句意为，蒙古小王子之所以那样猖獗，是由于能阻挡敌人的边防将领太少，而当时朝廷派兵出征也有一定困难。因为先帝刚刚驾崩，新帝初就位，百事待举，无暇顾及。

"先帝恩深能养士，请缨谁为系楼兰！"尾联中的"先帝"，指明孝宗朱祐樘。朱祐樘曾给大学士刘健说，临阵以军法从事，所拟太严，恐边将启轻杀之渐。后人姚仙期说："此亦恩深能养士之一也。"请缨，即投军报国。楼兰，古西域国名，汉内附，王居于扜泥城，遗址在今新疆若羌境罗布泊。该国王尝杀汉使，阻通道。汉遣付介子斩其王，另立尉屠耆为王，更名鄯善。付介子封侯，后借用为杀敌立功的事典。这两句意为，孝宗皇帝对将士很关心，将士很感激他，愿为效力。可是他已经死去，现在谁又愿投军报国杀敌立功呢！在诗人看来，这正是"当关少""烽火暗"，边患不已的原因。诗人的这种认识自然有很大的局限性。然而他肯定先帝的这种懿德，在于让刚即位的武宗效法，有一定积极意义。（东民）

【原文】

怀寄边子

汝从元岁侍君王⁽¹⁾，谁念先朝老奉常⁽²⁾。
一出云霄空怅望⁽³⁾，十年歧路各苍茫。
春天缥缈金茎露，昼日氤氲紫殿香⁽⁴⁾。
独有扬雄尚陪从，白头抽笔赋长杨。

【毛泽东圈评等情况】

毛泽东读清沈德潜、周准编选《明诗别裁集》卷五时圈阅了此诗。

[参考] 张贻玖：《毛泽东评点、圈阅的中国古典诗词》，中国工人出版社 1992 年版，第 257 页。

【注释】

（1）元岁，即元年，指正德元年（1506）。侍君王，一为"侍今皇"。

（2）先朝，指先帝。《南史·袁粲传》："武帝诏曰：'袁粲、刘彦节并与先朝同奖宗室。'"此指明孝宗朱祐樘。奉常，秦九卿之一。《汉书·百官公卿表》："奉常，秦官，掌宗庙礼仪，有丞。景帝中六年更名太常。"颜师古注："太常，王者旌旗也，画日月焉，王有大事则建以行，礼官主持之，故曰奉常也。后改曰太常，尊大之义也。"

（3）云霄，天际，高空，喻高位。怅望，惆怅地看望或想望。

（4）紫殿，帝王宫殿。《三辅黄图·汉宫》："武帝又起紫殿，雕文刻镂黼黻，以玉饰之。"

明
诗

【赏析】

诗题《怀寄边子》。边子即边贡（1476—1532），字廷实，号华泉，山东历城人。明孝宗弘治九年（1496）进士。除太常博士，擢兵部给事，后改太常丞，迁卫辉知府，改荆州，任陕西、河南提学副使。嘉靖改元，起南京太常少卿，后拜户部尚书。"明七子"之一，与李梦阳、何景明、徐桢卿并称四杰。著有《华泉集》。《怀寄边子》这首七言律诗，主要是劝边贡对仕途要视若朝露，鼓舞安慰他从事著作研究。子，对男子的尊称或美称。

"汝从元岁侍君王，谁念先朝老奉常。"首联中的"元岁"，即元年，这里应指正德元年（1506）。侍君王，《何大复集》为"侍今皇"（今依《明诗别裁集》本）。何大复在明武宗正德十六年（1521）逝世。今皇应指明武宗。先朝，指弘治时期。边贡在明孝宗弘治九年（1496）中进士，除太常博士，后改太常丞。这两句的意思是：你从元年就侍奉当今皇帝，况且谁能忘记你还是前朝的老臣。诗人首先指出边贡已历任两朝，属于老臣了。

"一出云霄空怅望，十年歧路各苍茫。"颔联中的"歧路"，即叉路，这里指分手。这两句意为：你一出来做事就不顺利，咱们分别十多年来所走道路都不平坦。这真使人遗憾！

"春天缥缈金茎露，昼日氤氲紫殿香。"颈联中的"缥缈"，隐隐约约，若有若无状。金茎露，汉武帝迷信道士的话，在建章宫西建立金茎承露盘。金茎指承露盘下的铜柱。杜甫有诗句："蓬莱宫阙对南山，承露金茎霄汉间。"氤氲，烟云弥漫。这两句意为：仕途就像春天金茎上面承露盘中的露水一样，若有若无；又像白天金殿上弥漫的香气，都是过眼云烟。

"独有扬雄尚陪从，白头抽笔赋长杨。"尾联中的"扬雄"，一作杨雄。西汉文学家、哲学家、语言学家，字子云，蜀郡成都（今四川成都）人。成帝时给事黄门郎。王莽时，校书天录阁，官为大夫。早年作《长杨赋》《甘泉赋》《羽猎赋》，在形式上模仿司马相如的《子虚》《上林》等赋。这两句意为：仕途像过眼云烟，一切很快就消失了，只有扬雄的著作尚陪伴着你。你虽然已经老了，可是还可以学习扬雄作《长杨赋》，抽笔长吟。

这首诗再次表现出作者对当时政治不满，而又无可奈何的消极思想。
（张淑英）

【原文】

得献吉江西书

近得浔阳江上书，遥思李白更愁予[1]。
天边魑魅窥人过[2]，日暮鼋鼍傍客居。
鼓枻襄江应未得[4]，买田阳羡定何如[5]？
他年淮水能相访，桐柏山中共结庐[6]。

【毛泽东圈评等情况】

毛泽东读清沈德潜、周准编选《明诗别裁集》卷五时圈阅了此诗。

[参考] 张贻玖：《毛泽东评点、圈阅的中国古典诗词》，
中国工人出版社 1992 年版，第 257 页。

【注释】

（1）李白，借指李梦阳，时李梦阳任江西提学副使。愁予，屈原《楚辞·九歌·湘夫人》："帝子降兮北渚，目眇眇兮愁予。"

（2）魑魅，传说中山林里害人的神怪，亦泛指鬼怪。《汉书·王莽传中》："敢有非井田圣制，无法惑众者，投诸四裔，以御魑魅。"颜师古注："魑，山神也。魅，老物精也。"见杜甫《天末怀李白》："文章憎命达，魑魅喜人过。"

（3）鼋鼍（yuán tuó），两种爬行动物；鼋即绿团鱼，俗称癞头鼋。鼍即扬子鳄，俗称猪婆龙。

（4）鼓枻，语本杜甫《忆昔行》："南浮早鼓潇湘枻。"襄江，即襄河，汉水自襄阳以下称为襄河。

（5）阳羡，今江苏宜兴。

（6）结庐，构室居住。

【赏析】

这是一首七言律诗。诗题《得献吉江西书》。献吉，即李梦阳（1472—1530），字献吉，号空同，明代文学家。

"近得浔阳江上书，遥思李白更愁予。"首联中的"浔阳江"，长江流经江西九江西北一段，古称浔阳江，这里代指江西。李白，指代李梦阳。何景明与李梦阳在政治上都反对宦官专权，在文学上都有较高造诣，都反对"台阁体"。在文学主张上二人虽有不同（李主模古，何主创造），但他们的友谊相当深厚。李梦阳来信称仲默（何景明字仲默）为赤心朋友，何景明这里说，得到李梦阳自江西的来信，在遥远的地方思念李梦阳的情况，使他更加忧虑。

"天地魑魅窥人过，日暮鼋鼍傍客居。"颔联中的"魑魅"，传为山林害人妖怪。语本《史记·太史公自序》："鼋鼍与处。"明武宗时，刘瑾被诛后，宦官专权的政治局面并未结束，继之是宦官张永用事，宦官魏彬、马文成等擅窃权柄，谁得罪宦官，谁就要倒霉。这种局面正是李梦阳、何景明等所反对和忧虑的。这二句紧承上联，意思是说，深山老林中的害人妖精魑魅正在窥视着经过的人们，乘其不备而害之；那些鼋鱼、鳄鱼正潜藏在人们的身旁，准备在你不备时把你吃掉。总之，现在妖魔鬼蜮到处都有，它们正在寻找时机，暗中害人，人们时时有被伤害的危险。这也正是诗人想到李梦阳的情况就感忧虑的原因。

"鼓柁襄江应未得，买田阳羡定何如？"颈联中的"柁"，同"舵"。襄江，即襄河，汉水自襄阳以下称襄河。阳羡，今江苏宜兴。苏轼《菩萨蛮》词："买田阳羡吾将老，从来只为溪山好。"这两句意思为，在襄江上泛游不会得到什么，像苏东坡买田宜兴作隐者怎样？在此之前，李梦阳想定居襄阳。何景明感到政治局面令人担忧，所以这里他规劝李梦阳放弃仕途，买田归隐。

"他年淮水能相访，桐柏山中共结庐。"尾联中的"淮水"，即淮河。桐柏山，山名，东南接湖北随县，西接湖北枣阳，主峰太白顶在河南桐柏南，为淮水发源地。结庐，构室居住。何景明家住信阳，在桐柏山边，淮水旁。诗的最后两句意思是说，希望李梦阳到他那里做客，共同在桐柏山中过隐士生活。全诗表现了诗人对当时的政治极为不满，而又无可奈何的悲观情绪。作者年仅三十岁便有归隐思想，这也可能是封建社会一般士大夫所共有的情调。

清沈德潜、周准在《明诗别裁集》中批注曰："神来之作，不以工拙论，所谓章法之妙不见句法者。"评价颇高。（张淑英）

【原文】

鲥　鱼

五月鲥鱼已至燕⁽¹⁾，荔枝卢橘未能先⁽²⁾。
赐鲜遍及中珰第⁽³⁾，荐熟应开寝庙筵⁽⁴⁾。
白日风尘驰驿骑，炎天冰雪护江船。
银鳞细骨堪怜汝，玉箸金盘敢望传⁽⁵⁾。

【毛泽东圈评等情况】

毛泽东读清沈德潜、周准编选《明诗别裁集》卷五时圈阅了此诗。

[参考] 张贻玖：《毛泽东评点、圈阅的中国古典诗词》，
中国工人出版社 1992 年版，第 258 页。

【注释】

（1）鲥（shí）鱼，体侧扁，银白色，春夏之交，溯江产卵。初入江时，体内脂肪肥厚，肉味最鲜美。燕，古诸侯国名，今河北地，此指明都北京（今北京）。明成祖永乐十九年（1421）自南京迁都于此。

（2）卢橘，即金橘。

（3）中珰，指宦官（明代为太监）。汉代宦者中称中人、中官，以貂珰为其冠饰，故称中珰。

（4）荐熟，即荐鲜，以鲜品献祭宗庙。寝庙，古代国君祖庙分庙和寝，庙在前，是接神处，地位较尊；寝在后，是藏衣冠处。《礼记·月令》："仲夏之月，天子羞以含桃，先荐寝庙。"注："含桃，今之樱桃也。"

（5）玉筋金盘，唐代天子赐百官樱桃，以玉筋（筷子）取置金盘中。杜甫《野人送朱樱》："金盘玉筋无消息，此日尝新任转逢。"

【赏析】

这首七言律诗是讽刺诗。明武宗时，宦官把持政权，谁得罪宦官，轻者杖责，重者处死。当时人们说："朝廷刑威所及，乃在奄寺一言。"何景明对这种现象极为愤慨。武宗正德初年，宦官刘瑾当道，他辞官引退，刘瑾被诛后，得李梦阳举荐，任中书舍人。他曾上疏说："义子不当畜，宦官不当宠。"结果十年不得迁官。这首诗就是讽刺当时宦官受宠过甚现象的。

"五月鲥鱼已至燕，荔枝卢橘未能先。"首联中的"鲥鱼"，体侧扁，银白色。春夏之交，溯江产卵。初入江时，体内脂肪肥厚，肉味最鲜美。燕，今北京，明成祖永乐十九年（1421）自南京迁都于此。卢橘即金橘。这两句意为，五月的鲥鱼运到了燕京。五月的鲥鱼正是鲥鱼肉味最美的时候，它先于荔枝、金橘来到燕京，因而也是新鲜的食品。这新鲜食品应该让谁来享受呢？在作者看来，应该首先供献给皇帝的祖先，以示孝道。然而事实却出人意料。

"赐鲜遍及中珰第，荐熟应开寝庙筵。"颔联中的"中珰"，指宦官。第，指宅第。荐熟，即荐鲜，以鲜品献祭宗庙。寝庙，古代国君祖庙分庙和寝，庙在前，寝在后。这两句意思是，鲥鱼到京之后，赏赐到所有宦官的宅第，谁又想到这新鲜的食品应当首先祭祀皇帝的祖先寝庙呢！诗人在这里讽刺执政者数典忘宗，但这种讽刺乃出自封建社会礼教，现在看来未能击中要害。

"白日风尘驰驿骑，炎天冰雪护江船。"颈联两句写鲥鱼运来不易。鲥鱼从南方运到燕京要经过旱运和水运，要经过许许多多的日日夜夜。旱运，驿站的马匹白天不停地奔驰，风尘仆仆。船运，在炎热天气，还要用冰雪来保护以免腐臭。诗人写运来不易，在于进一步表明鲥鱼应当用到重要的地方，应当首先祭祀皇帝的祖先，而不应该把这来之不易的鲜物赐予宦官。

"银鳞细骨堪怜汝，玉筋金盘敢望传。"尾联两句进一步写宦官飞扬跋扈。那些银白色细骨的鲥鱼，宰割烹调之后，实在可怜可爱。可是除了宦官之外，又有谁敢于奢望得到这种赏赐呢？

这首诗对当时宦官专权、飞扬跋扈的现象敢于进行讽刺，是非常难能可贵的，但是由于诗人的历史和阶级局限，揭露不深，讽刺不狠。然而从赐鲥鱼这件小事上也可以看出当时宦官是多么猖獗。鲥鱼上不祭祀皇帝寝庙，下不赐给一般官吏，唯有宦官家家都受到赏赐。此可谓小中见大，宦官气焰之盛从这件小事上可见一斑。（张淑英）

【原文】

竹枝词

十二峰头秋草荒[1]，冷烟寒月过瞿塘[2]。
青枫江上孤舟客[3]，不听猿声亦断肠。

【毛泽东圈评等情况】

毛泽东读清沈德潜、周准编选《明诗别裁集》卷五时圈阅了此诗。

[参考] 张贻玖：《毛泽东评点、圈阅的中国古典诗词》，
中国工人出版社 1992 年版，第 258 页。

【注释】

（1）十二峰，指巫山十二峰，在今重庆巫山东巫峡两岸。

（2）瞿塘，在今重庆奉节东，为长江三峡之一。

（3）青枫江，指两岸长有枫树的长江，一说指今湖南浏阳河流经浏阳西南青枫浦的一段。三国魏阮籍《咏怀诗》："湛湛长江水，上有枫树林。"唐高适《送李少府贬峡中王少府贬长沙》："青枫江上秋帆远，白帝城边古木疏。"唐张若虚《春江花月夜》："白云一片去悠悠，青枫浦上不胜愁。"

明
诗

【赏析】

竹枝词，乐府《近代曲》名，本是四川东部民歌，唐刘禹锡改作新词。此后各代写《竹枝词》的很多，形式都是七言绝句，语言通俗。何景明的这首《竹枝词》写长江三峡两岸秋色，在逼真的自然景色描写中，寄寓着无限的悲哀。何景明曾两次到巴陵（今湖南岳阳），一次是明孝宗弘治十三年（1500），当时诗人才十八岁，其伯兄何景韶作巴陵令，随之到任所；一次是弘治十八年（1505），明敬帝崩，何景明奉哀诏使云南，道过巴陵与兄景韶相见。这时何景明二十三岁。过溪驿有诗云："云溪驿里经过处，六七年间两度行。土风不殊初到日，雨墙难认旧题名。"巴陵距长江三峡很近，诗人常到三峡胜地观光，曾写有不少有关三峡两岸的诗篇，如《峡中》《滟滪》等。由于诗人对三峡两岸景色极为熟悉，又富有创作经验，这首诗写得十分自然。

"十二峰头秋草荒，冷烟寒月过瞿塘。"十二峰，即巫山十二峰，在四川、湖北两省交界处的巫山中。十二峰并列长江两岸，奇峰峭壁连绵不断，其中以神女峰为最奇。瞿塘，即瞿塘峡，与巫峡紧联。这联上句写巫山晚秋景色。巫山十二峰上的草木已经十分荒凉。这景色告诉人们已经是晚秋季节。这不禁使人们想起杜甫的诗句："玉露凋伤枫树林，巫山巫峡气萧森。"在这样的季节，文人骚客自然会产生悲秋之感。下句写过瞿塘峡的感受。《水经注·三峡》："三峡七百里中，两岸连山，略无缺处，自非亭午夜分，不见曦月。"诗人这里说：瞿塘的烟雾缭绕，给人以冷的感觉，瞿塘峡的月亮也使人感到是寒冷的。极言过瞿塘峡时凄凉的感受。

"青枫江上孤舟客，不听猿声亦断肠。"青枫江，高适《送李少府贬峡中王少府贬长沙》诗："青枫江上秋帆远。"以青枫江指湘水，这里应指三峡。猿声，古代三峡多猿，叫声惨切。《水经注·三峡》："故渔者歌曰：'巴东三峡巫峡长，猿啼三声泪沾裳。'"这联上句写过三峡时，不但环境凄凉，而且是孤舟，这更使人感到悲哀。下句直写悲哀之情。在这样的环境中，又是孤舟，给人的悲伤之感是难以自抑的。过去说猿鸣三声泪沾裳，现在感到，即使不听到猿叫也会断肠的。诗前三句写三峡景色，以环境描写渲染气氛，第四句抒发过三峡时的悲伤之情。由于前三句一再渲

染铺垫，第四句抒情极为自然。（张淑英）

【原文】

别相饯诸友

双井山边送客时，满林风雪倍相思。

西行万里遥回首，太华终南落日迟[(1)]。

【毛泽东圈评等情况】

毛泽东读清沈德潜、周准编选《明诗别裁集》卷五时圈阅了此诗。

[参考]张贻玖：《毛泽东评点、圈阅的中国古典诗词》，

中国工人出版社 1992 年版，第 258 页。

【注释】

（1）太华，即华山主峰太华山，华山的别称，以其西有少华山，故名太华山，在今陕西华阴南。终南，即终南山。

【赏析】

《别相饯诸友》题意即与送行的朋友们分别。何景明于明武宗正德十三年（1508—1518），被任为陕西提学副使。临行，在京诸友置酒于北京城外双井山边饯行。作者写了这首诗留别，自然景色描写中寄寓着与友人的深情厚谊，对诸友示不尽留恋之意。清沈德潜在这首七言绝句下面批注说："只写景，而离情自见。得唐贤三昧矣。"说的极是。

"双井山边送客时，满林风雪倍相思。"双井山，当在北京城郊。首句开门见山点出了送别的地点：朋友们在双井山分别。对句写相别时的景色：那时风雪弥漫，整个树林浑然一体。在这样恶劣的天气与送行的朋友分别，怎能不更加思念呢？

"西行万里遥回首，太华终南落日迟。"太华，即华山主峰太华山。终南，山名，在陕西西安南。这两句是写诗人自己。意为，我们分别了，

但我对你们却永远不能忘怀，即便是我走到很远的地方，当我回顾我们的友谊时，也会久久沉醉，就像在很远很远的西方回头看太华山、终南山的落日一样，感到它落得特别慢似的。我们的友谊也像一轮不落的红日，永远长驻。

这首七绝，先点出分别的地点和时间，然后以在遥远的西方看太华山、终南山的落日，象征与分别诸友的深厚友谊。构思巧妙，意蕴深厚。

（张淑英）

【原文】

皇　陵

陵阙皇灵闷⁽¹⁾，山河王气遥。

万年龙虎抱⁽²⁾，每夜鬼神朝。

玉碗留天地，金灯照寂寥。

如看翠华度，缥缈在青霄⁽³⁾。

【毛泽东圈评等情况】

毛泽东读清沈德潜、周准编选《明诗别裁集》卷五时圈阅了此诗。

[参考] 张贻玖：《毛泽东评点、圈阅的中国古典诗词》，
中国工人出版社 1992 年版，第 258 页。

【注释】

（1）陵阙，皇帝的陵墓。阙，古代宫殿、庙祠和陵墓前的高大建筑物，左右各一建筑高台，台上起楼观。唐李白《忆秦娥》："西风残照，汉家陵阙。"闷（bì），关闭，掩闭。

（2）龙虎，本指英雄豪杰之士，这里指陵墓前的石人、石兽之类。

（3）青霄，青天，高空。晋左思《蜀都赋》："干青霄而秀出，舒丹气而为霞。"

【赏析】

诗题《皇陵》。皇陵，即明太祖朱元璋父亲的陵墓。朱元璋即帝位后，追上四世帝号。皇祖考熙祖，墓在安徽凤阳府泗州城北，荐号祖陵，清初已沦入洪泽湖。皇考仁祖，墓在安徽凤阳府太平乡。洪武二年（1369）荐号英陵，后改称皇陵。每年孟冬一祭，俱署官行礼；朔望，中都留守官行礼。明孝宗弘治元年（1488）遣内官监护凤阳皇陵，凡官员以公事经过者俱谒皇陵。当时谒皇陵在官吏中已成极为平常之事。何景明在《酬郭内翰上陵还诗》写道："帝遭朝陵日，暂辞供奉班。楸梧开玉殿，云务宿春山。晚向松间散，晴从花下还。知君有佳句，传和五陵间。"李梦阳也写有《皇陵歌》这首五言律诗，可见当时上皇陵，在陵墓赋诗已成为官吏中的一种风尚。

《皇陵》主要写作者在皇陵所见所感。"陵阙皇灵闷，山河王气遥。"阙，古代宫殿、庙祠和陵墓前的高大建筑物，通常左右各一，建筑高台，台上起楼观。因两阙之间有空缺，故名阙。这两句写初到皇陵所见景象及所思。初见到皇陵高高的陵阙，因而想到，在皇陵里，皇上祖先的英灵虽然掩闭了，但是山川之间王者之气却是长久存在的。

"万年龙虎抱，每夜鬼神朝。"龙虎，本指英武豪杰之士，这里指陵地石人、石兽之类。鬼神朝，李梦阳《皇陵歌》云："绛节飞光夜夜朝。"这两句写进入皇陵所见景色。陵地上石人、石兽林立道路两旁，从而想到死去的皇上的祖先在这里由英武豪杰之士长年守卫，可以永世长存。每天夜里星火明灭，像是魂魄及神灵到这里向皇上的祖先朝拜。

"玉碗留天地，金灯照寂寥。"寂寥，寂静，无形无声。这两句写皇陵供案。供桌上，仍然保留着皇上的祖先用过的玉碗，它将永远留在人间。供案上的金灯仍在寂静地闪耀着，它唤起人们许多联想。

"如看翠华度，缥缈在青霄。"翠华，皇帝仪仗中一种用翠鸟羽作装饰的旗帜或车盖。缥缈，隐隐约约、若有若无状。这两句意思是，看到供案上的祭品用具和金灯发出的静寂缭绕的云烟，好像看到皇帝仪仗中用翠鸟羽作的旗子一样，它在空中隐隐约约地飘荡。

这首诗的作者站在封建士大夫立场上，对明皇陵充满赞颂之意，今天

应当批判接受。但诗的写法循序渐进，层次井然，寓情于景，仍值得借鉴。（张淑英）

【原文】

昭烈庙

漂泊依刘计⁽¹⁾，间关入蜀身⁽²⁾。

中原无社稷⁽³⁾，乱世有君臣⁽⁴⁾。

峡路元通楚⁽⁵⁾，岷江不向秦。

空山一祠宇，寂寞翠华春⁽⁶⁾。

【毛泽东圈评等情况】

毛泽东读清沈德潜、周准编选《明诗别裁集》卷五时卷点了此诗。

[参考]张贻玖：《毛泽东评点、圈阅的中国古典诗词》，

中国工人出版社 1992 年版，第 258 页。

【注释】

（1）依刘，《三国志·魏书·王粲传》："（王粲）年十七，司徒辟，诏除黄门侍郎，皆不就。乃之荆州依刘表。"后以"依刘"谓投靠有权势地位的人。此指刘备到荆州依附刘表。

（2）间关，辗转，此指夺取西川，取代刘璋。

（3）中原，又称中州、中土，泛指今黄河中下游一带。社稷，古代帝王、诸侯所祭祀的土神和谷神。社，土神；稷，谷神。旧时亦用为国家的代称。此句意谓刘备在中原没有能力建立国家。

（4）乱世句，意谓刘备在中原却得了诸葛亮、关羽、张飞、赵云等贤臣，君臣遇合，相得益彰。

（5）"峡路"两句，化用杜甫《谒先主庙》诗："锦江元过楚，剑阁复通秦。"《杜臆》注"'锦江'、'剑阁'二句，用修云：'锦江过楚，蜀不能吞吴；剑阁通秦，蜀不能取魏。因山川起兴，以寓昔日偏安之感耳'。"

（6）翠华，古代皇帝仪仗中一种用翠鸟羽毛作装饰的旗帜或车盖。

【赏析】

诗题《昭烈庙》。昭烈庙即刘备庙。刘备于公元221年称帝，为汉昭烈帝。其庙有二：一在四川成都；一在白帝城（重庆奉节）。

这是一首五言律诗。"漂泊依刘计，间关入蜀身。"依刘，即依附有权力地位的人。间关，辗转。这两句意为，刘备在漂泊不定，处境危难之际，听从诸葛亮的建议东联孙吴，北抗曹魏，西取四川，三分天下，复兴汉室。先到荆州依附刘表，再进入四川，取代刘璋，建立了蜀汉。诗首先着重指出刘备建立蜀汉的不易。

"中原无社稷，乱世有君臣。"社稷，旧时国家的代称。这两句意为，刘备在中原一带不能建国，可是在混乱之时，却得到了诸葛亮等贤臣。这里着重赞颂刘备会用人。

"峡路元通楚，岷江不向秦。"杜甫《谒先主庙》诗："锦江元过楚，剑阁复通秦。"仇兆鳌注："旧注：'锦江、剑阁，蜀地也。'过楚、通秦，伤其不久而合于晋。"又注："《杜臆》：蜀汉不兴，以霸气歇、历数屯，天限之也。不然。蜀都虽小，其东达楚可以取吴，其北通秦可以取魏，何患不能混一哉。此说多一转折，不如前说为当。"何景明这里显然是仿杜诗。上面谈到，刘备采用诸葛亮东联孙吴、北伐曹魏的策略，奠定蜀汉基业。这里紧承上意，可惜后来，他放弃了联吴伐魏策略，亲自讨吴，结果败北，死于白帝城永安宫。

"空山一祠宇，寂寞翠华春。"白帝城先主庙，在白帝山山坡，那里在唐代已成空山。翠华，指帝王仪仗。杜甫《咏怀古迹》之四，有诗句："翠华想象空山里，玉殿虚无野寺中。"杜甫《谒先主庙》有诗句："旧俗存祠庙，空山立（一作泣）鬼神。"这两句意为，现在昭烈庙孤零零地立在空山野陵之上，当年的豪华仪仗已不复存在。有哀惋凭吊之意。（张淑英）

【原文】

登楼凤县作

近讯中原使，兼登万里楼。

朝廷仍北极⁽¹⁾，行在且南州⁽²⁾。

峡断风云隔，江通日月流。

如闻乘八骏⁽³⁾，早晚向昆丘⁽⁴⁾。

【毛泽东圈评等情况】

毛泽东读清沈德潜、周准编选《明诗别裁集》卷五时圈阅了此诗。

[参考] 张贻玖：《毛泽东评点、圈阅的中国古典诗词》，

中国工人出版社 1992 年版，第 258 页。

【注释】

（1）北极，指北斗星。《晋书·天文志上》："北极，北辰最尊者也……天运无穷，三光迭耀，而极星不移，故曰居其所而众星共之。"后因以喻帝王。

（2）行在，即行在所，指天子所在的地方。《史记·卫将军骠骑列传》："右将军苏建尽亡其军，独以身得亡去，自归大将军……遂囚建诣行在所。"裴骃集解引蔡邕曰："天子自谓所居曰'行在所'，言今虽在京师，行所至耳。"《汉书·武帝纪》："谕三老孝弟以为民师，举独行人君子，征诣行在所。"颜师古注："天子或在京师，或出巡狩，不可豫定，故言行在所耳，不得亦谓京师为行在所也。"后专指天子巡行所到之地。

（3）八骏，相传为周穆王的八匹名马。八骏之名，说法不一。《穆天子传》卷一："天子之骏，赤骥、盗骊、白义、踰轮、山子、渠黄、华骝、绿耳。"郭璞注："八骏皆因其毛色以为名号耳。"

（4）昆丘，即昆山，昆仑山的别称。

【赏析】

　　《登楼凤县作》，沈德潜批注："此为武宗南幸而作。"武宗于正德十四年（1519）八月南游，至正德十五年（1520）十二月归。凤县在陕西凤县东北凤州，明属汉中府。何景明于正德十三年（1518）升陕西提学副使。武宗南游时，他在陕西。此诗应写于陕西凤县。沈德潜认为何景明"北地诗以雄浑胜，信阳诗以秀朗胜"。此诗当属北地诗。

　　"近讯中原使，兼登万里楼。"中原，原指河南一带，后与边疆相对而言。当时何景明在陕西，所处已近边陲，故称内地为中原。万里楼即高楼。这两句意为，听到来自中原的使者谈到武宗南游的消息，连忙登上高楼眺望。

　　"朝廷仍北极，行在且南州。"北极，即北斗星。杜甫《秋兴八首》有诗句："夔府孤城落日斜，每依北斗望京华。"行在，本作"行在所"，古代封建皇帝所在的地方。杜甫《避地》诗有："行在仅闻信，此生随所遭。"这两句意为：登上高楼遥望，朝廷仍像北斗星一样高高在上，但他的行辕却已到南方。

　　"峡断风云隔，江通日月流。"峡，即三峡。江，即长江。这两句意为：三峡山岭之高隔断了风云，长江之水日夜不停地奔流，寓意政治形势紧张、险恶。写诗人登楼所思。

　　"如闻乘八骏，早晚向昆丘。"八骏，八匹名马。传说周穆王乘八匹骏马，漫游天下，乐而忘返。昆丘，指山川。这两句意为，听到武宗南游的消息，就好像听到周穆王漫游的故事一样。他乘着八匹骏马整日面向着山川到处漫游，乐而忘返。

　　这首诗，先写听到武宗南游的消息，接着写对皇帝的关心，再写对皇帝南游的忧虑，最后以周穆王漫游故事作比，含讽谕之意。明武宗南游引起当时在朝官员的强烈反对。据史书记载，上疏劝阻武宗南游的先后有一百多人，但武宗不但不听，反而对阻碍他的大臣实施廷杖、罚跪五天处分，因此而死者十多人。诗中所表现的对武宗南游的不满情绪，也是当时一般较正直的官吏所共有的。（张淑英）

【原文】

送曹瑞卿谪寻甸

逐客滇南郡⁽¹⁾，云天此路长。

高秋行万里，落日泪千行。

作赋投湘水⁽²⁾，题书寄夜郎⁽³⁾。

殊方气候异⁽⁴⁾，去矣慎风霜。

【毛泽东圈评等情况】

毛泽东读清沈德潜、周准编选《明诗别裁集》卷五时圈阅了此诗。

[参考] 张贻玖：《毛泽东评点、圈阅的中国古典诗词》，

中国工人出版社 1992 年版，第 258 页。

【注释】

（1）逐客，指遭贬谪而远去他乡的人，此指曹瑞卿。滇南，云南的别称，云南本简称滇，又因位于国土南部，故名。

（2）"作赋"句，汉代贾谊过湘水时作《吊屈原赋》以自喻，这里以贾谊比曹瑞卿，以湘水代长沙和寻甸。投为投寄，与下句互文。

（3）李白于至德二年（757）十月定罪流放夜郎，途中，因遇朝廷大赦而得归。

（4）殊方，远方，异域。汉班固《西都赋》："逾昆仑，越巨海，殊方异类，至于三万里。"

【赏析】

诗题《送曹瑞卿谪寻甸》，沈德潜、周准编选《明诗别裁集》收录此诗时"瑞"作"端"，误，不取。

按：曹琥（1478—1517），字瑞卿，号秀山，巢（今安徽巢县）人。明孝宗弘治十八年（1505）进士，授户部主事。御史周广疏劾钱宁而被谪，曹瑞卿上疏营救周广，却被贬为寻甸通判。寻甸，府名，即今云南寻甸回族

彝族自治县。钱宁，明朝佞臣，明武宗义子。明武宗正德十一年（1516）曾欲交结何景明，持古画求题，遭拒绝。何景明与反对钱宁的曹瑞卿极为友好。在这首五言律诗中，表达了他对曹瑞卿深切的同情和关怀。

"逐客滇南郡，云天此路长。"首联点题。逐客，贬谪失意的人。滇南郡，指寻甸府。云天，高空，语出《庄子·大宗师》："黄帝得之，以登云天。"这两句意为，你遭贬谪，要到遥远的云南去了，云南可谓天高路远啊。起首二句便饱含深情。

"高秋行万里，落日泪千行。"颔联抒情。高秋，深秋。南朝梁何逊《赠族人秣陵兄弟》："萧索高秋暮，砧杵鸣四邻。"在中国古代，秋景又往往与悲哀感伤相关联，即所谓"悲秋"。《楚辞·宋玉〈九辩〉》："悲哉！秋之为气也。萧瑟兮，草木零落而变衰。"自此对萧瑟秋景而伤感便成了一种定式。这两句是说，在这深秋的季节，你要踏上万里之遥的贬谪征程，每逢日落归宿驿站之时，不知要流下多少眼泪。这是写遭贬者的眼泪，也是写送行者的眼泪，是作者对友人曹瑞卿的无故遭贬而流下的同情之泪。

"作赋投湘水，题书寄夜郎。"颈联二句均是用典。上句用贾谊事。贾谊，西汉政治家、文学家。汉文帝时官至太中大夫。他多次上书批评时政，建议用"众建诸侯而少其力"的办法，削弱诸侯王势力，巩固中央集权。为大臣周勃、灌婴所排挤，贬为长沙王太傅。他赴长沙途经湖南汨罗屈原投江处凭吊，写下了著名的《吊屈原赋》。下句用李白事。李白在唐肃宗至德元年（756）为永王璘幕府。次年二月永王以叛逆罪被杀。李白逃到彭泽（今江西彭泽）被逮捕，关进浔阳监狱。在狱中，他写了许多诗投寄亲友，为自己辩白。后经多方营救，不久被释放。这年十月，李白再度被捕，定罪流放夜郎。唐乾元二年（759），因朝廷宣布大赦，李白于流放夜郎途中赦回。这两句意为，历史上有才华而不得志的人很多，西汉贾谊不得志，过汨罗河时作赋凭吊屈原；李白在流放夜郎时也曾给亲友投寄过许多表白自己的诗篇。这里流露出诗人对曹瑞卿在政治上的鼓舞和关怀。

"殊方气候异，去矣慎风霜。"尾联二句意谓，寻甸地处远方，气候与北方大不相同，去吧，千万注意不要感染风寒。这表现了诗人对曹瑞卿在生活上的关怀。

这首诗表达了对曹瑞卿的深厚友谊，给予他精神上很大的支持。曹瑞卿是因营救反对佞臣钱宁的周广而遭贬的。正义在曹瑞卿方面，因而对曹瑞卿的安慰也表现了诗人的为人及在政治上的倾向。（张淑英）

王廷陈

王廷陈（约 1531 年前后在世），字稚钦，黄冈（今湖北黄冈）人。明武宗正德十二年（1517）进士，选庶吉士，授吏科给事中。因谏武宗南巡遭贬裕州（今河南方城）知州，不久又下狱，免归。后回家屏居二十余年，饮酒纵乐，常穿红紫窄袖衣，骑牛跨马，啸歌田野间。诗文名重当世。有《梦泽集》。

【原文】

矫志篇

蛟龙虽困，不资凡鱼(1)。鹥鹭虽孤(2)，不匹鹜雏(3)。虽有香草，当户必除(4)。虽有仁人，在敌必诛。狐白虽美(5)，炎暑必置(6)。舟车之用，易地则弃。兰蕙不采，无异蓬蒿。干将不试(7)，世比铅刀。以骥捕鼠，曾不如狸。饿夫获璧，不如得糜。郭生纯臣(8)，鲁连高士(9)。彼乃登台，此乃蹈海(10)。宁直见伐(11)，无为曲全。宁渴而死，不饮盗泉(12)。

【毛泽东圈评等情况】

毛泽东读清沈德潜、周准编选《明诗别裁集》卷六时圈阅了此诗。

[参考] 张贻玖：《毛泽东评点、圈阅的中国古典诗词》，中国工人出版社 1992 年版，第 258 页。

【注释】

（1）资，助。凡鱼，普通的鱼。

（2）鹥鹭（yuè zhuó），一种凤凰类的鸟。《国语·周语上》："周之兴也，鸑鷟鸣于岐山。"韦昭注："三君云：鸑鷟，凤之别名也。"

（3）匹，匹配。鹜，鸭子。

（4）当户，正对着门户。

（5）狐白，狐狸腋下或腹部的毛皮白且细软，可做高级裘装的珍品，又转喻高级裘装。

（6）置，放置，搁置。

（7）干将（jiāng），宝剑名。相传吴有干将、莫邪夫妇善铸剑，为阖闾铸阴阳剑，阳曰干将，阴曰莫邪。干将藏阳剑献阴剑，吴王视为至宝。

（8）郭生，战国时代燕国大臣郭隗。纯臣，纯良之贤臣。

（9）鲁连，即鲁仲连，战国时代齐国人。秦军围赵邯郸，魏使游士辛垣衍间道入城，劝赵尊秦为帝，以纾急患。鲁仲连面折辩者，反复诘难，坚持义不帝秦，稳定了士气民心。平原君要封鲁仲连，鲁仲连却再三不受。高士，高尚的知识分子。

（10）此，指鲁仲连。蹈海，田单反攻聊城，燕将死守不下。鲁仲连写信给燕守将，动以利害，使城不战而下。田单欲赏鲁仲连以爵位，鲁仲连不受，逃隐海上。

（11）见伐，被砍杀。

（12）盗泉，在今山东泗水。孔子"过于盗泉，渴矣而不饮，恶其名也"。

【赏析】

《矫志篇》是诗人回故里后的创作。诗的主旨是矫正辅佐皇帝而改为不与其合作，并揭露其在人才问题上的种种弊端，立志要做一个正直不阿的人。这是一首四言古诗，全诗二十八句，分三部分。

第一部分，写矫志，誓与统治者决裂。诗以"蛟龙虽困"开篇，突兀新奇，令人神往。诗人以蛟龙自比，表明有非凡的智慧，曾有协助天子治国安天下和创造伟大业绩的大志。可是他任给事中不久，因力谏武宗南巡，被罚跪五日，杖于廷，谪裕州（今河南方城）任知州，不久又下狱，后回故里。一个"困"字说明他心中有无限冤屈，有才干不能施展。不资凡鱼，是不辅佐统治者。他认为武宗及其权臣只是"凡鱼"而已。鸑鷟是一种稀有的水鸟。鹜是鸭子。以鸳鸯丧偶也不与小鸭子匹配为喻，进一步表明自己不与统治者合作的决心。这四句诗，十六个字，用了四个比喻，语言如此简练生动，在诗中是罕见的。

第二部分，写矫志的原因，分四层揭露统治者在人才问题上的弊端。第一层："虽有香草，当户必除。虽有仁人，在敌必诛。"诗人由"香草"当门必除，联想到"仁人"被害。如在明武宗正德十四年（1519）三月谏武宗南巡的事件中，有三十三名朝廷官员下狱，廷杖一百零七人，先后死十一人。有不同意见，就作为敌人对待。这充分揭露了武宗皇帝及其权臣的残酷本质。第二层以狐白、舟车被置、被弃，来比喻统治者对待人才是用时则取，不用则弃，不用时还往往横加罪名。第三层是揭露不用杰出人才。"兰蕙不采，无异蓬蒿。干将不试，世比铅刀。"兰蕙源于屈原《离骚》中的"余既滋兰之九畹兮，又树蕙之百亩"。比喻杰出的人才。干将为宝剑名，也比喻人才。兰蕙希望有人采，人才希望有人用；人才不用，与平庸之辈没有区别；宝剑不用，和很钝的铅刀有什么两样？这一层是怨恨当时的统治者不用人才。这四层是揭露奇才用短，大材小用。一是"以骥捕鼠，曾不如狸"。把千里马当作狸猫用，不用其长，在人看来，还不如狸猫有本事。二是"饿夫获璧，不如得糜"。饿夫是比喻有才干而急于求官干事业的人。有的官员也被给予一个在皇帝周围供使用的官职，算是求者得到的宝玉，但是没有实权，还不如饿夫得到一碗稠粥实惠。这既是诗人自己形象的写照，也是历史上屡见不鲜的事。如对有安社稷、济苍生宏图的李白，只给他一个翰林院待诏供奉的职务。立志"致君尧舜上，再使风俗淳"的杜甫，在长安十年穷困，安史之乱后，唐肃宗即位，才得到一个左拾遗的官职。

第三部分，赞古代贤者以立新志。"郭生纯臣，鲁连高士。彼乃登台，此乃蹈海。"这是借对历史人物的赞扬以抒情。郭生是指战国时代的郭隗。他帮助燕昭王解决了如何求贤者治国的问题。据说燕昭王求士筑台，置千金于其上，以招天下贤士，郭隗首先得到重用。而鲁连，亦称鲁仲连，是战国时代齐国人。他不做官，却喜欢为人"排患、释难、解纷乱而无所取"。他曾帮助赵国解秦军之围。赵给官不做，给黄金不要，赴东海而去。上述两人都如愿以偿。诗人赞扬他们而直抒胸臆："宁直见伐，无为曲全。宁渴而死，不饮盗泉。"盗泉，在山东泗水，孔子"过于盗泉，渴矣而不饮，恶其名也"。这四句诗表现了刚直不阿、宁死不屈的性格。

本篇以"矫志"命题，引人入胜。诗人运用比兴和引用典故的艺术手法，讲述道理，抒情立志，使诗的形象生动具体，含蕴极丰，耐人深思。（姚俊成）

【原文】

咏　怀

民食美刍豢⁽¹⁾，鸱鸢甘臭陈⁽²⁾。

西子岂不都⁽³⁾？鱼鸟不见亲⁽⁴⁾。

万类殊所嗜，物岂慕非伦⁽⁵⁾。

箕毕各有好⁽⁶⁾，况此世上群？

情欲孰为正⁽⁷⁾，参差何可均？

黜智任自然⁽⁸⁾，悠悠葆天真⁽⁹⁾。

【毛泽东圈评等情况】

毛泽东读清沈德潜、周准编选《明诗别裁集》卷六时圈阅了此诗。

[参考] 张贻玖：《毛泽东评点、圈阅的中国古典诗词》，

中国工人出版社 1992 年版，第 258 页。

【注释】

（1）刍，草食家畜，如牛、羊。豢，谷食家畜，如猪。刍豢，指肉食。

（2）鸢，鹰形鸟的一种。甘臭陈，以陈腐的肉为美味。

（3）都，娴雅，美好。《诗经·郑风·有女同车》："彼美孟姜，洵美且都。"毛传："都，闲也。"朱熹集传："都，新雅也。"

（4）见亲，被亲近。

（5）物，万物。伦，同类。

（6）箕，箕宿。毕，毕宿。此为天上的二十八星宿中的两个星宿。箕毕各有好，此喻人的好恶各有不同。

（7）正，合乎度、规律等常情。《孟子·滕文公上》："夫仁政，必自经界始。经界不正，井地不钧，谷禄不平，是故暴君污吏必慢其经界。"

（8）黜，免去，废除。智，智慧，此指自己早年参政的智慧。

（9）天真，此指道家所说的自然真性。

【赏析】

《咏怀》是诗人回归故里后的抒情言志之作，共三十五首，此是第十首。但和一般诗人的此类作品相比，其构思方法独特。

全诗十二句，四句为一节。首四句为第一节，写人和动物的美感不同。"民食美刍豢"，乍看起来，很难令现在的人接受，老百姓怎么会把喂牲口的草料作为美味呢？据《明史·武宗本纪》记载，在诗人被罢官的前后几年里，山东、山西、陕西、河南、湖南、湖北、江苏等广大地区连年发生自然灾害，民无粮食吃，有的地区发生"人相食"的悲剧。在这种特殊情况下，老百姓如能吃上一顿富人家喂牲畜的饲料，就像得到美味佳肴一样。由此可知，诗人对老百姓的生活是关心和同情的。鸥鸢，是鸱鹰和老鹰，以吃陈腐的臭肉为美味，和人的味觉美感不同。"西子岂不都，鱼鸟不见亲。"西子，是指古代美女西施。苏轼诗说："欲把西湖比西子。淡妆浓抹总相宜。"都，美丽大方。西施很美，鱼鸟却不亲近她。诗人以此说明，人和动物美的标准不同。

中间四句为第二节，写万类万物都有特殊的爱好，人更是如此。"万类殊所嗜，物岂慕非伦。"以万类言极多，意指几乎所有的种类，都有其特殊的爱好。物，指宇宙间的万物。作为"万类"中的"万物"而言，怎么会爱慕异类呢？这句为前句的推理，想象新奇，但下句更奇，就是天上二十八星宿的箕、毕两颗星也各有自己的爱好。紧接着一句"况此世上群？"一下从天上又回到人间。社会上的众人能思维、会劳动，智慧高于宇宙间的万类万物，自然每个人都会有自己的特殊爱好。

后四句为第三节，抒发自己的情怀："情欲孰为正，参差何可均？"人的情感和欲望哪个为主？因人而不同，正如人有高有低而不能平均一样。这两句含人各有志之意。有的志在当官，有的志在当学者，有的志在当诗人，有的志在过平静无为的生活，等等。而诗人的志是"黜智任自然，悠悠葆天真"。诗人罢黜的是什么智慧呢？他在正德十二年（1517）中进士，任吏部给事中，正德十四年（1519）三月，上疏力谏武宗南巡，本想改变腐败的朝政，却被廷杖，被谪裕州知州，不久下狱。他所罢黜的正是原来积极参与的治国平天下的大智，想过一种任凭自然、永远保持心地单纯的天真生活。这便是诗人回归故里后的心愿。

此诗思路开阔，构思新奇。人各有志，诗人却以任自然、葆天真为志，显得别致而有新意。（姚俊成）

敖 英

敖英（生卒年不详），字子发，清江（今江西清江）人。明代诗人。明武宗正德十六年（1521）进士，由南京刑部历陕西、河南提学副使、江西右布政使。工诗，兴幽思远，尽绝蹊径。有《慎言集训》《东谷赘言》《绿雪亭杂言》。

【原文】

辋川谒王右丞祠

蜀栈青骡不可攀，孤臣无计出秦关[1]。
华清风雨萧萧夜，愁绝江南庾子山[2]。

【毛泽东圈评等情况】

毛泽东读清沈德潜、周准编选《明诗别裁集》卷六时圈阅了此诗。

[参考] 张贻玖：《毛泽东评点、圈阅的中国古典诗词》，
中国工人出版社 1992 年版，第 258 页。

【注释】

（1）孤臣，孤立无助的臣子，此指王维。秦关，指秦的关塞，亦指关中地区。

（2）庾子山，庾信，新野（今河南新野）人，字子山。南北朝时代北周著名诗人和辞赋作家。初仕于梁朝，侯景之乱起，庾信奉梁元帝之命出使西魏，被迫留居长安，屈仕敌国。写有《哀江南赋》，表达故国之思。此句以庾子山比王右丞。

【赏析】

这是一首凭吊王维的七言绝句。王右丞，即王维，盛唐著名诗人，官至尚书右丞，故世称王右丞。辋川，在今陕西蓝田南，是王维晚年居住地，有著名的辋川别墅。公元755年，安禄山起兵叛乱。次年六月，攻陷长安。当时玄宗等人已仓皇入蜀，王维等百名大臣追随不及，被困长安。在叛军的胁迫下，王维被迫仍任原职给事中，因此世人有议论。本诗就是为此而写，但诗中对王维深表同情。

首句"蜀栈青骡不可攀"，如奇峰突起，恰如李白的"蜀道之难难于上青天"，极言蜀道艰险。但这里还含有更深的含义：王维连长安尚逃不出，又怎么可能逃到四川呢？蜀道对于他，当然是不可企及的，只有遥望蜀地而悲叹了。次句中的"无计"，表现出王维陷入绝境时的无计可施、焦虑不堪。史载王维接受伪职之后，服药泻痢，伪装瘖哑，以此逃避出仕，于是被囚于长安菩提寺。可见他接受伪职是多么地无可奈何！两句诗，跌宕起伏，两相对照，揭示出王维无力支配自己命运的矛盾和痛苦。

"华清风雨萧萧夜"，华清，即唐皇的华清宫，在安禄山叛乱中，遭到严重破坏。风雨，即自然界的凄风冷雨。诗人以"风雨萧萧夜"之景烘托王维内心的痛苦。风雨，也可理解为政治上的风云变幻。昔日华清宫主人已逃，宫室倾颓、长安易主，这种风雨给王维造成的痛苦更深。

"愁绝江南庾子山"，以庾信比王维，使诗的内容大为丰富，进一步写出王维的心境：愁绝。庾子山，即南北朝著名诗人、赋作家庾信。他初仕梁朝，后来奉命出使西魏，却被迫留在长安，屈仕敌国。庾信官位虽高，但内心常常忧思故国。其代表作《哀江南赋》，主要内容是哀痛梁朝的灭亡。王维被拘菩提寺时，曾作《凝碧池》诗一首："万户伤心生野烟，百官何日再朝天？秋槐叶落空宫里，凝碧池头奏管弦！"极强地表现出他的亡国之痛和对唐皇的思念。此诗与《哀江南赋》有异曲同工之妙。

一首绝句，由蜀栈之难到无计出关，由华清风雨到庾信的愁绝，其内容真可谓"兴幽思远"，充满了对王维的深切同情。《明诗别裁集》称此诗"为右丞辨冤，语极含蕴"。此诗语言含蓄，比喻巧妙。（姚小哲）

文徵明

文徵明（1470—1559），初名壁，字征明，后以字为行，更字征仲，号衡山居士。长洲（今江苏苏州）人。明代诗人兼书画家。明武宗正德末年曾以岁贡生荐试吏部，授翰林院待诏，不久即辞职归家。卒，私谥贞宪。诗文书画皆工，尤以画著称，与祝允明、唐寅、徐祯卿并称为"吴中四才子"。诗宗白居易、苏轼，意境超凡拔俗。有《甫田集》。

【原文】

新 秋

江城秋色净堪怜，翠柳鸣蜩锁断烟[1]。

南国新凉歌白苎[2]，西湖夜雨落红莲。

美人寂寞空愁暮[3]，华发凋零不待年。

莫去倚阑添怅望，夕阳多在小楼前。

【毛泽东圈评等情况】

毛泽东读清沈德潜、周准编选《明诗别裁集》卷六时圈阅了此诗。

[参考] 张贻玖：《毛泽东评点、圈阅的中国古典诗词》，中国工人出版社 1992 年版，第 258 页。

【注释】

（1）蜩（tiáo），蝉。锁，此当笼罩讲。

（2）白苎（zhù），一作"白纻"，即白麻，是纺织精细洁白的夏布的原料，此为歌舞曲名。

（3）美人，喻有才华的人，此为诗人自喻。愁暮，忧愁暮年。

【赏析】

这是一首七言律诗。描写江城新秋景色、抒发美人寂寞惆怅情怀的诗，是文徵明的代表作。

前两联总写江城新秋凄清的景色。首联句为："江城秋色净堪怜，翠柳鸣蜩锁断烟。"一开始即点明江城秋色可爱，随即展示出一幅画面：烟笼翠柳，蝉鸣树间。翠，本是春夏树木的颜色，此指经过一场夜雨的冲洗，新秋的柳色仍葱翠亮丽。"锁断"一词，形容生动有力。蜩，即蝉，知了。在清秋的雾中，突然传来寒蝉的鸣叫，不由使人想到宋柳永的"寒蝉凄切，对长亭晚，骤雨初歇"，立刻使人备感凄凉。

颔联句为："南国新凉歌白苎，西湖夜雨落红莲。"一个"凉"字，又一次写出江南新秋的特点。"白苎"，一作"白纻"，即白麻，是纺织精细洁白的夏布的原料。此处为舞曲名。歌舞者要穿白苎轻纱所做的长袖舞衣。在新秋夜雨后，穿着白苎轻纱在晨雾中歌舞，使人感到的不是愉悦，而是一种透凉的寒意。红莲是美好的，可是一场夜雨将花打落。触景伤情，由花落而生悲。以上联的景物描写为下联的抒情创造了气氛。

颈联写诗人因怀才不遇而寂寞怅惘："美人寂寞空愁暮，华发凋零不待年。"美人，指有才华的人，为诗人自喻。此联用屈原《离骚》中的"惟草木之零落兮，恐美人之迟暮"的意思。文徵明一生的最大成就是书画，但他不是一开始就专心搞书画创作的。据他儿子文嘉记载，他"尤精于律例及国朝典故，凡时事礼文之有疑者，咸以公一言决之"。他前半生孜孜追求的是治国平天下的抱负。文徵明从二十六岁至五十三岁，九次应试均告失败。五十四岁被荐朝廷，授予翰林院待诏之职。由于他看不惯朝政腐败，不久就上疏乞归，三年三次上疏，终遂心愿。文徵明虽到了头发花白的老年，但他还为自己不能在政治上作出贡献而"愁暮"。

尾联写人到老年莫找烦恼，要多做自娱的事。古代文人的思想有两重性，即达者兼济天下，穷者独善其身，而文徵明的"莫去倚阑添怅望，夕阳多在小楼前"正是其两重性的表现。倚阑远看为什么会添惆怅？登楼远望含有关注朝政大事的意思。当时朝政腐败，知道了反而会增加自己的烦恼，所以告诫自己"莫去"。小楼前的夕阳是美好的，它可以给人温暖和快乐。在这块小天地里，可以写诗作画，借以自娱和谋生。当时苏州市场经济的发展为擅长翰墨的知识分子提供了一个良好条件。与文徵明同时的文人唐寅有诗云："不炼金丹不坐禅，不为商贾不耕田。起来就写青山卖，不使人间造孽钱。"这也是文徵明以翰墨为生、自食其力的极妙写照。

全诗语言明净而含蓄，诗中有画，意境优美，情词凄婉，恰如其分地表达了文徵明的思想感情。（姚俊成）

【原文】

沧浪池上

杨柳阴阴十亩塘，昔人曾此咏沧浪[(1)]。

春风依旧吹芳杜[(2)]，陈迹无多半夕阳[(3)]。

积雨经时荒渚断，跳鱼一聚晚风凉。

渺然诗思江湖近[(4)]，更欲相携上野航[(5)]。

【毛泽东圈评等情况】

毛泽东读清沈德潜、周准编选《明诗别裁集》卷六时圈阅了此诗。

[参考]张贻玖：《毛泽东评点、圈阅的中国古典诗词》，
中国工人出版社1992年版，第258页。

【注释】

（1）宋苏舜钦作《沧浪亭记》为散文名篇，又有诗《初晴游沧浪亭》和《沧浪亭怀贯之》等传世。宋严羽又有《沧浪集》，诗话一卷、诗二卷。严羽自号沧浪逋客，故其诗话又称《沧浪诗话》。

（2）芳杜，杜衡，香草名。《尔雅·释草》："杜，土卤。"郭璞注："杜衡也，似葵而香。"邢昺疏："香草也。"

（3）陈迹无多，这时想必沧浪亭已经圮塌了，故本诗题为《沧浪池上》，而不言《沧浪亭》。半夕阳，半阴半晴的夕阳。

（4）渺然，广远之状。诗思，做诗的思路和情致。唐韦应物《休暇

日访王侍御不遇》:"怪来诗思清人骨,门对寒流雪满山。"

（5）野航,指村野小船。唐杜甫《南邻》:"秋水才深四五尺,野航恰受两三人。"

【赏析】

这是一首七言律诗。诗题《沧浪池上》。沧浪池,在今江苏苏州城区。

首联直入诗题。首句开门见山,一句就把沧浪池总的轮廓勾画出来了。"昔人"句是追怀古人。苏舜钦,字子美,宋代诗人、文学家,因参与以范仲淹为首的政治改革集团而被免职为民,隐居苏州,买了土地,建沧浪亭。有《初游沧浪亭》诗云:"夜雨连明春水生,娇云浓暖弄微晴。帘虚日薄花竹静,时有乳鸠相对鸣。"宋人严羽《沧浪集》中有诗二卷。

由"咏沧浪"引出颔联的今昔感慨。苏子美在《沧浪亭记》中说,"崇阜广水""杂花修竹""前竹后水,水之阳又竹,无穷极"。由于五百年的沧桑变化,虽然"春风依旧吹芳杜",但它远没有当年"杂花修竹"之盛了,留存下来的"陈迹无多"。比文徵明小三十六岁的文学家归有光在重修《沧浪亭记》中说:"苏子美始建沧浪亭,最后禅者居之,此沧浪亭为大云庵也。有庵以来,二百年,文瑛（和尚）寻古遗事,复子美之构于荒残灭没之余,此大云庵为沧浪亭也。"其"荒残灭没之余"正是"陈迹无多"的证明。文徵明看到的可能是没有重修的沧浪亭旧址,故诗中只说池塘而不提"亭"。"半夕阳",更是亦景、亦思、亦情,最耐人寻味。一说起夕阳,人们往往和"夕阳无限好"联系起来,而诗中在前边加了个"半"字,就别有滋味。这个夕阳是半阴半晴、并不辉煌的。此景把诗人已步入老年的复杂心情微妙地表现出来。

颈联视角新颖有趣。诗人观察细微,取景自然,不加雕饰。"积雨经时荒渚断",渚,即水中的小块陆地。前边加了一个"荒"字,表明人迹罕至,景象冷落,就是这块陆地也被长时间的积水"断"开成更小的块。"跳鱼"给人以新的情趣:本来在池塘边游览,看到"跳鱼"是普通的事。但在这里却不普通,它使诗人比较沉闷的情绪发生了转折。"跳鱼"入诗是个创造。一群跳鱼的出现,给人一种生机,使诗人有了新悟。

这便是尾联中对新生活的遐想。这一联将诗境扩展到"江湖""野航"上去，其间思维纵跃跳宕，笔势疏放不羁，且读来不使人产生突兀脱节之感，反觉得不如此不足以尽兴。这正是前文铺垫充分、情深味厚之功。苏子美在《沧浪亭记》中说："予时榜小舟，幅巾以往，至则洒然忘其归，觞而浩歌，踞而仰啸，野老不至，鱼鸟共乐。"文徵明的"渺然诗思江湖近，更欲相携上野航"的想象，比苏子美更潇洒。

全诗语言自然清秀，笔势收放自如，诗中有画，情调淡雅，但对人世古今变化的怅惘之情却柔韧而绵长，令人回味不尽。（姚俊成）

王 宠

王宠（1494—1533），字履吉，号雅宜山人，吴县（今江苏苏州）人。明代诗人。贡生入太学。诗学颜延之、谢灵运，迹痕未融，七律沉郁。工书画，文徵明后当推第一。有《雅宜山人集》。

【原文】

南 都

锦缆牙樯万里游，天吴海若翼王舟[(1)]。

襄城七圣空迷辙[(2)]，弱水三山未稳流[(3)]。

边塞风去连朔漠，重臣节钺自公侯[(4)]。

两京角立分形势[(5)]，居重还须控九州[(6)]。

【毛泽东圈评等情况】

毛泽东读清沈德潜、周准编选《明诗别裁集》卷六时圈阅了此诗。

[参考] 张贻玖：《毛泽东评点、圈阅的中国古典诗词》，中国工人出版社 1992 年版，第 258 页。

【注释】

（1）天吴，水神。海若，海神。翼，此指在两侧辅助，保驾护航。

（2）襄城七圣，传说黄帝欲赴具茨山，见大隗神。方明为御，昌寓骖乘，张若、谐朋前马，昆阍、滑稽后车。行至襄城原野，七圣迷失，无从问路。"适遇牧马童子，问途焉"，牧马童子对答如流。黄帝赞许道："异哉小童；非徒知具茨之山，又和大隗之所存。请问为天下。"事见《庄子·徐无鬼》。七圣，此暗指明武宗正德十四年（1519）三月带头力谏武宗不要南巡的七位贤人，即舒芬、黄巩、张英、周叙、余廷瓒、林大辂、王銮。空迷辙，上述七位贤人为改变腐败的朝政，劝谏武宗不要南巡，结果皆受廷杖。其中张、余二人杖死，其余五人有的下狱，有的谪官。

（3）弱水，古水名，由于水道水浅或当他人民不习惯造船而不通舟楫，古人往往认为是水弱不能载舟，故称弱水。故古时称弱水者甚多，此指水势不大的河流。三山，又名护国山，在今南京西南，位于长江东岸，突出于江中，为江防要地。

（4）重臣，身负重任、掌握大权的宠臣，此指武宗宠信的佞臣钱宁、江彬等人。节钺，符节和钺节，古代授予将帅、作为加重权力的标志。自公侯，自然照样为公侯，拥兵自重之意。

（5）角立，对峙，并立。

（6）居重（zhòng），谓居父母丧。《北史·房景伯传》："及弟亡，蔬食终丧，期不内御，忧毁之容，有如居重。"九州，古代分中国为九州，后以九州泛指天下、全中国。

【赏析】

诗题《南都》。南都，明太祖朱元璋建立明朝，定都南京，后明成祖迁都北京，故称南京为南都。这首七言律诗是写明武宗朱厚照南巡之事，表现了诗人对时局的忧思。

首联写南游盛况。"锦缆牙樯"是由杜甫《秋兴》中的"锦缆牙樯起白鸥"而来，诗人反其意而用之。杜甫出川过三峡时，乘坐的是自己买的一条极普通的船，只是以豪华的词句表达秋天的哀愁。此诗借以说明皇帝船的豪华。"天吴海若"，为水神和海神。在"万里游"中有水神和海神保驾护航，更显得武宗游兴之高。此次南巡，明武宗正德十四年（1519）八月从北京出发，十二月末到南京，次年底回到北京，时间长达十六个月，真可谓游幸无度。

颔联是写两都形势不稳。襄城七圣，系用典。七圣，是暗指带头力谏武宗南巡、以改变腐败朝政的七位贤者，即舒芬、黄巩、张英、周叙、余廷瓒、林大辂、王銮。除张英外，都是进士出身，均是朝中有才华的年轻官员，皆受廷杖，其中张、余杖死，其余有的下狱，有的谪官。这句诗表面是批评七圣的疏谏是迷了路，换句话说，七圣没有看清武宗不顾国家和老百姓死活而只管个人游乐的荒唐本质。弱水，指水流弱。三山，山名，又名护国山，在南京西南，位于长江东岸，突出于江中。李白《登金陵凤凰台》诗中的"三山半落青天外"，即此处。未稳流，以水势比喻政治形势未稳。位于南京西南的江西宁王朱宸濠七月叛乱，八月镇压下去，但局势未稳。

颈联是写边塞形势紧张，重臣擅权不出兵。"边塞风云连朔漠"，形象地指出北部边境不断发生外族侵扰事件，而武宗宠信的佞臣钱宁、江彬等人却不派兵抗敌。诗人以"节钺"讽之，但他们照样是高官厚禄。

尾联指出两京形势的关键是控制九州。诗人认为武宗皇帝虽居丧期间，但必须要以控制全国形势为重。"居重还须控九州"，表现了诗人用心的良苦，既是对皇帝的劝告，又是希望。

此诗为史诗，每联都是史实的概括，语言含蓄委婉，表现了诗人对国事的忧思和关心。（姚俊成）

【原文】

秋 怀

凤管龙箫清且悲，南徐北固自逶迤(1)。
海门直指联三象(2)，日驭巡行逼九疑。
入计衣冠轻玺绶(3)，防秋兵马偃旌旗(4)。
长卿谏猎无消息(5)，怅望江南有所思。

【毛泽东圈评等情况】

毛泽东读清沈德潜、周准编选《明诗别裁集》卷六时圈阅了此诗。

[参考] 张贻玖：《毛泽东评点、圈阅的中国古典诗词》，
中国工人出版社1992年版，第257页。

（1）南徐，当时的南徐州，即今江苏镇江，恰是灾区。北固，北固山，位于镇江城北长江岸边，是游览胜地，与此山隔江相望的扬州诸府，大片地区饥荒严重，"人相食"（《明史·武宗本纪》语）。逶迤，顺应自得之状。

（2）海门，今江苏南通海门中部，在接近长江入海口处的北岸。三象，即天上日、月、星三光。

（3）入，回来。计衣冠，计较自己衣服帽子这些小事。轻玺绶，轻视国家大事。

（4）防秋兵马，防止秋天敌人进攻的兵马。

（5）长卿谏猎，指汉代司马相如作《上林赋》（又叫《天子游猎赋》），以颂作讽，企图使汉天子幡然醒悟而自动停止游猎的事。这里用以比喻对武宗出巡的进谏。无消息，是指没有被武宗接受。

【赏析】

这是一首七言律诗，作于明武宗正德十五年（1520）秋天。在连续大灾之年和内乱外患之时，明武宗游乐无度，不关心百姓疾苦和国家大事。诗人为此忧愁。

首联点出武宗自以为得意的游乐是可悲的。皇帝出游，有凤管龙箫等乐器吹奏，有文臣武将相随，有贵妃、侍女跟着，好不威风。首句中的一个"悲"字给全诗定了调儿。在一年前的三月，北京因谏止武宗南巡，朝中的官员有三十三人入狱，一百零七人受廷杖，先后死十一人。真可谓是皇帝昏庸，奸臣当权，贤者受害，国内连年灾荒，百姓受苦。当时的南徐州（今江苏镇江）也是灾区，北固山位于城北的长江岸边，是游览胜地，与此山隔江相对的扬州诸府饥荒严重到"人相食"（《明史·武宗本纪》语）。但武宗游览北固山时却"自逶迤"。这三个字就把他的潇洒、自得和不关心人民疾苦的形象活画出来了。

颔联进一步写武宗的行迹。海门，在接近长江入海口处的北岸。这里的江水广阔，天水一色，和日月星辰相联。到此，武宗皇帝的游兴未尽，又回头向西。从"日驭巡行"四字可知，他的日程是安排得很紧的，一直到达接近湖南南部的九嶷山。这种自以为得意的游乐，先后长达十六个月，一路骚扰百姓，毫不关心他们的死活。

颈联更进一步揭示武宗的荒唐行为。从上联的"日驭巡行"到此联的"入计衣冠"可知，武宗是白天忙游玩，回来想的是穿衣戴帽的生活琐事。这正是他重视的，而他所轻视的是代表国家政权的"玺绶"。防止敌人秋天进攻的军队怎么样呢？"偃旌旗"三个字说明军队缺乏训练，士气低落。如此的军队怎么能防止敌人的进犯呢？

尾联由怀古到抒发忧国忧民之情。诗人由武宗游乐想到"长卿谏猎"的故事。长卿是汉代司马相如的字，他写的《天子游猎赋》，即《上林赋》，对汉天子的游猎采取"以颂作讽"的方法，使其幡然醒悟和自动停止游乐。赋中说："务在独乐，不顾众庶，忘国家之政，贪雉兔之获，则仁者不由也。"武宗的所作所为证明他不是"仁者"，故以"无消息"讽之。"怅望江湖有所思"，言有尽而意无穷，给读者留有广阔的思考余地。诗人对皇帝的作为不满而又无可奈何，同情老百姓的疾苦而又无能为力，为国家的前途而忧愁。

《秋怀》是抒情诗，更是一首史诗。它真实地反映了明武宗的南巡生活，是时代的一面镜子。武宗的荒唐行为和诗人的忧国忧民形成鲜明的对比。此诗内容极丰，诗人的形象依稀可见。（姚俊成）

金銮

金銮（1506？—1595？），字在衡，号白屿，陇西（今属甘肃）人，随父寓居金陵（今江苏南京）。明代散曲作家、诗人。一生布衣，性俊朗，任侠好游，结交四方豪士，往来于淮扬、西湖之间。洞解音律，散曲爽丽清逸，颇多嘲讽、酬赠之作。卒时年九十，在南京文坛中有诗人耆宿之称。

【原文】

除 夕

还忆去年辞白下⁽¹⁾，却怜今夕在黄州⁽²⁾。

空江积雪添双鬓，细雨疏灯共一楼。

世难久拼鱼雁绝⁽³⁾，家贫常为稻粱谋。

归来故旧多雕丧，愁对东风感旧游。

【毛泽东圈评等情况】

毛泽东读清沈德潜、周准编选《明诗别裁集》卷六时圈阅了此诗。

[参考] 张贻玖：《毛泽东评点、圈阅的中国古典诗词》，

中国工人出版社1992年版，第258页。

【注释】

（1）白下，东晋时陶侃讨苏峻，筑白石垒，后因以为城，故城在今南京北。唐武德改金陵白下，后成南京的别称。宋王安石："殷勤更上山头望，白下城中有几家。"

（2）黄州，隋朝州名，在湖北东部，长江北岸，今为黄冈。

（3）拼，舍弃。久，经久不顾。鱼雁，书信。我国古代有鱼雁传书的传说。

【赏析】

诗题《除夕》。除夕，一年最后一天的夜晚。旧岁至此夕而除，次日即新岁，故称。

金銮一生布衣，性任侠，喜交游。这是作者旅居黄州（今湖北黄冈）时在一个除夕之夜写的一首感怀诗，为七言律诗。

首联两句直叙其事。去年离开白下（今江苏南京），想不到今天却在黄州。金銮原籍陇西（今甘肃东南部一带），长期寓居金陵（今江苏南京）。这两句交代了诗人的游踪。从"去年辞白下""今夕在黄州"，我们知道诗人离开南京到黄州已整整一年。"怜"今夕，"忆"白下，这种情感的变化，表明了处境的差异。这里虽然没明说他为什么离开白下来到黄州，但从"忆""怜"二字可知事与愿违。在白下不如意才来黄州，没想到在黄州还不如白下。"忆""怜"两字道出了诗人孤独无依、漂泊凄凉之感。这一偶句，每句用一个表示时间的名词修饰一个地名，既交代了诗人的游踪，又形成了对比。语句虽然平淡，但在感情上却紧紧抓住了读者，想很快知道诗人在黄州的情况。

颔联是说黄州比邻长江，岁底严冬，大江空阔，既无舟船商贾，也无飞鸟旅人，江面清寂浩渺。两鬓白发的诗人迎着寒风，伫立江边，呆呆地望着这东去的滔滔江水，心事重重。夜幕降临了，孤独的诗人又回到了他寓居黄州的小楼，听着那令人心烦的雨声，对着这暗淡的灯光，百感交集。空江，两句紧承次句而来，写除夕的白天和夜晚。"空江"句写白天。积雪是比喻，以此形容双鬓。一个"添"字既写出了岁月的流逝，也道出了生活的艰辛。"细雨"句写除夕的夜晚。除夕是中国人的传统节日。除夕之夜普天同庆，家家团聚，欢声笑语，辞旧迎新，而诗人却孤身在外，滞留异乡，疏灯作伴，百感交集。"空江"两句很沉重。空江、积雪、细雨、疏灯，这些阴暗凄凉的景色，描绘了一种孤寂清冷的意境。这里写的却是眼前景，眼前事，虽然没写万家欢度佳节的热闹场面，但只要一看"除夕"

这个诗题，自然就会引起人们对这个传统佳节的欢乐回忆。"华年当此夕，儿女足喧阗。尽烛延亲容，长筵奉祖先。"（明汤显祖《过年》）在除夕的晚上，家家都是"对此欢终宴，倾壶待曙光"（唐董思恭《守岁》）。就在这万家欢乐的除夕之夜，诗人却孤身在外，滞留旅舍，只有细雨、疏灯作伴，怎不令人伤感！作者虽然只写了眼前这孤寂、冷清的实情实景，却与传统节日的喜庆欢乐暗中作了对比，二者之间造成极大的反差，在这强烈的对比之中我们自然就产生了对诗人的同情。究竟是什么原因使诗人滞留黄州、除夕不归呢？这样就自然逼出下边两句。

"世难久拼鱼雁绝，家贫常为稻粱谋"，颈联充分写出了时世的艰难。这既是诗人实际处境的反映，也是封建社会广大下层知识分子真实生活状况的概括。"难"字可谓全诗之眼，一切都从难字而来。全诗紧紧围绕"难"字来写，生活难，时世难，做人难。正因为此，诗人才四处漂泊，也正因为此，他才除夕不得归，才两鬓堆雪。而这些难，又多半是由"家贫"而起，因家贫而四处奔走，又因家贫而遭人遗弃。拼，舍弃的意思。鱼雁，书信，古人有鱼雁传书的说法。稻粱谋，指为衣食生计打算，亦喻无所作为而贪恋禄位。"世难"两句饱含热泪和悲愤，虽然是写自己的实际处境，但也含有对世道不公、贫富悬殊的不满与抗议！

尾联两句仍然是写"贫"。从外地归来，不是亲朋故交热情相迎，相反却是疏远离散、断绝往来。此句与前句"鱼雁绝"照应，进一步写出了世态炎凉的社会现实。正所谓"贫在闹市无人问，富在深山有远亲"。这怎能不让诗人悲愤！愁对春风，缅怀往事，悲今忆昔，感伤之情溢于言表。"感旧游"与首句"忆去年"照应，十分自然。

这首诗结构巧妙，作者选取了一个特定的环境——客居黄州，一个特定的时间——除夕，紧紧围绕一个"难"字来写。诗中多处运用了对偶、对比手法，语言深沉，感情悲苦，如泣如诉，深切感人。（周启云）

黎民表

黎民表（生卒年不详），字维敬，号瑶石山人，从化（今广东从化）人。明代诗人。明世宗嘉靖甲午（1534）举人，授翰林孔目，官至布政司参议。生性坦夷，好读书，工诗善书法。其诗与梁有誉、欧大任齐名。有《瑶石山人稿》《北游稿》《谕后语录》《养生杂录》。

【原文】

紫荆关

径转蛇盘险，云连鸟去长。
山桃微著紫，沙柳不成黄。
重镇临天府⁽¹⁾，神功划大荒⁽²⁾。
金城谁献议⁽³⁾？老作尚书郎⁽⁴⁾。

【毛泽东圈评等情况】

毛泽东读清沈德潜、周准编选《明诗别裁集》卷七时圈阅了此诗。

[参考] 张贻玖：《毛泽东评点、圈阅的中国古典诗词》，
中国工人出版社 1992 年版，第 258 页。

【注释】

（1）重镇，指紫荆关。临，临近。天府，《周礼·春官》："天官，掌祖庙之守藏与其禁令。"原为周官名，后周称朝廷藏物之府库为天府，亦指朝廷。《隶释·汉平都相蒋君碑》："翰力王室，以笃臣节。功列天府，令问不已。"

（2）神功，神一般的功绩，旧时多用以颂扬帝王。《晋书·赫连勃

勃载记》："鸿绩侔于天地，神功迈于造化。"划，划分。大荒，荒远的地方，边远地区。

（3）金城，城坚固如金属铸成，此指首都。献议，向帝王进献良策忠言。

（4）老作，老是，总是。尚书郎，为皇帝掌管文书诏令的官员。

【赏析】

这是一首记游性质的五律，写作者登上军事重镇紫荆关的所见所感。紫荆关，关隘名，在河北易县西紫荆岭上，山谷崎岖，易于控扼，因山多紫荆树故名。紫荆关距北京很近，古代为军事戍守重地。

首联是远望，重在写紫荆关险要的地理形势。第一句写路险。这里道路曲折复杂，通关之路像蛇行一样盘旋蜿蜒，十分险峻。第二句写关高。紫荆关在高高的紫荆岭上，仰望关隘，高与云连，一只飞鸟从关前向远处飞去。飞鸟像一根射线，把关和云、下与上连在了一起，不但使画面阔远高大，而且增加了动感。这两句很有气势，首句实写，次句虚写；实写路险，虚写关高，虚实相映，勾画了一幅巍峨险要的紫荆雄关图。

颔联两句写关上的自然景色。山桃树刚刚泛紫，尚未开花，沙柳树也刚刚发青还未抽芽。"微著紫""不成黄"点出了季节特点。此时正是乍暖还寒的初春之时。诗人通过曲折盘旋的险路登上紫荆关，刚刚露紫泛青的山桃、沙柳紧紧吸引了作者，他走到树前，手攀枝条，仔细观察。此时虽然还不是"山桃红花满上头"（刘禹锡）、"万条垂下绿丝绦"（贺知章）的阳春三月，但从"紫""黄"这些字眼看，却也是"三日春风已有情"（元稹）了。没有花，诗人却偏要写花"紫"，柳不绿，却要写"黄"，表现了诗人对春天的向往和呼唤，流露出一种温馨的喜悦之情。

颈联两句虽然也属环境描写，但却不同于三四两句对自然景色的描述，而是理性的概括。"重镇临天府"是对第二句"云连鸟去长"的具体补充。重镇即紫荆关。天府，指朝廷，此指京城。紫荆关高险，与京都接近。"神功划大荒"是对紫荆关周围地理环境的鸟瞰，暗中关合首句"径转蛇盘险"。大荒，泛指辽阔的原野边远的地方。此句是颂扬皇帝治理国家的功德，威力远达边远州郡。

尾联写诗人登上关顶，纵目四望之后所发的感慨。"金城"，城坚如金属铸成。贾谊《过秦论》："天下已定，始皇之心，自以为关中之固，金城千里，子孙帝王万世之业也。"这里应是指国都。面对紫荆关这险要的军事重地，作者情不自禁地发问，京城那么多达官显贵，有几人能认识到紫荆关地理位置的险要，又有谁能向皇帝进献忠言？往往只是掌管文书诏令的尚书郎而已。这里既有对国家安危的关心，也有对明王朝内部那些尸位素餐者的不满。

这首诗虽然没有具体记述诗人的游踪，但从全诗看作者思想上的轨迹，就不难想到作者的足迹。诗从作者登关写起，既有叙事、描写，也有议论、抒情，从中我们不但看到了不畏路险奋力登关的诗人形象，也看到了诗人登上关顶、纵目四望的喜悦。语言清新，感情向上，尤其三四两句更给人以温馨和向往。（周启云）

【原文】

横翠楼

高楼当绝塞，春望转氤氲。
百战全燕地[1]，千重大漠云[2]。
控弦无掠骑[3]，饮羽忆将军[4]。
老去亲戎马[5]，悲笳向夕闻。

【毛泽东圈评等情况】

毛泽东读清沈德潜、周准编选《明诗别裁集》卷七时圈阅了此诗。

[参考] 张贻玖：《毛泽东评点、圈阅的中国古典诗词》，
中国工人出版社 1992 年版，第 258 页。

【注释】

（1）燕，古国名，周代诸侯国，在今河北北部和辽宁西端，旧时为

河北的别称，亦指河北北部。

（2）大漠，指我国西部一带的广大沙漠地区。汉班固《封燕然山铭》："遂陵高阙，下鸡鹿，经碛卤，绝大漠。"

（3）控弦，拉弓，持弓，借指士兵。掠骑，掠夺的骑兵。

（4）饮羽，箭深入，尾部羽毛都隐没不见了。将军，此当指镇守古北平出名的汉之飞将军李广。

（5）亲，亲自。戎马，军马，又借指军事、战争。此句指戎马生涯，从军打仗。

【赏析】

这是一首边塞诗，为五言律诗。诗人从边塞瞭望楼写起，叙述了一场旷日持久的战争，婉转低沉地表现了诗人对国家命运的关心。横翠楼，在今河北清苑东北，元张柔所建，今改为业楼，为当地名胜。

首联写横翠楼的地理位置和气势。横翠楼高高地耸立在边塞之地，楼上烟云弥漫。当，对着。绝塞，极远的边塞。氤氲，云烟弥漫的样子。这是对横翠楼自然环境的描写，不但写了楼的非凡气势和地理环境，而且点出了此诗的写作时间是在春季。从全诗看，这场战争绝非发生在春季，而是延续到了春季还未结束。横翠楼为什么高高耸立在荒凉的边塞呢？这说明此楼绝非民用，而系军事设施，它是用来观察瞭望敌情的建筑。读到"绝塞"，人们自然就会想到边疆的荒凉，原野的苍茫，以及艰苦的环境，单调的军旅生活，更想到了那些远离家乡而浴血奋战的士卒。

中间颔联、颈联具体写战争。这是一场旷日持久的战争。战斗频繁，战场辽阔。战斗不但在整个河北展开，而且还在蒙古高原大沙漠里进行。黄沙漫漫，云幕低垂，战斗激烈而艰苦，敌人强大而凶猛；虽然明军战士奋勇杀敌，箭无虚发，仍然抵挡不住敌人的进攻。大漠，蒙古高原的大沙漠。"百战全燕地，千重大漠云"是叙事，但叙事中有描写。百战是说战斗的频繁，战斗次数多；全燕、大漠是写战场广阔。"千重"两句描写中有抒情。"千重"是描写大漠的，大沙漠的层层沙浪像天上的云层一样，辽阔无垠。"饮羽"句是用典。箭深深射入，尾部羽毛隐没不见称"饮羽"。《史记·李将军列传》："广出猎，见草中石，以为虎而射之，中石没镞。"这里的"将军"即指汉李广。李广乃汉代名将，被匈奴称之"汉之飞将军"。他有谋略，英勇善战，武艺高强；他廉洁宽缓，爱护士卒，治军有方。在激烈的战斗中，军士都在思念汉代的李广，这说明了什么？很显然，诗人在这里用了暗比的手法，虽然没有批评指责明朝将领无能。但从忆李广一事其意已明。忆李广一事还告诉我们，这是一次失利的战斗，而失利的重要原因在于将军的无能，在对李广的怀念中，流露着对明王朝将帅的不满。

尾联两句言志抒情，写自己年老从军。每天晚上都能听到那悲悲切切的胡笳之声。这两句看似平淡，却饱含了十分沉痛的感情。年老从军，说明战斗失利、兵员缺乏。"亲戎马"说明是主动参战，表现了作者对国家安危的担心和对入侵之敌的仇恨。

这首反映边塞战斗的诗歌感情是健康的，在艺术上融叙事、抒情、议论于一体，低回婉转，含蓄深沉，表现了诗人对国家大事的关心之情。

（周启云）

王　问

王问（1497—1576），字子裕，无锡（今江苏无锡）人。明代诗人。明世宗嘉靖十一年（1532）进士。官户部主事、南京职方，后迁广东按察司金事，半道令归。及卒，门人私谥文靖先生。有《王金宪集》。

【原文】

赠吴之山

城柝声声夜未央⁽¹⁾，江云初散水风凉。

看君已作无家客，犹是⁽²⁾逢人说故乡。

【毛泽东圈评等情况】

毛泽东读清沈德潜、周准编选《明诗别裁集》卷七时圈阅了此诗。

[参考] 张贻玖：《毛泽东评点、圈阅的中国古典诗词》，
中国工人出版社 1992 年版，第 258 页。

【注释】

（1）柝（tuò），旧时巡夜人打更的木梆。《易·系辞下》："重门击柝，以待暴客。"未央，未半。《诗经·小雅·庭燎》："夜如何其？夜未央。"朱熹集传："央，中也。"

（2）犹是，还是。

【赏析】

诗题一作《赠之山》，此从《明诗别裁集》。吴之山，名扩，字子充，号子山，昆山（今江苏昆山，明属太仓州治）人，以布衣游缙绅间。嘉靖

年间，避倭寇之乱，居金陵（今江苏南京）。钱谦益《列朝诗集小传》："嘉靖间如晚宋所谓山人者，自吴扩始。"

作者于诗前有小引曰："之山家太仓州，为园种竹，歌咏自怡。海寇至，避居金陵，与予月夜步柳堤，想念畴昔，悽然伤怀。"《明史·日本传》：嘉靖三十二年（1553）三月，诸倭大举入寇。四月，犯太仓，破上海。三十三年（1554）正月，自太仓掠苏州，攻松江。此诗当为这一时期作于南京。从全诗看，这首七言绝句写的是故人异地相逢、促膝长谈，表现了诗人对吴的同情和安慰。

前二句写江边送行，彻夜长谈。柝，巡夜所敲的木梆。未央，未尽。故人异地相逢，有说不完的知情话、道不尽的故乡情，江边送别，难分难舍。夜已经很深了，城上巡夜所敲的木梆声不时传来；起风了，天上的云层也已开始散开，风吹江水，使人感到阵阵凉意。这两句全是写景，但景中藏人。声声柝响，是不寐之人耳闻；江云初散，是江边之人眼中所见；风吹江水，阵阵凉意，是离别之人所感。从"夜未央""云初散"，可知二人是彻夜未眠。尽管没写谈话的内容，但我们可以想到两人话很投机，谈得十分融洽，由此也可见二人之间感情的深厚。

后两句，表现了作者对吴之山的同情。君、无家客都是指吴之山。从"无家客"分析，吴之山不是被贬流放的官员，也不是做官之人，很可能是一个游荡江湖的布衣。游荡江湖，无家可归，却还要逢人说故乡。这里的人，既指作者，也包括其他所遇到的人；说故乡，既是这次与作者相逢谈话的内容，也是遇到其他人谈话的主题。这就充分表现了吴之山对故乡的热爱和留恋。爱故乡，却又不回故乡，偏作"无家客"，这在情理上是说不通的，但其发人深思之处也正是在这令人费解的矛盾之中。这里似有难言之隐，有迫不得已之意。"无家客"与作者在思想上显然有相通之处。作者对"无家客"的遭遇在感情上引起了共鸣，我们似乎在"无家客"身上看到了作者的影子，吴之山逢人说故乡，以口；诗人转写他的思乡之情，以笔，曲折处在后二句。诗人是否与吴之山同病相怜呢？从中我们不难体会诗人那难言的哀愁：既有对明朝廷抗倭不力的不满，也有对倭寇入侵的愤怒。

这首诗的突出特点是含蓄。不言情而情自现，发人深思，耐人咀嚼。沈德潜、周准评此诗说："其声凄以哀。"（周启云）

徐文通

徐文通（生卒年不详），字汝思，永康（今广西扶绥）人。明代诗人。嘉靖甲辰（1544）进士。历官山东按察副使。

【原文】

岱　宗

岱顶凌霄十八盘，中原萧瑟思漫漫。

振衣日观三秋曙⁽¹⁾，倚剑天门六月寒⁽²⁾。

风雨黄河通瀚海⁽³⁾，星辰紫极近长安⁽⁴⁾。

小臣愿献蓬莱颂⁽⁵⁾，阊阖高悬谒帝难⁽⁶⁾。

【毛泽东圈评等情况】

毛泽东读清沈德潜、周准编选《明诗别裁集》卷七时圈阅了此诗。

[参考] 张贻玖：《毛泽东评点、圈阅的中国古典诗词》，中国工人出版社1992年版，第258页。

【注释】

（1）日观，即日观峰，在泰山东南山顶上。

（2）天门，指泰山上的门坊，此处天门当指泰山顶上的南天门。

（3）瀚海，地名，其含义随时代而变，或曰即今呼伦贝尔湖，或曰即今贝加尔湖，或曰为杭爱山之音译。唐代是蒙古高原大沙漠以北及其以西今准噶尔盆地一带广大地区的泛称。大多用为征战、武功的典故。

（4）紫极，紫微垣（星座名）为皇极之地，因此称帝王宫殿为紫极。长安，这里代指明朝首都北京。

（5）蓬莱，古代方士传为仙人所居之仙山，此指唐代长安大明宫，唐高宗时改为蓬莱宫。

（6）阊阖，神话传说中的天门。《楚辞·离骚》："吾令帝阍开关兮，倚阊阖而望予。"王逸注："阊阖，天门也。"泛指宫门或京都城门。

【赏析】

岱宗，即泰山。泰山乃五岳之首，为诸山所宗，故名岱宗。

这是一首七言律诗。"岱顶凌霄十八盘，中原萧瑟思漫漫。"首联首句写泰山的高险，次句写登上泰山之后所感。诗人翻过十八盘险路，登上了高入云霄的泰山绝顶，俯瞰齐鲁大地，秋风萧瑟，不由得思绪万千。泰山自古都是游览胜地，登泰山而小天下。古往今来，有多少文人墨客都因登岱览圣而抒发豪情，而诗人这次登山，不但没有激发出壮志豪情，反而感到凄凉萧索、心事重重。思漫漫，反映了作者思想上的苦闷。首句就给全诗定下了低沉的基调。

"振衣日观三秋曙，倚剑天门六月寒。"颔联写岱顶漫游。挥动衣襟，登上日观峰，欣赏那九月的曙光；站在南天门，倚着宝剑，纵目观望，冷风吹来，使人感到阵阵寒意。日观，即日观峰，是泰山观日出的地方，在泰山东南山顶上。天门，泰山有东、南、西三座天门，以南天门最高。李白《游泰山》云："天门一长啸，万里清风来。"这两句对仗工整，一句嵌一景观。三秋曙是在日观峰上所见景色；六月寒是在天门高处亲身所感。"曙"写景美，是登高亲眼所见，为实；"寒"写山高，山高风大，即使是六月天来到这里，也会感到寒冷，这是虚。这个"寒"绝不单单是天气冷，而更重要的是心冷、心寒。这既是现实中所感，也是登岱所"思"的结果。

"风雨黄河通瀚海，星辰紫极近长安。"颈联两句写远望。站在泰山顶上，遥望黄河弯弯曲曲，向上直通无垠的大沙漠；仰望天上的众星，包括紫微星都靠近京都长安。这里的"风雨"并非写气候，而是描写黄河的。黄河穿山过涧，千年流淌，经历了数不尽的风雨，但它始终不改变流向，上通瀚海，下入东海，一直具有"奔流到海不复回"的气势。这个"通"

字既可理解为向上直通，也可理解为向下流入。紫极，紫微垣（星座名）为皇极之地，因此称帝王宫殿为紫极。长安，今陕西西安，向有"八水帝王都"之称，自西汉到隋唐，先后有十一个朝代在此建都，长达一千多年。所以后来一些诗词中，都把长安当作国都的代称，这里指的是明朝首都北京。"风雨"两句虽是写景，但均不是作者眼前所见，而全是想象中的景色。在明代，黄河从开封向东南通淮河，流入东海，并不流经山东，所以诗人站在泰山顶上是看不到黄河的。联系后两句看，"风雨"两句带有十分明显的比兴意义。

"小臣愿献蓬莱颂，阊阖高悬谒帝难"，尾联表达了作者的迫切愿望，言辞恳切，内含忧伤。小臣，作者自称。蓬莱，古代方士传说为仙人所居的仙山。唐代长安大明宫，唐高宗时改为蓬莱宫。杜甫《莫相疑行》："忆献三赋蓬莱宫，自怪一日声辉赫。"诗人忠君爱国，愿向皇帝献赋献策，愿意为国出力效劳，希望得到朝廷的信任和重用。可是，帝意难猜，皇宫高远森严，想拜见皇帝也不可能。作者的主观愿望和客观现实之间发生了矛盾，反映了君臣之间的距离和隔阂，流露了诗人的不满和牢骚。阊阖，天门，皇宫正门。结尾两句又巧妙地照应了开头两句。"阊阖高悬"照应首句的"岱顶凌霄"，"愿献蓬莱颂""谒帝难"，照应第二句的"思漫漫"，表现了严密的逻辑性。

这首诗紧紧围绕一个"思"字下笔，因思想苦闷而登山，登高望远郁闷更重，秋风萧瑟思漫漫。理想与现实的矛盾，更增加了作者的烦闷和不幸。此诗结构严谨，对仗工整。比兴手法的运用，更好地表现了诗人不被理解、得不到重用的苦闷这一主题。（周启云）

张居正

张居正（1525—1582），字叔大，号太岳，江陵（今湖北江陵）人。明代诗人、政治家。明世宗嘉靖丁未（1547）进士，以庶吉士历官礼部尚书。入阁，官至太师。卒谥文忠。明神宗年幼时，由他主持国事，前后十年，进行了一些改革中，如下令请丈清土地、推行一条鞭法等。著有《张文忠公全集》《书经直解》《太岳集》《太岳杂著》《帝鉴图说》等。

【原文】

舟泊汉江望黄鹤楼

枫林霜叶净江烟，锦石游鱼清可怜[1]。

贾客帆樯云里见，仙人楼阁镜中悬[2]。

九秋查影横清汉[3]，一笛梅花落远天[4]。

无限沧洲渔父意[5]，夜深高咏独鸣舷[6]。

【毛泽东圈评等情况】

毛泽东读清沈德潜、周准编选《明诗别裁集》卷七时圈点了此诗。

[参考] 张贻玖：《毛泽东评点、圈阅的中国古典诗词》，中国工人出版社1992年版，第258页。

【注释】

（1）锦石，有纹理的美石。可怜，可爱。

（2）仙人楼阁，此指黄鹤楼。传说仙人子安曾乘黄鹤经过黄鹤楼；一说三国蜀费祎在黄鹤楼乘鹤登仙。

（3）九秋，指秋天。晋张协《九命》："晞三春之溢露，溯九秋之鸣飙。"查影，筏影，船影。查，木筏。晋张华《博物志》卷三："人有奇志，立飞阁于查上，多赍粮。"按：查本作"楂"，通"槎"。清汉，天河。晋陆机《拟迢迢牵牛星》："昭昭清汉晖，粲粲光天步。"

（4）梅花，指《梅花落》，汉横吹曲名。

（5）沧洲，滨水的地方，古时常用来称隐士的居处。

（6）鸣舷，敲响船舷。

【赏析】

张居正是明代著名的政治家，卓识远见，政绩卓著。这首诗是他路经武汉时所写。船泊汉水，诗人眺望黄鹤楼，为眼前的优美景色所陶醉，于是抒发情怀，吟咏了这首清新可爱的诗作。泊，停船靠岸。汉江，即汉水，源出今陕西宁强北部嶓冢山，东南流经陕西南部、湖北西北部和中部，至武汉汉口入长江，为长江最长的支流。

这是一首七言律诗。秋高气爽，山上的枫叶被霜染红，远远看去，一片通红。枫叶映照着江面，浩瀚的江水清澈透明，各种美丽花纹的石头静卧江底，欢快的游鱼遨游其中，一派可爱可羡的风景。

首联二句总写黄鹤楼周围的自然环境。黄鹤楼乃天下名胜，是传说中仙人乘鹤飞天的地方，看到黄鹤楼，自然就会生发出种种与此有关的诗情画意。诗人船泊汉江，眺望黄鹤楼，很快就被这里迷人的景色吸引。这两句诗都是从"望"中而来。首句写山上，是远望；次句写江中，是近看。山上江中，一上一下，仰望俯视，目不暇接。望山上的枫叶，看江中的游鱼，目光是那样地专注。因为诗人是在船上，船在水中，所以诗人的目光所向，最多的还是定格在水中。"净""清"都是写江水的清澈透明。

颔联两句继续写江中所见。满载货物的商船来往江面，络绎不绝；屹立在蛇山上的黄鹤楼飞檐斗拱，倒影江中；江水明亮如镜，使黄鹤楼的倒影犹如在镜中悬挂一样。这两句紧承次句水清而来，并用"云""镜"作比喻，进一步写长江水清。南宋朱熹《观书有感》："半亩方塘一鉴开，天光云影共徘徊。"江水清澈空明，犹如镜子一样，洞照万物。船在江面，犹在云中；楼映江中，犹如镜悬。画面清新，意境优美。作者把黄鹤楼写成"仙人楼",既关顾了古代传说,又表明了诗人的欣喜之情。

"九秋查影横清汉,一笛梅花落远天。"颈联继续写江中,与颔联稍有不同的是有见有闻。"九秋"与首句的"枫林霜叶"相照应;"查影"照应第三句的"贾客帆樯"。查,木筏,即船。清汉,即天河,这里指长江。这两句可以说是前四句的小结。横,既可解释为纵横交错,也可理解为船的横向行驶,形容来往船多。以上这些都是眼中所见。"一笛梅花落远天"则是从听觉而来。在这商旅游人不断、舟船纵横的江面上,是谁吹响了横笛?悠扬的笛声在江面萦绕,在空中荡漾,随着这悠扬动听的笛声,人们仿佛看到了梅花满天飘落的景象。李白有《与史郎中钦听黄鹤楼上吹笛》诗云:"黄鹤楼中吹玉笛,江城五月落梅花。"梅花落,笛曲名。郭茂倩《乐府诗集》注云:"《梅花落》本笛中曲也。"

以上六句,诗中运用了铺排的笔法,反复渲染黄鹤楼头大江中的美景。一曲《梅花落》的笛声,把诗人引进了感情的世界。"无限沧洲渔父意,夜深高咏独鸣舷。"尾联道出了这位政治家内心深处的另一面。从隆庆六年到明神宗万历十年(1572—1582),因神宗年幼,国事全由张居正主持,针对当时军政败坏的情况,他采取了一系列的改良措施,为国家的安定清明作出了重要贡献。政治上的成功当然是可喜的。但是,作为一个久历官场的封建官吏,他深知仕途的险恶,即使在仕途顺利之时,他也不能没有后顾之忧。"无限"两句正道出了诗人思想的另一面,这是他内心的独白。渔父,捕鱼的老翁。屈原《渔父》:"渔父莞尔而笑,鼓枻而去。"作者虽身居高官,但他仍羡慕捕鱼人那自由自在的生活。诗人的思想发生了矛盾,两种思想在激烈地斗争。他独卧舟中,夜不能寐,扣舷高咏,以此抒发胸中淤积。"独"字虽然是实写独在舟中,另外还有没有内心的孤独、官场的孤单之感呢?

这首诗运用铺排的手法,反复渲染,描绘了黄鹤楼周围的自然景色,造语清丽,意境优美。清王夫之《姜斋诗话》说:"情景虽有在心在物之分,而景生情,情生景……互藏其宅。"寓情于景,寓景于情,正是这首诗的另一突出特点。从对优美江景的描绘中,我们可以看到诗人的欣喜之情,眼前景、心中情自然地融合在一起。(周启云)

明

诗

陈皋谟

陈皋谟（生卒年不详），字思赞，江阴（今江苏江阴）人。明代诗人。明世宗嘉靖甲辰（1544）进士，知蒲州。历官南京工部郎中。有《薄游》《北游》《南都褚稿》等。

【原文】

环县城远眺

灵武孤城霁色开⁽¹⁾，感时还上最高台⁽²⁾。

山楼风急熊旗动⁽³⁾，关塞天边鸟道回。

经略久寒西夏胆⁽⁴⁾，安危深仗北门才⁽⁵⁾。

殊方独抱怀乡思⁽⁶⁾，日暮愁闻画角哀。

【毛泽东圈评等情况】

毛泽东读清沈德潜、周准编选《明诗别裁集》卷七时圈阅了此诗。

[参考] 张贻玖：《毛泽东评点、圈阅的中国古典诗词》，中国工人出版社 1992 年版，第 258 页。

【注释】

（1）灵武，今宁夏灵武西南。

（2）最高台，指灵武台。唐玄宗天宝十五年（756）安禄山破潼关，玄宗逃蜀，太子亨北行至灵武，朔方留后杜鸿渐等拥立李亨即位于郡城南楼，即此台。

（3）熊旗，以熊虎为徽的旗。《周礼·考工记·车舟人》："熊旗六游，以象伐也。"郑玄注："熊虎为旗，师都之所建。"

（4）经略，此指范仲淹。宋仁宗康定元年（1040），范仲淹任陕西经略副使兼知延州，守边四年。西夏，古国名，是宋人对党项羌族人所建大夏封建政权的称呼。

（5）北门才，指北门学士。北门，唐宋时学士院在禁中北门，因以为学士院的代称。唐高宗时，弘文馆学士刘祎之、著作郎元石顷等，时奉诏于翰林院草制，密令参决，以分宰相之权。唐制官衙都在宫城之南，翰林院在银台之北。刘、元等入不经南门，而于北门出入，时人因谓之"北门学士"。此指范仲淹。

（6）殊方，异域，他乡。

【赏析】

这是一首感怀诗，为七言律诗。诗中流露出异域他乡思念故土的悲凉。环县，今甘肃环县，在甘肃东北部，地近灵武。《环县城远眺》即在环县远望灵武。

首联"孤城雾色"奠定了诗的低沉格调。登台远望，感时抒怀，诗人内心是极不平静的。映入诗人眼帘的是山楼风急，熊旗飞动，关塞险峻，鸟道飞回。颔联没有直接写人，而是由熊旗飞动自然联想到戍边的军人，刀枪剑戟，暗含杀气，地势险要，阵势威严，让人感到不寒而栗。鸟道意在描绘地形之险，李白《蜀道难》云："西当太白有鸟道，可以横绝峨嵋巅。"山势高入云天，道路崎岖蜿蜒。诗人的笔触并不是为了描摹地形，而是为了抒发自我的内在慷慨之感，思绪也飘到很远的古战场。

颈联"经略久寒西夏胆，安危深仗北门才。"经略指范仲淹，他在宋仁宗康定元年（1040））任陕西经略副使兼知延州，守边四年。当时边上谣曰："军中有一范，西贼闻之惊破胆。"诗人称赞范仲淹的精明强干，足智多谋，希望多一些范这样的雄才大略之人。中国北部边境面对着北方强悍的少数民族，北方的大门时刻处在不安稳的状态，国家的安宁倚仗着范仲淹这样的文武双才。在明朝中叶，边务松弛，军力衰弱，北方瓦剌等少数民族屡次犯边，给明代带来不安的因素，诗人以范仲淹来写北方将士责任重大。

尾联点出了戍边战士的艰难辛苦。身在异域他乡，感情上思念着父母妻子，眼中所见到的是苍凉暮色，怪石衰草。画角那呜呜的哀鸣将人引向悲愁的境地。自古以来征人思乡之作很多，李益《夜上受降城闻笛》诗云："回乐烽前沙似雪，受降城下月如霜。不知何处吹芦管，一夜征人尽望乡。"范仲淹《渔家傲》："浊酒一杯家万里，燕然未勒归无计。羌管悠悠霜满地，人不寐，将军白发征夫泪。"从这些诗作里我们可以领略到戍边生活的孤独。诗人虽然知道北地负担之重，勉励将士杀敌立功，但思念家乡的矛盾心情又深刻地表露了出来，这从李、范的诗词里也可以看到矛盾是无法避免的。

诗作笔力矫健，淋漓地表现了边塞之悲凉。这里的悲凉不是消极的，而是积极的，是诗人豪情壮志的升华，是诗人对祖国的拳拳之心，融艰辛和振奋于一体，是边塞生活的真实写照。（赵维国）

评点中国古代名诗赏析 ⑧

薛 蕙

薛蕙（1489—1541），字君采，亳州（今安徽亳州）人，明代诗人。明武宗正德九年（1514）进士，授刑部主事，历官至吏部考功郎中。明世宗以藩王继位，欲尊生父兴献王为皇帝，遭到阁臣的反对，薛蕙上疏万余言，得罪世宗。又为陈洗所潜，被削职下狱，后复职，不久即解任回乡，屡荐不出。薛蕙与严嵩同年，初亦推许严嵩文采，多有酬答。后严嵩秉政，薛蕙恶其弄权祸国，将集中与严氏酬和之作尽行删落，人重其行。晚年究心讲学，学者称西原先生。学诗推举盛唐，兼取晋宋，下及晚唐。诗风清削婉约，有《考功集》。

【原文】

江南曲

江南光景殊无赖⁽¹⁾，水如碧玉山如黛⁽²⁾。

吴王旧苑芳草多⁽³⁾，鸳鸯飞过斜阳外⁽⁴⁾。

船头醉岸乌纱巾⁽⁵⁾，兴来遍看江南春。

五湖倘遇范少伯⁽⁶⁾，夺取当时倾国人⁽⁷⁾。

【毛泽东圈评等情况】

《巧对录》上……还有一则说：有一位教书先生病重，守护他的两个学生在低声商讨说："'水如碧玉山如黛'，下联应如何对？"先生听到后说："可对'云想衣裳花想容。'"说罢死去。毛泽东对这几则都加了圈点，还在天头上画着圈记。

[参考] 张贻玖：《毛泽东和诗》，中央文献出版社 1998 年版，第 100 页。

【注释】

（1）光景，风光，景象。南朝梁萧纲《艳歌篇十八韵》："凌晨光景丽，倡女凤楼中。"殊，很，极。无赖，无聊，亦指似憎而实爱，含亲昵意。唐段成式《折杨柳》诗之四："长恨早梅无赖极，先将春色出前林。"

（2）碧玉，矿物名，含铁的石英石，呈红色、褐色或绿色，可作装饰品。《山海经·北山经》："又北三百里曰维龙之山，其上有碧玉，其阳有金，其阴有铁。"黛，青黑色。

（3）吴王旧苑，即长洲苑，故址在今江苏苏州西南、太湖北，春秋时为吴王阖闾游猎处。汉赵晔《吴越春秋·阖闾内传》："射于鸥坡，驰于游台，兴乐石城，走犬长洲。"

（4）鸳鸯，鸟名，似野鸭，体形较小，嘴扁，颈长，趾间有蹼，善游泳，翼长，能飞，为我国著名特产珍禽之一。旧传雌雄偶居不离，古称"匹鸟"。《诗经·小雅·鸳鸯》："鸳鸯于飞，毕之罗之。"《毛传》："鸳鸯，匹鸟也。"

（5）醉，酒醉。岸，将冠帽上推，露出前额，形容性格洒脱或衣着简率不拘。唐唐彦谦《夏日访友》："清风暗乌纱，长楫谢君去。"乌纱巾，即乌纱帽，帽名，又称唐巾。东晋成帝时官场着乌纱帽。南朝宋始有乌纱帽，直至隋代均为官服。唐初曾贵贱均用，以后各代仍多为官服。唐李白《赠乌纱帽》："领得乌纱帽，全胜白接蓠。"五代马缟《中书古今注·乌纱帽》："武德九年十一月，太宗诏曰：'自今以后，天子服乌纱帽，百官士庶皆同服之。'"

（6）五湖，古代吴越地区湖泊，其说不一，一种说法是指今太湖及其附近的四个湖。汉赵晔《吴越春秋·夫差内传》："入五湖之中。"徐天佑注引韦昭曰："胥湖、蠡湖、洮湖、漏湖，就太湖而五。"范少伯，即范蠡，字少伯，春秋末年楚国宛（今河南南阳）人。越国大夫。越为吴所败时，曾赴吴为质二年。回越后助越王勾践刻苦图强，并选择进兵时机，灭亡吴国后，携西施泛五湖而去，后游齐国，改名鸱夷子皮。即陶（今山东定陶西北），改名陶朱公，以经商致富。

（7）倾国人，指美女。南朝梁何思澄《南苑逢美人》："倾城今始见，倾国昔曾闻。"倾国，倾覆邦国，形容女子极其美丽。唐玄宗《时光好》词："莫倚倾国貌，嫁取个、有情郎。"此指西施。西施，春秋末越国美女。或称先施，别名夷光，亦称西子。姓施，越国苎罗（今浙江诸暨南）人。越王勾践败于会稽，范蠡取西施献吴王夫差，使其迷惑忘政。越遂灭吴。后西施归范蠡，同泛五湖。事见《吴越春秋·勾践阴谋外传》。

【赏析】

《江南曲》，乐府《相和曲》名，也称《江南可采莲》。宋郭茂倩《乐府诗集·相和歌辞·江南》曰："江南可采莲，莲叶何田田。鱼戏莲叶间。鱼戏莲叶东，鱼戏莲叶西，鱼戏莲叶南，鱼戏莲叶北。""相和歌"原是一人唱多人和的，所以有的学者认为"鱼戏莲叶东"以下四句是和声。这首民歌写江南采莲时的景色，纯用白描，便把读者引入一个碧叶鲜丽、小舟穿行的画面。如此良辰美景，旖旎风光，采莲的人自然免不了一场嬉闹。后代的《采莲曲》《江南弄》等乐府诗，都是它的流变，但要说表现手法，便只有另辟蹊径了。

薛蕙的这首《江南曲》也是一首沿用乐府旧题别出新意之作。它从江南的美景写到江南的人文遗迹，别具机杼。"江南光景殊无赖，水如碧玉山如黛。"首联二句抒情，直接赞叹江南风光景物特别美丽，具体表现为水如碧玉之清，山如黛色之绿，山清水秀，景色宜人，让人望而生叹。接下来，颔联两句由山水写到芳草鸳禽："吴王旧苑芳草多，鸳鸯飞过斜阳外。"上句写江南之草，当然要数春秋时吴王阖闾的长洲苑最为繁盛，宫苑池水中佳禽自然不少，而以旧称"匹鸟"的鸳鸯最受人的青睐，这就从写自然风光到人文景观作了铺垫。颈联"船头醉岸乌纱巾，兴来遍看江南春。"五、六两句方出人物，这人物便是头戴乌纱巾的风流才子。他兴致勃勃地要把"江南春"看个遍，看个够。说到"江南春"，在历代诗人笔下，自然有不少出色的描绘，但最受人们推崇的恐怕要数白居易的《忆江南》："江南好，风景旧曾谙。日出江花红胜火，春来江水绿如蓝。能不忆江南？"这首词抓住胜火江花、如蓝绿水写出了江南春色之美。"五湖倘遇范少伯，夺取当时倾国人。"尾联二句用典，写才子想巧遇佳人。范少伯即战国末年越大臣范蠡。倾国人，指中国古代著名的越国美女西施。越王勾践败于会稽，范蠡取西施献给吴王夫差，使其迷惑忘政。越最终灭掉吴国。之后，范蠡携西施泛五湖而去，成为历史上的一段佳话。诗人想，当时如果自己在五湖中遇到范蠡，便能以自己的出众才华把有倾国倾城之貌的西施夺归己有，可谓踌躇满志，自负不浅。其实这种艳遇思想，仍没有跳出才子佳人的窠臼。

毛泽东在清梁章钜的《巧对录》上读到了这则趣话："《秋雨庵随笔》又云：淳安方朴山先生病危时，门弟子咸在。有二人私语曰：'水如碧玉山如黛，以何为对？'先生枕上闻之，曰：'可对"云想衣裳花想容"。'言毕而逝。"上联以碧玉描绘水，以青黑的黛色描绘山，将水如碧玉带、山作碧玉簪的大自然美景展现在读者面前，可谓神来之笔。其实这上联是集句，出自薛蕙的《江南曲》。学生集"水如碧玉山如黛"，一时难求佳句作对时，先生在即将长逝人间的一瞬之时，仍教之以李白《清平调》中"云想衣裳花想容"为对，真令人感叹不已。全联集句于明人薛蕙和唐人李白，毫无斧凿之痕，有鬼斧神工之妙。而在盛赞山水，又叹容貌方面，真可谓字字流丽、精妙绝伦。更兼有那方朴山先生续对后"言毕而逝"的高大形象和师德呈现在读者面前，读后不禁令人钦佩，令人慨叹。毛泽东读后加了圈点，还在天头上圈着圈记，表现他对此联十分欣赏，其中就包括对薛蕙诗句的赞叹。（毕桂发）

谢 榛

谢榛（1495—1575），字茂秦，号四溟山人，又号脱屣山人，临清（今山东临清）人。明代文学家、诗人。"后七子"之一，与李攀龙、王世贞等结诗社，以他为首。倡导诗摹盛唐，主张选李、杜等十四家诗进行学习。后为李攀龙等排斥。终身布衣，客游于赵康王朱厚煜、赵穆王朱常清间，颇受礼遇。有《四溟集》《四溟诗话》等。

【原文】

榆河晓发

朝晖开众山⁽¹⁾，遥见居庸关⁽²⁾。

云出三边外，风生万马间。

征尘何日静⁽⁴⁾，古戍几人闲？

忽忆弃襦者⁽⁶⁾，空惭旅鬓斑。

【毛泽东圈评等情况】

毛泽东读清沈德潜、周准编选《明诗别裁集》卷八时圈阅了此诗。

[参考]张贻玖：《毛泽东评点、圈阅的中国古典诗词》，
中国工人出版社 1992 年版，第 259 页。

【注释】

（1）开，一本作"升"。

（2）居庸关，在今北京昌平西北军都山上，两山夹峙，地势险要。

（3）三边，汉代时的幽州、并州和凉州，因其地都处于边疆，故称三边，后泛指边疆。诗用后义。

（4）征尘，打仗时扬起的尘土。

（5）古戍，边疆古老的城堡、营垒。

（6）弃繻（xū 需）者，《汉书·终军传》："初，军从济南步入关，关吏予军繻。军问：以此何为？吏曰：为复传，还当以合符。军曰：大丈夫西游，终不复传还。弃繻而去。"繻，符，书帛，分裂为二，过关时验合，以为符信。

【赏析】

这是谢榛写的一首即景抒情诗，为五言律诗，写诗人早晨从榆河出发远征的情景和感受。

榆河，水名，又名湿余河、温余河、富河，在今北京北境，自长城的居庸关（在明十三陵正西）南流，经过昌平、顺义至通州，北入白河，白河又在天津入海。

首联描写晓发即景，清晨的阳光普照大地，拨开了众山的迷雾，现出了众山的容颜，远远地可以望见万里长城的居庸关的雄姿。这个景物是雄伟而又光辉灿烂的，令人耳目为之一新。

颔联承接首联，则描写出征时风云变幻的景象。三边是指今北京的北境以外之地，汉代时的幽州、并州和凉州，因其地都处于边疆才称三边。李白《古风》之六云"谁怜李飞将，白首没三边"，就歌唱了李广镇守三边的事迹。如今出征之际，云儿从三边以外飘出，风儿从千军万马之间生起。如此诗意可谓醇厚了。因此沈德潜、周准评论说："读'风生万马间'，纸上有声。若衍成二语，气味便薄。"实为中肯之言。

颈联一转，正面写边尘不靖，征戍不停，表现了诗人心中的厌战隐情。"征尘何日静，古戍几人闲？"实际上是"征尘无日静，今戍无人闲！"人民饱尝了战争的苦难，也不愿再去远征了。由此可见，颈联和首领两联的诗意，形成了鲜明的对比。

尾联又一转，以想念将军作结关合了全诗。诗人忽然想起了那丢弃了用繻帛制成的出入关卡的凭证的人，无法再合法地回到故国来了，只好永世漂泊在边外的异乡，于是空空地旅居于异国而至鬓发斑白。作者的报国愿望，于此可见。

　　这首诗既写出了天光日朗、万马齐鸣的雄伟出征场面，又写出了这一场景背后的阴暗一面，人民饱尝了战争的劳苦与牺牲，乃至流落异地的辛酸晚景。沈德潜、周准评论谢榛的诗："五言近体，句烹字炼，气逸调高，七子中故推独步。"是非常恰当的。（温振宇）

【原文】

李行人元树宅同谢张二内翰话洞庭湖

　　　　　南望岳阳郡[(1)]，苍茫吴楚分[(2)]。
　　　　　帆回孤岛树[(3)]，楼出九江云[(4)]。
　　　　　落日波中没，秋风天外闻。
　　　　　何时采苹藻，湖上吊湘君[(5)]？

【毛泽东圈评等情况】

　　毛泽东读清沈德潜、周准编选《明诗别裁集》卷八时圈阅了此诗。

[参考] 张贻玖：《毛泽东评点、圈阅的中国古典诗词》，
中国工人出版社1992年版，第259页。

【注释】

　　（1）岳阳郡，南朝梁置，治所即今湖南汨罗东大乐。隋废。此指今湖南岳阳。

　　（2）吴楚，春秋吴国和楚国，泛指吴楚之故地，即今长江中下游一带。

　　（3）回，围绕。

　　（4）楼，岳阳楼。

　　（5）湘君，湘水男神，与湘水女神湘夫人是配偶。有人认为湘君即舜，湘夫人即舜妃——尧之二女娥皇和女英。还有人认为"娥皇正妃，故称君，女英自宜降称夫人"。

【赏析】

这是谢榛在李元树宅同他的朋友谢内翰和张内翰谈洞庭湖,谢榛总括其意后而写出的一首洞庭湖景物诗。李行人,名元树。行人是官名,掌管朝觐聘问的官。《周礼·秋官》有"行人"一职。春秋战国时各国都有设置。汉代大鸿胪属官有行人,后改称大行令。明代设行人司,复有行人之官,掌传旨、册封、抚谕等事。《周礼·秋官·讶士》:"邦有宾客,则与行人送逆之。"内翰,亦官名。唐宋时称翰林为内翰。明沿用旧称。或指翰林学士,或指翰林院官员。

诗为五言律。首联写诗人向南远望岳阳郡,只见浩淼无边的洞庭湖水,将吴楚两地分开,可见其气势是的宏大。颔联承接上文,写洞庭湖上的帆船绕着长着树木的孤岛航行,岳阳楼高高耸过由九江方向飘来的白云。这种景象,也够迷人的了。以上两联所描写的洞庭湖上的风光,与杜甫的《登岳阳楼》,确有异曲同工之妙。杜甫《登岳阳楼》诗云:"昔闻洞庭水,今上岳阳楼。吴楚东南坼,乾坤日夜浮。"这影响了谢榛是毫无疑问的。

颈联一转,描写落日在洞庭湖的水波中沉没,秋风的呼啸声从天外传来,其形象之鲜明,语言之奇巧,也颇令人惊叹。尾联用诗中主人公的话作结:何时我们去采青苹和水藻并到湘水上去吊念湘君呢? 全诗在歌咏了大自然之后,又以人神之交往作结,因此就更令人觉得余味无穷了。

纵观中国诗史中描写洞庭湖的诗,是非常多的。谢榛这一首可谓别开生面,值得久久吟诵玩味。(温振宇)

【原文】

元夕道院同公实子与于鳞元美子相五君得家字

长空月正满,游骑隘京华⁽¹⁾。

夜火分千树,春星落万家。

乘闲来紫府⁽²⁾,垂老问丹砂⁽³⁾。

笙鹤归何处⁽⁴⁾,依稀见彩霞。

【毛泽东圈评等情况】

毛泽东读清沈德潜、周准编选《明诗别裁集》卷八时圈阅了此诗。

[参考] 张贻玖：《毛泽东评点、圈阅的中国古典诗词》，中国工人出版社1992年版，第259页。

【注释】

（1）游骑，担任巡逻突击的骑兵。隘，在此当狭窄讲，使动词，使京华的路变得狭窄了。

（2）紫府，道家所说的仙人居所，此指道院。

（3）垂老，将近老年。丹砂，朱砂，古代道家炼药多用丹砂，又称炼丹。

（4）笙鹤，汉刘向《列仙传》载：周灵王太子晋（王子乔），好吹笙，作凤鸣，游伊洛间，道士浮丘公接以上嵩山，三十余年后乘白鹤驻缑氏山顶，举手谢时人仙去。后以"笙鹤"指仙人乘骑之仙鹤。

【赏析】

从诗题上来看，这是作者正月十五晚上在道院里与后七子中的其他五人同游，一起作诗。作者分得"家"字，并按"家"字作诗。"家"字在"麻"韵，故全诗押"麻"韵。这在古代作诗是常见的现象，名曰"分字作诗"或"分韵作诗"。

明朝嘉靖、万历年间，外患更为严重，政治更加黑暗，在文学上又出现了以李攀龙、王世贞为代表的"后七子"，又一次发起了复古运动，在当时产生了很大的影响。

诗题中的公实，是梁有誉的字；子与，是徐中行的字；于鳞，是李攀龙的字；元美，是王世贞的字；子相，是宗臣的字。"后七子"中，只有吴国伦没有在场。

诗为五言律。首联描写正月十五京城中的景象：长空中，一轮满月高挂，巡逻的骑兵很多，所以使京华宽广的街道也都显得狭窄了。隘，是险要的意思，在此当作狭窄讲。

　　颔联承接上文，继续描写：夜空中的灯火分挂在千万棵树上，春日的明星灿烂，落到千万户居民家。这两句是写元宵灯节的夜间景色，突出的当然就是灯火了。

　　颈联一转，描写六人是乘此休闲之时而来到这座道院游赏的。紫府，是指神仙或道人所居之所，即指此道院。人已经垂老，为长寿延年计而问炼丹砂之事。

　　尾联又一转，提出一个无法回答的问题：这就是人生的归宿问题。"笙鹤"归于何处呢？"依稀见彩霞"，可能就是羽化升天吧？

　　这首诗描写了正月十五元宵节的夜晚北京城中的繁华景象。在这种繁华景象之中，作者与诗友会聚在一座僻静的道院之中，发出了这样的人生感慨，提出所面对的垂老问题和人生归宿问题，也确实令人深思而又无法回答，最后只好不了了之。

　　从诗的意境上看，半是现实的又半是缥缈的；从诗的语言上看，则是洗练的、平易的，有很深的功夫。（温振宇）

【原文】

<h1 style="text-align:center">七夕敬二君饯别得秋字</h1>

北斗挂城头(1)，明河迥不流(2)。

人间清露夜，天上白榆秋(3)。

聚散多歧路，悲欢自女牛(4)。

谁知老来拙(5)，回首故乡楼。

【毛泽东圈评等情况】

　　毛泽东读清沈德潜、周准编选《明诗别裁集》卷八时圈阅了此诗。

　　　　　　[参考]张贻玖：《毛泽东评点、圈阅的中国古典诗词》，

　　　　　　　　　　　　中国工人出版社1992年版，第259页。

【注释】

（1）北斗，北斗星。

（2）明河，天河，银河。唐宋之问《明河篇》："明河可望不可亲，愿得乘槎一问津。"

（3）白榆，此为星名。《汉乐府·陇西行》："天上何所有，历历种白榆。"

（4）女牛，织女星和牵牛星。

（5）老来拙，年老以后变得更笨拙了。杜甫《自京赴奉先县咏怀五百字》："老大意转拙。"

【赏析】

这是诗人在七月十五晚上与友人饯别时写的一首感叹人生聚散的五言律诗。首联描写天上的景观：北斗星高高挂在城头，明亮的银河是那样的辽远，但是这银河是静止的，并不流淌。

颔联指出：这时的人间，遍地是清清的露水，反射着天上的月光；这时的天上，白榆星闪烁，正是秋天啊！

颈联一转，进入本诗的中心。诗人感叹人生聚散于歧路之事太多了，令人伤心；人间的悲欢，也是从天上的织女星与牵牛星那里来的。

尾联诗人叹息自己老来更拙笨了，这与杜甫的《自京赴奉先县咏怀五百字》中的"老大意转拙"如出一辙。这种处境对于诗人谢榛来说是无可奈何的，只有回首远望故乡的楼头了。

总之，这首诗是感叹秋景、离散、衰老和自己不能与世浮沉的坚贞品格的，有深刻的社会意义。语言清丽明快，形象鲜明生动，具有较高的艺术价值，令人吟诵不已。（温振宇）

【原文】

送谢武选少安犒师固原因还蜀会兄葬

天书早下促星轺[1]，二月关河冻欲消。

白首应怜班定远[2]，黄金先赐霍嫖姚[3]。

秦云晓渡三川水[4]，蜀道春通万里桥[5]。

一对郫筒肠欲断[6]，鹡鸰原上草萧萧[7]。

【毛泽东圈评等情况】

1958 年 3 月，在成都会议期间，毛泽东圈阅的《诗词若干首》（唐宋明朝诗人写的有关四川的一些诗和词）中有这首诗。

[参考] 刘开扬注释：《诗词若干首》（唐宋明朝诗人咏四川），

四川人民出版社 1979 年版，第 179 页。

【注释】

（1）天书，皇帝的诏书。促星轺（yáo），皇帝的使者叫星使，使者所乘之车叫星轺。

（2）班定远，东汉班超封定远侯，在西域三十一年，七十二岁才得还朝。

（3）霍嫖姚（piáo yáo），西汉大将霍去病十八岁为嫖姚校尉，斩首捕虏二千余级，封冠军侯。

（4）秦，陕西地。三川，唐朝以剑南东道、剑南西道和山南西道为三川，其地相当于今之四川、陕西。三川水，指陕南、四川之地的河流。

（5）万里桥，即今四川成都南门大桥，蜀汉时费祎使吴，诸葛亮到此桥饯送。费祎说："万里之行，始于此桥。"

（6）郫筒，郫县用大竹筒盛酒，称郫筒酒。

（7）鹡鸰（jí líng），鸟名，比喻兄弟。《诗经·小雅·棠棣》："脊令在原，兄弟急难。"脊令，同"鹡鸰"。

【赏析】

明朝兵部设武选、职方等司，各郎中一人、员外郎一人。时谢少安任兵部武选之职。少安名东山，四川射洪（今四川射洪）人。世宗时进士，历官贵州提学副使、右副都御使、山东巡抚，为人慷慨博学。犒师，犒赏军队。固原，今宁夏固原。

这首七言律诗是诗人乘固原犒师之便回四川参加哥哥的葬礼时作。全诗是逐次写去，前半固原犒师，后半还蜀会葬。

"天书早下促星轺，二月关河冻欲消。"首联写皇帝下诏犒师。此二句是说，皇帝命谢东山到固原犒师的诏书早已降下，催促他赶快起程；农历二月虽是早春，但气候已经转暖，河里的冰已开始解冻。以"早下"表现皇帝对前方将士的关爱，以"二月"诠释"早下"，用词准确、得当。

"白首应怜班定远，黄金先赐霍嫖姚。"颔联写犒师。诗人希望谢东山到固原去犒师，应怜惜如班超那样久戍边疆的老将，奏请召归；黄金应先赏赐给如霍去病那样战功赫赫的将军。诗人提出犒师的重点，其中当然也包括对广大戍边战士的奖赏。以上四句便写足了固原犒师。谢东山还要乘犒师之便回四川原籍参加哥哥的葬礼，所以后半便转写还蜀会葬。

"秦云晓渡三门水，蜀道春通万里桥。"颈联写谢东山还蜀道中，意谓诗人还蜀要翻越云雾缭绕的秦岭和跋涉陕南、四川之地的河流，蜀道虽艰，但春日乘车，可直到成都故乡。以"秦云晓流三川水"写还蜀跋山涉水之艰难，具体生动；以"蜀道春通"写"难于上青天"的蜀道，举重若轻，都极见工力。

"一对郫筒肠欲断，鹡鸰原上草萧萧。"尾联写谢东山哀悼其兄。此二句是说，面对着竹筒盛的家乡酒，因其兄的亡故，悲痛万分，肝肠欲断。水鸟鹡鸰遇难落在原野上，飞鸣求其类，如兄弟有难急于救助。用故乡酒和《诗经》典故，抒悼念兄意，十分贴切，生动逼真，情意深长。（毕桂发）

李攀龙

李攀龙（1514—1570），字于鳞，号沧溟，山东历城（今山东济南）人，明文学家。明世宗嘉靖二十三年（1544）进士，官至河南按察使。"后七子"首领之一，倡导摹拟复古。有《沧溟集》。

【原文】

和许殿卿春日梁园即事

梁园高会花开起[(1)]，直至落花犹未已，春花著酒酒自美。丈夫但饮醉即休[(2)]，才到花前无白头，红颜相劝若为留[(3)]。春风何处不花开，何处花开不看来，看花何处好空回！

【毛泽东圈评等情况】

毛泽东读清沈德潜、周准编选《明诗别裁集》卷八时圈阅了此诗。

[参考]张贻玖：《毛泽东评点、圈阅的中国古典诗词》，中国工人出版社1992年版，第258页。

【注释】

（1）高会，盛大宴会。《战国策·秦策三》："于是使唐雎载音乐，予之五千金，居武安，高会相与饮。"鲍彪注："《高纪》注：大会也。"

（2）丈夫，男子汉。宋欧阳修《春日西湖寄谢法曹歌》："少年罢酒逢春色，今日逢春头已白。"此反用其意。

（3）红颜，指年轻人的红润脸色，特指女子美丽的容颜。若，才。

【赏析】

这是一首与友人唱和的诗。春日高朋满座，聚会梁园，赏花、饮酒、赋诗，表现了对春光的欣喜和留恋之情。许殿卿，名邦才，字殿卿，为李攀龙历城同窗好友，亦为儿女姻亲，嘉靖癸亥（1563）任周王府长史。周宪王封地在今河南开封，即梁国所在地。李攀龙于隆庆戊辰（1568）被提升为河南按察提学副使，隆庆三年（1569）即任，这就促成了好友在梁国胜地的重逢，同调唱和。这首诗当作于隆庆三年春。作者另外还有《赠殿卿》诗："前年赐环承主恩，去年解裾辞王门。身经畏途色不动，心知世事口不论。自顾平生为人浅，羡君逃名我不免。自怜垂老尚凭陵，羡君混俗我不能。有酒便呼桃叶妓，得钱即饭莲花僧。"

开头"梁园"三句，写赏花之乐。酒朋诗侣春日聚会梁园，高朋满座，赏花饮酒。第一句"梁园高会花开起"，点出聚会的地点。高会，说明不是一般的聚会，而是盛大的宴会。花开起，交代了聚会的时间季节，正是早春花开的美好季节。梁园，园囿名，又叫梁苑、兔园，在今河南开封东南，或谓在今河南商丘东。汉梁孝王刘武筑，为游赏延宾之所，当时名士司马相如、枚乘、邹阳皆为座上客。诗人借此喻"高会"的朋友。第二句"直至落花犹未已"，这是写聚会时间的延续。落花，说明时间已到暮春天气，意犹未已。未已，未完。聚会从早春花刚开的时候，一直延续到落红满地的暮春。聚会的时间久，说明聚会之人兴趣浓，感情深。第三句"春花著酒酒自美"，写聚会之乐。赏春花，饮春酒，唱春歌。花美、酒好、人乐，春光喜人，春酒醉人。此句看似写花，写酒，实乃写人。写人的心情，写人的感觉。

"丈夫"三句，是写饮酒之趣。诗到这里，赏花饮酒之人才出现。在这春光明媚、繁花似锦的大好日子里，高朋聚会怎能不开怀畅饮！酒逢知己千杯少，一醉方休。这就是"丈夫但饮醉即休，才到花前无白头"的含义。面对这鲜花美酒，白头之人也感到年轻。"红颜相劝若为留"，更何况有年轻的歌女相陪劝酒，怎能不让人安心留下来呢？若，当才讲。大丈夫豪饮是因为高朋梁园聚会春光好，又有美人相伴而忘忧。乐而忘忧，乐而忘返。

最后三句是议论。"春风何处不花开，何处花开不看来，看花何处好空回！"这是诗人游园之后从内心发出的感慨。春风是力量的象征。春风年年吹，任何力量都阻挡不了；春风给人以温暖，春风给自然界以生命。春风吹遍大地，万物复苏，春风过处，百花盛开。梁园自古都是游览胜地，面对如此美景，赏花饮酒，花喜人，酒醉人，忘记了一切忧愁烦恼，丢掉了一切世俗杂念，诗人的全部身心都融在这美好的春光之中了。

如前所述，这首诗可能是诗人隐居白雪楼乡居期间的作品，他高卧白雪楼长达十年之久，远离政治旋涡，躲开宦海风波，淡泊自如，明哲保身。正如他的《岁杪放歌》所表露的："终年著书一字无，中岁学道仍狂夫。劝君高枕且自爱，劝君浊醪且自酤。何人不说宦游乐？如君弃官复不恶。何处不说有炎凉？如君杜门复不妨。纵然疏拙非时调，便是悠悠亦所长。"这种隐居避世、玩世不恭的态度，对他的生活和创作都产生了一些消极影响。《和许殿卿春日梁园即事》这首诗，就是通过春日梁园高会的记述，表现了诗人淡泊恬静的心情。在艺术上，"三句一韵，末三句联而下，格调甚新"（《明诗别裁集》），读后给人一种轻松的美感和愉悦。（周启云）

【原文】

黄　河

复就三秦役，还为四牡歌(1)。

北风扬片席(2)，大雪渡黄河。

才岂诸郎少(3)，名非一郡多。

儒官明主意(4)，吾道好蹉跎(5)。

【毛泽东圈评等情况】

毛泽东读清沈德潜、周准编选《明诗别裁集》卷八时圈阅了此诗。

[参考] 张贻玖：《毛泽东评点、圈阅的中国古典诗词》，中国工人出版社1992年版，第258页。

【注释】

（1）为，唱，作。四牡，语出《诗经·卫风·硕人》："四牡有骄，朱幩镳镳。"写庄姜坐着四匹公马拉的车子上朝，后以"四牡君所以劳使臣也"为典。

（2）片席，形容雪大。唐李白《北风行》有"燕山雪花大如席，片片吹落轩辕台"句。

（3）才，才能，才气。

（4）儒官，指诸郎。明主意，指能迎合皇帝的意向。诸郎，指郎官。《史记·魏其武安侯列传》："魏其已为大将军后，方盛，蚡为诸郎，未贵，往来侍酒魏其，跪起如子姓。"

（5）吾道，后七子的复古之道，指"后七子"强调的"文必秦汉，诗必盛唐"的复古主张。蹉跎，失意，虚度光阴。南朝齐谢朓《和王长史卧病》："日与岁眇邈，归恨积蹉跎。"

【赏析】

嘉靖三十五年（1556）秋天，李攀龙被提升为陕西按察司提学副使，这首五律就是他赴任途中所作。

首联叙事，写他到陕西赴任及其心情。"复就三秦役，还为四牡歌。"复，又。三秦，泛指当时长安附近的关中之地。古为秦国，秦亡后，项羽分其为雍、塞、翟三国，故称三秦。三秦役，即指任陕西按察司提学副使这件事。一个"复"字表示了他对此次出任陕西的不满。李攀龙于明世宗嘉靖三十二年（1553）秋天，奉命外调地方，任直隶顺德府（今河北邢台）知府，他觉得难以施展平生抱负，常有牢骚。他在《与王元美书》中曾这样说："一州如斗大，日出而视事，即不崇朝，闭阁卧也。"（《沧溟集》卷三〇）这次虽然提升为陕西按察司提学副使，但他的心情并不痛快。从"复""役"二字即可看出他的不满和牢骚。"还为四牡歌"，表现了诗人的豪气。从中我们不难觉察出诗人思想重心的转变。"为"，唱，作。"四牡歌"，系用典，是说自己作为君王的使臣赴陕西上任。

中间两联就集中表现了作者在文学方面的豪气与抱负。颔联写景，以景抒情。"北风扬片席，大雪渡黄河。"写出了北国壮丽的风光。唐代李白有"燕山雪花大如席"的名句。北风劲吹，大雪飞扬，乘风冒雪北渡黄河，表现了诗人不畏风险、一往无前的精神。这种阔大壮丽的景色，十分恰切地衬托了"才岂诸郎少，名非一郡多"这种才气和抱负。诸郎，指在朝为官的郎官，一郡指郡守，即太守。李此次就任陕西提学副使，其职位相当于郡守。此二句是说，自己的才能难道比那些郎官少，名位却不比郡守高？这是抒发抑郁不平之气。这四句对仗工整，境界阔大，景壮情豪，很有生气。

尾联"儒官明主意，吾道好蹉跎"，抒发了诗人的感慨。儒官，是指诸郎。李攀龙是"后七子"领袖人物，他主持海内文坛近二十年。明主意，是指诸郎迎合皇帝的意向。其实，"后七子"的文学纲领最初是由谢榛提出来的，后来谢榛遭到李攀龙、王世贞等人的排挤，由李攀龙主盟文坛。吾道，是指"后七子""文必秦汉，诗必盛唐"的复古主张。蹉跎，不顺利，时光白白度过。李攀龙是个性格高傲、名士派头十足的人，他曾对好友王世贞感叹说："吾起山东农家，独好为文章，自恨不得一当古作者……而令百岁后传耳者，执柔翰而雌黄其语哉？"（明王世贞《书与于鳞论诗事》）据此，我们可以更深领会这两句诗的含义。诗人希望"七子"的复古主张发扬光大，希望有更多志同道合的理想人才加入复古的行列，也更希望自己能像古代名家那样流芳百世。

这首诗虽以"黄河"为题，但并不是写黄河，而是通过赴陕西上任、渡过黄河这件事的叙述，抒发自己在文学事业上的怀抱。用"北风""大雪"抒豪情，以"才""名"写抱负，对仗工整，意境开阔，极具唐诗风味。（周启云）

【原文】

怀子相

蓟门秋杪送仙槎⁽¹⁾，此日开尊感岁华。

卧病山中生桂树⁽²⁾，怀人江上落梅花⁽³⁾。

春来鸿雁书千里，夜色楼台雪万家。

南粤东吴还独往⁽⁴⁾，应怜薄宦滞天涯。

【毛泽东圈评等情况】

毛泽东读清沈德潜、周准编选《明诗别裁集》卷八时圈阅了此诗。

[参考] 张贻玖：《毛泽东评点、圈阅的中国古典诗词》，

中国工人出版社 1992 年版，第 258 页。

【注释】

（1）蓟门，即今北京德胜门外土城关，此指京都。秋杪（miǎo），秋末。杪，尽头，多指年月或季节的末尾。仙槎，指好友宗臣当年归家所乘的船。

（2）山中，指作者当时所隐居的白雪楼。明世宗嘉靖三十八年（1559），李攀龙曾在济南东郊三十里的地方，在鲍山、华不注山之间营建一座庄园式的白雪楼，依山临水。

（3）江上，指子相故乡扬州。嘉靖二十九年（1550），宗臣病归。落梅花，即《梅花落》，本笛中曲。唐李白《与史郎中钦听黄鹤楼上吹笛》："黄鹤楼中吹玉笛，江城五月落梅花。"

（4）南粤，泛指今广东、广西及越南北部一带，此指福建。古称浙闽粤桂为百粤之地，宗臣因得罪了严嵩而被调出京，到福建任布政司参议。东吴，古地区名，泛指今太湖流域一带，此指扬州。

【赏析】

这首七律是诗人怀念好友宗臣所作。子相，宗臣的字，扬州兴化（今江苏兴化）人。嘉靖二十九年（1550）得中进士，任刑部主事，后改任吏部考功司主事。在此期间，他与李攀龙、王世贞等结为诗社。不久，宗臣因病告归，在家乡百花洲上修筑了一座房子，读书于其中。宗臣离京时，李攀龙曾送他到江边，并写了《送子相归广陵》诗。后来，朝廷以原官起用宗臣，又因得罪了当时权相严嵩，被调出京任福建布政参议，后因抗倭有功，升任福建提学副使。明世宗嘉靖三十九年（1560），年仅三十六岁

的宗子相卒于福建。

"蓟门秋杪送仙槎，此日开尊感岁华。"首联首句回忆昔日在京送宗臣回扬州的情况。诗人在《送子相归广陵》诗中有语云"广陵秋色雨中开，系马青枫江上台"。宗臣当年病归是在秋天乘船离京的。蓟门，即蓟州，明代属顺天府（今北京附近），此指京都。秋杪，秋末。槎，木筏。仙槎，此指宗臣当年归家所乘的船。次句写当前自己的感叹。尊，同"樽"，古代的盛酒器具。岁华，即年华。回想昔日秋天雨中送别，依依不舍，不想一晃就是多年，再看今日自己开尊独酌，你南我北，怎不让人感叹！这里既有对友人的怀念之情，也有岁月如流、时不我待的感叹。从明世宗嘉靖二十九年送宗臣回扬州，到嘉靖三十九年宗臣在福建亡故，就有整整十年。而此时的李攀龙已年近半百，从这里我们不难看出诗人的哀伤情绪。

"卧病山中生桂树，怀人江上落梅花。"颔联写对子相的思念。卧病山中怀人的是作者李攀龙。明世宗嘉靖三十八年（1559），李攀龙曾在济南东郊三十华里的地方，在鲍山、华不注山之间营建一座庄园式的白雪楼，依山临水。作者咏《白雪楼》（《沧溟集》卷九）诗云："大清河抱孤城转，长白山邀返照回。"这里的"山中"应是指作者当时所隐居的白雪楼。江上是指宗臣的故乡。嘉靖二十九年，宗臣病归，在家乡百花洲上修了一座房子，读书于其中。"生桂树""落梅花"是表示时间的概念，桂花开的季节是深秋，梅花落正是早春。这一联在遣词造句上十分巧妙，以地域写人，用花开花落写时间。一个在山东济南，一个在扬州兴化，千里相隔，情丝不断。"落梅花"又系巧用李白《与史郎中钦听黄鹤楼上吹笛》中"黄鹤楼中吹玉笛，江城五月落梅花"之典，表示出对子相迁谪的深切同情。

"春来鸿雁书千里，夜色楼台雪万家。"颈联进一步写对子相的思念。古人有鸿雁传书的说法，李清照《一剪梅》词云："云中谁寄锦书来？雁字回时，月满西楼。"冬去春来，花开花落，鸿雁有情千里传书，可是现在子相在哪里呢？在这月明如昼的夜晚，我登楼四望，万物朦胧，只看见这如雪的月光笼罩万户千家。这怎能不更增添对友人的怀念之情呢？

尾联两句，高度概括了宗子相仕途的坎坷与不幸，表现了诗人的同情和不平。"南粤东吴还独往，应怜薄宦滞天涯。"粤，指福建，古称浙闽粤桂为百粤之地，宗臣因得罪了严嵩而被调出京，到福建任参议。东吴，三国时孙权据江东，长江南部及部分北部与闽粤等地均称吴。这里应是指宗臣的家乡江苏兴化。宗臣很有才干，就因得罪了权臣而被赶出京，到偏远的福建当一参议，滞留异乡天涯，实在太不应该了，言辞中表现了诗人对子相的同情和惋惜，也流露了对明王朝那奸臣当道、良莠不分黑暗政治的不满。

这首诗紧扣"怀"字来写，处处切题，句句含情。尤其中间两联写得很有特色，不但对仗工巧，而且词语运用错落有致，景阔情深，耐人回味。全诗从早年蓟门送归写起，一直到子相薄宦天涯滞留异乡，时间长，地域广。作者用平淡清新的语言，高度概括了宗臣一生的仕途生涯，字里行间，无不表现了对子相的怀念之情。（周启云）

【原文】

初春元美席上赠谢茂秦得关字

凤城杨柳又堪攀[(1)]，谢朓西园未拟还[(2)]。
客久高吟生白发，春来归梦满青山[(3)]。
明时抱病风尘下[(4)]，短褐论交天地间[(5)]。
闻道鹿门妻子在，只今词赋且燕关。

【毛泽东圈评等情况】

毛泽东读清沈德潜、周准编选《明诗别裁集》卷八时圈阅了此诗。

[参考] 张贻玖：《毛泽东评点、圈阅的中国古典诗词》，
中国工人出版社 1992 年版，第 258 页。

【注释】

（1）凤城，京都的代称。唐沈佺期《独不见》："丹凤城南秋夜长。"
（2）谢朓，这里指谢榛。西园，园圃名，汉末曹操建于邺都。曹植

《公谦诗》:"清夜游西园,飞盖相追随。"

（3）归梦满青山,梦见回到故乡。青山,一名青林山,在今安徽当涂东南,谢朓曾筑室及池于山南,因又称谢公山。

（4）明时,政治清明的时代。抱病,指怀才不遇。风尘,指京师。陆机《为顾彦先赠妇》:"京洛多风尘,素衣化为缁。"明蒋一葵《尧山堂外记》:"李于鳞诗,多风尘字,人谓之李风尘。"

（5）短褐,语出《史记·孟尝君列传》:"今君后宫蹈绮縠,而士不得短褐。"短褐为古代之粗布衣,短,本是"裋"的借字,后代用"短褐"。《史记·秦始皇本纪》索隐:"谓短褐竖裁为劳役之衣,短而且狭,故谓之短褐。"

【赏析】

这是一首即席赠答诗,为七言律。从诗题看,这是在王世贞家聚会,可能是欢送谢榛的。席间以赠谢茂秦为题,拈阄赋诗,李攀龙拈一个"关"字,依关韵赋诗。元美,王世贞的字。谢茂秦,即谢榛,茂秦是他的字,临清(今山东临清)人。他们都是明代著名的诗人,都是"后七子"代表人物。嘉靖中叶,谢榛为营救河南浚县被诬陷入狱的卢楠,进京找诸贵人诉冤。在此期间,他结识了李攀龙,又经李的介绍,与王世贞交往,他们经常聚会论诗,唱和赠答。这首诗就是他们早期在京初结诗社时的作品。后来,由于两人诗文主张不同而发生了矛盾,交往断绝。得"关"字,古代科举考试,或文人聚会分题赋诗,诗题或以古人诗句,或指各种事物,限韵作诗。分到的题目叫"赋得",分到的字叫得字,每个人就按分到的字依韵作诗。

首联两句"凤城杨柳又堪攀",意思是说,初春京城的杨柳树已经抽芽,又到了折杨柳相赠的时节了。凤城,相传秦穆公女儿弄玉吹箫,凤降其城,因号丹凤城,后遂以凤城称京城。王维有诗云:"柳暗百花明,春深五凤城。"第二句"谢朓西园未拟还",以谢朓比喻茂秦,而谢榛却遨游京师,乐不思归。谢朓,字玄晖,南朝齐代陈郡阳夏(今河南太康附近)人,他和沈约共同开创了以讲究声律对偶为特点的"永明体"新诗派,是著名的山水诗人。西园，园名，汉末曹操建于邺都。魏文帝曹丕有诗云："乘辇夜行游，逍遥步西园。"曹植诗："清夜游西园，飞盖相追随。"这里是指荆州。谢朓曾跟随王到荆州，随王数集僚友，朓以文才最被赏爱。未拟还，没有打算回去。诗人虽然赞扬谢榛有谢朓那样的文才，但又劝谢榛不要像当年谢朓以文才安居荆州那样，长期在京师做客不归。

颔联"客久高吟生白发，春来归梦满青山"。此联承"未拟还"而来，更明确地劝谢榛早归，不宜在外久留。客久，是说谢茂秦在京客居的时间长。生白发，既说明"客久"，也实写其年长。在"后七子"中，谢榛年龄最大。他比李攀龙大十九岁，比王世贞大三十一岁。"客久"句是对谢榛经历及形象的真实描绘。谢榛喜游侠，好交游，长时间在外地漫游，文名日高，交游日广，陕西、山西一带的藩王都争相邀请他；河北、河南的人士都尊称他为"谢榛先生"。"春来"句言梦中见到故乡山色，春天梦回故乡，山色明媚。告诉谢榛还是家乡好。

颈联"明时抱病风尘下，短褐论交天地间"，写谢榛的怀抱、意气，赞扬他不慕富贵、广交诗友的风貌。明时，政治清明的时代。抱病，指怀才不遇。短褐，粗麻布做的短衣。诗人认为，虽然处在政治清明的时代，但谢榛却"抱病风尘"，一生布衣，却是风雅所趋，众望所归，交游遍四海，因京师是天下才人荟萃之地。《明诗别裁集》评这两句说："诵五六语，如见茂秦意气之高，应求之广。"

"闻道鹿门妻子在，只今词赋且燕关。"尾联两句借用典故代为设想，谢榛妻子在乡，青山归梦，两方都不应忘，目前西园滞留，托迹燕京，只是为了词赋交游、此事方盛之故。鹿门，今湖北襄阳东南四十里处，北临汉水，景色宜人。东汉建武年间，襄阳侯习郁立神庙于山，刻二石鹿于神庙道口，人称鹿门庙，山也因此得名。汉末著名隐士庞德公，因拒绝征辟，携妻子登鹿门山采药隐居不返。从此，鹿门山就成了隐逸圣地（事见《后汉书·逸民传》）。诗人将庞德公携妻子隐居鹿门山事，借指谢茂秦的故乡。"只今"句是说，你一直在外漫游，并无其他收获，只有你的许多诗篇在河北等地传诵。燕，河北一带。且（jū），多。

"后七子"结社初期，李攀龙等与谢榛的关系是很密切的，"七子"中人都很看重谢榛。因为谢榛不但在"七子"中年龄最大，而且是他最早提出了论诗纲领。从这首诗看，李攀龙不但高度赞赏谢的才华，而且还为谢的怀才不遇鸣不平，字里行间渗透着诗人对谢的关心和同情，用词委婉，情意深长。（周启云）

【原文】

平　凉

春色萧条白日斜，平凉西北见天涯。

惟余青草王孙路⁽¹⁾，不属朱门帝子家⁽²⁾。

宛马如云开汉苑⁽³⁾，秦兵二月走胡沙⁽⁴⁾。

欲投万里封侯笔⁽⁵⁾，愧我谈经鬓有华。

【毛泽东圈评等情况】

毛泽东读清沈德潜、周准编选《明诗别裁集》卷八时圈阅了此诗。

[参考] 张贻玖：《毛泽东评点、圈阅的中国古典诗词》，中国工人出版社 1992 年版，第 258 页。

【注释】

（1）王孙，植物名。据明李时珍《本草纲目》，王孙，即旱藕或黄者，根、叶均可入药。青草王孙路，用汉淮南小山《招隐士》"王孙游兮不归，春草生兮萋萋"典，后以"王孙草"指人离愁的景色。

（2）朱门帝子家，指帝王之家。朱门，红漆大门，指贵族豪富之家。帝子，帝王之子。唐王勃《滕王阁诗》："阁中帝子今何在，槛外长江空自流。"

（3）宛马，古西域大宛所产的马。汉苑，汉朝帝王的花园。

（4）秦兵，此指明朝军队，平凉属秦地，故称。胡沙，西北或北方的沙漠或风沙。

（5）"欲投"句，《后汉书·班超传》：班超"家贫，常为官佣书以供养。久劳苦，尝辍业投笔叹曰：'大丈夫无它志略，犹当效傅介子、张骞立功异域，以取封侯，安能久事笔研间乎？'"后立功西域，封定远侯。后因以投笔从戎为弃文就武的典故。

【赏析】

明世宗嘉靖三十六年（1557）春，李攀龙在陕西按察司提学副使任上，曾经到过平凉府。平凉府治所在今甘肃平凉。站在古老的平凉城上，作者极目远眺风沙弥漫的西北边塞，俯览城内外自然界和社会变迁的景象，内心深处沉郁已久的满怀忧愤不由得激动起来，抚今追昔，他写下了这首大气磅礴的七言律诗，表现了作者对国家安稳的关心。

首联二句写西北边疆的萧条遥远。"春色"点节令，"西北"指方位。春天本来是美好的，春风和煦，百花争艳。春天给人多少美好的向往和憧憬！可是诗人在这里不但没赞美春天，反而写了春色的萧条，夕阳无光。"白日斜"是对"萧条"的进一步补充，景因情生，写景是为了抒情。首句为全诗定下了低沉苍凉的调子。第二句点出了地点和方位。天涯，极写其远，正因为远离内地，才更显其荒凉。这里既没鲜花，也无鸟鸣，只有青草。

"惟余青草王孙路，不属朱门帝子家"，颔联写平凉遗迹。皇帝的权力无限，皇室的利益高于一切，任何人不能侵犯，今日却惟余青草，昔日横行霸道的帝子王孙，已不见踪迹，表明这里已不再是他们的封疆领域了。诗句貌似平淡无奇，实则是在特定的图景中，蕴含着诗人对人世沧桑的深沉回顾与感叹，对明王朝边防日益削弱的密切关注。

"颈联"两句是对历史的回顾。当年汉武帝为夺"善马"，"拜李广利为贰师将军，发属国六千骑，及郡国恶少年数万人，以往伐宛"（《史记·大宛传》）。结果夺得宛马，苜蓿、葡萄养植在汉朝皇帝的林苑中。秦始皇统一中国，"使蒙恬北筑长城而守藩篱，却匈奴七百余里，胡人不敢南下而牧马，士不敢弯弓而报怨"（贾谊《过秦论》）。这里借用典故，极力赞扬秦皇汉武的武功，主张以武力征服天下。这既是对明王朝的忠告，也是对异族侵略者的警告，同时也暗含了对荒淫腐朽的明朝统治者的讽刺。

尾联两句表现了诗人投笔从戎的愿望。由于明代统治者军政腐败，致使东南沿海及北方边境不断有敌人入侵和少数民族骚乱。作者晚年虽然僻

明

诗

处山野，但他仍不能忘怀国事。面对异族的入侵，他想像汉时的班超那样丢下手中的笔，跨马提枪，驰骋沙场，杀敌立功。但他力不从心，如今年事已高，两鬓斑白，作者以空有抱负不能实现而惭愧。这两句大有初唐杨炯"宁为百夫长，胜作一书生"的豪情。

　　这是李攀龙以边塞为题材的一首七律。古人对李的七言近体诗看法很不一致，有的称赞它为"高华杰起，一代宗风"（胡应麟《诗薮》），"已臻高梧"（沈德潜《明诗别裁集》），但也有人把它贬得一钱不值。平心而论，这首《平凉》诗写得是很不错的。语言浑浩，气势雄阔，表现了一种积极向上的思想。这和作者努力向唐人学习分不开。传说李攀龙初写诗时，因操山东口音，以仄为平，平仄不分，因而遭到别人的嘲笑。后来他按照诗韵正音，把舌头咬出了血，他把血滴在酒杯中吞服，从此一变，不再龃龉。由此可见他为学诗所下的苦功。（周启云）

【原文】

杪秋登太华山绝顶

缥缈真探白帝宫⁽¹⁾，三峰此日为谁雄⁽²⁾？
苍龙半挂秦川雨⁽³⁾，石马长嘶汉苑风⁽⁴⁾。
地敞中原秋色尽⁽⁵⁾，天开万里夕阳空。
平生突兀看人意⁽⁶⁾，容尔深知造化功⁽⁷⁾。

【毛泽东圈评等情况】

　　毛泽东读清沈德潜、周准编选《明诗别裁集》卷八时圈阅了此诗。

　　　　［参考］张贻玖：《毛泽东评点、圈阅的中国古典诗词》，
　　　　　　　　　　中国工人出版社1992年版，第258页。

【注释】

　　（1）探，访问。白帝，主管西方的天帝。白帝宫，指华山顶上为祭祀西方之神白帝所建之宫殿。

（2）三峰，指华山上的三大主峰：西峰莲花峰、东峰朝阳峰、南峰落雁峰。李攀龙《太华山记》："南望三公山之三峰……久之，一山生，其末若镞矢，顷即失之矣，是为南峰（落雁峰）。南峰前出南壁上。东峰（朝阳峰）出东南隅壁上。西峰（莲花峰）出西北隅。"

（3）苍龙，古代二十八宿中东方七个星宿的总称，这里泛指天空，或谓华山有苍龙峰。

（4）石马，石刻的马，列于墓前。

（5）地敞，土地开阔。中原，泛指黄河中下游一带，此指华山所在的关中平原。

（6）突兀，高耸之状，这里有兀傲不凡的意思。

（7）容，须，有待于。尔，你，指作者。

【赏析】

这是一首山水诗。嘉靖三十二年（1553）秋天，李攀龙奉命南京外调地方，任直隶顺德府（今河北邢台）知府。明世宗嘉靖三十五年（1556）秋末，他被提升为陕西按察司提学副使。李攀龙离京出任地方官，在地方上眼界比较开阔，写了不少描绘祖国西北山川形势和名山胜水的记游之作。如《登黄榆马陵诸山是太行绝顶处》《太华山记》等。嘉靖三十七年（1558）李攀龙即将离任归隐之际，游览西岳华山，作《杪秋登太华山绝顶》七言律诗四首，这里选的是第二首。诗以深秋登华山绝顶为题，描绘了秦川、汉苑的秋天风雨和地敞天开的秋色，表现了诗人宽广的胸怀。杪，末端。杪秋，即秋末。太华山，古称西岳，为五岳之一，在今陕西华阴南。

首联"缥缈真探白帝宫，三峰此日为谁雄"，写登山所到的地点及高度。缥缈，隐隐约约、若有若无的样子。探，访问。白帝宫，指华山顶上为祭祀西方之神白帝所建之宫殿。古人以为主管西方的天帝为白帝，华山是西岳，所以用白帝宫来形容它的高入云天。三峰，华山上的三大主峰，即西峰莲花峰、东峰朝阳峰和南峰落雁峰。这两句意思是说，登上华岳绝顶，所见云雾缭绕，隐隐约约，真像是来到天宫访问一样。举目四望，看云雾之中的华岳三座主峰，分不清哪座最高、哪个称雄。此联极写华山之高。以虚无缥缈的云雾，耸立云端的山峰，表现了祖国山川的壮美。

诗的中间两联写在华山绝顶纵目所见。颔联"苍龙半挂秦川雨，石马长嘶汉苑风"。苍龙，古代二十八宿中东方七个星宿的总称，这里泛指天空。秦川，陕西中部渭河平原一带，因陕西为秦之故国，故称。石马，以石刻的马，列于墓前。汉苑，汉代帝王的园林。此二句意思是说，在华山绝顶放目远望，只见天空乌云下垂，渭河平原一带正在下雨，而汉代帝王园林中的石马，在风雨中昂首挺立，奋蹄长鸣。颈联"地敞中原秋色尽，天开万里夕阳空"，写雨过天晴。傍晚时分，在太华山绝顶远望深秋的雄阔景色。地敞，土地开阔。中原，指华山所在的关中平原。这两句意思是说，雨过天晴，夕阳西下，渭水两岸的千里沃野，土地平阔，秋色一览无余。这两联写得境界开阔，对仗工整，想象丰富，用词精当，充分表现了李攀龙学唐的艺术功力。第三句"苍龙"行雨是写天空，第四句"石马"长鸣是写地上；第五句"中原秋色"是写"地敞"，第六句"万里夕阳"是写"天开"。天上地下，地上天空，对仗工稳，错落有致。尤其三、四两句中的"挂""嘶"两个动词用得极好。"挂"字以静写动，把天空乌云翻滚、雨幕低垂的平原秋雨景色十分形象地描绘出来了。"嘶"字以动写静，把石马在风雨中振鬃长鸣、奋蹄飞奔的生动形象活灵活现地展现在读者面前。动静结合，天地一色，画面开阔，色彩明朗，从中我们不难体会作者那宽广的胸怀和对祖国壮美河山的热爱。

尾联"平生突兀看人意，容尔深知造化功"议论抒情。突兀，高耸。容，须，有待于。尔，你，这里指作者。造化，指天，大自然。这两句意思是说，平生眼界很高，自以为了解人间之事高于他人，不把世事人情看在眼里，登上华山绝顶我才知道，事无穷尽，学无止境，还有待于深刻了解天地造化的巨大功劳。李攀龙是个秉性孤介、名士派头十足的封建文人，因为他仕途顺利，政治上也没有直接受到过严重打击，再加之他文坛上的名气，所以他十分高傲，时常顶撞同事和上级，自称"傲吏""狂生"。此次来到华山，登上华岳绝顶，看到天地苍茫辽阔，大自然的深奥无穷，回顾自己平时那种居高临下、自命不凡的高傲态度，深感自己的不足和渺小。这是诗人离京来到地方之后在思想上发生的巨大变化，这种变化是可喜的。祖国神奇秀美的山河，大自然千变万化的奥妙，陶冶和净化了诗人的内心世界。

这首诗在艺术上和李攀龙其他诗相比，独具特色，沉着宏丽，慷慨苍凉，对仗工整，境界辽阔，正如《明诗别裁集》评此诗说："沧溟诗有虚响，有沉着，此沉着一路。"（周启云）

【原文】

塞上曲送元美

白羽如霜出塞寒⁽¹⁾，胡烽不断接长安⁽²⁾。

城头一片西山月，多少征人马上看⁽³⁾。

【毛泽东圈评等情况】

毛泽东读清沈德潜、周准编选《明诗别裁集》卷八时圈阅了此诗。

[参考] 张贻玖：《毛泽东评点、圈阅的中国古典诗词》，中国工人出版社 1992 年版，第 258 页。

【注释】

（1）白羽，古代军中主帅所执的指挥旗，又称白旗，亦泛指军旗。《吕氏春秋·不苟》："武王左释白羽，右释黄钺，勉而自为系。"

（2）胡烽，指北方少数民族入侵时的边警。烽，古时边境报警的烟火。《墨子·号令》："昼则举烽，夜则举火。"亦指战火。

（3）"城头"二句，唐李益《从军北征》："碛里征人三十万，一时回首月中看。"西山，即北京西山。

【赏析】

这是一首拟乐府诗。塞，边关险要的地方。塞上曲，乐府诗题。乐府诗中还有塞下曲。这种乐府歌曲，大半是非战的，一般都是写边塞军防方面的事情。送元美，是诗的作意。王世贞，字元美，号凤州，弇州山人，太仓（今江苏太仓）人。王世贞和李攀龙同为明代"后七子"的领袖人物。

明穆宗隆庆二年（1568），王世贞被起用为河南按察司副使，整饬大名等处兵备。他先后两次上疏以病辞，都没得到批准（见《弇州山人正稿》卷一〇九）。李攀龙等故友都写信、赋诗劝他。这首诗可能就是这个时候的作品，以诗为好友送行。诗中描写边警紧急、征人戴月出发的情景，为朋友壮行色，表现了作者对元美的激励和信任。

开头两句是叙事。首句"白羽如霜出塞寒"写主帅率大军出征。白羽，古代军中主帅所执的指挥旗。"霜""寒"，点明时令是在秋天。自古秋天多战事。大军出塞，说明情况紧急，刻不容缓。

第二句"胡烽不断接长安"紧承首句而来，可以说是第一句的补充。烽，即烽烟。古时边境隔一定距离都筑有烽火台，一旦有敌人犯边，即举烟火报警。胡烽，指北方少数民族入侵时的边警。报警的烽火接连不断点燃，一直传到京都长安。长安，即现在的陕西西安。因西汉、隋、唐等朝代都在此建都，所以后来文人诗词中常把长安作国都的代名词。这里是指明朝首都北京。

以上两句，以羽书飞传、烽火不断，极力铺陈渲染，点出了形势严峻紧迫，既表现了诗人的担心，也含有对元美的激励和信任。希望王世贞能像他的祖父王倬、父亲王忬那样，提兵上阵，抗击敌寇，为国立功。

三、四两句是抒情。"城头一片西山月，多少征人马上看"，以北京西山上的月光皎洁，夜色美好，抒发了深挚的爱国之情。队队将士闻警骑马出征，他们个个抬头，痴痴地望着那西山上的明月。月照人，人望月，人月无声。这寂静的画面与首二句的紧张形势形成了鲜明的对比，从中使我们洞察了征人的内心活动。北京西郊山上的明月，是个寓意十分鲜明的形象，它应该是都城北京的象征。征人看月是对家乡、对祖国深情的流露。征人之所以连夜出发，就是出于对祖国、对家乡的热爱。祖国高于一切。正是出于这种爱，才给予征人以战胜敌人的信心和勇气。李攀龙、王世贞不但是志同道合的挚友，又都是忠于职守、清正廉明的封建官吏。他们有共同的追求，共同的爱好，对祖国有着同样的感情。这里的"征人"既包括闻警应召新出征的将士，也应包括原来在边塞守边御敌的戍卒，当然也包括王世贞和李攀龙。国都上空的月光皎洁明亮，照亮了征人出征迎敌的征程，征人一直在月光的朗照之下。皎洁明亮的意境，表现了征人不畏艰辛、勇往直前的乐观精神。

李攀龙推崇汉魏古诗、盛唐近体，片面追求，刻意模仿，甚至出现了抄袭剽窃的不良现象。这首诗虽然也有模仿的痕迹，如第二句，显然是从初唐杨炯"烽火照西京"（《从军行》）而来，但是，这首小诗写得还是很美的。语浅情深，气势雄壮，颇具唐人边塞诗的韵味。（周启云）

【原文】

寄元美

蓟门城上月婆娑，玉笛谁为出塞歌[1]？
君自客中听不得[2]，秋风吹落小黄河[3]。

渔阳烽火暗西山，一片征鸿海上还。
多少胡笳吹不转，秋风先入蓟门关。

【毛泽东圈评等情况】

毛泽东读清沈德潜、周准编选《明诗别裁集》卷八时圈阅了此诗。

[参考] 张贻玖：《毛泽东评点、圈阅的中国古典诗词》，中国工人出版社 1992 年版，第 258 页。

【注释】

（1）谁为，即为谁。

（2）听不得，即听不到。

（3）小黄河，元明时俗称卢沟河（今河北永定河）为小黄河。

【赏析】

明穆宗隆庆二年（1568）王世贞被起用为大名兵备副使，当时李攀龙作《塞上曲送元美》为其送行。这个时期，正是明王朝政治上最黑暗、最腐败的时期，也是李攀龙隐居避世、专心著述、在文坛上继续扩大影响的时期。他在济南东郊约三十华里的地方营建一座庄园式的白雪楼，高卧白雪楼，远离政治旋涡，躲开宦海风波，淡泊自守，明哲保身。这两首七言绝句估计就是王世贞在大名任上时，诗人在白雪楼闲居时的寄赠之作。元美，王世贞的字。

先看第一首。"蓟门城上月婆娑，玉笛谁为出塞歌？"首句写王元美驻守的地方，这是想象中的景色。蓟门城，又称军都关，居庸关，在今北京昌平西北。月婆娑，摇动盘旋的意思。第二句可译为谁为出塞之人吹玉笛。这两句是写作者对元美的思念。王元美在蓟门城楼上瞭望，月光摇曳，人影徘徊。元美是在视察防地，还是在望月思乡？诗人遥问元美：你听没听到我为你出塞制作的歌曲？不谈思念，但思念之情溢于言表。

"君自客中听不得，秋风吹落小黄河。"这是对一二句的明申。君，指蓟门城上望月的元美。听不得，是听不到、不得听的意思。诗人在济南白雪楼，元美在大名蓟门城，两地相距遥远，当然听不到作者用玉笛为元美吹奏的歌曲。可是，秋风惜别意，送乐到蓟门。吹落，即吹到。小黄河，即永定河，又指乐曲名。这两句深沉含蓄，情意绵绵，一种相思，两地离情，表现了诗人与王元美之间深厚的友谊。

以上为第一首，是遥寄相思。下边为第二首，是展望凯旋。

"渔阳烽火暗西山，一片征鸿海上还。"一二句是对前途的展望，预祝老朋友凯旋。渔阳，地名，辖境相当今北京密云、天津蓟州区等地。征鸿，远飞的大雁，此借指王元美。烽火，即报警的烟火。西山，北京西郊的群山。暗，使动词，即烽火使西山暗，说明战火已经熄灭，边境平静，远征的将军旗开得胜，从遥远的北海凯旋。《王世贞传》称，王世贞在大名任内，抑富室，惩墨吏，捐俸救灾。在秋防期间，他选练兵卒，料理文书，奉檄赴易州，视察龙泉、娘子诸关隘，办事认真，清正廉明，敢于清除贪官污吏。一年后，因功擢升浙江布政使司左参政。李攀龙在《早春元美自大名见枉齐河》（《沧溟集》卷十一）称赞他："北来慷慨悲歌地，河朔风流更有谁？"

"多少胡笳吹不转，秋风先入蓟门关。"三四句写元美功成南归，以及北地人民对元美的留恋。胡笳，我国古代北方民族的管乐器，相传为汉张骞从西域传入。胡笳这富有边地风味的乐器，奏起得胜曲，高亢嘹亮，这是北地人民对王元美的颂扬，也是对这位清正廉明兵备的挽留。吹不转，即吹不还，留不得，留不住的意思。"转"与上句的"还"照应，"胡笳"与前边的"玉笛"相衬。玉笛高奏出塞曲，笛声悠扬，表达了对远行者的希望、鼓励、安慰及怀念，胡笳声声，欢快、轻松、自信，表现了当地人民对有功者的颂扬和留恋。既然胡笳吹不转，那就只有热情相送了，胡笳伴随着秋风首先将好消息送入蓟门关，表现了诗人的欢乐欣喜之情。

这首诗在内容和艺术上，和作者的其他赠送之作一样，并无其他突出的特点，运用了平淡的语言，表达了对友人的思念和赞扬。（周启云）

【原文】

于郡城送明卿之江西

青枫飒飒雨凄凄，秋色遥看入楚迷。
谁向孤舟怜逐客(1)，白云相送大江西(2)。

【毛泽东圈评等情况】

毛泽东读清沈德潜、周准编选《明诗别裁集》卷八时圈阅了此诗。

[参考]张贻玖：《毛泽东评点、圈阅的中国古典诗词》，
中国工人出版社 1992 年版，第 259 页。

【注释】

（1）怜，怜惜，这里有同情的意思。逐客，指被贬谪远地的人。唐杜甫《梦李白》之一："江南瘴疠地，逐客无消息。"此指吴国伦。

（2）大江，指长江。大江西，即江西。

【赏析】

郡城，指济南府（今山东济南）。明卿，吴国伦的字。吴国伦，兴国（今湖北阳新东南）人，明"后七子"之一，系作者的好友。明世宗嘉靖三十四年（1555）十月，兵部武选司杨继盛因弹劾权奸严嵩，被严嵩诬害处死。吴国伦当时为兵部给事中，倡议为杨继盛赠礼送葬，因此违忤严嵩，被严嵩贬为南康（今江西南康西南）推官。此时作者正在济南家居养病，吴国伦赴江西途经济南时，李攀龙写了这首七绝为其送行。之，往、去。诗题的意思是：在济南送吴国伦去江西。

首二句写景。"青枫飒飒雨凄凄，秋色遥看入楚迷。"飒飒，风声。屈原《九歌·山鬼》："风飒飒兮木萧萧，思公子兮徒离忧。"青枫飒飒，《楚辞·招魂》有"湛湛江水兮上有枫"句，这里借指吴国伦将要去的地方。枫飒飒，雨凄凄，云雾弥漫，秋色迷茫，这是写送别时的气候、环境，以及友人所要去的地方。楚，即吴国伦的贬所江西南康，古为楚地。此乃以景写情。以秋风秋雨写离人离愁。李攀龙秉性孤介，自称"傲吏""狂生"，为什么此时会愁情万端呢？他知道老朋友吴国伦是因违忤权奸而被贬江西，在那皇帝昏庸，政治腐败，奸臣严嵩、严世蕃父子把持朝政的情况下，好人受害的事情屡屡发生。对吴国伦这样一个才气横溢、放荡不羁、轻财好客的清正廉洁之士，严嵩能放过吗？他不禁为好友的前途担心。"秋色遥看入楚迷"正表现了诗人对朋友的关怀之情。楚地遥遥，前途茫茫，这怎能叫诗人放心得下呢！

后二句抒情。"谁向孤舟怜逐客，白云相送大江西。"逐客，被朝廷贬谪出京的官员，此指吴国伦。白云，梁代隐士陶弘景《诏问山中何所有赋诗以答》："山中何所有？岭上多白云。只可自怡悦，不堪持赠君。"唐张若虚《春江花月夜》诗中："白云一片去悠悠，青枫浦上不胜愁。"这里是化用其意。此时李攀龙闲居在家。作者以"白云"自喻。这两句意思是说，有谁同情吴国伦这个被朝廷贬谪出京的人呢？我李攀龙要像白云一样护送你一直到江西任所。孤舟，即孤客。诗人告诉吴国伦，你虽然孤身前往江西，但你并不孤单，你的朋友们了解你，相信你，朋友之间的情谊像天上的白云一样时时伴随着你。表现了作者对吴国伦的安慰和同情，显示了双方的深厚情谊。

李攀龙的拟乐府诗，模拟气息很重，但他的近体诗，特别是七言近体诗，还是很有功力的。明胡应麟称赞它"高华杰起，一代宗风"（《诗薮》）。从这首七绝我们可以看出诗人在这方面的造诣。此为送别诗，先以秋风秋雨写离人离愁，再以"白云"相送表友人深情。写景叙事巧妙结合，诗人与朋友之间的真挚情谊又在写景中自然流出，情寓景中，含蓄深沉，感人至深。

1957 年，毛泽东在和臧克家、袁水拍的一次谈话时说："我看李攀龙的诗有的很好。"（周启云）

【原文】

怀明卿

豫章西望彩云间[(1)]，九派长江九叠山[(2)]。
高卧不须窥石镜[(3)]，秋风憔悴侍臣颜[(4)]。

【毛泽东圈评等情况】

"黄鹤"不是指黄鹤楼。"九派"指这一带的河流，是长江的支流。明朝李攀龙有一首送朋友的诗《怀明卿》："豫章西望彩云间，九派长江九叠山。高卧不须窥石镜，秋风憔悴侍臣颜。"李攀龙是"后七子"之一。明朝也有好诗，但《明诗综》不好，《明诗别裁》好。

[参考]1964 年，毛泽东《七律·登庐山》诗中的"云横九派浮黄鹤"的注释，《毛泽东诗集》，中央文献出版社 1996 年版，第 258 页。

【注释】

（1）豫章，地名，即今江西南昌，此为江西的别称。

（2）九派，原指江西湖北的一段长江，这里江水很多支流，故叫九派。汉刘向《说苑·君道》："禹凿江以通于九派，洒五湖而定东海。"晋郭璞《江赋》："源二分于崏崃，流九派乎浔阳。"唐孟浩然《自浔阳泛舟

明

诗

经明海作》："大江分九派，淼浸成水乡。"

（3）石镜，如镜的山石，在江西庐山。北魏郦道元《水经注·庐江水》："山东有石镜，照水之所出。有一圆石，悬崖明净，照见人形，晨光初散，则延曜入石，豪细必察，故名石镜焉。"

（4）侍臣，侍奉帝王的廷臣，指明卿。

【赏析】

诗题《怀明卿》。明卿，吴国伦的字，明"后七子"之一，明世宗嘉靖二十九年（1550）进士。初授中书舍人，后擢兵科给事中，因触忤严嵩，被谪为江西按察司知事，又移南康推官（参见《于郡城送明卿之江西》）。这是吴国伦被贬江西之后作者写的怀念诗，为七言绝。

"豫章西望彩云间，九派长江九叠山。"一二两句点明明卿被贬的地点及方位。豫章，地名，即今江西南昌。九派，原指江西九江北的一段长江，这里江水有九个支流，故叫九派。豫章西望，就是西望豫章。彩云间，极写其高远。滔滔江水在这里弯弯曲曲，绕山东流。这里，诗人把江西南昌这个地方写得很美，彩云、长江、高山，以此给被贬之人以安慰。"高卧不须窥石镜，秋风憔悴侍臣颜。"三四两句表现了诗人对明卿的怀念。石镜，如镜的山石，在江西庐山。《水经注·庐江水》："（庐）山东有石镜，照水之所出。有一圆石，悬崖明净，照见人形，晨光初散，则延曜入石，毫细必察，故名石镜焉。"这两句是写想象中的友人形象。明卿因触忤权奸而被贬江西，心情郁闷是显而易见的。愤而成愁，愁则伤身。诗人明写明卿不需要对镜照看，而实际上是说我李攀龙虽然没有看到你，但我也能想到你容颜憔悴。秋风肃杀，令人生愁。憔悴，瘦弱萎靡的样子。侍臣，指明卿。"秋风"句不但写出了被贬之人的处境、心情和形象特征，而且也表达了作者对友人的关心、同情和思念。

这首诗写得很含蓄。纸短情长，语浅意深，虽不明言怀人，但怀人之情昭然。

毛泽东十分喜爱这首诗。他于 1959 年 7 月 1 日写的《登庐山》一诗中有"云横九派浮黄鹤，浪下三吴起白烟"之句。1964 年，他在《对〈毛主

席诗词〉中若干词句的解释》中注释"九派"时，指明典出"明朝李攀龙有
一首送朋友的诗《怀明卿》"，并在引录该诗全文后，说："李攀龙是'后
七子'之一。明朝也有好诗，但《明诗综》不好，《明诗别裁》好。"他在
1957 年 1 月与臧克家、袁水拍谈话时也指出："他们给我弄了一部《明诗
综》，我看李攀龙有些诗写得不错。"这便是由这首诗而论及李攀龙的诗
作及整个明代诗歌了。就明代诗歌而论，由于小说、戏曲的崛起及其卓越
成就，明代诗文模拟之风炽烈，相对而言，成就不大，所以便给人以明代
无好诗的错觉。其实，明诗中亦有好诗，诗人中也有杰出人物，为毛泽东
所欣赏的高启、李攀龙、杨慎等人的有些诗就写得不错。明诗有两个集子
影响较大，这就是清人朱彝尊编的《明诗综》和清人沈德潜、周准编选的
《明诗别裁集》。《明诗综》是明代诗歌总集，共 100 卷，由朱彝尊选录，
其友人汪森、朱端、张士受、钱玠等人分集辑评，录存明代诗人 3400 余人
的作品。朱氏意在成一代之书，故求全责备，所录诗作众寡悬殊，其意在
因诗而存其人，或因人而存其诗，而不在作者是否为有成就的诗人。《明
诗别裁集》则是一本明诗选集，全书共 12 卷，收录作者 340 人，诗 1010
余首。沈德潜提出的编纂意图和标准大致是：所录"皆深造浑厚，和平渊
雅，合于言志咏言之旨"，以"辅翼诗教"；选诗时"始端宗旨，继审规
格，终流神韵，三长俱备，及登卷秩"；"因诗存人，不因人存诗"，不求
备一代的掌故，只要是"示六义之指归"；"是书之选，欲上续唐人"。由
此可见，二书编纂意图和选择标准不同，于是《明诗综》显得较为芜杂，
良莠不齐，而《明诗别裁集》则显得更为精萃，所以毛泽东说《明诗综》
不好，《明诗别裁》好，这是符合实际的。据不完全统计，毛泽东阅读《明
诗别裁集》时共圈阅了明诗近 180 首，而仅李攀龙的诗就圈阅了 22 首之
多。这便是毛泽东所说的明代也有好诗、李攀龙有些诗写得不错的实证。
毛泽东关于明诗的论断令人耳目一新，给文学史研究家们以新的启迪。

　　特别值得一提的是，毛泽东还曾戏改《怀明卿》一诗批判林彪。周
世钊日记载：1971 年"9·13"事件之后，毛泽东曾戏改李攀龙的一首七
绝："豫章西望彩云间，九派长江九叠山。高卧不须窥石镜，秋风怒在侍
臣颜。"有人曾问周世钊，"侍臣"指的是谁？周世钊说："毛泽东把这两

明

诗

2913

个字改成'叛徒'。"这自然是指林彪（萧永义：《毛泽东诗词史话》，东方出版社 1996 年版，第 385 页）。（周启云　毕桂发）

【原文】

春日闻明卿之京却寄

十载浮云傍逐臣，归来不改汉宫春[(1)]。
摩挲金马宫门外[(2)]，谁识当时谏猎人[(3)]。

【毛泽东圈评等情况】

毛泽东读清沈德潜、周准编选《明诗别裁集》卷八时圈阅了此诗。

[参考] 张贻玖：《毛泽东评点、圈阅的中国古典诗词》，
中国工人出版社 1992 年版，第 259 页。

【注释】

（1）汉宫春，汉宫的春色，借指明王朝宫殿的春色。

（2）摩挲，抚摸。《释名·释姿容》："摩挲，犹末杀也，手上下之言也。"《后汉书·方术传下·蓟子训》："后人复于长安东霸城见之，与一老工共摩挲铜人。"金马宫门，即金马门，汉代宫门名，学士待诏之处。《史记·滑稽列传》："金马门者，宦（者）衙署也。门旁有铜马，故谓之曰'金马门'。"

（3）谏猎人，西汉司马相如写《子虚》《上林》二赋，意欲谏汉武帝停止游猎，故称司马相如为"谏猎人"。此指吴国伦。谏猎，指对天子迷恋游猎、不务政务予以讽谏。

【赏析】

这首七言绝句应是严嵩倒台之后，李攀龙在吴国伦从江西准备回京时写给他的诗。明卿，即吴国伦，明世宗嘉靖二十九年（1550）进士，嘉靖三十四年（1555）因倡议为杨继盛赠礼送葬而得罪了严嵩，被贬江西（见

《于郡城送明卿之江西》)。嘉靖四十四年（1565），严嵩削籍，被抄家没收财产，其子严世蕃弃市。此时明卿才得以归京，李攀龙听说此事写下此诗。

"十载浮云傍逐臣"，首句叙事，写明卿因得罪权奸被贬江西的历程。吴国伦从嘉靖三十四年被贬江西，到嘉靖四十四年严嵩下台，前后正好十年。逐臣，指明卿。李攀龙诗中多有雷同的诗句，尤其喜欢用江湖、乾坤、天涯、浮云、白日、万里、风尘、长安、中原之类雄浑字眼。因此，有人将他写诗常用的字眼，连缀成一首戏谑诗："万里江湖回，浮云处处新。论诗悲落日，把酒叹风尘。秋色眼前满，中原望里频。乾坤吾辈在，白雪误斯人。"第二句"归来不改汉宫春"是写明卿对朝廷忠心不改。吴国伦关心朝政，十年前，他因同情被严嵩害死的杨继盛而触忤了严嵩遭贬，十年以后又怎么样呢？"不改"一词作了肯定的回答，并充分表现了明卿性格的坚强和执着的追求。汉宫，借指明王朝。这里化用了昭君出塞的典故。王安石《明妃曲》："一去心知更不归，可怜着尽汉宫衣。"王昭君虽然嫁往匈奴，身处异国，远离汉朝皇帝，但是，她的心一直是热爱祖国的，甚至连衣着打扮、风俗习惯都不改变。这两句高度概括了吴明卿被贬在外十年的情况。十年的漂泊不定，并没有使他消沉，更没因此改变他对国事的关心。字里行间洋溢着诗人对明卿的褒扬之情。

后两句是想象吴明卿回到国都时的情形。"摩挲金马宫门外，谁识当时谏猎人？"写明卿归京之后在宫门外犹豫彷徨的情态。摩挲，抚摸。含屈被贬十年之后回到国都，从他抚摸的动作，我们似乎看到他那流连沉思的神态。转瞬十年，人世沧桑，旧地重回，有谁还认识他这位当年向皇帝进谏之人呢？谏猎人，原指司马相如。司马相如写《子虚》《上林》二赋，意欲谏汉武帝停止游猎，故称。此指吴国伦。末二句是对人世沧桑的感叹，对吴国伦的不幸遭遇寄予同情。

这首诗总结了明卿从遭贬到归京的十年历程，赞扬了他爱国正直的品德。在艺术上含蓄深沉，耐人回味，最后以问句作结，十分有力。（周启云）

【原文】

挽王中丞

一

司马台前列柏高⁽¹⁾，风云犹自夹旌旄⁽²⁾。

属镂不是君王意⁽³⁾，莫作胥江万里涛⁽⁴⁾。

二

幕府高临碣石开⁽⁵⁾，蓟门丹旐重徘徊⁽⁶⁾。

沙场入夜多风雨，人见亲提铁骑来⁽⁷⁾。

【毛泽东圈评等情况】

毛泽东曾手书这两首诗。

[参考] 中央档案馆整理：《毛泽东手书选集·古诗词（下）》，

北京出版社 1996 年版，第 230 页。

【注释】

（1）司马台，司马，兵部侍郎（兵部副长官）别称少司马，王忬曾任兵部右侍郎，古人以司马称兵部长官，故称。台，指王忬的墓。列柏高，墓前所植柏树长得很高。古时御史府中列植柏树，后也称御史台为柏台或柏府。

（2）风云，指王忬的壮烈之气。旌旄，军中用以指挥的旗子，借指官兵。

（3）属镂（zhǔ lòu），古剑名。春秋末年，吴王夫差听信谗言，拒绝伍子胥所进忠言，赐伍子胥属镂剑，令其自杀，并弃尸于江中。

（4）胥江，又叫胥山，皆因伍子胥弃尸江中而得名。这里当指苏州的胥山。万里涛，吴王杀伍子胥，投尸江中，传说伍子胥愤恨无穷，遂驱水为涛，化作汹涌的钱塘江潮。

（5）碣石，古山名，在今河北昌黎西北。

（6）丹旐（zhào），招魂幡。蓟门，即蓟丘，故地在今北京德胜门外。

（7）亲提，亲自督率。铁骑，披挂铁甲的战马，借指精锐的骑兵。

【赏析】

这是悼念好友王世贞之父王忬的诗。挽，哀悼死者。王中丞，王忬（yù），字民应，太仓（今江苏太仓）人，王世贞之父。他以右副都御史兵部侍郎代杨博为蓟辽总督，进右都御史，故称中丞。明世宗嘉靖三十八年（1559）二月，王忬误失军机，造成把都儿辛爱之军乘间由潘家口入侵，渡滦河而西，大掠遵化、迁安、蓟州、玉田等地，京师为之大震。事后御史王渐、方辂劾忬，刑部判王忬防守边境，世宗手批云："诸将皆斩，主军令者顾得附轻典耶？"因严嵩素与王忬不合，王世贞又得罪了其子严世蕃，并为杨继盛治丧事，于是严嵩就挟私报复，将王忬改判斩刑。不过，杀王忬原出世宗本人之意。穆宗即位，世贞、世懋兄弟伏阙讼冤，复故官。李攀龙写诗哀悼，对王忬的冤死表示了极大的同情和不平，也对死者及其家属表示了安慰之情。

挽诗共二首，我们先看第一首。

"司马台前列柏高，风云犹自夹旌旄。"开头两句是写王忬墓地的肃穆威势。墓台高筑，松柏苍翠，死者英灵不灭，豪气不减，他那风云之气仍萦绕于军中。司马，古官名，为六卿之一，职掌兵权。后因称兵部尚书为大司马，王忬曾为兵部侍郎，故称司马。台，指王忬的墓。列柏，西汉末，御史"府中列柏树，常有野乌数千栖其上"（参看《汉书·朱博传》），后世遂称御史台为柏台或乌台。王忬曾任右都御史兵部侍郎，故用列柏故事。"风云"句，意思是说，王忬的风云之气在他死后还萦绕在军中旌旗之间。旌，旗的名称。旄，旗杆上用牦牛尾装饰。

"属镂不是君王意，莫作胥江万里涛。"三四两句是对死者的安慰。诗人劝慰亡灵，王忬被斩并不是皇帝的本意，而是由于奸臣严嵩的诬害，希望死者不要像当年伍子胥那样，驱水为涛，以泄胸中冤气。这两句用典巧妙。属镂，古剑名。春秋末年，吴王夫差听信谗言，拒绝伍子胥所进忠言，赐伍子胥属镂剑，令其自杀，并弃尸于江中（《史记·伍子胥列传》）。子胥死后，吴人立其祠于江边，号胥山。传说子胥死后遂为潮神，驱水为涛，以泄胸中冤屈之气，故称江为胥江，潮为胥涛（参看《吴越春秋·夫差内传》）。

明世宗嘉靖三十八年（1559）王忬因滦河防守失利为御史弹劾下狱，罪本不该死，后来被斩，虽有奸臣严嵩陷害之故，但皇帝明世宗至少也应负听信谗言的责任。作者在这里虽然是对王忬的冤死表示深切的同情，对死者的英灵及其家属表示安慰，但也显然有为皇帝开脱之意。《明诗别裁集》评论此诗说：“为中丞吐气，而忠厚之意宛然。”

再看第二首。

“幕府高临碣石开，蓟门丹旐重徘徊。”首二句追述王忬任蓟辽总督时的气派。幕府，将帅的衙门。碣石，山名，地址说法不一，或谓在今河北昌黎北，或谓在临榆东海中。据《汉书·地理志》，约在今河北乐亭附近。因王忬曾为蓟辽总督，故言及“碣石”。蓟门，蓟州，明代属顺天府（在今北京附近）。丹旐，丧柩前的引路旗，即招魂幡。这两句意思是说，在蓟辽总督府的所在地，总督府的大门敞开，人们看到为死者亡灵招魂的旗帜在空中徘徊飘荡。

“沙场入夜多风雨，人见亲提铁骑来。”后两句写死者英灵不灭，豪气犹在。在风雨交加的夜晚，人们又看到王总督亲率铁骑在沙场与敌人厮杀，保卫国家。沙场，战场。亲提，亲自率领。王忬是明世宗嘉靖二十年（1541）进士，官至总督蓟辽、都察院右都御史兼兵部左侍郎，他南御倭，北拒虏，曾经获得“白首筹边，赤心报国”的称誉。这两句虽然是对死者英灵的赞扬，但也十分生动地再现了王忬生前叱咤风云的雄姿。在这里，作者运用了浪漫主义创作手法，高度赞扬了死者英魂不泯、雄风犹在，表达了诗人对死者的崇敬和怀念。

《挽王中丞》一共八首，上面所选是第二首和第八首，是《沧溟集》中具有爱国思想的优秀篇章。爱国和忠君杂糅，哀悼被冤杀的报国之士和替昏庸的皇帝辩解结合在一起，成为“怨而不怒”的典型代表作。他的创作思想是，“诗可以怨。一有嗟叹，即有永歌。言危则性情峻洁，语深则意气激烈，能使人有孤臣孽子摈弃而不容之感，遁世绝俗之悲。泥而不实，蝉蜕污浊之外者，诗也"（《沧溟集》卷十六，《送宗子相序》）。这两首绝句，在艺术上构思工巧，气象庄严，用典精当，虽有拟古倾向，但对表达其真挚深沉的感情仍十分恰当。（周启云）

【原文】

和聂仪部明妃曲

天山雪后北风寒⁽¹⁾，抱得琵琶马上弹。
曲罢不知青海月⁽²⁾，徘徊犹作汉宫看。

【毛泽东圈评等情况】

毛泽东读清沈德潜、周准编选《明诗别裁集》卷八时圈阅了此诗。

[参考] 张贻玖：《毛泽东评点、圈阅的中国古典诗词》，中国工人出版社 1992 年版，第 259 页。

【注释】

（1）天山，即北祁连山，匈奴呼天为祁连，在今新疆境内。
（2）青海，即青海湖，在今青海境内，古名西海，北魏时始名青海。

【赏析】

这是作者与友人唱和之作，为七言绝句。明妃曲，乐府吟叹曲名。《唐书·乐志》："明君，汉曲也，汉人怜嫱远嫁，为作此歌。"王嫱，字昭君，汉元帝时选入后宫，数岁不得见帝面，元帝竟宁元年（前33）匈奴入汉求和亲，昭君自请远嫁匈奴，元帝以其赐呼韩邪单于，入胡为阏氏。事见《后汉书·南匈奴传》。晋人因避司马昭讳，改称明君，后人又改称明妃。聂仪部，聂静，明世宗嘉靖十四年（1535）进士，官仪部郎中。仪部为礼部的属官。洪武时，礼部下有总部、祠部、膳部、主客部四属部，后改总部为仪部，后又改为仪制部，为礼部的第一司。

"天山雪后北风寒，抱得琵琶马上弹。"一二句写明妃离开汉宫前往匈奴途中的情景。大雪刚过，北风呼啸，王昭君骑在马上，怀抱琵琶，边走边弹，乐声哀怨。天山，又名雪山，在新疆境内，又叫祁连山，因匈奴曾呼天为祁连。琵琶，西域乐器，多在马上弹奏。相传汉武帝以公主（实为江都王刘建女）嫁西域乌孙，公主悲伤，胡人乃于马上弹琵琶娱之。石崇《王明君词序》："昔公主远嫁乌孙，令琵琶马上作乐。"后人因昭君事与乌孙公主远嫁有相似处，故推想如此。实则昭君与琵琶无关。《琴操》也记昭君在外，曾作怨思之歌，后人名为《昭君怨》。首句用高山、大雪、寒风极力渲染气候环境的恶劣，路途的艰难，以此来描述王昭君出塞时的凄苦心情。昭君本为汉宫宫女，后被汉元帝当作礼物送给了匈奴。我们且不说这件事在客观上对汉、匈统治者起了什么作用，单就王昭君本人来说，不能不是个悲剧。远离故国，单身出塞，前途命运如何？她不能不为此忧虑。琵琶这种富于异地风味的乐器，又是在出塞的途中马上弹奏，自然就带着异国情调。天山雪漫漫，北风刺骨寒，一派荒凉景象。看着这异域山川，听着这异国音乐，自然会引起主人公的强烈感触！

"曲罢不知青海月，徘徊犹作汉宫看。"三四句是说，一支琵琶曲奏完，明妃遥望那青海湖上空的明月，徘徊不前。她痴痴望月，把青海湖上空的明月当作汉宫上空的月色观看。"明月出天山，苍茫云海间"（唐李白《关山月》），"流光万里同，所思如梦里"（唐张九龄《秋夕望月》）。月光年年相似，处处相同，但望月之人已不同以往了。昔日在汉朝后宫清冷、安闲、寂寞，而今天远嫁异国，途中饱经风雪颠簸之苦，这自然就引起了她的思乡之情。这里的汉宫，应是汉王朝，家乡的代名词。昭君望月徘徊，不是留恋汉朝皇帝后宫里的生活，而是留恋故国，思念亲人。她知道，这次远嫁匈奴，是和故国亲人的生离死别，这怎能不让她愁肠百转、心事重重呢？如果说首两句是叙述途中行走时的情况，那么后两句就是途中暂歇。途中暂歇，望月徘徊，其内心活动是极为复杂的。"唯余故楼月，远近必随人"（南朝梁朱超《舟中望月》）。月光依旧，千里相随，给远离之人以温暖和体贴，从中正反衬出汉朝皇帝的无情寡义。尽管如此，这两句借错认青海之月为汉宫之月，曲达旅途中的昭君委屈心事，流露出一种深沉真挚的爱国之情。虽不明言，但明妃心事昭然。

这首诗意味隽永，情韵深长。《明诗别裁集》评此诗说："不著议论，而一切著议论者皆出其下。此诗品也。"（周启云）

【原文】

送杨给事河南召募

丑虏休南牧[(1)]，朝廷议北征。

幄中新授律[(2)]，天下大征兵。

使者持符出，君推抗疏名[(3)]。

黄金秋突兀[(4)]，白羽日纵横[(5)]。

岳雪三花秀[(6)]，河冰万马行。

将军邀剧孟[(7)]，公子得侯嬴[(8)]。

屠贩多豪杰[(9)]，风尘郁战争[(10)]。

有呼皆左袒[(11)]，无役不先鸣。

宁久燕山戍，终期瀚海清。

过梁投赋笔[(12)]，更为请长缨[(13)]。

【毛泽东圈评等情况】

毛泽东读清沈德潜、周准编选《明诗别裁集》卷八时圈阅了此诗。

[参考] 张贻玖：《毛泽东评点、圈阅的中国古典诗词》，

中国工人出版社 1992 年版，第 259 页。

【注释】

（1）丑虏，对敌人的蔑称。《诗经·大雅·常武》："铺敦淮渍，仍执丑虏。"郑玄笺："丑，众也……就执其众之降服者也。"南牧，南下放牧，引申指北方少数民族南侵。语本西汉贾谊《过秦论上》："胡人不敢南下而牧马。"

（2）幄，军帐。律，律令，法令。

（3）抗疏，谓向皇帝上书直言。疏，条陈，指臣子书面向皇帝陈述政见的文本。

（4）黄金，即黄金甲，泛指兵士穿的铠甲。

（5）白羽，即白羽箭，以白色羽毛装饰的箭。

（6）三花，即三花马。唐代边地所进良马，由尚承局在马身印上三花飞凤之字。又崇尚与马剪鬃为饰，剪马鬃为三瓣者为三花马。见《新唐书·百官志二》。秀，特出。

（7）将军，指西汉名将周亚夫。剧孟，西汉游侠，洛阳人，史称他喜拯人急难，为人所称道。

（8）公子，指信陵君，战国时魏国贵族魏无忌。侯嬴，战国时魏国隐士，亦称侯生。初为大梁夷门的守门小吏，后被魏公子信陵君迎为上客。

（9）屠贩，屠户商贩。

（10）风尘，流落风尘的女子，指魏王爱姬如姬窃虎符事。郁，阻止，停滞。

（11）左袒，脱左袖，露出左臂。汉初吕氏专权，太尉周勃谋诛诸吕，行令军中说："为吕氏右袒，为刘氏左袒。"全军都左袒拥刘（见《史记》）。

（12）过梁，路过开封。梁，战国时魏国的都城（今河南开封）。

（13）缨，指捕缚敌人的绳子，后来用"请缨"比喻投军报国。典出《汉书·终军传》："军自请：'愿受长缨，必羁南越王而致之阙下。'"

【赏析】

这是送给一个到河南去召募的杨姓官员的诗，为五言五诗。给事，又叫给事中，官名。明代分吏、户、礼、兵、刑、工六科，各科都设给事中辅助皇帝处理政务，并监察六部，纠弹官吏。

全诗可分为六节。开头四句为第一节，写当时的形势。敌人从北方入侵，明王朝准备迎头打击敌人。从"丑虏""休"这些字词的运用可以看出诗人对国家安危的关心和对入侵之敌的蔑视。牧，放养牲畜为牧。北方游牧民族以放牧为生。南牧，即南侵。面对敌人的入侵，明王朝紧急商量对策。"幄中新授律，天下大征兵"就是"议"的结果，即迎敌采取的具体措施。幄，军帐。律，律令、法令。杨给事在军帐接到新的命令，朝廷决定要在全国大规模征兵。点明诗题"召募"。一个"大"字说明朝廷对这场战争的重视，也说明"丑虏"来势凶猛。这四句写得很有层次，第一句丑虏南牧是"召募"的起因，以下三句都是由第一句引出的结果。

"使者持符出，君推抗疏名。"这两句为第二节，在全诗中起着承前启后的过渡作用。使者，是皇帝派出的传达命令的人。此指杨给事。符，古代朝廷用以传达命令、调兵遣将的凭证。君，指杨给事。疏，条陈，臣子书面向皇帝陈述政见为上疏。抗疏，上书直言。杨给事直言上书朝廷持符西出京征兵抗敌。这是一场防御性质的正义战争，持符出，说明战争形势紧急，臣子上疏抗敌，说明杨给事的爱国热情。

"黄金"以下四句为第三节，写筹集军用物资。黄金，即黄金甲，此泛指兵士穿的铠甲。白羽，即白羽箭，以白色羽毛装饰的箭。"岳雪三花秀，河冰万马行。"三花，指三花的战马。这四句是说，经秋历冬，征集来的铠甲堆积得越来越多，白羽箭纵横交错。三花马在高山雪地最突出，此指战马在冰河之上纵横驰骋，已经作好了战争准备。

"将军"以下四句为第四节，具体写"召募"将军。"将军邀剧孟，公子得侯嬴"借用典故，一方面对杨给事去河南召募给以鼓励，另一方面也说明河南人才济济，不乏能干有为之士。此次杨给事去河南召募，正像当年周亚夫得到猛士剧孟，信陵君得谋士侯嬴一样，必然能如愿以偿。剧孟，西汉游侠，洛阳人，史称他喜拯人急难，为人所称道。文帝时，吴、越反，周亚夫传车至河南，得剧孟，高兴地说："吴、楚军大事而不求孟，吾知其无能为已矣。"（见《史记》一二四本传）侯嬴，战国时魏隐士，亦称侯生，初为大梁夷门的守门小吏，后被魏公子信陵君迎为上客。魏安釐王二十年（前257），秦围赵，安釐王派将军晋鄙率兵救赵，观望不前。侯嬴献计给信陵君，请如姬窃得兵符，并推荐力士朱亥，击杀晋鄙，夺得兵权，却秦救赵（见《史记》七七魏公子传）。"屠贩多豪杰，风尘郁战争。"在屠户商贩中也不乏英雄豪杰，风尘女子中也有巾帼英雄。同时，这里还暗用了汉初樊哙"以屠狗为事"的典故。这四句紧扣"河南"写召募。诗人主张到广大下层人民群众中去召募人才，他坚信广大下层人民中有"豪杰"。这种立足于人民群众、不拘一格选拔人才的观点是难能可贵的。

"有呼"以下四句为第五节，是诗人对征来将士的赞扬和对战争的展望。这些将军只要听到一声令下，都会像汉代大将周勃那样，露出左臂，冲锋陷阵，打仗都冲锋在前。左袒，脱左袖，露出左臂，以示偏护一方。汉初吕氏专权，太尉周勃谋诛诸吕，行令军中说："为吕氏右袒，为刘氏左袒。"全军都左袒拥刘。事见《史记·吕太后本纪》。"宁久"两句是对战争结局的展望。诗人认为，燕山一带就会长期得到安定，西北边疆也会得到和平。瀚海，又名北海，在蒙古高原东北；又指沙漠。这里泛指我国北方及西北少数民族地区。

末两句"过梁投赋笔，更为请长缨"为第六节，表达了诗人对杨给事的期望。诗人对杨给事说，你到河南召募之后，我就可以像汉终军那样投笔从戎去参加打击丑虏的战斗。这样结束全诗，风趣含蓄。由此我们也可以推断，此诗应是李攀龙在河南任上时的作品。明穆宗隆庆三年（1569）李攀龙任河南按察使，此时他已五十六岁，从他对杨给事的勉励中，可看出他的爱国之心。

李攀龙的挚友王世贞说："于鳞拟古乐府无一字一句不精美，然不堪与古乐府并看，看则似临摹帖耳。"（《艺苑卮言》卷七）这首诗虽不能说句句精美，但在艺术上也很有特色。不但层次清楚，而且还用了不少工整的对偶句子，用典贴切，感情健康，字里行间表现了一种昂扬向上的爱国热情。这是李攀龙拟乐府诗中的优秀之作。（周启云）

【原文】

送子相归广陵

广陵秋色雨中开，系马青枫江上台⁽¹⁾。
落日千帆低不度⁽²⁾，惊涛一片雪山来⁽³⁾。

【毛泽东圈评等情况】

毛泽东读清沈德潜、周准编选《明诗别裁集》卷八时圈阅了此诗。

[参考] 张贻玖：《毛泽东评点、圈阅的中国古典诗词》，
中国工人出版社 1992 年版，第 259 页。

【注释】

（1）青枫江上，长满枫林的水边。唐张若虚《春江花月夜》："白云一片去悠悠，青枫浦上不胜愁。"凡高于地面而上平的物体均可称台，此指江岸。

（2）"落日"句，夕阳西下，落日低过了船帆，不能渡江。

（3）雪山，用雪堆成的山状物，此指浪涛。

【赏析】

这是李攀龙在京做官期间送宗臣归家的送别诗，为七言绝句。子相，宗臣的字，扬州兴化（今江苏兴化）人。嘉靖二十九年（1550）得中进士，任刑部主事，后改任吏部考功司主事。在此期间，与李攀龙、王世贞等结为诗社。不久因病告归。此时李攀龙升刑部员外郎，故写诗相送。

"广陵秋色雨中开，系马青枫江上台。"起首二句写子相归家的时间、天气及送别的地点。子相告归，正值金秋季节，诗人骑马送别来到江边。广陵，即扬州。青枫江，指长满枫林的江边，是送行分别的地点，并非江名。如李攀龙《于郡城送明卿之江西》"青枫飒飒雨凄凄"，唐张若虚《春江花月夜》"青枫浦上不胜愁"。宗子相从北京回扬州，应该是乘舟从大运河进扬子江直抵广陵。系，拴。台，江岸。一个"系"字含义颇深。系马亦是系船，系船即是留人。系马江边，说明在江边逗留的时间之长。天上落雨，船在江中，人在岸边，执手畅谈，临别说不完的知心话，道不尽的离别情。雨停了，天晴了，不知不觉红日西沉，这两个志同道合的朋友还不忍分别。系马江边，表现了两人之间何等深厚的友情！

"落日千帆低不度，惊涛一片雪山来。"夕阳西下，太阳已落得很低，低过了船帆；晚潮上涨，惊涛犹如雪山一样奔涌而来，不能渡江。这两句

明
诗

描绘了落日秋色，大江中千帆摇动、浪涛翻滚的雄伟景象。度，渡过。这两句意境壮美，气势宏大。

这首诗虽为送别，却不哀伤。从李攀龙和宗子相的经历我们知道，此时他们正值青春年少，仕途得意之时。嘉靖二十九年宗臣得中进士，年仅二十五岁，而这一年李攀龙升任刑部员外郎也才三十七岁，可以说这是李攀龙一生中在政治和文学事业上比较顺利、比较得意的时期。诗发乎情，情行于诗，所谓"情哀则景哀，情乐则景乐"（清吴乔《围炉诗话》）。作者取选"秋色""千帆""惊涛"这些景物入诗，渗透着作者独特的感受，表现了诗人及友人当时的豪气。（周启云）

【原文】

观 猎

胡鹰掣镟北风回⁽¹⁾，草尽平原使马开。
臂上角弓如却月⁽²⁾，当场意气射生来⁽³⁾。

【毛泽东圈评等情况】

毛泽东读清沈德潜、周准编选《明诗别裁集》卷八时圈阅了此诗。

[参考] 张贻玖：《毛泽东评点、圈阅的中国古典诗词》，
中国工人出版社1992年版，第259页。

【注释】

（1）掣，疾飞。南朝梁简文帝《金赋》："野旷尘昏，星流电掣。"镟，通"旋"。镟和回，都是旋转的意思。

（2）角弓，以兽为饰的硬弓。《诗经·小雅·角弓》："骍骍角弓，翩其反矣。"朱熹集传："以角饰弓也。"却月，即却月眉，唐代妇女眉型之一。唐杜牧《闺情》："娟娟却月眉，新鬓学鸦飞。"明杨慎《丹铅续录·十眉图》："唐明皇令画工画十眉图……六曰月棱眉，又曰却月眉。"亦省称"却月"。宋苏轼《眉子石砚歌赠胡阆》："君不见成都画手开十眉，横云

却月争新奇。"

（3）意气，志向与气概。《管子·心术下》："是故意气定，然而反正。"南朝宋袁淑《效曹子建白马篇》："意气深自负，肯事郡邑权？"射生，射猎禽兽。

【赏析】

这是一首七言绝句，描绘了一幅生动的草原射猎图。严冬，我国北方少数民族地区北风呼啸，草原空旷，凶猛的猎鹰在高空盘旋，猎人纵马奔驰，挽弓劲射，如绘如画，历历在目。

一二句写打猎人的骑术。首句写环境，极写我国北方塞外风光。一个"胡"字点出地域特点。胡，我国古代对北方边地及西域各民族的称呼。镟，通旋。镟和回，都是旋转的意思。北风在地面旋转，是那样猛烈；飞鹰在高空盘旋，又是那样的迅捷。作者在这里着力写风大，鹰疾，但其用意并不在此，目的是在为打猎人出场张本。诗题是"观猎"，重点当然要写打猎之人。第二句写观猎人的出场。草尽，点出季节特点，这次打猎，既不是在"兽肥春草短，飞鞚越平陆"（鲍照）的春夏，也不是在"无边落木萧萧下"（杜甫）的秋天，而是经过雪打风吹、地上枯草也无的严冬。平原指大沙漠，为观猎之人纵马射猎提供了广阔天地。这一句写观猎人纵马沙漠的形象。读到这里，不禁使人想到唐代王维的《观猎》诗"风劲角弓鸣，将军猎渭城。草枯鹰眼疾，雪尽马蹄轻"所描绘的打猎场面。

三四两句重在写打猎之人的射技。只见他取下角弓，扣箭在弦，挽弓如却月之眉，砰的一声，箭向禽兽射了出去。动作十分敏捷，从取弓、搭箭到射箭，都是一刹那间的事情，足见其射技非凡。意气，是指打猎人的意志和气概，重在写他的精神面貌。

《观猎》短短四句，为我们塑造了一位骑术精湛、射技高超的猎人形象，精心绘制了一幅严冬草原射鹰图。整个画面充满了风吹声、马蹄声、弓弦声，声声传入读者耳中；画面上胡鹰、奔马的形象，以及挽弓射箭的动作，历历在目。（周启云）

【原文】

同元美子相公实分赋怀泰山得钟字

域内名山首岱宗，侧身东望一相从。

河流晓挂天门树⁽¹⁾，海色秋高日观峰⁽²⁾。

金箧何人探汉策⁽³⁾，白云千载护秦封⁽⁴⁾。

向来信宿藤萝外⁽⁵⁾，杖底西风万壑钟。

【毛泽东圈评等情况】

毛泽东读清沈德潜、周准编选《明诗别裁集》卷八时圈阅了此诗。

[参考] 张贻玖：《毛泽东评点、圈阅的中国古典诗词》，

中国工人出版社 1992 年版，第 259 页。

【注释】

（1）天门，南天门，在今山东泰山十八盘顶，为泰山一重要景观。

（2）日观峰，泰山的峰名，为著名的观日出之处。北魏郦道元《水经注》引汉应劭《汉官仪》："泰山东南山顶名曰日观。日观者，鸡一鸣时，见日始欲出，长三丈许，故以名焉。"

（3）金箧，装贵重文书的箱子。汉策，汉代的文书。

（4）"白云"句，《史记》记载，公元前219年，"始皇之上泰山，中阪遇暴雨，休于大树下"，因大树遮雨护驾有功，被封为"五大夫"爵位。今"五大夫"松为泰山一景。秦封，指秦始皇登泰山时给予松的封号。

（5）信宿，连宿两夜。《诗经·豳风·九罭》："公归不复，与女信宿。"《毛传》："再宿曰信；宿，犹处也。"

【赏析】

明胡应麟撰《诗薮》载："嘉、隆并称七子，要以一时制作，声气传和耳，然其才殊有径庭。""七子"当指后七子李攀龙等。谢榛曾说："予客京时，李于麟、王元美、徐子舆、梁公实、宗子相诸君，招予结社赋诗。"

（《四溟诗话》）从这二则材料来看，李攀龙等七人结社赋诗，常常宴集聚会，此诗应是李攀龙和王世贞（元美）、宗臣（子相）、梁有誉（公实）在王世贞家聚会时而作。从诗题上可以知道这是一篇咏怀泰山的诗作。泰山居五岳之首，历代骚人墨客题咏很多。这首七言律诗又为泰山之秀美增添了美妙的一笔。

首联点出岱宗，入题平实，为下文展开铺垫了基石。"侧身东望"照应了诗作题目"怀"字，由"望"写诗人内在的心理感受，正所谓"形在江海之上，心存魏阙之下。神思之谓也。文之思也，其神远矣。故寂然凝虑，思接千载，悄然动容，视通千里"。诗人借助于想象，打破时空，回到昔日游览的泰山极顶。

诗人的情感世界是丰富的，所有的自然物象、景观在他的笔下都富有生命力。颔联着意于色彩的变幻，从光线的强弱写物象的变化，以朦胧的错觉写心灵的感触。"河流晓挂天门树"，早上登上南天门，放眼望去，山下的黄河、沂河等就像挂在树梢上。"海色秋高日观峰"，在深秋之际登上日观峰看日出，海上的景色如在目前。诗人虽然没有色彩的描绘，但对于欣赏者来说，自然能体会到登高望远、极目澄怀的遐思。泰山给诗人留下了美好的记忆。

颈联转向历史的瞬间。历代帝王为了祈求天帝的恩惠，纷纷册封泰山，以示自己为天之骄子。秦皇汉武都曾在此举行了隆重的祭奠仪式。秦始皇登泰山时曾在泰山松下避雨，封松为五大夫。诗人难免发出"白云千载护秦封"的感慨。西汉著名辞赋家司马相如曾为汉武帝登封泰山写了《封禅书》，所谓金箧中的"汉策"当指此而言。

尾联是诗人思维的归结。岱宗聚天下之神秀，受历代之推崇，连日宿于泰山极顶心旷神怡。藤萝，直接触发诗人的情绪；秋风，给诗人带来豪爽，在读者面前绘出一幅美妙的山水图画。藤萝送来缕缕清香；静卧空山，万壑清风及摄人心魄的古钟之风鸣，将诗人带到幽思之境，或许令他忽然想到了唐代诗人张继的诗句"姑苏城外寒山寺，夜半钟声到客船"的情景。这里也以夜为背景，钟声为幽静神描之笔，两者意境是相通的。

诗作以"怀"字统领材料，所有的想象都是诗人记忆的再现，是大

明
诗

2929

自然在思维中的返照。置身于泰山的美景之中，吟咏情感，吐珠纳玉，登山情满于山，观海意溢于海，情意盎然，令人在大自然的幽静中追求到了心灵的平和。（赵维国）

【原文】

七夕集元美宅送茂秦

祖席陈瓜果⁽¹⁾，征衣理薜萝⁽²⁾。

云边看露掌⁽³⁾，花里出星河⁽⁴⁾。

仙吏挥金碗⁽⁵⁾，佳人罢锦梭。

新知天上少，秀句邺中多⁽⁶⁾。

疏拙时名忌⁽⁷⁾，雄豪虏障过⁽⁸⁾。

秋风吹鬓发，落日渡滹沱。

匕首荆卿赠⁽⁹⁾，刀头桂客歌⁽¹⁰⁾。

明年见牛女，能不忆羊何⁽¹¹⁾？

【毛泽东圈评等情况】

毛泽东读清沈德潜、周准编选《明诗别裁集》卷八时圈阅了此诗。

[参考] 张贻玖：《毛泽东评点、圈阅的中国古典诗词》，
中国工人出版社 1992 年版，第 259 页。

【注释】

（1）祖席，送别友人的宴席。古代出行时祭祀路神叫"祖"，后因称设宴送行为"祖饯""祖帐""祖送"。

（2）理，纹理，全句意为征衣上绘有香草的纹理图案。薜萝，即薜荔和女萝。《楚辞·九歌·山鬼》："若有人兮山之阿，被薜荔兮带女萝。"王逸注："女萝，兔丝也。言山鬼仿佛若人，见于山之阿，被薜荔之衣，以女萝为带也。"后借以指隐者或高士的衣服。

（3）露掌，即承露盘。语本《史记·孝武本纪》："其后则又作柏梁、

铜柱、承露仙人掌之属矣。"裴骃集解引苏林曰："仙人以手掌擎盘承甘露也。"

（4）星河，即银河。

（5）仙吏，仙界、天庭的职事人员，此指吴刚。

（6）秀句，优美的文句。邺，古地名，在今河南安阳一带，三国曹魏时称邺中。

（7）疏拙，疏散笨拙。全句意为：性情疏散，不追求名利。

（8）"雄豪"句，潇洒豪迈地越过种种障碍。虏，对敌方的蔑称。障，阻塞，遮隔。按，谢榛布衣终身，遍游诸藩王之间，先秦晋，后燕赵。

（9）荆卿，即荆轲。

（10）桂客，对及第者之称。此指卢柟（nán）。浚县太学生卢柟，因得罪了县令被诬入狱。谢榛挟卢柟诗卷到京哭诉权门，使柟得救。

（11）羊何，指南朝宋时羊璿之和何长瑜。谢灵运、荀雍、羊何，以文章赏会，共为山泽之游，时人谓之"四友"。

【赏析】

在李攀龙的诗作中，《七夕集元美宅送茂秦》饱含深情，字字如吐玉纳珠，将他与茂秦的情感淋漓尽致地表达出来。在诗作中诗人对茂秦给予理性的评价，不偏不倚，比较中肯，从中我们体会到李攀龙与谢茂秦、王元美等的交好。即使后来反目成仇，也掩不住当年宴集盛景。

全诗以情感为线索，角度不断变化，首先写七夕之夜送行之景，接着写旅行途中的豪侠、来年对友人的思念，在依依深情中结束。

"祖席陈瓜果"首先点题。祖席为送行之席。点明了宴集的目的。征衣和祖席相互照应，送行之人所穿衣服当为征衣，衣上绘有薜荔的图案，不知是诗人写实，还是有意虚写。薜荔，一种香草，缘木而生，在屈原的作品中常常以香草表现伟大的人格，也许诗人意在以香木赞美谢榛（字茂秦）的品格。接下来诗人写露掌星河，一方面勾勒夜晚的美景，主要是写天色已晚，欢娱嫌夜短；一方面陈述友人相聚，叙离别之情，时间在无声流逝，星河明亮，天色将晓。仙吏挥碗，佳人罢梭，说明夜色将退。从时间的流逝中人们感到朋友之间的无限友情，有难以述说的情怀，虽然知道"海内存知己，天涯若比邻"的情感，仍然抛不开离别之愁情。

诗作由七夕之夜向远方过渡，"新知天上少，秀句邺中多"是一联过渡句，巧妙无痕，如浮萍荡水。先写七夕之夜，然后由天上新知转折，转向旅人的角度，离别之后结识新的好友，但相知相得的很少。谢榛作为一个非常有名望的诗人，"秀句邺中多"是对他公正的评价。谢榛，山东临清人，十六岁能作乐府商调，临清、德州一带的少年争相歌唱，曾去彰德（今河南安阳，曹魏时称为"邺中"）游历，受到当地藩王赵康王的礼遇。"疏拙时名忌，雄豪虏障过"转向谢茂秦的品学描写。谢榛生性疏散，没有参加过任何考试，视功名利禄为粪土，在"后七子"中是唯一的一个布衣。接着四句写谢榛的豪侠之气概，在秋风中散乱着发髻，在滹沱河畔的夕阳下留下颀长的身影，高唱着荆卿"壮士一去兮不复还"的悲歌，这里以荆卿烘托出谢的任侠之气。在谢榛的生平中有很多这种不平凡的经历。当时浚县有太学生卢柟，此人博闻强记，落笔数千言，而性格放荡不羁。得罪了县令，被诬入狱。卢在狱中写了《幽鞫》《放抬》两篇辞赋，以哀叹自己不幸的遭遇。谢榛得知此事，愤然挟卢诗卷到京师，谒见权贵，哭诉权门："生一卢柟，视其死不救，乃从千古惘惘，哀沅而吊湘乎？"后来卢柟平了冤狱。"匕首荆卿赠，刀头桂客歌"，桂客当指卢柟，这是对谢榛豪侠的写照。

最后一联是诗的总结，明年的今日，怎不忆羊何呢？"羊何"在这里用了一个典故，指南朝宋时羊璿之与何长瑜，谢灵运与族弟惠连及友人荀雍、杨璿之、何长瑜，共游山水，为文酒之会，时人谓之"四友"。后来称一起游山作文赋的知己为羊何。诗人在此以羊何写谢榛，不仅把他当作人生一知己，也是文笔之知己。他们在京城之时谈文论诗，相得益彰。《四溟诗话》里记载他们结社赋诗，"一日，因谈初唐、盛唐十二家诗集并李杜二家，孰可专为楷范，或云沈宋，或云王孟，予默然久之"。可见在京都之时文风颇盛。

这首诗从多角度写谢榛，不仅从才学、性格，而且在为人上也给予极高的评价。诗作流露出真挚的情感，在李攀龙诗作中当属难得的好诗。因为诗人情真意切，没有敷衍的痕迹，这份情感是和所咏对象——谢榛的坦荡磊落分不开的。诗是至情之作，"古之言诗者，以谓动天地，感鬼神，莫近于诗。夫诗之兴，出于人之情，喜怒哀乐之际，皆一人之私意，而至大之天地，极幽之鬼神，而诗能感动者何也？盖天地虽大，鬼神虽幽，而惟至诚能动之"（张耒《柯山集拾遗》）。李攀龙之所以能写出如此的好诗，是因为对于谢榛有至诚的崇敬。（赵维国）

【原文】

赠梁伯龙

太华峰头玉女坛⁽¹⁾，别时明月满长安。

不知秋色今多少，君到仙人掌上看⁽²⁾。

【毛泽东圈评等情况】

毛泽东读清沈德潜、周准编选《明诗别裁集》卷八时圈阅了此诗。

[参考] 张贻玖：《毛泽东评点、圈阅的中国古典诗词》，中国工人出版社 1992 年版，第 259 页。

【注释】

（1）太华，即太华山，西岳华山的别称，在今陕西渭南华州区南，以其南有少华山，故名太华山。玉女坛，即华山的五大峰之一的中峰玉女峰。

（2）仙人掌，指华山的三大主峰之一的西峰莲花峰。典出《文选·张衡〈西京赋〉》："缀以二华，巨灵赑屃，高掌远跖，以流河曲，厥迹犹存。"李善注："古语云，此本一山，当河水过之而曲行，河之神以手擘开其上，以足踏离其下，中分为二，以通河流。手足之迹，于今尚在。"

【赏析】

诗题《赠梁伯龙》。梁辰鱼，字伯龙，生性豪爽，不屑就诸生试。嘉靖间，李攀龙、王世贞等七子皆折节与之交，好游嗜酒。《赠梁伯龙》当是梁伯龙离京西游，诗人为之送行之作。

太华也就是人们常说的西岳华山，玉女坛、仙人掌都是华山的山峰。这首七言绝句以地名写出诗人的游踪，表现了离别时的依恋。

首句从地名落笔，这是虚笔，诗人并没有到玉女坛，却用想象的翅膀为之赋予丰富的情感，飞越关河，寄予厚情。这些笔墨都是为了下文的"别"字，作品由梁辰鱼的踪迹转向二人情感的回忆，"明月满长安"清楚地表达了诗人内在的、无法一语道尽的深情厚谊。"明月"是作者心迹的表露，京城相处之时的融洽，分别时的爽朗，"明月"都是真情实感的写照。而现在帝华京都已是秋色满园，想必远游之人也该知道秋有几分露、秋意几分浓吧？仙人掌上高峰峭拔，想是更能让人领略秋之神韵。"秋色"这一意象的选择是诗人情感的发展。京都相逢之时，明月皎皎，离别之后秋意盎然，这一选择是诗人独具匠心的安排。秋在古代诗人的笔下是纤弱心性和感伤气质的写真。秋在四季中处于独特的地位，它代表着寒凉，预示着衰落，突出地表现在生物界的变化。一到秋天，百草枯黄，万木叶落，一派萧瑟荒凉的景象。秋的直观表现让敏感的诗人感到人生的短促、老态的冷落，对自然现象的观照，必然导致对生命的悲叹。古代诗作中不乏这类感怀的优秀之作。"不堪红叶青苔地，又是凉风暮雨天。莫怪独吟秋思苦，比君校近二毛年"（《秋雨中赠元九》）把这两首诗相互对照，我们似乎体会到诗人对远人的思念，必然流露出的伤感。但是诗人将秋意的"色调"安排在仙人掌上，不从诗人角度写，而让游人自己去感悟。天高云淡，四海八荒，一空万里，身居峰顶，游目四荒，又赋予一个清新高远的境界，平添几分豪侠之气。秋天又给生命带来勃勃的生机，"自古逢秋悲寂寥，我言秋日胜春朝。晴空一鹤排云上，便引诗情到碧霄"（《刘禹锡《秋词》），由此可见秋意又可以引发人的豪情。这首赠诗并不是单从感伤去写，而是将梁伯龙那种豪侠之气在秋风中更明显地突出出来，是梁伯龙的性格写照。

诗作讲究含蓄，"不着一字，尽得风流，语不涉难，已不堪忧"（唐司空图《诗品二十四则·含蓄》）。司空图的诗评用在李攀龙的名下虽有些过誉，但也可以说明一些问题，他写人不从"人"实写，而让人从秋的矫

健、猛厉中体会到梁的性格。语句平实，没有色彩的描绘，没有景致的勾勒，却让人在质朴中体会到诗人的情感。（赵维国）

【原文】

送皇甫别驾往开州

衔杯昨日夏云过⁽¹⁾，愁向燕山送玉珂⁽²⁾。

吴下诗名诸弟少⁽³⁾，天涯宦迹左迁多。

人家夜雨黎阳树⁽⁴⁾，客渡秋风瓠子河⁽⁵⁾。

自有吕虔刀可赠⁽⁶⁾，开州别驾岂蹉跎⁽⁷⁾。

【毛泽东圈评等情况】

1958 年 3 月，在成都会议期间，毛泽东圈阅的《诗词若干首》（唐宋明朝诗人写的有关四川的一些诗和词）有这首诗。

[参考] 刘开扬注释：《诗词若干首》（唐宋明朝诗人咏四川），

四川人民出版社 1979 年版，第 176 页。

【注释】

（1）衔杯，即含杯，指饮酒。昨日夏云过，夏季昨日已完，今为初秋。

（2）燕山，在今天津蓟州区东南，此指北京。玉珂，马勒饰，代称行者。

（3）吴下，指皇甫汸的家乡苏州。诗名诸弟少，皇甫汸与其兄冲、涍，弟濂号称"皇甫四杰"。皇甫汸活了八十六岁，在四兄弟中，汸寿高，诗名为最。"诸弟少"，是说在诸弟中所少有。

（4）黎阳，指黎阳津，在今河南滑县北。

（5）瓠（hù）子河，在今河南濮阳。

（6）"自有"句，用典。吕虔，三国魏徐州刺史，请王祥为别驾，州事尽委王祥办理，当世称他任贤。吕虔有佩刀，迷信佩它可登三公之位，他将刀赠给王祥。后祥拜司空，转太尉，加侍中。

（7）蹉跎，失时。

【赏析】

这是一首送别之作，为七言律诗。皇甫别驾指皇甫汸，江苏长洲（今江苏苏州）人，与李攀龙交好。《明史》记载，皇甫汸，字子循，七岁能诗。官工部主事，名动公卿，沾沾自喜，用是贬秩为黄州推官，屡迁南京稽勋郎中，再贬开州同知。此诗当为皇甫汸赴开州时的赠别诗。诗作情感真挚，情绪感伤，给人一种无法开脱的压抑。

大凡送别之作，难免露出感伤之情，江淹《别赋》云："黯然销魂者，惟别而已矣。"看来古人对别离的理解要比现代人深刻得多。这也难怪，相隔千里之遥，关山阻断、冰河冷落，消息杳然，交通不便，别离意味着相见无期，客观条件的限制注定了这份情感的深沉。此诗首联一入句便将人带入深沉的别离之中。衔杯，指饮酒。此处之饮并非亭台宴饮、赏花对酒，而是酒入愁肠、郁之难安。夏云将过，又是离别时刻，秋风秋凉多了几分离索。从意象的选择上，诗作给人一幅秋别的背景图。由秋的沉思自然转入下句。"愁"字点出诗人的心态，这种心态正是皇甫汸的写照，秋风将起，向荒鄙边远之地而去，怎能不惆怅满腹呢？

颔联写远行人的人生经历，吴下诗名是对远人的推崇。皇甫汸与其兄弟冲、涝、濂称为四皇甫，《明诗别裁集》评价说："吴中诗品自高季迪、徐昌毂后，应首推皇甫兄弟以造诣古淡，无一点秾纤之习。"皇甫汸诗名远著，才学丰富，在四兄弟中尤为人推崇。冯时可云："皇甫子循诗名，与王元美相累，吴下能诗者，朝子循而夕元美。或问其优劣，周道甫曰：'子循如齐鲁，变可至道；元美如秦楚，强遂称王。'"（《雨航杂录》）元美指王世贞，明中叶的文坛领袖，这一相提并论的评价中，不难看出皇甫汸在吴下的诗名地位。虽然才学纵横宇内，但诗人仕途坎坷，由于才学反遭冷落，多在边远之地为官，郁郁不得志。诗人以"左迁"写他的宦迹，给我们留下无数的想象，远辞帝京，谪居僻壤，终岁不闻丝竹管弦之雅；月明之夜，独处远地，山歌呕哑，怎不令人伤感呢？

"人家夜雨黎阳树，客渡秋风瓠子河。"颈联对仗工整，语意贴切。黎阳树、瓠子河都指地名，河南境内，诗人以旅人的踪迹想象着旅程之苦。旅人夜雨，乡愁绵绵，秋风摇落，客行他乡，犹如失林之鸟、断帆之船。

以夜雨、秋风将诗人的愁闷和远行人的伤感融为一体，以自然的凄冷、萧条写远行人的心态，也将诗人的惆怅推向感情的极点。

尾联是情感的逆转，诗人不愿把这份伤感过多地传染给行人，更不想将这次离别作为遥遥无期的永别，最后一句安慰远人："自有吕虔刀可赠，开州别驾岂蹉跎。"吕虔，三国时魏人，有一宝刀，铸工相之，以为必三公始可佩带，虔以之赠王祥；祥后位列三公，祥临终，复以刀授弟王览，览后仕至大中大夫。作者以此典送皇甫汸，不言自明，慰藉远人不必感伤，相信他的才学品识，绝非久居人下，终有鲲鹏展翅之日。诗人的安慰虽然很诚恳，但一个"岂"字又提出反问，面对官场的失意，诗人只能如此苍白无力地寄予同情，本身并没有什么许诺，这一笔安慰增加一份悲剧氛围。

"气有所抑而难宣，意有所未喻，时有所触，物有所感，事有所不可直指，形之为诗，则一言片语而尽之矣。故楸华为实，锻粗为精，文约而义博，辞近而旨远，惟诗为然。"（方回《桐江续集》）此诗的忧伤化作文字，正是这一段文字的说明。诗人面对离别之情，这里既没有"执手相看泪眼，竟无语凝噎"的缠绵，也没有"莫愁前路无知己，天下谁人不识君"的豪放情怀，面对明代社会现实，官场黑暗，诗人只能对远人赋予一份真挚友情，安慰行人孤寂之心。（赵维国）

【原文】

崔驸马山池宴集得无字

主家池馆帝城隅[(1)]，上客相如汉大夫[(2)]。
十里芙蓉迎剑舄[(3)]，一尊风雨对江湖。
桥边取石鲸飞动[(4)]，台上吹箫凤有无？
向夕不堪车马散[(5)]，朱门空锁月明孤。

【毛泽东圈评等情况】

　　毛泽东读清沈德潜、周准编选《明诗别裁集》卷八时圈阅了此诗。

　　　　　　　　　　　[参考] 张贻玖：《毛泽东评点、圈阅的中国古典诗词》，

中国工人出版社 1992 年版，第 259 页。

【注释】

　　（1）主家，当指崔驸马。帝城，帝都，京城，指明都城北京。

　　（2）相如，司马相如，西汉著名辞赋家，景帝时为武骑常侍，武帝时为郎。此指与会文友。大夫，爵位名。隋、唐、明的光禄大夫、荣禄大夫原为文职散官的称谓，专为封赠时用。上客，贵宾，尊客。

　　（3）舄（xì），古代一种复底鞋。剑舄，宝剑和鞋子，代指客人。

　　（4）"桥边"句，桥栏杆上用石雕刻的飞鲸栩栩如生。

　　（5）向夕，傍晚。东晋陶潜《岁暮和张常侍》："向夕长风起，寒云没西山。"

【赏析】

　　这是一首唱和诗，为七言律诗。文友们齐集崔驸马山池饮宴赋诗而作者分得"无"字写成此诗。崔驸兵，即崔元，代州（今山西代县）人，尚明宪宗女永康公主。世宗入继，以迎立功封京山侯。坐张延龄事下诏狱，寻释。元好交文士，播声誉，宠幸优渥。卒谥荣恭。这篇诗作，由池馆兴衰荣辱融入诗情，流露出人生孤寂之感。

　　首联首句点出池馆所在地，帝城，当指北京。池馆主人所结交的多是高宦显贵、文雅儒士，诗作中以相如汉大夫点出宾客的身份。由宾及主，主人当然也是显赫一时的人物。颔联写池馆兴盛之景。十里芙蓉碧翠，荷香飘浮，飞凫弄绿，清风送爽，这醉人之绿令人忘却凡尘之忧。风流儒士金樽对月，傲视江湖，笑谈风雨，集天下之风雅，怎不令人陶醉。"十里芙蓉"再次点出池馆之盛，作者借此典烘托池馆兴盛。

　　人生聚散皆有时，风流总被雨打风吹去。池馆依旧，才子儒士已烟消云散，留下了一片苍茫和空寂，是繁花凋零后的冷落，一盛一衰，大相径

庭。诗人在颈联中并没有直接写衰景，而是运用过渡之笔，提出人们的困惑，"桥边取石鲸飞动，台上吹箫凤有无"，颈联含蓄地表达了诗人的情感。桥边取石，雕刻为鲸，栩栩如生，意在衬托庭园之美，但诗人笔锋急转，巧问凤是否还在？以箫史弄玉引凤的典故侧写池馆的荒败，虽没明说，但点出此处已是凤去楼空，一片荒凉了。最后一联直接描绘池馆的衰景。以"向夕"写池馆，这一意象的选择绝非偶然。夕阳晚景，苍凉夜月，朱门空锁，透出无限的伤感、惆怅。《明诗别裁集》批注云："玩末句应主亡之后。"作品着力于苍凉的写照，虽没有写蛛网盈壁，蒿草堵户，但以苍白的明月流露出荒凉的气氛，也表现了诗人的心态，不能不说是妙笔。当年繁华之时人喧马叫，而今日门前荒草连天，车马无迹，作者以"散"表现这种情景，形成一个明显的对比。由"散""孤"这两个字来看，池馆的主人也许早已驾鹤西游，身后留下一片空落。尾联意境深远，平添无限深沉的思索，与李商隐"于今腐草无萤火，终古垂杨有暮鸦"(《隋宫》)有异曲同工之妙。

李攀龙诗作比较含蓄，讲究情境、意境，在境中抒情。"诗有三境：一曰物境……二曰情境。娱乐愁怨，皆张于意而处于身，然后驰思，深得其情。三曰意境，亦张之于意而思之于心，则得其真矣。"(王昌龄《诗格》)诗人以芙蓉、美酒写盛，以车马明月写哀，人皆有此情：处池馆之兴，清凉送爽，碧翠生凉，令人心旷神怡；伫立残草枯枝之间，冷落凄凉必生哀怨。诗作颇有"旧时王谢堂前燕，飞入寻常百姓家"(刘禹锡《乌衣巷》)的感伤，愁怨之情是对人生无常的感悟。(赵维国)

王世贞

王世贞（1526—1590），字元美，号凤州、弇州山人，太仓（今江苏太仓）人。明代文学家、诗人。明世宗嘉靖二十六年（1547）进士，授刑部主事，后降为青州兵备副使，后再任浙江布政使司左参政，官至南京刑部尚书。杨继盛弹劾权奸严嵩遭诬入狱，他尽力照料；杨遇害后，他又棺殓送葬，为人耿介正直如此。王世贞与李攀龙同为"后七子"首领，提倡"文必西汉，诗必盛唐，大历以后书勿读"。李攀龙死后，他独主文坛三十年。其诗各体皆呈面目，高华秀逸，兼而有之。有《弇州山人四部稿》《艺苑卮言》《鸣凤记》等。

【原文】

钦鸠行

飞来五色鸟⁽¹⁾，自名为凤凰。千秋不一见，见者国祚昌⁽²⁾。响以钟鼓坐明堂⁽³⁾。明堂饶梧竹⁽⁴⁾，三日不鸣意何长！晨不见凤凰，凤凰乃在东门之阴啄腐鼠⁽⁵⁾，啾啾唧唧不得哺⁽⁶⁾。夕不见凤凰，凤凰乃在西门之阴媚苍鹰⁽⁷⁾，愿尔肉攫分遗腥⁽⁸⁾。梧桐长苦寒，竹实长苦饥。众鸟惊相顾，不知凤凰是钦鸠。

【毛泽东圈评等情况】

毛泽东读清沈德潜、周准编选《明诗别裁集》卷八时圈阅了此诗。

[参考]张贻玖：《毛泽东评点、圈阅的中国古典诗词》，中国工人出版社1992年版，第259页。

（1）五色鸟，相传凤凰备五色。五色，青、赤、白、黑、黄五种颜色。唐韩愈《岐山下》之一："丹穴五色羽，共名为凤凰。"

（2）"见者"句，相传凤凰现，则天下安宁。国祚（zuò），国家之福。昌，发扬光大。

（3）响，应作"飨"，通"享"，献。明堂，周代天子明政教、朝诸侯、祭祀、选士的殿堂，这里借指举行重大典礼的场所。

（4）梧，梧桐树，可供凤凰栖息。竹，竹实可供凤凰食用。《庄子·秋水》："夫鹓鶵（凤凰的一种）……非梧桐不止，非练实（竹实）不食，非醴泉不饮。"

（5）啄腐鼠，《庄子·秋水》："于是鸱得腐鼠，鹓鶵过之，（鸱）仰而视之曰：'吓！'"后世以腐鼠比喻贤人所恶，庸人所爱的秽物。凤凰本爱高洁，因是假凤凰，故啄腐鼠。

（6）"啾啾"句，假凤凰在三日前见到的只是梧竹，至此才得腐鼠，故对三日不得哺而有怨声。

（7）苍鹰，比喻凶鸷的奸臣。

（8）攫，用爪抓取。遗腥，吃剩下来的肉。

【赏析】

钦䲹，本为神名。据《山海经·西山经》：钟山山神之子名鼓，人面龙身，曾和钦䲹同谋，在昆仑山南杀死天神葆江。天帝知道后，把它们诛戮于钟山之东的瑶崖。钦䲹化作大鹗，形如雕，有黑斑、白头、红喙、虎爪，鸣声如晨凫，一出现就要发生大战乱。钦䲹这种鸟貌似凤凰。《山海经·南山经》上说："丹穴之山，其上多金玉。丹水出焉，而南流注于渤海。有鸟焉，其状如鸡，五采而文，名曰凤皇（凰）。首文曰德，翼文曰顺，背文曰义，膺文曰仁，腹文曰信。是鸟也，饮食自然，自歌自舞，见则天下安宁。"王世贞这首《钦䲹行》就是描写乱世恶鸟钦䲹冒充治世瑞鸟凤凰的一首歌行体讽刺诗，矛头直接指向严嵩等当时当权的乱世奸雄。

全诗可分为四节。起首四句为第一节，写出钦䲹冒充凤凰欺世盗名的伪善面目。飞来钦鸦这只五色鸟，自名为凤凰，说是千年不能出现一次，见到这只"凤凰"的帝王，他的帝位国统（祚）便昌盛。"自名"二字，轻轻一点，便揭破了这个骗子的伪装。严嵩在故里分宜读书时，莘莘有大志，天下人比喻为唐名相姚崇、宋璟，以为他一旦出仕，定能富强国家，天下大治。

接下来三句为第二节，进一步写这个骗子登上明堂后那种阴险的样子。钟鼓响起，这个骗子坐在天子宣布政教的明堂之上。明堂前种植了很多梧桐和竹子。梧桐可供凤凰栖息，竹实可供凤凰食用。可是这只冒充凤凰的钦鸦有一颗阴险的心，三天不叫一声，这种沉默的含意是多么深长难测啊！

下面六句为第三节，终于暴露出这个骗子的本来面目。《庄子·秋水》上说："鹓鶵发于南海而飞于北海，非梧桐不止，非练实不食，非醴泉不饮。于是鸱得腐鼠，鹓鶵过之，仰而视之曰：'吓！今子欲以子之梁国而吓我邪？'"这是说，庄子以鹓鶵自比，把身任梁相的惠子比作鸱得腐鼠。庄子这只鹓鶵只食洁净的练实，是无意抢惠子这只鸱所得到的腐鼠的。然而本诗中的这只假凤凰，却忍耐不住贪馋和饥饿，一天到晚跑出去。早晨你见不到这只假凤凰，它跑到东门的阴暗之处啄腐鼠去了。然而啾啾唧唧地叫，是由于没吃到。傍晚你也见不到这只假凤凰，它跑到西门的阴暗之处向苍鹰献媚，希望苍鹰把自己吃剩的肉腥分给这假凤凰一些。这一晨一夕的两个排比小段，充分暴露了这只冒充凤凰的钦鸦的本来面目。

最后四句为第四节，"梧桐长苦寒，竹实长苦饥。众鸟惊相顾，不知凤凰是钦鸦。"这是说钦鸦和众鸟都忍耐不住只吃竹实的饥饿和只栖梧桐的寒冷。由此可见真凤凰为众鸟（包括钦鸦）带来的只是饥寒交迫。可是众鸟还是不知道眼下这只"凤凰"怎么竟是钦鸦呢？众鸟你看看我我看看你，莫名其妙而又不知如何是好。

王世贞这首《钦鸦行》显然是一首寓言诗。诗中着力揭露批判了钦鸦冒充凤凰以便窃踞百鸟之王的地位这种丑行，也批评了真凤凰这只百鸟之王只能给众鸟带来饥寒的错误。正是由于真凤凰有这个错误，钦鸦才有可能来冒充凤凰。那么众鸟的出路是什么呢？诗中未能明确指出，这是这首诗的局限。（温振宇）

酹孙太初墓

　　死不必孙与子，生不必父与祖[(1)]。突作凭陵千古人[(2)]，依然寂寞一抔土[(3)]。道场山阴五十秋[(4)]，那能华表鹤来游[(5)]。君看太华莲花掌[(6)]，应有笙歌在上头[(7)]。

【毛泽东圈评等情况】

　　毛泽东读清沈德潜、周准编选《明诗别裁集》卷八时圈阅了此诗。

[参考] 张贻玖：《毛泽东评点、圈阅的中国古典诗词》，
中国工人出版社1992年版，第259页。

【注释】

　　(1) 这二句是说死后不必有孙与子的祭奠，生前不必有父与祖的庇荫。

　　(2) 突作，侵扰。凭陵，亦作"凭凌"，逾越。唐李白《大鹏赋》："焜赫兮宇宙，凭陵兮昆仑。"

　　(3) 一抔 (póu) 土，一捧土。抔，相当于"捧""把"。《史记·张释之冯唐列传》："假令愚民取长陵一抔土，陛下何以加其法乎？"此指孙太初墓。

　　(4) 道场山，山名，在今浙江湖州市区城南。孙太初死于此。阴，山之北面。

　　(5) 华表，古代用以表示王者纳谏或指路的木柱。此句言华表为游鹤指路。鹤来游，晋陶潜《搜神后记》卷一："丁令威，本辽东人，学道于灵虚山，后化鹤归辽，集城门华表柱。时有少年，举弓欲射之，鹤乃飞，徘徊空中而言曰：'有鸟有鸟丁令威，去家千年今始归。城郭如故人民非，何不学仙冢累累。'遂高上冲天。"后以华表鹤指久别之人。

　　(6) 太华，即太华山，华山的别称，在今陕西华阴南，以其西今华县南有个华山，故曰太华山。莲花掌，华山中峰莲花峰和东峰仙人掌的并称。

　　(7) 笙歌，含笙之歌，亦谓吹笙唱歌。《礼记·檀弓上》："孔子既

祥，五日弹琴而不成声，十日而成笙歌。"

【赏析】

诗题《酹孙太初墓》。孙一元，字太初，初号吟啸，后更号为太白山人。自称秦人，传说他是安化王之孙。王坐不轨诛，故变姓名避难。孙太初朗姿美髯，飘然风尘外扬，才清趣逸，颇擅诗名。尝西入华山，南入衡山，东登泰山，又南入吴，终于吴兴。善为诗，豪宕孤骞，前无古人。正德间居乌程（今浙江吴兴），与刘麟、龙霓、陆琨、吴珫等结社唱和，称"苕溪五隐"。有《太白山人浸稿》。《明诗别裁集》中收有孙太初诗二首。这首古诗是王世贞酹孙太初墓时的凭吊之作，是一首慨叹孤独出世的哲理抒情诗。

开头两句是说：死后不必有子孙祭奠，生前也不必有父祖庇荫。这就充分写出甘于孤独寂寞的人生体验和哲理思考，真是出语不凡。

三四两句是说：孙一元这样突然出现的凌轹千古的人，可是死后，依然要化作一抔寂寞的黄土。这样一来，就更加深入地写出了这种无可奈何的孤独寂寞的人生体验和哲理思考，让人无可奈何地信服。

五六两句是说：孙太初活着时，在山阴道场山过着出世的生活五十年，尤不能像华表那样作为指路牌指引仙鹤来游。这又是在慨叹这种出世生活的无为与寂寞。

七八两句是说：孙太初作为一个周游名山的飘然仙客，在西岳华山的主峰太华山的中峰莲花峰和东峰仙人掌上观看大宇宙，应能听到山上有仙人的笙歌在吹奏吧？显然，也未作肯定的回答。

王世贞这首诗所涉及的人生哲理是无限深邃的。在墓旁，人们不免要陷入关于生与死的哲理沉思之中，这里结合孙太初飘然出世的一生，就更容易吸引王世贞作这种深入的哲理思考了。王世贞的这首诗，记录了他的这种深邃的哲理沉思，其意境之深远，是无法用话语述说的。《明诗别裁集》评曰："离奇突兀，吊太白山人，自应尔尔。"（温振宇）

乱后初入吴舍弟小酌

与尔同兹难⁽¹⁾，重逢恐未真⁽²⁾。

一身初属我⁽³⁾，万事欲输人。

天意宁群盗，时艰更老亲⁽⁴⁾。

不堪追往昔，醉语亦伤神。

【毛泽东圈评等情况】

毛泽东读清沈德潜、周准编选《明诗别裁集》卷八时圈阅了此诗。

[参考] 张贻玖：《毛泽东评点、圈阅的中国古典诗词》，

中国工人出版社 1992 年版，第 259 页。

【注释】

（1）尔，你，此指王世懋。兹，此。

（2）此句近唐杜甫《羌村》三首中的"妻孥怪我在，惊定还拭泪"。

（3）遭难时，失去人身自由，故我身不属我；获释后，重获人身自由，故又我身属我。

（4）宁，平定。老，用作动词，使人敬爱老人。

【赏析】

自明世宗嘉靖三十一年（1552）起，倭寇（14—16 世纪劫掠我国东南沿海一带的日本强盗集团），侵犯江浙沿海一带，诚如王世贞所说："倭衅起至壬子嘉靖三十一年，至壬戌（嘉靖四十一年，1562）而稍息。此十年间，大者破城邑，小者蹂间井，三吴之地，几无处不受其铦镞（刀与箭）之施。"（《江阴黄氏祠记》）在嘉靖三十一年冬天，王世贞利用出差南下、决狱江北的机会，返回家乡太仓。正值家居期间，得倭寇侵犯的警报，他便将家眷搬到苏州暂时避难。这就是诗题中所说的"乱后初入吴"。从诗题上看可知，这是王世贞在变乱后初回故乡吴地太仓（今江苏太仓）、与舍

弟王世懋两人饮酒时所作的一首感世伤时的诗。王世懋比王世贞小十岁，也是嘉靖进士、文学家。文学主张与王世贞大致相同。

诗为五言律。首联就有老杜诗风："与尔同兹难，重逢恐未真"，使人联想起杜甫《羌村》三首中的"妻孥怪我在，惊定还拭泪"。王世贞和王世懋兄弟二人同遭此难，还能不死而重逢，确实令人怀疑是真是梦？可见心理描写得很真切。

颔联说，前此乱时，失去自由，我身已不属于我了。如今重获自由，我这一身又属于我了，实觉万幸，再遇万事，也甘心输于别人了。这里的心理描写顺承上联，又深入了一步。

颈联一转，说明天意到底是公道的，平定了作乱的群盗，时事之艰难更加使人敬爱（老，作动词用）自己的亲人了。当"群盗"（倭寇）侵扰东南沿海时，王世贞的父亲王忬指挥俞大猷等奋勇抗击，迫使"倭东遁，江南稍宁"（据明清之际谈迁《园榷》卷六十载，时为嘉靖三十二年六月）。诗心委曲细腻。

尾联总结全诗说：往昔已经不堪回首追忆。追忆往昔，即使是酒醉之语，也是令人伤神的。这是一个没有完结的结语，诗意更显深远了。

王世贞与李攀龙同为"后七子"领袖，主张"文必秦汉，诗必盛唐"。沈德潜评论这首诗时说："'一身初属我'极沉痛。五六（两句）正是追往昔也，不愧杜陵。"王文濡也说这首诗是"至性至情，掬之欲出，可以伯仲少陵"。可见王世贞诗有老杜之风已成定论。（温振宇）

【原文】

义士李国卿归骨长山哭以送之

生死衔恩在，间关病骨遥⁽¹⁾。
刀头空自卜⁽²⁾，匕首为谁骄⁽³⁾？
风色田横馆⁽⁴⁾，寒云豫让桥⁽⁵⁾。
岂无心一寸？魂断竟难招。

【毛泽东圈评等情况】

毛泽东读清沈德潜、周准编选《明诗别裁集》卷八时圈阅了此诗。

[参考] 张贻玖：《毛泽东评点、圈阅的中国古典诗词》，

中国工人出版社 1992 年版，第 259 页。

【注释】

（1）间关，此指从北京到长山的途程。病骨，此指诗人自己的病体。

（2）自卜，自己为自己卜卦。

（3）此句感叹李国卿之死，故意作反问。

（4）田横馆，纪念田横的馆舍。楚汉战争中，韩信灭掉齐国之后，齐相田横自立为齐王，率其徒属五百壮士逃亡到大海中的小岛上去。汉高祖刘邦派人招降田横等人。田横于是与两个人一同去洛阳，还差二十里未到，田横便自杀了，留在岛上的徒众听说后，也都自杀了。因为他们羞为汉臣。田横死于今河南偃师西，后人为了纪念田横等人的忠烈，名其地为"尸乡"，并且建立了一座"田横馆"。

（5）豫让桥，豫让是战国初年的一个刺客，曾事晋范氏及中行氏，无所知名，去而事智伯。赵襄子与韩、魏灭智伯，豫让变姓名要为智伯报仇。不果，又漆身为癞，灭须去眉以变其容，又吞炭为哑以变其声。为谋刺赵襄子，他伏于桥下，为襄子所获。豫让求赵襄子之衣而击之，遂自杀。桥在今山西晋阳东一里。

【赏析】

义士李国卿死后，尸骨要运回他的故乡长山（今山东邹平境）去。诗人王世贞怀着极大的感愤，哭送灵柩并赋此诗。

诗为五言律。首联写自己与义士李国卿之间的深厚情谊，无论是生前也好，死后也罢，都有深厚的恩情。由京师到山东，道路遥远难行，诗人一身是病。这里的"间关"一句，就是状写道路之难行的。

颔联写诗人为义士李国卿之死所产生的感愤。义士李国卿正像荆轲一样，铲除奸雄未成而身先死。所以诗人看着刀头，慨叹自己白卜了一回；

看着匕首，慨叹为谁而骄傲呢？显然，这是诗人慨叹义士李国卿死得太可惜了。

颈联一转，说明义士李国卿之死是有重大意义的。在楚汉战争中，韩信灭掉齐国后，田横与其徒属五百壮士逃亡到大海中的小岛上。汉高祖刘邦派人招回田横等人。田横于是与两个人一同去洛阳，还有二十里未到，田横便自杀了。留在海岛上的徒众听说后，也都自杀了。因为他们羞为汉臣。田横死于今河南偃师西，后人为了纪念田横等人的忠烈，名其地为"尸乡"，并且建立了"田横馆"。豫让本是战国初年的一个刺客，曾事晋范氏及中行氏，无所知名，去而事智伯。赵襄子与韩、魏灭智伯，豫让变姓名要为之报仇。不果，又漆身为癞，灭须去眉，以变其容；又吞炭为哑，以变其声。为谋刺赵襄子，他伏于桥下，为襄子所获。豫让求赵襄子之衣而击之，遂自杀。桥在山西晋阳东一里。王世贞在此用义士田横和豫让来比李国卿，用田横馆的风色和豫让桥的寒云来状写李国卿的忠烈，这是很富有诗意的。

尾联则写诗人自己，怀着一颗崇敬义士李国卿的寸心，然而李国卿人已死，魂已断，竟是难以招回的了。遗憾之情，溢于言表。

这首诗的感情真挚强烈。王文濡说这首诗"侠骨义气，凛凛如见，此诗乃弇州本色"。这是对的。从这首诗的写法上也可看出：王世贞的诗不但以诗情、诗语取胜，也以学问之渊博取胜，这是很难得的。至于从诗中流露出来的，对于义士的歌颂与崇敬之情，对于乱世奸雄的蔑视与憎恨之情，更能表现诗人崇高的理想与情怀。所以说这首诗无论在思想上还是在艺术上，都达到了很高境界。（温振宇）

【原文】

登岱（三首）

尚忆秦松帝跸留⁽¹⁾，至今风雨未全收。
天门倒泻银河水⁽²⁾，日观翻悬碧海流⁽³⁾。

欲转千盘迷积气，谁从九点辨齐州⁽⁴⁾。
人间处处襄城辙⁽⁵⁾，矫首苍茫迥自愁⁽⁶⁾。

壁立芙蓉万古看⁽⁷⁾，削成松桧隐高盘⁽⁸⁾。
中峰翠压徂徕色⁽⁹⁾，绝顶青收碣石寒⁽¹⁰⁾。
梁甫吟成还自和⁽¹¹⁾，茂陵书就欲谁干⁽¹²⁾？
依微白马吴闉在⁽¹³⁾，欲向秋风问羽翰⁽¹⁴⁾。

轩辕皇帝有高台⁽¹⁵⁾，鞭石千秋辇道开⁽¹⁶⁾。
匹练天萦吴观出⁽¹⁷⁾，金泥日射汉封回⁽¹⁸⁾。
西盘瓠子河如带⁽¹⁹⁾，东挂扶桑海一杯⁽²⁰⁾。
谁为登坛论王气⁽²¹⁾，只应尘世有仙才。

【毛泽东圈评等情况】

毛泽东读清沈德潜、周准编选《明诗别裁集》卷八时圈点了登岱（三首）。

[参考] 张贻玖：《毛泽东评点、圈阅的中国古典诗词》，
中国工人出版社 1992 年版，第 259 页。

【注释】

（1）秦松，即秦始皇在泰山封的"五大夫松"。帝跸，此指秦始皇登泰山时的车驾。古代帝王出行时，禁止行人以清道路叫作跸。留，此指车驾留下的痕迹。

（2）天门，南天门，泰山登顶处，在十八盘之上。

（3）日观峰，泰山观日出处峰名，在泰山东南山顶。

（4）"谁从"句，唐李贺《梦天》："遥望齐州九点烟，一泓海水杯中泻。"

（5）"人间"句，《庄子·徐无鬼》：黄帝将见大隗于具茨山（今名泰隗山），由方明驾车……至于襄城之野，七圣皆迷，无所问路。适遇牧马童子，便上前问路，小童告诉了他。黄帝感到很奇怪，小童连大隗所住地

方也知道，又问治理天下之道。小童说："夫为天下者，亦若此而已矣，又奚事焉？"小童又说，他患目眩症时，有长者教导他说："若乘日之车游于襄城之野。"庄子的意思是，他阐释道家无为、不生事的主旨。襄城，今河南襄城。辙，车马的痕迹。

（6）矫首，抬起头来。迥，辽远。

（7）芙蓉，指芙蓉峰。

（8）高盘，指攀登南天门的十八盘。

（9）徂徕（cú lái），徂徕山，在山东泰安城东南四十里。谚语说："远看徂徕高，近看才到泰山腰。"

（10）绝顶，指玉皇顶。碣石，即今河北昌黎西北仙台北。

（11）《梁甫吟》，乐府《楚调曲》名。梁甫，一作"梁父"，山名，在泰山下，为死人聚葬之处。"《梁甫吟》，盖言人死葬此山，亦葬歌也。"（《乐府诗集·梁甫吟题解》）今所传古辞，写齐相晏婴以二桃杀三士，传为诸葛亮所作。此为诗人王世贞以诸葛亮自比。

（12）茂陵，西汉五大陵墓之中最大的陵墓，汉武帝死后埋葬于此。

（13）依微，依稀。白马，白色的马。吴阊，苏州阊门，这是诗人的故乡一带的地方。

（14）羽翰，此指家信。

（15）高台，轩辕黄帝在泰山上留有一个高台。

（16）"鞭石"句，古代传说秦始皇欲作一石桥，以便渡海看日出之处，于是有个神人驱石下海。石头走得太慢了，神人便用鞭子抽打石头，石头被抽得满身流血。至今，这些石头还是红色的（见《三齐略记》）。

（17）吴观，泰山吴观峰。

（18）金泥，用水银调和金粉而制成的金色涂泥，专门用以封印玉牒、玉检、诏书等御物，而且多在封禅时用它。汉封，汉代的金泥之封。回，此指日升日落，日复一日，不断轮回。

（19）西盘，此指泰山西边的盘山。瓠子河，河名，在泰山西盘山一带。

（20）扶桑，传说日出于扶桑之下，拂其树梢而升，因谓为日出处，亦代指太阳。

（21）坛，指轩辕黄帝所留高台上的巨坛。

【赏析】

　　这是王世贞写的一题三首状物咏史抒情诗，描述了作者登泰山所见之景物、所怀之古人，并抒发了自己怀才不遇的苦闷情怀。

　　第一首写出登山远望而生怀才不遇之愁苦。

　　首联写诗人见到泰山上的古松，并且看到当年秦始皇登泰山时的车驾（帝跸）所留下的痕迹。然而，时至今日，天下的风风雨雨还是未能完全收住，还在困扰着我们，这些很是令诗人感伤不已。

　　颔联承接上文，先写泰山东谷的天门溪水的瀑布，如天上银河之水倒泻下来，使人整个灵魂都为之震动；次写日观峰上所见到的东海，碧波万顷，翻悬横流，气象万千，十分壮观。

　　颈联一转，写诗人想要顺着山路千回百转，却被山间积聚的云气所迷，谁又能从那山下的许多点点辨认出哪是齐地的什么城镇呢？这是写云雾山中的迷茫感觉，十分真切又令人恍惚。

　　尾联又一转，关合全诗。这是说：不必问是什么城镇了，人间处处都有通向襄城的道路（襄城辙），找到治理天下之道。写到这里，诗人抬起头来（矫首）远望那苍茫之处，为那遥远的道路而独自愁苦。这正是王世贞怀才不遇、报国无门的愁苦。

　　第二首写出诗人失意与思乡的情怀。

　　首联描写岩壁下芙蓉峰亭亭玉立，自古至今供人观赏。如刀削成的笔直的松树和桧树在高高的盘山路上隐幽地生长着。这就通过所见的泰山景物写出了诗人心中的高格。

　　颔联承上，描写泰山中峰一片翠绿，压过了徂徕山的碧色。徂徕山在泰安城东南四十里。谚语说："远看徂徕高，近看才到泰山腰。"接着又写到了泰山绝顶，远望东北方的碣石山，只见一片青苍，尽收眼中，令人感到心寒。

　　颈联一转，诗人又以诸葛亮自比，说《梁甫吟》写成之后无人与我唱和，便自己与自己唱和，这就写出了诗人自己怀才不遇的寂寞，推进了上一首的诗意。茂陵是西汉五大陵墓之中最大的一座陵墓，汉武帝死后便埋葬在这里。诗人接着说：自己在皇帝的陵墓上题写了自唱自和的《梁甫吟》，是想要引起谁的干预呢？这就不仅是怀才不遇的感叹，而是对当权的奸雄们的挑战了。

尾联又一转，关合全诗，写诗人又转向东南，遥望自己的故乡东吴苏州阊门，仿佛有匹白马。《礼记·檀弓上》说："殷人尚白，戎事乘翰。"这羽翰，就是一种插着羽毛的快信。诗人此时欲向秋风问：有无家信捎来？这就写出诗人失意后的思乡情怀。

第三首写出诗人转而对前途仍存希望。

首联写轩辕皇黄帝在泰山上留有一个高台，用皮鞭子抽打山石才开出了一条供黄帝乘坐的辇所走的道路。"鞭石"本是一个古代传说，据说是秦始皇欲作一石桥以便渡海到观日出处。于是有个神人驱石下海。石头去得太慢了，这个神人便用鞭子抽打石头，石头都被抽得满身流血了，至今这些石头还是红色的（见《三齐略记》）。

颔联承接上文，描写如匹匹白练的云彩从泰山吴观峰后升起，在天空萦绕。这吴观峰很高。《封禅仪记》上说："秦观者望见长安，吴观者望见会稽。"不仅介绍了泰山上的这两个山峰，还指出了它们命名的依据。金泥是用水银调和金粉而制成的金色涂泥，专门用以封印玉牒、玉检、诏书等御物，而且多在封禅时用它。《封泰山禅梁父》上说："金泥银绳印之玺，下禅梁父……"这里是说：日光照射着汉代的金泥之封，随着日升日落，日复一日，不断轮回。以上四句，既描述了诗人登泰山所见，又歌咏了历史上的陈迹，用典之僻更见诗人学以用之深厚广博，非常人可比！

颈联一转，又描写眼前景物。向四边的盘山下望去，只见瓠子河水银亮如带，曲折横卧在苍茫的大地上；向东边的苍海边望去，只见那扶桑树上挂着的大海如同一杯清水。这种写法，殊为奇特，可是细想，奇中寓理，完全是一种写实的笔法！

尾联又一转，关合全诗。历代多少帝王将相登上轩辕高台的巨坛，议论着帝业的气数，当时这都是为了谁呢？诗人最后回答说：这都是因为尘世上有如仙的人才啊。这就最终表达出：诗人对自己的前途尚存信心。这就正如李白所说"天生我材必有用"啊！

通过《登岱》这一组诗的分析可知：王世贞在严嵩等人的排挤打击之下，虽然多有怀才不遇之愁苦和失意思乡的情怀，但仍坚持自我的人生道路，还希望有朝一日严嵩之流能够被皇上铲除，自己能够重新得到重用。当然，对于一个封建社会的知识分子来说，只要不存出世之想，多数人也只能如此而已。因此，王世贞这种与奸党斗争的不屈不挠的意志，还是应该肯定的。

《登岱》这一组诗，景物的描写是高超的，咏史是高深的，抒情是高尚的；既具有很深的思想性，又具有很高的艺术性，很值得细细玩味。

（温振宇）

【原文】

盘　山

千盘历尽更茫然[1]，回首中原暝色边[2]。
峡转琳宫藏汉月[3]，峰排紫剑插胡天[4]。
云根桧圻龙鳞起[5]，磴道泉归玉乳悬[6]。
深夜不须惊鼓吹[7]，看予箕坐啸风前[8]。

【毛泽东圈评等情况】

毛泽东读清沈德潜、周准编选《明诗别裁集》卷八时圈阅了此诗。

[参考] 张贻玖：《毛泽东评点、圈阅的中国古典诗词》，
中国工人出版社1992年版，第259页。

【注释】

（1）千盘，此指弯弯曲曲的山道。

（2）中原，地区名，即中土、中州，以别于边疆地区而言。

（3）琳宫，仙宫，亦为道观、殿堂之美称。唐徐坚《初学记》卷二三引《空洞灵帝经》："众乐集琳宫，金母命清歌。"

（4）胡天，胡地的天空，此处只作汉月的对文出现，并无胡地的实意。

（5）云根，深山高远云起之处。桧坼，桧树的树皮已经干裂开（坼）。龙鳞，形容桧裂之状。

（6）磴道，登山石阶连成的道路。玉乳悬，悬挂的钟乳石。

（7）鼓吹，音乐名，主要乐器有鼓钲箫笳，出自北方民族，本为军中之乐，此指仙乐。

（8）箕坐，箕踞而坐，其形如箕，为傲慢不敬之容。啸，噘口出声悠长，古人以此抒发心中郁闷。

【赏析】

这是王世贞写的一首登山写景的抒情诗，为七言律。盘山，又名盘龙山，在今天津蓟州区西北，接北京平谷界。

首联写诗人登山时历尽了千盘弯弯曲曲的山道之后到达山顶却更觉茫然无主的心情。这时回首远望中原大地，只见天边有一片昏暝的暮色。这里写的景物是开阔宏大的，但又是幽暗苍茫的，充分表现了诗人此时的心绪。

颔联写诗人转过峡谷看见一座琉璃瓦建筑的琳琅的汉代宫殿，想到天上的明月从汉代一直反复地照耀着它，直到今天。这里用"宫藏汉月"而不用"月照汉宫"，是为了表现宫殿之大和月轮之小，这是诗人的诗心和语言艺术高妙的表现。接着下句又写山峰排比林立，紫色岩石好像冲天的宝剑，一直插向胡天。那么这里的天为什么是"胡天"呢？上句的"汉月"和这句的"胡天"又是什么关系呢？如果诗人是在胡地登山，那胡山当然插向胡天了。但不是这样，这"胡天"只是作为"汉月"的对文出现的，并无"胡"字的实意。

颈联一转，写山上的又一奇观。"云根"是深山高远云起之处，那里的桧树长得很高大，树皮已经干裂开，树皮上的龙鳞突起得很高。磴道即山路上的石级，一磴一磴的。在那磴道的旁边，泉水流归于山洞之中，造成了许多钟乳石在石洞的上顶悬垂着。转折段抓住了这两种典型形象，便写出了山上的奇观。

尾联又一转，关合全诗。在深夜时，诗人听到了鼓吹的音乐声，这是天神的仙乐吗？诗人也不为此惊诧，而是安然地如簸箕一样盘腿坐在山顶上呼啸的夜风之前，沉默地领略这宇宙自然与人神合一的境界。

这首诗写出了大自然的奇景、悠远的历史和诗人那种天与神与人合一的体验。人生本来是短暂的，转瞬即逝的，但是如果有了这种体验，虽然不能说已经达到了永恒的境界，却也浅尝了永恒的韵味。这也是一种少有的人生幸福。王世贞在此是真的得到了它。（温振宇）

【原文】

寄耿中丞子承

黄龙东去海云低⁽¹⁾，玄菟城头乌夜啼⁽²⁾。

帐下青羌新属国⁽³⁾，军中白马旧安西⁽⁴⁾。

牙旗月拥诸陵出⁽⁵⁾，甲帐天回万堞齐⁽⁶⁾。

最是驼酥争捧处⁽⁷⁾，不妨飞捷醉中题⁽⁸⁾。

【毛泽东圈评等情况】

毛泽东读清沈德潜、周准编选《明诗别裁集》卷八时圈阅了此诗。

[参考] 张贻玖：《毛泽东评点、圈阅的中国古典诗词》，中国工人出版社 1992 年版，第 259 页。

【注释】

（1）黄龙，此指黄河。

（2）玄菟，古郡名，汉武帝所置，今朝鲜咸镜道及中国辽宁东部、吉林南部皆其地，治所在沃沮城（今朝鲜咸镜南道咸兴）。

（3）青羌，古代西南地区羌族的一支，居于今陕西千河（古称汧河）一带的千阳、陇县，服色尚青色，故称。诸葛亮《后出师表》："突将、无前、賨叟、青羌、散骑、武骑一千余人，此皆数十年之内所纠合四方之精锐。"

（4）安西，唐代的六都护府之一，此指今中国西北地区陕甘一带。

（5）牙旗，大将军所建的以象牙装饰旗杆的旗帜，军中听号令必须在牙旗之下。

（6）甲帐，汉武帝时所制造的军用帷幕，"上以琉璃珠玉、明月夜光杂错天下珍宝为甲帐，次为乙帐。甲以居神，乙以自居"（唐虞世南《北堂书钞》）。天回万堞齐，此言甲帐中所供奉的随军保护神可以回护武运，千万堞城头的女墙（堞）整齐无损。堞，城上呈齿形的矮墙，也叫女墙。

（7）驼酥，骆驼乳酿制的酒。争捧，争先捧着去进献。

（8）飞捷，飞速报往京中的捷报。

【赏析】

这是诗人寄给自己的朋友耿子承中丞的一首边塞诗，为七言律。中丞，汉代御史大夫下设两丞，一称御史丞，一称中丞。中丞居殿中，故以为名。东汉以后，以中丞为御史台长官。明清时用作对巡抚的称呼。

首联描写黄河（龙）向东流去、到海边消失在一片低低的云彩之下的情景和乌鸦在玄菟城头夜间啼叫的景象。这就写出了极其宏大的景观。玄菟是古郡名，为汉武帝所置，在今朝鲜咸镜道与我国辽宁东部和吉林南部。由此可见，这两句诗是由西向东，由青海到朝鲜，写出了整个北部边境的风光，真是出语不凡！

颔联承接上文，在军帐下，青羌成为新属国。青羌是古代中国的一个少数民族，是羌族的一支，居住在今陕西千河（古称汧河）一带的千阳、陇县。杜甫《戏作俳谐体遣闷》之二云："西历青羌坂，南留白帝城。"便指此青羌。下句接着说：军中的白马是来自旧日的安西。安西为唐代的六都护府之一。唐太宗贞观十四年（640）置于交河城，属陇右道。唐高宗显庆三年（658）移治龟兹。元代安西路是今陕西西安及咸阳、渭南两地区的一部分。这两句诗全是写中国西北地区陕甘一带的。

颈联则描写军阵的雄威。许多山陵上树立着的将军的牙旗拥簇着天上的明月。牙旗是大将军所建的以象牙装饰旗杆的旗帜，军中听号令必须在牙旗之下。甲帐中供奉着随军的保护神，以回护武运；千万堞城头的女墙（堞）整齐无损。甲帐是汉武帝时所制造的军用帐幕，"上以琉璃珠玉、明月夜光杂错天下珍宝为甲帐，次为乙帐。甲以居神，乙以自居"（《北堂书钞》）。可见甲乙为军帐的编次。

尾联关合全诗，描写军帐中的侍者们争先捧着驼酥酒，敬献在将军的面前，而将军们不妨在酒醉中题写捷报，以便急速飞报到京中。

这是一首优秀的边塞诗，气势宏大，充满积极向上的乐观精神。它明显地继承了唐代边塞诗的优良传统，又忠实地反映了明朝北部边境上的军旅生活，形象鲜明，构思奇巧，语言明丽，具有一定的历史意义和较高的艺术价值。（温振宇）

欧大任

欧大任（生卒年不详），字桢伯，嘉靖时顺德（今广东顺德）人。明代诗人。明世宗嘉靖四十一年（1562）以岁贡选江都训导，入为国子博士，终南京户部郎中。工诗，与梁有誉、黎民表齐名，王世贞列之为"广五子"之一。诗作意气溢发而又词气温厚。有《虞部集》。

【原文】

登宣武门楼

百二山河控上游[(1)]，郁葱佳气满皇州[(2)]。
风驱大漠浮云出，天转滹沱落日流。
双阙金茎连北极，万家红树动高秋。
茱萸黄菊俱堪佩[(3)]，独上城南百尺楼。

【毛泽东圈评等情况】

毛泽东读清沈德潜、周准编选《明诗别裁集》卷九时圈阅了此诗。

[参考] 张贻玖：《毛泽东评点、圈阅的中国古典诗词》，中国工人出版社 1992 年版，第 259 页。

【注释】

（1）百二，指山河险固之地，二万人据守，足以抵挡百万大军的围攻。语出《史记·高祖本纪》："秦，形胜之国，带河山之险，县隔千里，持戟百万，秦得百二焉。"控上游，此指北京为中国首都，能够控制全国。

（2）皇州，帝王之都城，此指北京。谢朓《和徐都曹出行亭渚》："宛洛佳遨游，春色满皇州。"

（3）金茎，是用以擎承露盘的，见班固《西都赋》云："抗仙掌以承露，擢双立之金茎。"

（4）黄菊，黄色菊花。菊花秋开，秋令属金，金色黄，故以黄菊为正，与茱萸同为秋日登高佩戴之物。

【赏析】

这是诗人欧大任写的一首登宣武门城楼远眺的即景抒情诗，为七言律。宣武门，即北京旧城九门之一的宣武门，在北京城南之西部。

首联先写北京地势之险要而又充满生气。百二，是指山河险固之地，二万人据守，足以抵挡百万大军的围攻。《周书·贺兰祥传》云："固则神皋西岳，险则百二犹在。"也是这个意思。在这里是说：北京形势险要，为百二之地。北京控制全国，正如控制山河的上游。北京到处都种植着树木，又有很多有名的园林，所以是郁郁葱葱的。这种郁郁葱葱的"佳气"，也就是好气象，布满了这座帝王之城——皇州。首联这两句，格调明朗清新，使人为之振奋。

颔联承接上文，描写的范围又扩大一步。在北京的北边是内蒙古的大漠。那里的季风驱赶着浮云，出现在北京的上空。滹沱河源出山西繁峙县东之泰戏山，穿割太行山，东流入河北平原，在石家庄北向东流。诗人在宣武门城楼又放开眼界，只见天旋地转，落日之下滹沱河水不停地奔流。颔联这两句，意境转为幽暗雄浑，不禁令人沉思遐想。

颈联一转，诗人将眼光收回，只见双双的城阙，金灿灿的铜柱该是多么高啊，都上连北极星了！而北京城的千家万户种植的树木之红叶，在这天高气爽的秋天里摇动着。这一派景象，就更令人神迷了。诗意开始关合。

尾联承接上文，引申诗意。在这高秋季节，在这人们登高和佩戴茱萸与黄菊的时候，诗人独自一人登上北京城南的百尺高的宣武门楼。诗意终而复始，以始为终，便看到了上面描述的景象。因此，这首诗能尾与首连，循环吟诵，而且唯有这样反复循环地吟诵，才能情味愈出。

欧大任的这首《登宣武门楼》，语言明丽，气象万千，诗意深邃，发展自然，首尾相顾，美学境界较高，令人百读不厌。（温振宇）

吴承恩

　　吴承恩（约1506—约1582），字汝忠，号射阳山人，山阳（今江苏淮安）人。明小说家。少年时即以文名著于乡里，但屡试不中，四十余岁时才补为岁贡生。后因亲老家贫，勉强作了长兴（今浙江长兴）县丞（知县为文学家归有光），时已入暮年。不久拂袖归里。一度补荆（王）府纪善（王府属官），最后卒于家中。自幼喜爱神话故事，并在前人作品和民间传说的基础上，进行再创作，写出了富有浪漫主义色彩的长篇小说《西游记》；又撰有《禹鼎志》，已散佚。今存《西游记》和《射阳山人存稿》。

【原文】

二郎搜山图歌并序

　　二郎搜山卷，吾乡豸史吴公家物⁽¹⁾。失去五十年，今其裔孙醴泉子，复于参知李公家得之⁽²⁾。青毡再还⁽³⁾，宝剑重合⁽⁴⁾，真奇事也，为之作歌。

　　李在唯闻画山水⁽⁵⁾，不谓兼能貌神鬼⁽⁶⁾。笔端变幻真骇人，意态如生状奇诡⁽⁷⁾。少年都美清源公⁽⁸⁾，指挥部从扬灵风⁽⁹⁾。星飞电掣各奉命⁽¹⁰⁾，蒐罗要使山林空⁽¹¹⁾。名鹰搏挐犬腾啮⁽¹²⁾，大剑长刀莹霜雪。猴老难延欲断魂，狐娘空洒娇啼血。江翻海搅走六丁⁽¹³⁾，纷纷水怪无留纵。青锋一下断狂虺⁽¹⁴⁾，金镞交缠擒毒龙⁽¹⁵⁾。神兵猎妖犹猎兽，探穴捣巢无逸寇⁽¹⁶⁾。平生气焰安在哉，牙爪虽存敢驰骤？我闻古圣开鸿濛⁽¹⁷⁾，命官绝地天之通⁽¹⁸⁾。轩辕铸镜禹铸鼎⁽¹⁹⁾，四方民物俱昭融⁽²⁰⁾。后来群魔出孔窍，白昼搏人繁聚啸。终南进士老钟馗，空向宫闱啗虚耗⁽²¹⁾。民灾翻出衣冠中⁽²²⁾，不为猿鹤为沙虫⁽²³⁾。坐观宋室用五鬼⁽²⁴⁾，不见虞廷诛四凶⁽²⁵⁾。野夫有怀多感激⁽²⁶⁾，抚事临风三叹息。

胸中磨损斩邪刀，欲起平之恨无力。救月有矢救日弓⁽²⁷⁾，世间岂谓无英雄？谁能为我致麟凤⁽²⁸⁾？长令万年保合清宁功⁽²⁹⁾。（《射阳山人存稿》卷一）

【毛泽东圈评等情况】

在谈到吴承恩创作时的思想感情时，作者还引了吴承恩的诗："……民灾翻出衣冠中，不为猿鹤为沙虫。坐观宋室用五鬼，不见虞廷诛四凶。野夫有怀多感激，抚事临风三叹息。胸中磨损斩邪刀，欲起平之恨无力。……"这首诗揭露了豺狼当道的黑暗局面，表现了作者胸中的愤慨，毛泽东很爱读，每一句下面都划了浪线。

[参考]徐中远：《毛泽东读评五部古典小说》，华文出版社
1997年版，第234页。

【注释】

（1）豸（zhì）史，古代御史所戴之冠称为豸冠，这里指御史。豸为古代传说中的一种神兽，一角，能辨曲直，因此古时监察、执法官员所戴的帽子称为豸冠。吴公，或指吴节。吴节，字与俭，号竹坡，安成人。明宣宗宣德进士。官至太常寺卿，兼侍读学士。有《吴竹坡文集》。

（2）参知李公，即李元，淮安（今江苏淮安），明武宗正德七年进士，历官监察御史、陕西右参议，明世宗嘉靖初以山西右参政致仕。明代无"参知"的官名，此指参政（参知政事）。

（3）青毡，即青毡故物。《太平御览》引晋裴启《语林》：王子敬在斋中卧，偷人取物，一室之内略尽。子敬卧而不动，偷遂登榻，欲有所觅。子敬因呼曰："石染青毡是我家旧物，可特置否？"于是群偷置物掠走。按，《晋书·王羲之传》也载此事。后遂以"青毡故物"泛指仕宦人家的传世之物或旧物。

（4）宝剑重合，《晋书·张华传》：豫章人雷焕，于任丰城会时，掘地得双剑，乃送一剑与大臣张华，一剑自留。华以书报之，中有"天生神物，终当合耳"语。后张华被诛，雷焕亦卒。焕子雷华持剑过延平津，剑

忽跃入水，但见二龙各长数丈而去。雷华叹道：先君化去之言，张公终合之论，此其验乎？

（5）李在，字以政，福建莆田人，明画家。明宣宗宣德时直仁智殿，工山水人物。

（6）不谓，不料。貌，描绘。唐杜甫《丹青引赠曹将军霸》："即今飘泊干戈除，屡貌寻常行路人。"

（7）奇诡，奇特，诡异。

（8）都，美。清源公，元杂剧《二郎神醉射锁魔镜》，演玉帝以赵昱为嘉州太守斩蛟有功，敕为灌口二郎之神，号清源妙道真君，弟哪吒为降魔大元帅，镇摄玉连环寨，兄弟二人皆能降妖伏魔。按，赵昱实有其人，隋炀帝时为嘉州太守，曾入潭持刀斩蛟。后嘉陵水涨，蜀人见昱于云雾中骑白马而下（见唐宋祝穆撰《方舆胜览》卷五十二）。至二郎真君之号，盖出道书，乃玉帝甥，曾斧劈桃山，与赵昱无涉。

（9）灵风，修道者或神灵的风范。

（10）星飞电掣，亦作星驰电掣，谓迅速如流星闪电。掣，疾飞，疾行。

（11）蒐，同"搜"。

（12）"名鹰"句，《西游记》写二郎真君出战妖猴时，也有"驾鹰牵犬，搭弩张弓"语。拏（ná），捉拿，拘捕。啮，咬。

（13）六丁，道教神道名，火神。道教认为六丁（丁卯、丁巳、丁未、丁酉、丁亥、丁丑）为阴神，为天帝所役使；道士可用符箓召请，以供驱使。

（14）青锋，即青锋剑，剑身寒光闪烁，锋芒毕露，故称。虺（huǐ），毒蛇，这里喻妖怪。

（15）镮，通"锁"。

（16）捣，冲击，攻打。

（17）古圣，指盘古。鸿濛（蒙），宇宙形成前的混沌状态。《西游记》开端诗曰："自从盘古破鸿蒙，开辟从兹清浊辨。"

（18）"命官"句，《尚书·吕刑》："乃命重、黎，绝地天通，罔有降格。"重、黎是天地之官。这句意谓，盘古命官员使天地各得其所，神人不相混杂，纲纪得以保持。

（19）轩辕铸镜，轩辕即黄帝，相传黄帝铸铜镜十五面，其第八面能辟退妖怪。见隋王度《古镜记》。又据宋赵希鹄《洞天清录集》："轩辕镜其形如球，可作卧榻前悬挂，取以辟邪。"禹铸鼎，相传禹贡九牧之金，铸鼎荆山之下，民入山林川泽，魑魅魍魉，莫能逢之。见《太平御览》卷七五六。

（20）民物，民风，风俗。昭融，发扬光大。语出《诗经·大雅·既醉》："昭明有融，高朗令终。"《毛传》："融，长。朗，明也。"高亨注："融，长远。"

（21）"终南"二句，相传唐玄宗梦见终南（山）进士钟馗，因应试不第，触阶而死，捉小鬼啖之。玄宗醒后诏吴道子画其像。唐时翰林例于岁暮进钟馗像。啗（dàn），嚼食，义同"啖"。耗，消息，传闻。两句意谓：钟馗只会向宫中啖些捕风捉影式的小鬼。以此反衬二郎神的搜山神通。

（22）翻，反。衣冠，衣和冠。古代士以上戴冠，因用以士以上的服装，代称缙绅、士大夫。

（23）"不为"句，《艺文类聚》九十引《抱朴子》："周穆王南征，一军尽化，君子为猿为鹤，小人为虫为沙。"原指因战乱而死者皆化为异物，后亦借喻对牺牲于各种灾难者的慨叹。

（24）五鬼，指同时狼狈为奸的五瘟神。宋室用五鬼，《宋史·王钦若传》："钦若与丁谓、林特、陈彭年、刘承珪，时谓之'五鬼'。"

（25）四凶，相传为尧舜时代四个恶名昭彰的部族首领，即浑敦、穷奇、梼杌、饕餮，皆不服从舜的指挥，因而被舜流放。一说这四人即驩兜、共工、鲧、三苗。

（26）野夫，草野小民。感激，这里是感慨、愤激的意思。

（27）救月，古代迷信，遇月蚀，以为是阳侵阴，必以矢射日，祈祷鼓噪，称救月。《周礼·秋官·庭氏》："掌射国中之天鸟。若不见其鸟兽，则以救日之弓，与救月之矢，夜射之。"郑玄注："日月之食，阴阳相胜之变也。日食则射太阴，月食则射太阳。"

（28）麟凤，麒麟和凤凰，古代以为是祥瑞的象征。

（29）清宁，清明宁静，指时世太平。《后汉书·光武纪下》："今天下清宁，灵物乃降。"

【赏析】

这是一首题画诗。所题之画为明李在所画《二郎搜山图》。李在（？—1431），字以政，莆田（今福建莆田）人。明画家。其画山水细润处近郭熙，豪放处宗马远、夏圭，兼工人物。明宣宗宣德时（1426—1435）与戴进、谢环、石锐、周文靖同待诏入直仁智殿，日本画僧雪舟曾与他切磋画艺。二郎，即二郎神，民间传说中的神名。宋以后各地皆立其庙。南宋朱熹《朱子语类》以为指秦蜀郡太守李冰的次子，但不言其名，《封神演义》称其名为杨戬。《宝莲灯》则以为三圣母之兄、玉帝外甥。明初杨讷杂剧《西游记》，则称杨二郎。小说《西游记》说是玉帝之甥二郎真君，住于灌州灌江口的庙中。其母因思凡下界，配与杨君。《二郎搜山图》今不传，但从吴承恩的《二郎搜山图歌》约略可以窥见此图的内容和意趣。

这首诗题下有小序，说明《二郎搜山图》的失而复得，交代了写作此诗的原因。其诗可分为前后两部分。每四句一层。从开头至"空向宫闱咶虚耗"为第一部分，写《二郎搜山图》的创作及其主要内容，是本诗的主体。它又可分七层：开头四句为第一层，交代《二郎搜山图》的作者李在不仅工山水，而且擅画鬼神，笔法变幻莫测，其笔下鬼神奇形怪状。这是总起。"少年都美清源公"等四句为第二层，写二郎神下令部众搜山，点明题意。清源公即二郎神，曾被封为清源妙道真君。他一声令下，部众便雷厉风行地去搜山。"名鹰搏拏犬腾呀"等四句为第三层，写二郎神驾鹰牵犬，手挥大刀，致使猴老断魂，狐娘啼血，所向披靡。"江翻海搅走六丁"四句为第四层，继续写二郎神指挥部众搜山神威。二郎神招来六丁神下海捉妖，于是江湖河海中的水怪都被捉光，连影子也见不着了。他宝剑一举，毒蛇被砍为两段；金锁一抛，毒龙被擒。"神兵猎妖如猎兽"四句为第五层，写二郎神指挥搜山大获全胜，妖魔鬼怪无所遁形。"我闻古圣开鸿濛"四句为第六层，写二郎搜山捉妖是仿照古圣先贤所为。"我闻"二字贯下四句是说，盘古命官员使天地各得其所，神人不相混杂，纲纪得以保持。轩辕皇帝铸造铜镜辟邪退妖，大禹铸鼎使魑魅魍魉无所遁逃，于是天下民风民俗发扬光大。"后来群魔出孔窍"四句为第七层，写上古时代以后妖魔鬼怪又从洞穴中窜出来害人，而终南进士钟馗只会向宫中啖些捕风捉影式的小鬼，以此反衬二郎搜山神通。钟馗，传说人物。唐人题吴道子之画钟馗像，略云：明皇梦二鬼，一大一小。小者窃太真紫香囊及明皇玉笛，绕殿而奔；大者捉其小者，擘而啖之。上问何人，对曰："臣钟馗，即武举不捷之士也。誓与陛下除天下之妖孽。"后世图其形以除邪驱祟。见宋沈括《梦溪补笔谈·杂志》。俗话说，为了打鬼，借助钟馗。但钟馗只能捉些小鬼吃，对大鬼却无可奈何，于是后世便饱受鬼害，由此诗人便转入对鬼物害人及其感慨的描写。

"民灾翻出衣冠中"至篇末为第二部分，可分为三层。"民灾翻出衣冠中"等四句为第一层，直写奸臣误国。几句意谓人民所受灾难反出于衣冠中人（指士大夫），他们死后不能化为君子，反而变成小人，真是人妖颠倒是非难清。之所以造成这种局面，是因为宋代重用了王钦若等五个狼狈为奸的奸臣，他们像虞舜时的浑敦等四个恶人。他们没有被诛杀，而只被流放。言外之意，一是皇帝误用奸臣，二是对奸臣惩治不力，他们才敢于为害。"野夫有怀多感激"等四句为第二层，抒发对奸臣祸国殃民的感慨。面对社会上的丑恶现象，诗人十分愤慨，但又敢怒不敢言，感到自己无力扭转乾坤。末四句为第三层，希望英雄出世，拯救国家。这几句是说希望挽救日月的大英雄能挺身而出，为民除害，使天下有麟凤象征祥瑞的事物出现，成为一个时世太平的世界。这便是诗人的理想，也是广大平民百姓的愿望。

这首诗在思想上和艺术表现上有两点需要说明。

一是吴承恩生活于明世宗嘉靖年间，而世宗则爱方术，嘉祥瑞，事斋醮，求神仙，宠信方士邵元节、陶仲文、殷朝用、顾可学等，二十多年不见朝臣，由大奸臣严嵩当国，政治腐败。嵩以子严世蕃和赵文华等为爪牙，操纵国事，吞没军饷，战备废弛。东南倭寇和北方鞑靼的侵扰，因此更加严重。本诗中说的宋代五鬼王钦若等，都曾因迎合真宗好封禅、崇谶纬、信天书而谀媚获宠，误国祸民，两者颇相类似。作者所痛恨的，是这些欺君惑上以博取富贵的丑恶行径。

二是此诗中的情节，与《西游记》第六回"小圣施威降大圣"有近似处，也可以说前者是后者的雏形。二郎神的故事，在民间流传已久，所以画家李在能绘成画卷。画中的情节和背景，不可能像诗中描写得那样繁多，其中自必加上诗人自己的想象。

吴承恩又写过一篇《禹鼎志序》，说他胸中积累了一些志怪的素材，"斯盖怪求余，非余求怪也"。可见他对志怪一向很感兴趣。同时，吴氏是相信妖魔鬼怪会作祟酿灾的，但最终仍将被天兵天将惩罚或收伏。孙悟空本是猴精，被有道的唐僧感化后，一路上就为他降妖伏魔。所以，吴承恩的正统与反正统思想是互相交叉的，断章取义地给予《西游记》及孙悟空以过高的评价，实无必要。

《西游记》是否为吴承恩所作，至今还不能完全肯定，但这首诗和《禹鼎志序》，多少是可资考证的信息。

以搜山为题材的画，流行于两宋间，其故事内容一说是灌口二郎收妖，一说是影射蜀主孟昶的花蕊夫人，一说是从禹治水故事演变而来。

毛泽东是在读萧歌、竞华合写的论文《〈西游记〉读后的一些体会》（《西游记研究论文集》，作家出版社1957年版）中引的这首诗时加以圈划的。这篇文章，毛泽东在阅读中也有许多的圈划。本文作者在谈到吴承恩与《西游记》创作的社会背景时写道："吴承恩就生活在这样一个时期，这样的社会现实，已足以使他愤世嫉俗，何况他又是一个失意者呢？他在科举上很不得意。虽然他'性敏而多慧，博极群书，为诗文下笔立成，清雅流丽，有秦少游之风'，但并不为当时统治者所常识……"毛泽东在读这段话时，除划横道外，在"清雅流丽，有秦少游之风"这句话旁边还划了一个问号，它是毛泽东读《西游记研究论文集》划的唯一的一个问号。这里作者引用的对吴承恩的评价的一段话，出自《天启淮安府志》。这样评价吴承恩，是否与实际相符？大概毛泽东对此有点儿疑问，所以阅读时就划了一个问号。在谈到吴承恩创作时的思想感情时，作者还引用了吴承恩的诗："……民灾翻出衣冠中，不为猿鹤为沙虫。坐观宋室用五鬼，不见虞廷诛四凶。野夫有怀多感激，抚事临风三叹息。胸中磨损斩邪刀，欲起平之恨无力。……"这首诗揭露了豺狼当道的黑暗局面，表现了作者胸中的愤慨，毛泽东很爱读，每一句下面都划了浪线。论文中所引吴承恩的诗句便出自这首《二郎搜山图歌并序》，是吴承恩对后世鬼怪害人、奸臣误国的愤慨，这种愤世嫉俗的思想，正是吴承恩创作《西游记》的思想基础。看来，毛泽东对此是充分肯定的。（毕桂发）

明

诗

屠 爌

屠爌（生卒年不详），字阆伯，嘉兴（今浙江嘉兴）人。诸生。明代诗人。事母至孝，与桐乡张孝夫讲学。对经学有深入的研究。有《晶斋集》。

【原文】

赠别袁重其

高飞鸿雁满关河⁽¹⁾，此日寒江起夕波。
庾信哀时常作客⁽²⁾，梁园去国独行歌⁽³⁾。
霜凄茂苑清砧急⁽⁴⁾，月照荒台落叶多。
为问吴中旧知己⁽⁵⁾，空山丛桂近如何⁽⁶⁾？

【毛泽东圈评等情况】

毛泽东读清沈德潜、周准编选《明诗别裁集》卷十一时圈阅了此诗。

[参考] 张贻玖：《毛泽东评点、圈阅的中国古典诗词》，
中国工人出版社 1992 年版，第 261 页。

【注释】

（1）关河，指函谷关等关隘与黄河，此泛指关山河川。《后汉书·荀彧传》："此实天下之要地，而将军之关河也。"

（2）北周文学家庾信初仕梁，后出使西魏，值西魏灭梁，被留在北朝做官。在庾信看来，这不仅是背井离乡，而且是失节行为，因此他心中感到极大的屈辱和痛苦。他后期的作品也大量抒发了怀念故国的情绪和对身世的感伤。

（3）"梁园"句，李白失意去国后曾游梁园。其诗《书情赠蔡舍人

雄》中说："一朝去京国,十载客梁园。"并作《梁园吟》以抒发他的苦闷。梁园,西汉梁孝王刘武所建苑围,在今河南开封东南,此借指皇家的宅第园林。行歌,边行走边歌唱,借此抒发感情、表示志向等。

（4）茂苑,即长洲（今江苏苏州）的别称。

（5）吴中,泛指以今江苏苏州为中心的太湖平原一带。

（6）空山丛桂,即山中桂丛,多指隐居之地。南朝梁庾肩吾《芝草》："蜘蹰玩芝草,淹留攀桂丛。"

【赏析】

抒写别离之情,是中国古典诗歌中的重要题材,此类诗大多凄婉、悲凉,《赠别袁重其》一诗,亦是以悲凉的心境,抒写了一个抑郁不得志的文人背井离乡时的无奈和对家乡的深深眷恋。

这是一首七言律诗。"高飞鸿雁满关河,此日寒江起夕波",首联两句写鸿雁南飞大河涨满,秋日的水面碧波夕照。关河,泛指关山河流。秋日的大雁都是结队南行,去寻找温暖的栖身之所,第一句采用比兴的手法,为游子远行的原因埋下伏笔。"夕波"点出分别的时刻正是傍晚,斜阳西照之时,思乡之情更浓。元马致远《天净沙·秋思》曾有"夕阳西下,断肠人在天涯"之句,瑟瑟秋风中的夕阳别离,更令友人难舍难分。颔联两句"庾信哀时常作客,梁园去国独行歌",庾信在诗作中哀叹亡国之痛,抒发故国情思。庾信（513—581）,北周文学家。初仕梁,后出使西魏,值西魏灭梁,被留在北朝做官,在庾信看来这不仅是离乡背井,而且是失节的行为,这使他内心感到极大的屈辱和痛苦。他后期的作品大量地抒发了自己怀念故国乡土的情绪及对身世的感伤。客,寄居他乡。去,失去,损失。梁园,梁朝皇室宅第园林。这两句是写他被幽禁在北朝时期,常以诗歌抒写梁国灭亡之痛和自己客居他乡的悲切。作者在这里引用历代文人对故土的眷恋,说明被迫背井离乡实为人生一大不幸,从侧面表现出作者离乡时无奈的心境。接着作者又回到现实,颈联对别离时的情景做了描写:"霜凄茂苑清砧急,月照荒台落叶多。"霜,年岁的代称,指秋天。茂苑,江苏旧长洲（今苏州）的别称。砧,捣衣石,这里指捣衣的声音。这两句的大意是：寒冷的秋风送来故乡清晰急促的捣衣声，月光泻下的清辉照射出荒僻高台上的满目枯叶。清脆的捣衣声，在作者以往听来，或许还欢快悦耳；日照的高台，或许纪录着作者饮酒唱诗的欢乐。然而，此时带着别离的愁绪，作者所见所闻都蒙上了一层凄婉，所闻声声入耳，所见幕幕铭心，皆催人泪下。尾联两句"为问吴中旧知己，空山丛桂近如何"？旧知己指诗人隐居的朋友。桂花香气四溢，皎明洁净，古诗中常用来作为清雅的象征。作者在诗的结尾，惦记着在空山丛桂中隐居的老朋友，不仅是表明故乡的一山一水、一草一木都铭刻在游子的心中，而且含蓄地表达了自己高洁的志向，我们可以猜测到，作者远行的原因，正是为了寻找适宜的环境，施展自己的抱负。

此诗结构严谨，一二两句，以比兴开头，引出自己即将远行。三四两句，承接离乡之意，引用庾信的典故说明离开故乡的哀痛。五六句，由历史又转回现实，抒写满目的苍凉。七八句，以桂花比喻自己的高洁志向，也暗合离乡的原因。（严励）

谢肇淛

谢肇淛（生卒年不详），字在杭，长乐（今福建长乐）人。明代文学家、诗人。明万历二十年（1592）进士，除湖州推官，移东昌。迁南京刑兵二部，转工部郎中、广西右布政使。闽派诗人中的佼佼者，工诗，熟悉水利河流，曾作《北河纪略》，具载河流原委及历代治河利病。另有《小草斋诗集》《文海披沙》《长溪琐语》《史觿》等。

【原文】

送徐兴公还家

枫落空江生冻烟(1)，西风羸马不胜鞭(2)。
冰消浙水知家近(3)，春到闽山在客先(4)。
斜日雁边看故国(5)，孤帆雪里过残年。
怜予久负寒鸥约(6)，魂梦从君碧海天(7)。

【毛泽东圈评等情况】

毛泽东读清沈德潜、周准编选《明诗别裁集》卷十时圈阅了此诗。

[参考]张贻玖：《毛泽东评点、圈阅的中国古典诗词》，
中国工人出版社 1992 年版，第 259 页。

【注释】

（1）冻烟，凝冻的寒烟，实际是雾气。

（2）羸（léi）马，瘦马。

（3）浙水，即浙江，又名之江，以其曲折多得名。

（4）闽山，泛指福建的山。闽，福建的简称。

（5）故国，此指故乡。

（6）寒鸥约，即鸥盟，谓与鸥鸟为友，比喻隐退。宋陆游《凤兴》："鹤怨凭谁解，鸥盟恐已寒。"

（7）碧海天，即碧青天。碧海，蓝色的海洋。唐李商隐《嫦娥》："嫦娥应悔偷灵药，碧海青天夜夜心。"

【赏析】

这是谢肇淛送自己的朋友还家时写的一首怀乡叹老的七言律诗。徐㶿，字兴公，又字惟起，闽县（今福建闽侯）人，终身布衣。万历中，与曹学佺同为闽中诗坛领袖，称为兴公诗派。

首联描写秋天枫树的红叶都已飘落，江上空空荡荡的，生出一片凝冻的寒烟；西风劲吹，骑着的这匹羸弱的瘦马也经不起鞭打，只好让它由着性儿慢慢地前行了。

颔联承上，又描写初到家乡的春景。浙江边的冰已经消融，知道家已经离得不远了；春天来到闽山真早哇，还抢在我这归客之先呢。

以上四句说明：徐兴公还家，由头年秋天动身，到翌年冰消时节才走到浙江，到春天到来以后才走到福建。可见，这是一连走了几个月呢！好漫长的旅途！

颈联一转，太阳西下，大雁也降落在大地上；回到家乡的他，在旁观这故国的景色。而他已经风烛残年，驾着孤帆，是在雪天里回故乡来的。颈联两句，前一句当是描写当时的情景，后一句则是回忆归来的途中，安排巧妙。

尾联两句是诗人谢肇淛对他的回乡友人徐兴公说的话：可怜我长久以来辜负了寒鸥的相约，未能回到故乡去，只有我的魂梦跟随你回到那碧海青天中去寻找归宿吧！

这首送别诗本是表述诗人送友还家一事，可是又引起了诗人自己的遥远乡愁和不能还乡的慨叹。诗句的时空顺序跳跃很大，又穿插上回忆，因此需细心分析才能发现它的妙处。语言清新空灵，诗意醇厚，是这首诗的主要艺术特色。（温振宇）

秋　怨

明月怜团扇⁽¹⁾，西风怯绮罗⁽²⁾。
低垂云母帐⁽³⁾，不忍见银河⁽⁴⁾。

【毛泽东圈评等情况】

毛泽东读清沈德潜、周准编选《明诗别裁集》卷十时圈阅了此诗。

[参考]张贻玖：《毛泽东评点、圈阅的中国古典诗词》，

中国工人出版社 1992 年版，第 259 页。

【注释】

（1）团扇，圆形有柄的扇子，古代宫中多用之，又称宫扇。

（2）"西风"句，西风的凄清使穿绮罗者感到怯惧。绮罗，泛指华贵的丝织品或丝绸衣服，此指穿着绮罗的人，多为贵族、美女的代称。

（3）云母帐，用云母作饰物的帐子。云母，矿石名，俗称千层纸。

（4）银河，即天河，此指牛郎、织女的聚会处。

【赏析】

谢肇淛的这首七言绝句，是一首怨女之诗，表现了秋夜独守空房的寂寞和怨恨。

起句团扇起兴，写天上的明月怜惜入秋被遗弃的团扇，正如这位被情人遗弃的女子。承句接写西风，也就是秋风，也畏怯地不敢吹动这位身上穿绮罗的女子，因为这位女子得不到男人的恩爱，也实在是太可怜了。转句写低垂着的、以云母装饰的帷帐，月光一照便闪闪发光。这显然是这位怨女所独守的空帷。云母这种东西色白，薄而透明，可以用之翳窗，也可以用它装饰帷帐。李康成诗云："夕宿紫府云母帐，朝餐玄圃昆仑芝"可以为证。合句写这位怨女在这种被遗弃的感伤之中，不忍心抬头去看那天

上的银河，因为当此秋日，牛郎和织女也要渡过天河上的鹊桥而欢会呢！唐杜牧《七夕》云"天阶夜色凉如水，卧看牵牛织女星"，是从正面写怨意，而此诗则从反面写。（温振宇）

袁宏道

　　袁宏道（1568—1610），字无学，又字中郎，号石公，公安（今湖北公安）人。明代文学家、诗人。明神宗万历二十年（1592）进士。曾任吴县知县，不久辞职，后又任礼部主事、吏部郎中。三次做官，前后不过六年，英年早逝。与兄袁宗道、弟袁中道并有文名，人称三袁，又称"公安派"。兄弟三人中，袁宏道成就最高，为"公安派"首领。他追求真率、崇尚性灵，反对伪道学、痛恨假事假文章。其诗文真率自然，活泼清新，部分作品寄寓着对现实的不满和关怀民生疾苦的感情。有《袁中郎全集》。

【原文】

感　事

湘山晴色远微微[1]，尽日江边取醉归。

不见两关传露布[2]，尚闻三殿未垂衣[3]。

边防自古无中下[4]，朝论于今有是非[5]。

日暮平沙秋草乱，一双白鸟避人飞[6]。

【毛泽东圈评等情况】

　　毛泽东读清沈德潜、周准编选《明诗别裁集》卷十时圈阅了此诗。

　　　　［参考］张贻玖：《毛泽东评点、圈阅的中国古典诗词》，中国工人出版社1992年版，第259页。

【注释】

　　（1）湘山，山名，在湖南岳阳西南洞庭湖中，又叫君山，此泛称湖南的山。

（2）两关，玉门关和阳关的合称，此泛指西北边塞。露布，不缄封的文书。《后汉书·李云传》："云素刚，忧国将危，心不能忍，乃露布上书，移副三府。"《注》："露布谓不封之也。"不缄封露而宣布，欲四方速知，所以张贴于城门（关）之两边的布告也叫露布。

（3）三殿，唐大明宫之麟德殿。此指皇宫中的三大殿，即明朝北京皇城里的皇极殿、中极殿和建极殿。凡节日庆典、命将出师、殿考朝考和宴侍外使，皆分别在这三大殿举行，所以三殿就成了朝廷的代名词。垂衣，又作垂衣裳，是指穿着肥大的衣服而无所事事的样子，象征帝王的无为而治。

（4）中下，指中策和下策。《后汉书·乌桓鲜卑传赞》："然制御上略，历世无关；周汉之策，仅得中下。"

（5）朝论，朝廷中的议论。

（6）白鸟，蚊的别名，比喻贪官污吏。唐杜甫《寄峡州伯华使君》："江湖多白鸟，天地有青蝇。"仇兆鳌注："白鸟比贪夫，青蝇比谗人。"

【赏析】

袁宏道的这首《感事》为七言律诗，表现了他忘情山水、想置身于政治是非之外的消极情绪。

袁宏道处在宦官擅权、政治腐败、朝内党派斗争极其激烈的时代。袁宏道的老师李贽，字温陵，是一位有反抗意识的思想家，结果受到迫害而惨死，这就使袁宏道更加畏缩起来。他在《李温陵传》中说的"公（李贽）直气劲节，不为人屈，而吾辈怯弱，随人俯仰"，就是明证。但是袁宏道在自己的作品中，仍流露出对现实黑暗的不满。这首《感事》，便可作为一例。

首联写湖南的群山一片晴色，远远望去，只见微微山影，远在天边，而自己呢？只是整日在江边忘情游冶，直至沉醉了才归来。这就正好写出他以山水来麻醉自己的人生态度。他在给自己的老师冯琢庵的信中说："时不可为，豪杰无从着手，真不若在山之乐也。"更可印证这两句诗了。

颔联写他没有看见两关传山露布。露布是不缄封的文书，是要公开宣布的，欲使四方迅速周知，所以要张贴在城关的两边。这里袁宏道没有见到朝廷贴在两关的露布，然而还能听说朝廷上并未实行无为而治的政策。这里的"三殿"便是指明朝北京的皇极殿、中极殿和建极殿。凡节日庆典、命将出师、殿考朝考和宴侍外使，皆分别在这三大殿举行，所以三殿就成了朝廷的代名词。这里的"垂衣"，又作"垂衣裳"，是指穿着肥大的衣服无所事事的样子，象征帝王的无为而治。李白《古风》之一说"圣代复元古，垂衣贵清真"正是这个意思。颔联这两句诗，写出袁宏道身在草野，犹窃窃关心朝廷能有巨变的愤世心态。

颈联一转引出一妙语："边防自古无中下"。在边防上，自古就没有中策和下策，如今朝廷上的论争，于今有了是与非。为官者一言不慎，便要被打成叛逆或奸党，遭到残酷的迫害，一生汗马功劳也都要一笔勾销。这等人人思危的政治生活局面，实在令臣子和诗人寒心呢！

尾联又一转，去写景物："日暮平沙秋草乱"，日落时平沙之上的秋草已凌乱不堪，示有边警。"一双白鸟避人飞"，白鸟避人，喻贪夫已如过街老鼠，不敢见人了。

这首诗情味深醇，语言清隽，生动形象地刻画出诗人本身的形象，反映了那个专制黑暗时代的政治生活的本质方面，有助于我们认识那段真实的历史。（温振宇）

曹学佺

曹学佺（1574—1647），字能始，号石仓，侯官（今福建福州）人。明代文学家、诗人。明神宗万历进士，授户部主事，历官至广西右参议。天启间，因著《野史纪略》触犯魏忠贤，除名为民，尽毁镂板。崇祯初，起复广西副使，力辞不赴，家居二十余年。明亡后，殉节而死。诗以清丽为宗。有《石仓诗文集》《蜀中广记》等。

【原文】

泰昌皇帝挽歌（四首）

龙驭升遐日⁽¹⁾，封章满御床⁽²⁾。
施行犹令旨⁽³⁾，德意自先皇。
沛若江湖决⁽⁴⁾，俄然石火光。
更闻哀诏到，能不泪沾裳！

劝进笺三上⁽⁵⁾，腾欢遍九垓⁽⁶⁾。
逐臣皆召用，中使尽收回⁽⁷⁾。
货贱昭先俭⁽⁸⁾，心劳集相才。
大工须计日⁽⁹⁾，久矣柏梁灾⁽¹⁰⁾。

罢税不停征，边庭岁用增。
金钱溢输挽⁽¹¹⁾，士马饱飞腾⁽¹²⁾。
北阙闻天语⁽¹³⁾，东隅望日升。
那堪遽辞世，仓卒治山陵⁽¹⁴⁾。

九转神丹秘⁽¹⁵⁾，三旬帝业终⁽¹⁶⁾。

春秋书法谨⁽¹⁷⁾，中外揣摩穷。

雨泣将填巷⁽¹⁸⁾，攀髯或堕弓⁽¹⁹⁾。

由来戮方士，岂但为无功⁽²⁰⁾。

【毛泽东圈评等情况】

毛泽东读清沈德潜、周准编选《明诗别裁集》卷十时圈阅了此诗。

[参考] 张贻玖：《毛泽东评点、圈阅的中国古典诗词》，

中国工人出版社 1992 年版，第 259 页。

【注释】

（1）龙驭升遐，犹龙驭上宾，即皇帝乘龙升上辽远的高空，皇帝之死的讳饰语。《明史·方从哲传》："以药尝试，先帝龙驭即上升。"

（2）封章，言机密事之章奏皆用皂囊重封以进，故名封章，亦称封事。汉扬雄《赵充国颂》："营平守节，屡奏封章。"

（3）"施行"句，所施行的还是明神宗旧日的法令。令旨，帝王的命令。

（4）"沛若"句，泰昌皇帝施行先皇治国方略的行动浩大充沛，就如同江湖决口一般。

（5）劝进，劝即帝位。魏晋六朝以后，在争夺帝位或皇统中断之时，得到帝位的人都假托"禅让"。让国的"诏书"下达后，故意逊让不受，再指使诸臣再三劝进，歌功颂德，归之于天命。如曹丕代汉，侍中刘廙等率群臣奉表劝进；司马炎代魏，司空郑冲率群臣劝进；东晋司马睿（元帝）逃到江南后，刘琨等连名上表劝进。

（6）九垓（gāi），又作九畡（gāi），指中央至八极之地。《国语·郑语》："王者居九畡之田，收经入以食兆民。"

（7）中使，帝王宫廷中派出的使者，多由宦官充任。

（8）货贱，物价大幅度下降。昭，明示。

（9）大工，改革国家的大工程。

（10）柏梁灾，此指像汉武帝那样好大喜功的皇帝所施行的多欲政治

给国家带来的巨大灾难。"柏梁台",汉武帝和群臣联句作诗之处。

（11）"金钱"句,官府从民间搜刮的金钱很多都要运往京城。输挽,运送物资。《资治通鉴·唐昭宗乾宁四年》:"士卒疲于矢石,百姓困于输挽。"

（12）"士马"句,士兵和军马都吃饱了奔向边疆。

（13）天语,天上的告语,又转指帝王的诏谕。北阙,古代宫殿北面的门楼,是臣子等候朝见或上书奏事之处。

（14）治山陵,修陵墓（在明十三陵之中）。

（15）九转神丹,是道家所说的服之可以长生成仙的九种丹药（丹华、神符、神丹、还丹、饵丹、炼丹、柔丹、伏丹、塞丹）,如是经过九次循环（转）炼制而成的才有最好的效能。

（16）三旬,三十年。

（17）"春秋"句,《春秋》一书的笔法严谨,微言大义。此句是说历史上要对死去的皇帝的一生作出公正的评价。

（18）雨泣,哭泣时泪下如雨。

（19）攀髯或堕弓,古代神话传说,黄帝铸鼎于荆山之下,鼎成,有龙下迎。黄帝乘龙升天,群臣后宫跟从上天者有七十多人。剩下一位小臣不得上龙身,乃抓住龙髯,结果龙髯被拔落,黄帝的一张弓也随之坠落下来。百姓们于是便抱住黄帝的弓与龙髯而大声哭号起来（见《史记·封禅书》）。这个传说,后来成了哀悼皇帝去世的典故。

（20）但,只是。

【赏析】

泰昌皇帝是指明光宗朱常洛。明神宗朱翊钧于万历四十七年（1619）去世。朱常洛继位为明光宗,年号为泰昌。泰昌元年（1620）朱常洛称帝不到一年又去世,朱由校继位为明熹宗,年号为天启。天启元年即公元1621年。曹学佺的这四首五言律诗,便是献给光宗这位短命皇帝的挽歌。

第一首写神宗、光宗的相继去世。

首联写神宗的去世,那就是"龙驭升遐日"。沈德潜说"'龙驭升遐'谓神宗",是不错的。龙驾着车升上辽远的天空,就是说皇帝升天了,死了。这时，用皂囊层层封着的机密奏章接连送上，堆满了御床。

颔联承接上文，说泰昌帝继位以后，所施行的还是明神宗的法令和圣旨，一切治国的德意，都仍出自去世的先皇——明神宗。这是说泰昌帝完全忠实于明神宗的治国方略。

颈联一转，描写泰昌帝执行明神宗治国方略的行动浩大充沛，就犹如江湖决口一般，然而时间很短（俄然），就如打火石的光亮一样，顷刻便熄灭了。

尾联又一转，关合全诗：又听到泰昌皇帝逝世的诏书传来，诗人怎能不哭泣以致眼泪都沾满衣裳呢？

第二首写明熹宗继位后的大变革。

首联写泰昌帝逝世之后，大臣们向朱由校多次上书，劝他继承帝位，一时间，朝野的欢腾局面传得很远很远。垓，是古代数目名，指一亿，泛指极多，此指八极之内的广大土地。

颔联写熹宗继位之后的大变革：一方面给从前被放逐的大臣们都平了反，重新召用；另一方面改变外交政策，把过去派出的使臣都召了回来。

颈联一转，写物价大幅度下降，这就是"货贱"，但是熹宗还是明示天下必须节俭，同时，熹宗心神劳顿，收罗会集能够治国平天下的相才，以整治国家。

尾联又一转，关合全诗。说明改革的工程太大了，必须详细地计划时日，因为神宗时代所造成的灾难，实在是太久了。柏梁台是汉武帝和群臣联句作诗的地方。这里的"柏梁灾"，就是指汉武帝那样的皇帝好大喜功、实行多欲政治所造成的巨大灾难。

第三首写人民所受的盘剥和苦难并未减少。

首联写人民的负担并没有减轻。说是"去税"了，但是仍然"不停征"。国防上的开支不但未减少，反而增加了，这就是"边庭岁用增"。

颔联承接上文，描写官府从民间征收的金钱很多，都运往京城了，这就是"金钱溢输挽"，而兵马也都吃饱了，喂肥了，奔向边疆，这就是"士马饱飞腾"。

颈联写明朝这些皇帝相继去世，相继即位，都是天意。"北阙闻天语"，是说在北京的城阙上，听到了老天告诉我们的话；"东隅望日升"是说在东海的海角上，远望太阳的初升。

尾联又一转，关合全诗。说出结语：人民哪堪两位皇帝相继急遽辞世呢？国家"仓卒治山陵"，修陵墓，也在明十三陵之中，要付出多么大的人力、物力与财力啊！

第四首写一代帝业给后世留下的影响。

首联所说的"九转神丹秘"，是说道家所说的服之可以长生成仙的九种丹药（丹华、神符、神丹、还丹、饵丹、炼丹、柔丹、伏丹、塞丹），如是经过九次循环（转）炼制而成的才有最好的效能。"秘"字还说明这些都是秘传的（见葛洪《抱朴子·金丹》）。但是皇帝的帝业延至三旬（三十年）也就要终止了。言外之意，秘传的"九转神丹"并不能使皇帝长生万岁。

颔联承接上文，说皇帝逝世后，后世人要对他的一生事业作出评价。如《春秋》一书那样，笔法严谨，微言大义，中外人士都要尽心揣摩，如何正确地评价他。

颈联一转，写万民对死去的皇帝的追悼和怀念。万民哭泣，泪流如降大雨，百姓们站满街巷。"攀髯或堕弓"则是一个神话传说。据说黄帝铸鼎于荆山下，鼎成，有龙下迎。黄帝乘龙升天，群臣后宫跟从上天的有七十多人。剩下一位小臣不得上龙身，乃抓住龙髯，将龙髯拔落，黄帝的一张弓也随之坠落下来。百姓们于是抱住黄帝的弓与龙髯大声哭号起来（见《史记·封禅书》）。这个传说，后来成了哀悼皇帝驾崩的典故了。

尾联又一转，关合全诗。说历来杀戮了许多方士，岂只是因为他们无功？言外之意是说，方士们不但无功，而且用炼丹术欺骗了皇帝，是有大罪的呀！

综上所述，这组诗通过对泰昌皇帝的哀悼，表现了帝祚的短暂与后世对帝业将如何评价的深刻主题。从人生哲理上来讲，人都会沉思"永恒"的问题，帝王更会沉思"永恒"的问题。然而世事总是变化的，帝业也不可能永远延续一统，因此剩下来的也就只是历史的评价与民众的怀念了。本诗立意实在，并无玄想，语言朴实平易，形象鲜明，用典不隔，确实有较高的思想意义与艺术价值。（温振宇）

送陈民部出守思州

言辞粉署重凄凄，道路时闻征马嘶。

日照梦悬乡树外⁽¹⁾，夜郎吟向郡楼西⁽²⁾。

竹鸡群里登峨岭⁽³⁾，铜鼓声中出朗溪⁽⁴⁾。

我欲白门攀柳送⁽⁵⁾，相思此夜有乌啼。

【毛泽东圈评等情况】

毛泽东读清沈德潜、周准编选《明诗别裁集》卷十时圈阅了此诗。

[参考]张贻玖：《毛泽东评点、圈阅的中国古典诗词》，
中国工人出版社 1992 年版，第 259 页。

【注释】

（1）日照，今山东黄海边的日照。

（2）夜郎，在今贵州正安西北，在本诗中代指思州。

（3）竹鸡，一种生在江南的鸟，形比鹧鸪小，好啼鸣，喜居竹林。峨岭，即峨山，在夜郎。

（4）朗溪，即沅水，源出贵州都匀地区云雾山，流经武陵郡地。武陵本为春秋战国时楚地朗州，故名朗溪。

（5）白门，南朝宋都城建康城西门，西方金，金气白，故称白门。此指北京城西门。

【赏析】

这是曹学佺送他的朋友户（民）部陈尚书出京远去思州任太守时写的一首伤时惜别的诗，为七言律。民部，官署名。唐改为户部，为六部之一，掌管土地、户籍、赋税、财政收支等事务，长官为户部尚书。历代相沿不改。

思州是州、土司或府名，在今贵州东北与四川交界处。唐贞观四年

（630）改务州置。明永乐十一年（1413）改为府，移治所于今贵州岑巩，辖今玉屏、铜仁东南部。

首联是写陈尚书临行时的言语凄凉沉重，在启程的道路上，时时听到远行的征马在嘶鸣。粉署是尚书省的别称。因为汉代尚书省皆用胡粉涂壁，画上古代的贤人列女，所以后世便称尚书省为粉署。

颔联则是抒写遥远的思乡情怀。日照，在今山东黄海边，汉代时为琅琊郡的日照镇，金代时改为县。夜郎，汉代时为我国西南地区的一个古国，约在今贵州西北、云南东北及四川南部地区，明时曾为县，在本诗中则代指思州。这两句是说：思乡之梦高悬在东海滨日照的家乡之树外，而醒来之后只好在遥远的夜郎（思州）向着郡守的楼头西角苦吟诗了。这两句承接上文，把远去西南边陲的思乡苦情写得相当充分。

颈联写想象中的边地生活。竹鸡是一种生在江南的鸟，形比鹧鸪小，好啼鸣，喜居竹林。峨岭即峨山，在夜郎；朗溪即沅水，源出贵州都匀云雾山，流经武陵郡地。武陵本为春秋战国时楚地朗州。这里是想象陈尚书将要在竹鸡成群的环境里攀登峨山；在边地少数民族铜鼓声中走出朗溪。这种生活当然充满了边地的异乡风味。

尾联是诗人曹学佺写自己送陈尚书时的心情，以扣住诗题。古代把天地八方分为八门，西南方为白门，后又泛指京城西门。这里是说诗人在京城西门攀着柳枝送别自己的朋友陈尚书去思州，相思之情依依不断，此夜梦中当有乌鸦啼鸣。

这首诗形象鲜明，想象丰富，语言洗练，感情沉挚，不失为一首佳作。（温振宇）

程嘉燧

程嘉燧（1565—1643），字孟阳，号松圆、偈庵，人称松圆诗老，休宁（今安徽休宁）人，寓居嘉定（今上海嘉定）。明代诗人、画家。论诗主张先立人格而后有诗格，反对前后七子的模拟剽窃之风。他与唐时升、娄坚、李流芳合称"嘉定四先生"。有《偈庵集》《松圆浪淘集》等，与唐时升等合刻有《嘉定四先生集》。

【原文】

送李中翰还朝

汉家宫阙枕燕关⁽¹⁾，使者乘槎八月还⁽²⁾。
吴地潦平犹似海⁽³⁾，广陵涛壮正如山。
同舟夜醉神仙侣，染翰春随供奉班⁽⁴⁾。
闻道沧溟今未息⁽⁵⁾，几回沟壑动愁颜⁽⁶⁾。

【毛泽东圈评等情况】

毛泽东读清沈德潜、周准编选《明诗别裁集》卷十时圈阅了此诗。

[参考] 张贻玖：《毛泽东评点、圈阅的中国古典诗词》，
中国工人出版社 1992 年版，第 259 页。

【注释】

（1）汉家宫阙，此以汉代明，指明朝首都北京的宫阙。宫阙，古时帝王所居宫门前有双阙，故称宫殿为宫阙。燕关，指山海关。元周伯奇《野狐岭》："其阴控朔部，其阳接燕关。"

（2）使者，指李中翰。

（3）潦（lǎo），雨后路上的大片积水。

（4）染翰，用毛笔蘸着墨。此句是说，春天李中翰在北京内廷随一班文秘人员侍奉朝廷。供奉，官职名，为内廷官员，无实际职掌。

（5）沧溟，泛指大海，此指南方海上。未息，指倭寇入侵之事未停息。

（6）沟壑，溪谷山沟，此谓死而弃尸溪谷之中。

【赏析】

这是程嘉燧送自己的朋友李中翰返京还朝的一首惜别伤时之作，为七言律。中翰，明清时内阁中书的别称。

首联是描写明朝首都北京的宫阙紧靠着燕山和长城。其中"枕"字是用拟人手法，把诗写活了。使者是指李中翰。槎，是用竹木编成的筏子。张华《博物志》卷三上说："年年八月有浮槎，去来不失期。"这里的李中翰也是八月乘槎还朝的，不失其期。

颔联描写这时的江南景物：吴地的潦水已经平静下去，还似海水一样；而广陵（今江苏扬州）的潮水，波涛之壮如山一般。潦，是雨后路上的积水，秋天积得最多。

颈联写诗人与李中翰同舟，夜里饮酒，醉后像神仙一样自由快活的相伴。翰是毛笔，染翰是用毛笔蘸着墨。这里是说，春天李中翰在北京内廷，随一班文秘人员侍奉朝廷，颇受信用。

尾联是说：听说如今南方海上形势并未平静下去，几回辗转沟壑，令人满脸忧愁。

明朝南方海上常有倭寇入侵，这是明朝的又一严重边患。这首诗中所描述的令人忧愁至今"未息"的"沧溟"，当是指倭寇入侵。

沈德潜认为，程嘉燧的诗作，自是"气清格整，去风雅未远"的"真诗"，这就是其中的一首。（温振宇）

【原文】

登 楼

少小听歌怕唱愁，一声楚尾与吴头[(1)]。

如今身在伤心地，但见春光莫上楼。

【毛泽东圈评等情况】

毛泽东读清沈德潜、周准编选《明诗别裁集》卷十时圈阅了此诗。

[参考] 张贻玖：《毛泽东评点、圈阅的中国古典诗词》，

中国工人出版社 1992 年版，第 259 页。

【注释】

（1）楚尾与吴头，指古豫章（今江西一带），其地位于春秋吴上游、楚下游，如首尾相衔接，故称，亦泛指长江中下游一带地方。宋黄庭坚《谒金门·戏赠知命》："山又水，行尽吴头楚尾。"宋张孝祥《念奴娇·欲雪呈朱漕元顺》："家在楚尾吴头，归期犹未，对此惊时节。"

【赏析】

登楼本是为了消解怀乡之愁，然而越登楼越添怀乡之愁。这一点，从王粲的《登楼赋》开始就是这样，在中国文学史上也一贯是这样。不过程嘉燧的这首《登楼》却换了个写法，别开了一个新的境界，很值得去欣赏。

这是一首七言绝句。一二句先写诗人自己从少小时听歌就怕听人歌唱忧愁，一声声歌唱楚尾与吴头的怀乡曲使他心碎。这"楚尾与吴头"，就是指吴楚交界的地区。三四句是说，可是如今诗人自己又来到了这令人伤心的异乡，心中满怀思乡的忧愁，因此但见满眼的春光而警告自己：还是不要登上那楼头吧！

但是诗人到底登没登上那楼头呢？这里不作回答，这就使这首小诗的情意更加深远了，令人陷入诗人的沉思中去。（温振宇）

明
诗

公鼐

公鼐（生卒年不详），字孝与，蒙阴（今山东蒙阴）人。明代文学家、诗人。明神宗万历辛丑（1601）进士，初任编修，天启初官至礼部右侍郎。卒谥文介。有《问次斋集》。

【原文】

诸 将

上谷渔阳拱帝京⁽¹⁾，相连河外受降城⁽²⁾。

一从塞马来南牧，遂使王师罢北征。

绝徼尚传青海箭⁽³⁾，中原新动绿林兵⁽⁴⁾。

主忧正值宵衣日⁽⁵⁾，谁向天山答太平⁽⁶⁾。

【毛泽东圈评等情况】

毛泽东读清沈德潜、周准编选《明诗别裁集》卷十时圈阅了此诗。

[参考]张贻玖：《毛泽东评点、圈阅的中国古典诗词》，
中国工人出版社1992年版，第259页。

【注释】

（1）上谷，郡名，战国燕地，在今河北中西与西北部。渔阳，郡名，战国燕置。秦汉治所在渔阳（今北京密云西南），辖境相当于今河北滦平以南蓟运河以西、天津以北、北京怀柔及通州以东地区，以在渔水之阳得名。拱，拱卫。

（2）河外，黄河以北。受降城，汉武帝派公孙敖所筑，故城在今内蒙古乌拉特旗北。唐中宗神龙三年（707）又派张仁愿在黄河以北筑起中、

东、西三座受降城。这些受降城，后来成为中国北部国防巩固的一种象征。

（3）绝徼（jiào），极远的边塞之地。青海箭，祖辈传下来的远征青海时所缴获的箭矢。

（4）绿林，西汉末，新市人王匡、王凤等聚于绿林山中，众至七八千人，王莽天凤四年起事。绿林位于湖北当阳东北。后来以绿林泛指结伙聚集山林之间反抗官府或抢劫财物的有组织的武装集团。本句是说在中原动员起来新收编的绿林兵。

（5）主，此指皇帝。宵衣，即宵衣旰食，是辛苦忙碌的意思。因七言限制，此处只简用为宵衣。

（6）天山，新疆中部的山脉，代指一切北部边疆地区。答太平，以太平报答主上。

【赏析】

公鼐的这首《诸将》为七言律诗，是慨叹明朝北部国防废弛的诗。明朝北疆国防废弛以后，又欲整治军备以防外侮。皇帝纵有这种励精图治之心，然而各位将军是否肯率师远征异域、为天下争得太平呢？

首联先写北京在明代边防上的重要政治地理位置。上谷和渔阳是汉代的两个郡名。上谷在今河北中西北部，渔阳在北京东部，这两郡从四周拱卫着明朝首都北京。两郡的北方，又接连着受降城。受降城为汉武帝派公孙敖所筑，故城在今内蒙古乌拉特旗北。唐中宗神龙三年（707）又派张仁愿在黄河以北筑起中、东、西三座受降城。《元和郡县志》四记载：东城在榆林东北八里（今内蒙古托克托南），中城在五原（今内蒙古包头西北），西城在丰州西北八十里（今内蒙古杭锦后旗乌加河北）。这些受降城，都是中国古代受降外族军队的指定地点，是中国北部边防巩固的一种象征。

颔联一转，说是如今到了明朝，北部边防废弛。"一从塞马来南牧"，中国故有的农业地区被蹂躏，明朝也就不再加强北部的边防了，这就是"遂使王师罢北征"。诗人写到这里真是感愤良深！

颈联又一转，照应首联。绝是绝域，徼是边界。"绝徼"句是说，在旧边界上，那里尚有祖辈传下来的青海箭，而中原又新动员起绿林兵。这就说明：中国人民收复北方失地的心并没有死，因此希望尚存。这两句对仗工整，语句新巧，令人欣喜玩味不止。

尾联又一转，照应颔联，也有关合全诗的含意。皇帝（主）忧愁国事，正值他勤于政务之时。宵衣，指天未明就起来穿上衣服，说明皇帝勤于政务。"宵衣旰食"是封建时代颂扬皇帝勤政的套语。其中的"旰"是晚上，"旰食"是说明晚饭开得很晚，也是辛苦忙碌的意思。这里由于七言的限制，只简用宵衣。在皇帝这样忧愁国事的情况下，诸位统兵将军，谁能勇敢地率领大军到边境上去争得太平回报皇帝和全国人民呢？这就扣住了诗题，完成了全诗。这里的"天山"，本是指中国西北边疆地区，词义扩大后，代指一切北部边境地区。

公鼐这首《诸将》，忧心国事，对诸将怀有深切期望，语言平实简练，用典不隔，形象鲜明，确实是一首佳作。（温振宇）

陈继儒

陈继儒（1558—1639），字仲醇，号眉公、麋公，华亭（今上海松江）人，明文学家、书画家。诸生。自名隐士，居住小昆山，后筑室东佘山，杜门著书，工诗善文，短翰小词，皆有风致。书法苏米，兼能绘事，名重一时。而又周旋官绅间，时人颇有讥评。有《陈眉公集》。

【原文】

焚　书

雪满前山酒满瓻⁽¹⁾，一编常对老潜夫⁽²⁾。
儿曹空恨咸阳火⁽³⁾，焚后残书读尽无？

【毛泽东圈评等情况】

毛泽东对诗话中有关咏史的各种不同理解，是很重视的。《历代诗话》中《焚书》（《历代诗话》庚集）一文，说的是章碣《焚书坑》这首诗。诗话的作者对"坑灰未冷山东乱，刘项原来不读书"中的"焚书坑"作了考证，指出它是在骊山下，即"坑儒谷"。文中辑录了对秦始皇"焚书坑儒"持不同看法的两首诗："万历中，陈眉公诗：'雪满前山酒满瓻，一编常对老潜夫。儿曹空恨咸阳火，焚后残书读尽无？'天启中，叶圣野诗：'黄鸟歌残恨未央，可怜一夕葬三良。坑儒旧是秦家事，何独伤心怨始皇？'一诘责后人，一追咎前人。各妙！"接着作者列举历史史实，阐述自己的观点。即："秦时未尝废儒，而始皇所坑者，盖一时议论不合者耳。"毛泽东对此加了圈点。

[参考] 张贻玖：《毛泽东和诗》，中央文献出版社1998年版，第96页。

【注释】

（1）前山，指诗人隐居的东佘山，在今上海松江境。觚，古代饮酒器，青铜制，长身侈口，口部与底部呈喇叭状，细腰，圆足，盛行于商代和西周初期。《仪礼·特牲馈食礼》："实二爵二觚四觯一角一散。"郑玄注："旧说云：爵一升，觚二升，觯三升，角四升，散五升。"

（2）一编，一部书。编，书籍。唐韩愈《进学解》："先生口不绝吟于六艺之文，手不停披于百家之编。"潜夫，隐士。

（3）儿曹，儿辈，孩子们，后辈。咸阳火，指秦始皇焚书之火。咸阳，秦朝都城咸阳，在今陕西咸阳东北聂家沟一带。

【赏析】

这首诗见于毛泽东圈阅的吴景旭《历代诗话》庚集《焚书》条。吴景旭，字日生，归安（今浙江吴兴）人，清代诗评家。所著《历代诗话》共八十卷，以天干数分为十集，评论《诗经》《楚辞》《古乐府》、汉魏六朝以迄元明人诗，每条各立标题，先列旧说，再采录诸书加以考辨，主要解释词汇，并附自己的见解。《焚书》这则诗话也是如此，吴氏先列旧说，即章碣的诗，辑录了陈眉公、叶圣野七言绝句各一首，都是评论秦始皇"焚书坑儒"的。此条不长，全文照录如下：

　　章碣《焚书坑》诗云："坑灰未冷山东乱，刘项原来不读书。"

　　吴日生曰："焚书坑在骊山下，即坑儒谷。昔人题云：'焚书只是要人愚，人未愚时国已虚。惟有一人愚不得，又从黄石读兵书。'按：《黄石公记》云：'黄石，镇石之精也。黄者，镇星色也。石者，星质也。东坡以圯上老人为隐君子。'"

　　万历中，陈眉公诗："雪满前山酒满觚，一编常对老潜夫。儿曹空恨咸阳火，焚后残书读尽无？"天启中，叶圣野诗："黄鸟歌残恨未央，可怜一夕葬三良。坑儒旧是秦家事，何独伤心怨始皇？"一诘责后人，一追咎前人。各妙。

　　宋萧森《希通录》云："按史书，所坑特侯生、卢生四百六十余人，非尽坑天下儒者。为其所坑，又非儒者。何以知之？始皇二十二年，使卢生求羡门，刻碣石门，坏城郭，决通堤防。又卢生入海还，因奏图书有亡秦之语。始皇乃遣蒙恬发兵三十万人，起临洮，筑辽水。又卢生说始皇曰：'日方中，人主时为微行，以避恶鬼。恶鬼避，真人至。愿上所居宫，毋令人知，然后不死之药可得也。'其后建阿房宫，千间万落，必自此言发之。观此，皆卢生等稔知其恶，特方伎之流耳，岂所谓儒者哉！"

郑夹漈论秦不绝儒学，有曰："陆贾，秦之巨儒也。郦食其，秦之儒生也。叔孙通，秦时以文学召，待诏博士。数岁，陈胜起，二世召博士诸儒生三十余人而问其故，皆引《春秋》之义以对，况叔孙通降汉时，有弟子百余人。项羽之亡，鲁为守礼义之国，则知秦时未尝废儒，而始皇所坑者，盖一时议论不合者耳。萧何入咸阳，收秦律令图书，则秦亦未尝无书籍也。其所焚者乃一时事耳。"

吴氏只节录了章碣《焚书坑》的后两句，其全诗是："竹帛烟销帝业虚，山河空锁祖龙居。坑灰未冷山东乱，刘项原来不读书。"章碣，桐庐（今浙江桐庐）人，晚唐诗人。诗人章孝标之子。曾中进士，唐懿宗咸通年间至唐僖宗乾符年间有诗名，唐亡后流落不知所终。《全唐诗》存其诗二十六首，共中二十三首是七律，有的语意愤激，例如"尘土十分归举子，乾坤大半属偷儿"（《癸卯岁毗陵登高会中贻同志》），是很泼辣的句子。方干称赞他的诗说："织锦虽云用旧机，抽梭起样更新奇。"《焚书坑》是章碣写的一首七言绝句。这首诗就秦末动乱的原因，对秦始皇焚书坑儒的暴行进行了辛辣的嘲讽和无情的谴责。所谓焚书坑儒，是秦始皇三十四年（前213），博士淳于越根据古制，建议分封子弟。李斯反对儒生们以古非今，秦始皇采纳丞相李斯的奏议，除了秦纪、医药、卜筮、种树书外，下令在全国范围内搜集焚毁民间所藏的《诗》《书》和百家之书，令下之后三十日不烧者，罚做筑城的苦役；谈论《诗》《书》者论死；以古非今者族诛；学习法令者以吏为师。第二年，方士、儒生求仙药不得，卢生等又逃亡，始皇怒，在咸阳又活埋了反对他的460多个儒生。这是中国历史上

明
诗

一场空前的文化浩劫。这种毁灭文化和摧残文人的暴行历来受到人们的批判。章碣这首诗从总结秦朝速亡原因的角度提出了新的看法，意思是说竹帛（书籍）化为灰烬消失了，秦始皇的帝业也跟着灭亡了。虽然有函谷关与黄河的险固，也保卫不住秦始皇在都城咸阳的宫殿。焚书坑中书籍的灰烬还没有冷却，函谷关以东便发生了动乱，秦末农民起义领袖刘邦和项羽原来都不读书。刘邦和项羽一个曾长期在市井中厮混，一个出身行伍，都不是读书人。可见"书"未必就是祸乱的根源，"焚书"，也未必就是巩固"子孙帝王万世之业"（贾谊《过秦论》）的有效措施。诗虽写得很委婉，很冷静，其反对焚书坑儒的态度和憎恨的感情却十分鲜明。

毛泽东读了《焚书坑》，很想知道作者章碣其人，可章碣是个小人物，史书对他基本上没有记载，所以毛泽东就想知道得更多一些，先让康生为之查找。1959 年 12 月 8 日，康生向毛泽东报告说：

> 主席：
> 　　关于章碣的生平材料很少，查了几条，但同《中国文学家大辞典》所记差不多，送上请阅。

由于康生所获无多，12 月 11 日毛泽东又让他的秘书林克再为查找：

> 林克：
> 　　请查《焚书坑》一诗，是否是浙人章碣（晚唐人）写的？诗云：
> 　　竹帛烟销帝业虚，
> 　　关河空锁祖龙居。
> 　　坑灰未烬（冷）山东乱，
> 　　刘项原来不读书。
>
> 毛泽东
十二月十一日

吴景旭在《历代诗话》中辑录的后两首诗，便是明代诗人陈眉公和陈圣野各一首七绝。二诗俱无题，题目是编者所拟。陈眉公的七绝的前两句是："雪满前山酒满舷，一编常对老潜夫。"一、二句描写而兼叙述，是诗人的自况。意思是说，在一个大雪纷飞、满山皆白的日子，自己在斗室中满斟酒杯，自饮自酌；作为一个隐士常常对一部书反复钻研，还未能透彻了解。可见读书之难。后二句便议论道："儿曹空恨咸阳火，焚后残书读尽无？"儿曹，犹儿辈，俗话孩子们，一种轻视之词。《史记·外戚世家褚孝孙论》："是非儿曹愚人所知也。"唐韩愈《示儿》："诗以示儿曹，其无迷厥初。"三、四两句是说，你们这些孩子们白白怨恨秦始皇焚书之火，焚书之后剩下的书籍你们读完没有？这就从后人不喜读书、读书少的角度为秦始皇的焚书坑儒进行了辩解，也是提出了新的看法。故吴景旭说此诗是"诘责后人"，写得也很奇妙！查《续修四库全书》第1380册载《陈眉公集》卷四刊有题作《七夕晒书有感》七绝一首云："竹馆香清鸟下初，辛勤头白志潜夫。儿曹空恨咸阳火，焚后残书读尽无？"对照之下，二诗显系一诗，但前二句又颇不同，录以备参。

毛泽东多次讲到秦始皇的功过，他说"秦始皇主张'以古非今者族'，秦始皇是个厚今薄古的专家"，"不能大骂秦始皇。早几十年中国的国文教科书，就说秦始皇不错了，车同轨，书同文，统一度量衡"。对秦始皇焚书坑儒，毛泽东也曾多次谈到，并有自己的评价：秦始皇这个人大概缺点甚多，有三个指头，主要骂他的一条是"焚书坑儒"，坑了460个儒，其实主要是反对他的人。从这些论述中，我们可以看出他对"焚书坑儒"的看法，颇受章碣等三人诗的影响。（毕桂发）

叶　襄

叶襄，字圣野，长洲县（今江苏苏州）人。诸生。明清之际诗人。锐意经籍，入复社，列名《留都防乱公揭》，声讨阮大铖。入清，一以唐人为宗，尤工丽语，有六朝风致。清世祖顺治十二年（1655）卒。有《红药堂诗》。

【原文】

坑　儒

黄鸟歌残恨未央(1)，可怜一夕葬三良(2)。
坑儒旧是秦家事，何独伤心怨始皇？

【毛泽东圈评等情况】

毛泽东对诗话中有关咏史诗的各种不同见解，是很重视的。《历代诗话》中《焚书》（《历代诗话》庚集）一文，说的是章碣《焚书坑》这首诗。诗话的作者对"坑灰未冷山东乱，刘项原来不读书"的"焚书坑"作了考证，指出它是在骊山下，即"坑儒谷"。文中辑录了对秦始皇"焚书坑儒"持不同看法的两首诗："万历中，陈眉公诗：'雪满前山酒满瓶，一编常对老潜夫。儿曹空恨咸阳火，焚后残书读尽无？'天启中，叶圣野诗：'黄鸟歌残恨未央，可怜一夕葬三良。坑儒旧是秦家事，何独伤心怨始皇？'一诘责后人，一追咎前人。各妙！"接着作者列举历史史实，阐述自己的观点。即："秦时未尝废儒，而始皇所坑者，盖一时议论不合者耳。"毛泽东对此加了圈点。

[参考]张贻玖：《毛泽东和诗》，中央文献出版社1998年版，第96页。

【注释】

（1）黄鸟，《诗经·秦风》篇名。《左传·文公六年》："秦伯任好卒，以子车氏之三子奄息、仲行、鍼虎为殉，皆秦之良也。国人哀之，为之赋《黄鸟》。"未央，未尽，无已。《楚辞·离骚》："及年岁之未晏兮，是亦犹其未央。"王逸注："央，尽也。"

（2）三良，三位贤臣，此指秦穆公时的奄息、仲行、鍼虎。《诗经·秦风·黄鸟序》："黄鸟，哀三良也。国人刺穆公以人从死，而作是诗也。"毛传："三良，三贤臣也。谓奄息、仲行、鍼虎也。"

【赏析】

这首诗见于毛泽东圈阅的吴景旭《历代诗话》庚集《焚书》条。吴景旭，字日生，归安（今浙江吴兴）人。清代诗评家。著《历代诗话》，共八十卷，以天干数分为十集，评论《诗经》《楚辞》《右乐府》、汉魏元朝以迄元明人诗，每条各立标题，先列旧说，再采录诸书加以考辨，主要解释词汇，并附自己的见解。

《焚书》这则诗话也是如此，吴氏先列旧说，辑录了章碣、陈眉公、叶圣野七言绝句各一首，都是评论"焚书坑儒"的。首先引的是唐代诗人章碣的《焚书坑》："竹帛烟销帝业虚，山河空锁祖龙居。坑灰未冷山东乱，刘项原来不读书。"（吴氏只录了诗的后两句）

这首诗就秦末动乱的原因，对秦始皇焚书坑儒的暴行进行了辛辣的嘲讽和无情的谴责。章碣这首诗从总结秦朝速亡原因的角度提出了新的看法，意谓竹帛（书籍）化为灰烬消失了，秦始皇的帝业也跟着灭亡了，虽然有函谷关与黄河的险固，也保卫不住秦始皇在都城咸阳的宫殿。焚书坑中的灰烬还没有冷却，函谷关以东便发生了动乱，秦末农民起义领袖刘邦和项羽原来都不读书。刘邦和项羽，一个曾长期在市井中厮混，一个出身行伍，都不是读书人。可见"书"未必就是祸乱的根源，"焚书"也未必就是巩固"子孙帝王万世之业"（贾谊《过秦论》）的有效措施。诗虽写得很委婉、很冷静，其反对焚书坑儒的态度和憎恶的感情却十分鲜明。

吴景旭在《历代诗话》中辑录的后两首诗便是明代诗人陈眉公和叶圣

野各一首七绝。二诗俱无题，题目是作者所拟。叶氏的七绝，前两句"黄鸟歌残恨未央，可怜一夕葬三良。"用典，是叙述史实。秦穆公死的时候让子车氏之子奄息、仲行、铖虎三人殉葬，而三人都是秦国的贤臣，所以秦国人很惋惜他们，为其赋《黄鸟》寄托哀思。秦穆公为春秋时代的秦国国君，距秦始皇嬴政二十帝。秦穆公死时让大臣殉葬，是沿用奴隶制时代的殉葬制度，也可以视为"坑儒"。所以诗人后两句议论说："坑儒旧是秦家事，何独伤心怨始皇？"意谓"坑儒"本来是秦王朝的旧制，为什么要把罪归咎于秦始皇呢？诗人为秦始皇"焚书坑儒"进行开脱，而归咎于他的先人秦穆公。诗话作者认为该诗"追咎前人"，也很妙（毕桂发）

杨 涟

杨涟（生卒年不详），字文孺，应山（今湖北应山）人。明代文学家、诗人。明神宗万历丁未进士，除常熟知县，举廉吏第一，累迁兵科右给事中。光宗立，寝疾，涟以小臣与顾名，拥熹宗即位，帝称其忠。乞归。复起为副都御史，弹劾魏忠贤阉宦二十四大罪而被逮，死镇抚司狱中。崇祯初赠太子少保、左都御史，谥忠烈。

【原文】

题柏子园青芸阁

官阁凌空汶水深[(1)]，金飙初动客登临[(2)]。
浮云易改三山色[(3)]，落叶先惊万里心[(4)]。
江上美人遗杂佩[(5)]，城南少妇拭清砧[(6)]。
繁台兔苑今禾黍[(7)]，日暮凭栏思不禁。

【毛泽东圈评等情况】

毛泽东读清沈德潜、周准编选《明诗别裁集》卷十时圈阅了此诗。

[参考] 张贻玖：《毛泽东评点、圈阅的中国古典诗词》，
中国工人出版社 1992 年版，第 260 页。

【注释】

（1）官阁，即青芸阁，因是官府所修，故称官阁。汶水，汶水有三条，皆在山东境内，此指大汶河，源出莱芜东北三原山，西南流经泰安治东。

（2）金飙，秋天的大风。西方属金，节令当秋；飙为暴风。

（3）三山，传说中的海上三座神山：蓬莱、瀛洲、方丈。这里是指参

山，在今山东莱州北。战国、秦、汉时帝王祭祀"八神"中的第四神"阴主"于此。

（4）万里心，在遥远异乡漂泊的心情。

（5）"江上"句，相传郑交甫于汉皋遇二女，与谈，二人解所佩之珠赠之。分手时回望，二女已不见。事见汉刘向《列仙传·江妃二女》。后遂用为典实。

（6）清砧，捣衣石的美称。唐杜甫《暝》："半扉开烛影，欲掩见清砧。"

（7）繁（pò）台，一名吹台、禹王台，在今河南开封郊东南隅，相传为春秋时师旷吹台，汉梁孝王增筑，古来乃繁盛之地。兔苑，即梁园，汉梁孝王刘武苑圃，故址在今河南商丘东南，一说在开封东南。

【赏析】

这是一首登临写景之作，为七言律。柏子园青芸阁，在今山东东平境内，紧靠大汶河。

"官阁凌空汶水深，金飙初动客登临。"首联照应题目，点明"登临"二字。青芸阁乃官府所修，故称官阁。金飙，指秋风。西方属金，节候当秋；飙则为暴风。作者为应山人，游玩至此，秋风一起，游子思乡，故登临以抒其忧。

"浮云易改三山色，落叶先惊万里心。"颔联借景抒情，意象阔大，颇得杜甫七律诗之风神。三山，说法不一，实际上是指参山，在今山东莱州之北。作者登上青芸阁，极目远眺，参山在云雾笼罩之中，秋风一起，草木变色，参山自然要随之变化。诗人再近观眼前，落叶飘飘，不禁想到自己蓬飘万里，顿时心惊。诗句对仗工稳，字词锻炼亦颇见功夫。

"江上美人遗杂佩，城南少妇拭清砧。"颈联由景及人，写诗人登临青芸阁所见。但细观其诗，此两句恐非实景，而是因情所造之景。作者因思乡心切，为表现乡思，便选两个表现乡思的意象，而其景或许是诗人神游所见。江上，指大汶河。诗人想见秋社之日，美女结伴而游，所谓"遗杂佩"，乃是遇上可心之人，取饰物以寄情。诗人见此，自然就回想起自己早年的爱情生活，思念远方的情人。"城南少妇拭清砧"，这亦是古典诗词表现思乡常用的意象。秋风一起，思妇想念游子，捣衣寄远，其砧声融进了许多哀怨。

"繁台兔苑今禾黍，日暮凭栏思不禁。"尾联继而抒发怀古幽思，诗人感叹沧桑易改，繁华难再，既然富贵无常，又何须弃家离乡，为求取功名而四处奔波？诗人用此感伤来深化自己的乡思。繁台，一名吹台、禹王台，在今河南开封市郊东南隅，相传为春秋时师旷吹台，汉梁孝王增筑，古来乃繁胜之地。兔苑，即兔园，汉梁孝王的园囿，故址在今河南商丘东，后来也称梁园。诗人登临青芸阁，根本看不见兔苑和繁台，此处亦是泛指。昔日繁胜之地如今长满禾黍，诗人故有此黍离之悲，感而生哀。

纵观全诗，以叙写诗人的行旅羁思为主，写景、议论和抒情融而为一，特别是后四句的虚写，虚实相生，亦虚亦实，更有力地抒发了诗人的情感。（曾广开）

王象春

王象春（1578—1632），字季木，新城（今山东桓台）人。明代诗人，明神宗万历三十八年（1610）进士，官至吏部郎中。明熹宗天启时，阉党石三畏劾李三才（时已故）等，象春牵连受劾而谪外，稍迁南吏部考功郎，后归田。为人刚正疾恶，抗论士大夫邪正，为诗自辟门径，亦颇自负。有《问山亭集》。

【原文】

书项王庙壁

三章既沛秦川雨[(1)]，入关又纵阿房炬[(2)]，汉王真龙项王虎[(3)]。玉玦三提王不语[(4)]，鼎上杯羹弃翁姥[(5)]，项王真龙汉王鼠。垓下美人泣楚歌[(6)]，定陶美人泣楚舞[(7)]，真龙亦鼠虎亦鼠。

【毛泽东圈评等情况】

毛泽东读清沈德潜、周准编选《明诗别裁集》卷十时圈阅了此诗。

[参考]张贻玖：《毛泽东评点、圈阅的中国古典诗词》，中国工人出版社1992年版，第260页。

【注释】

（1）三章，此指刘邦约法三章。

（2）纵炬，放火。阿房，即阿房宫，指秦代宫室。

（3）龙，封建时代用龙作为皇帝的象征。虎，指戕害物类的害虫，凶暴残忍。

（4）玉玦，有缺口的玉环，是玉制饰物的一种。古时常用以赠人，表示决断、决绝。《史记·项羽本纪》：项羽的谋士范增要项羽在鸿门宴上谋杀刘邦，"范增数目项王，举所佩玉玦以示之者三，项王默然不应"。

（5）鼎，古代烹煮用的器物，三足两耳。翁，指刘邦的父亲。姥，通"姆"，年老的妇女。《史记》未载刘邦母亦被虏，此为作诗连类及之。《史记·项羽本纪》：楚、汉相争时，刘邦的父亲太公、妻子吕雉被项羽军俘获。"项王……为高俎（几案），置太公其上，告汉王曰：'今不急下，吾烹太公。'汉王曰：'吾与项羽俱北面受命怀王，曰"约为兄弟"，吾翁即若翁，必欲烹而翁，则幸分我一杯羹。'"

（6）垓下，地名，在今安徽灵璧东南，即项羽被围困之地。美人，指项羽的宠姬虞姬。此句写虞姬和项羽唱《垓下歌》的事。

（7）定陶，在山东西南部。定陶美人，指刘邦的爱姬戚夫人。戚夫人为定陶人。刘邦欲立戚夫人子赵王如意为太子，不成。"戚夫人泣。上曰：'为我楚舞，吾为若楚歌。'"事见《史记·留侯世家》。

【赏析】

这是一首咏史的古体诗，无论思想内容或艺术形式都很奇特。全诗三句一节，共九句三层意思。书项王庙壁，即书写在项王庙墙壁上的诗。项王，指项羽，秦末下相（今江苏宿迁西）人。少有奇才，力能扛鼎。秦二世时，从叔父梁起兵吴中，大破秦兵，率诸侯师入关，杀秦降王子婴，自立为西楚霸王。后与汉王刘邦约中分天下，东归之时，为汉王追围于垓下，以为刘邦已尽得楚地，乃突围至乌江，自刎而死。项王庙，在今安徽和县乌江镇东南凤凰山上。

前三句为第一节。三章，三条法律条款。既，已经。沛，充盛的样子。秦川，古代秦国的故地。据《史记·高祖本纪》：公元前206年，刘邦率军西入咸阳，秦朝灭亡。刘邦"召诸县父老豪杰曰：'父老苦秦苛法久矣，诽谤者族，偶语者弃市。吾与诸侯约，先入关者王之，吾当王关中。与父老约，法三章耳：杀人者死，伤人及盗抵罪。余悉除去秦法。诸吏人皆案堵如故。凡吾所以来，为父老除害，非有所侵暴，无恐！且吾所以还军霸上，待诸侯至而定约束耳。'乃使人与秦吏行县乡邑，告谕之。秦人人喜，争持牛羊酒食献飨军士。沛公又让不受，曰：'仓粟多，非乏，不欲费人。'人又益喜，唯恐沛公不为秦王"。"三章既沛秦川雨"，意思是说，刘邦入关后约法三章，犹如秦川久旱逢到充沛的雨水一样，受到群众的欢迎。

"入关又纵阿房炬"，指刘邦入关约法三章后，还军灞上。不久项羽又引兵入关，放火烧了阿房宫。据《史记·项羽本纪》："居数日，项羽引兵西屠咸阳，杀秦降王子婴，烧秦宫室，火三月不灭；收其宝妇女而东。"阿房，即阿房宫，指秦代的宫室。秦代的宫殿，全部工程至秦亡时犹未建成，故未正式命名，时人因其前殿所在的地名为阿房，即称之为阿房宫。

以上两句，一写刘邦入关的行为，一写项羽入关的行为，两两对照。第三句是作者评论："汉王真龙项王虎。"龙，封建时代用龙作为皇帝的象征。虎，指戕害物类的害虫，凶暴残忍。这一句是说，刘邦的做法是真龙天子之举，项羽的做法是凶残老虎之为。

中间三句为第二节。

玉玦，有缺口的玉环，玉饰的一种。古时常用以赠人，表示决断、决绝。"玉玦三提王不语"，指项羽和谋士范增计划在鸿门设宴谋杀沛公刘邦没有成功。《史记·项羽本纪》载，在鸿门宴会上，"范增数目项王，举所佩玉玦以示之者三，项王默然不应"。计划落空，气得范增说："竖子不足与谋。"项羽不忍杀刘邦的做法，历求被人们指责为"心活手软""沽名钓誉""非丈夫之举"等。而诗人却独具慧眼，另有看法，认为项羽不杀刘邦，才是真正的真龙天子行为。事实上，杀刘邦的主张也的确是错误的。项羽后来未能得天下，绝不是因为此次未杀刘邦，而是他后来不能接受正确意见，犯了种种重大错误。如果此次杀了刘邦，便会失去人心，落下千古骂名，恐怕更不会得天下了。

鼎，古代烹煮用的器物，三足两耳。羹，煮或蒸成的汁状、糊状、冻状的食品，这里指烹太公的肉羹。弃翁姥，指刘邦抛弃父亲。《史记·项羽本纪》载：楚、汉相争时，刘邦的父亲太公、妻子吕后被项羽军俘获。不久，楚汉两军在广武相持，"当此时，彭越数反梁地，绝楚粮食，项王患之。为高俎（几案），置太公其上，告汉王曰：'今不急下，吾烹太公。'

汉王曰：'吾与项羽俱北面受命怀王，曰"约为兄弟"，吾翁即若翁，必欲烹而翁，则幸分我一杯羹。'项王怒，欲杀之。项伯曰：'天下事未可知，且为天下者不顾家，虽杀之无益，只益祸耳。'项王从之"。"鼎上杯羹弃翁姥"，是说项羽把太公捆在几案上，要放到鼎里烹，刘邦不但不怕，反而说要分一杯肉羹吃。

以上两句又写了项羽、刘邦相斗的两件史事，两两对照，鲜明地表现了项羽、刘邦的性格及处事态度。接着诗人又加评论："项王真龙汉王鼠"。这句的意思是说，项羽的做法是真龙天子之举，刘邦的做法是胆小怕死、只顾私利的小人行径。"项王真龙"的赞语，诗人明指鸿门宴上项羽不忍杀刘邦，实际上也包括项羽在广武未烹太公。项羽不烹太公，并非中了刘邦的诡计，心慈手软，而确实是仁人的大度行为，因为杀了太公确实无益。"汉王鼠"的贬斥，诗人明指刘邦"弃翁姥"，实际上也包括刘邦在鸿门不择手段、仓皇逃命的行为。

后三句第三节。

垓下，地名，在今安徽灵璧东南。美人指项羽的宠姬，名虞。楚歌，楚国的鸡鸣歌。应劭曰："楚歌者，谓鸡鸣歌也。"据《史记·项羽本纪》："项羽军壁垓下，兵少食尽，汉军及诸侯兵围之数重。夜闻汉军四面楚歌，项王乃大惊曰：'汉皆已得楚乎？是何楚人之多也！'项王则夜起，饮帐中。有美人名虞，常幸从；骏马名骓，常骑之。于是项王乃悲歌慷慨，自为诗曰：'力拔山兮气盖世，时不利兮骓不逝。骓不逝兮可奈何，虞兮虞兮奈若何！'歌数阕，美人和之。项王泣数行下，左右皆泣，莫能仰视。""垓下美人泣楚歌"，意思是说，项羽兵困垓下，在四面楚歌的时候，只会和美人虞姬对着哭泣。

定陶美人，指刘邦的爱姬戚夫人。《史记·吕后本纪》："及高祖为汉王，得定陶戚姬，爱幸，生赵隐王如意。孝惠为人仁弱，高祖以为不类我，常欲废太子，立戚姬子如意，如意类我。戚姬幸。常从上之关东，日夜啼泣，欲立其子代太子。"泣楚舞，哭着跳楚舞。这句的意思是说，刘邦原本认为太子弱应废，决心立戚夫人的儿子如意，他也确实比较有才，而且像刘邦，可是当吕后用张良计把商山四皓请来辅佐太子，刘邦见了后，便没了主意，只会让戚夫人哭着跳楚舞了。此典出自《史记·留侯世家》："汉十年，上从击破布军归，疾益甚，愈欲易太子。留侯谏，不听，因疾不视事……""四人为寿已毕，趋去。上目送之，召戚夫人指示四人（商山四皓）者曰：'我欲易之，彼四人辅之，羽翼已成，难动矣。吕后真而主矣。'戚夫人泣，上曰：'为我楚舞，吾为若楚歌。'歌曰'鸿鹄高飞，一举千里。羽翮已就，横绝四海。横绝四海，当可奈何！虽有矰缴，尚安所施！'歌数阕，戚夫人嘘唏流涕，上起去，罢酒。竟不易太子者，留侯本召此四人之力也。"

第三句诗人评论："真龙亦鼠虎亦鼠"。意思是说，真正做了天子的刘邦和一向勇猛如虎的项羽，分别对这两件事的处理，都是胆小怕事、目光短浅的老鼠行为。这里的评论，诗人更是独具慧眼，见解独特可贵，非常正确。因为项羽兵困垓下时，并非"汉皆已得楚"，更没有认识到诸侯联军必然会有很多矛盾和弱点。如果冷静对付，或用反间计、或用计突围，保存下来一部分力量是完全可能的，将来"卷土重来未可知"。特别是刘邦身为天子，大权在握，却见"四皓"辅佐太子，便以为"羽翼已成"。其实，四个老头子辅佐有何作用？结果是太子当了皇帝依旧仁弱不堪，以致吕后专权，如意被杀，戚夫人成了"人彘"，致使得刘氏天下几欲灭亡。可见这次未易太子的行为，是瞻前顾后、当断不断，目光短浅的老鼠行为。

这首诗在思想内容方面的突出成就是评论不落传统说法的窠臼。对刘邦、项羽这几件史事，前人不乏评论，而诗人的评论几乎完全是发前人之未发，独具慧眼，而且见解正确，实在可贵。在艺术上，刘邦和项羽两两对照着写，使形象鲜明生动，给人印象深刻，说服力强。再者，分别把刘邦、项羽比龙、比虎、比鼠，既鲜明生动，又恰当准确，不能不使人叹服诗人构思的巧妙。这首诗的形式也很奇特，古体诗并不少见，但此古体诗共九句，三句一层意思，共三层意思，层次清楚、结构有条理、诗意完整，实属罕见。（英男）

陈鸣鹤

陈鸣鹤（？—1560），字鸣轩，一字九皋，号海樵，浙江山阴（今浙江绍兴）人。明世宗嘉靖四年（1525）举人，袭其祖军功，官绍兴卫百户，非素志，自弃官称山人。工诗善画，水墨花草，最为超绝。有《海樵先生集》等。

【原文】

伍相祠

黄池宴罢羽书催[1]，骨葬鸱夷槚可材[2]。
西子已辞吴苑去[3]，东门忍见越兵来[4]。
春风故国蘼芜长[5]，落日荒祠杜宇哀。
千载忠魂何处问，满城儿女弄潮回[6]。

【毛泽东圈评等情况】

毛泽东读清沈德潜、周准编选《明诗别裁集》卷十时圈阅了此诗。

[参考] 张贻玖：《毛泽东评点、圈阅的中国古典诗词》，
中国工人出版社 1992 年版，第 260 页。

【注释】

（1）黄池，古地名，即黄亭，在今河南封丘西南。春秋初为卫地，后属宋。公元前 482 年，吴王夫差与晋定公、鲁哀公等会盟于此，史称"黄池之会"。

（2）骨葬鸱夷，把尸骨装入皮口袋（鸱夷）里，葬于水中。槚（jiǎ），木名，即楸，常同松树一起种在坟墓前，其木材致密，古人常用来做棺椁

或刑具。可材，可做棺材。

（3）西子，即西施。传说越灭吴后，西施与范蠡偕入五湖。吴苑，吴王的宫苑。

（4）东门，指吴国京城（今江苏苏州）的东门。忍见，是不忍见。越兵来，这是伍子胥的预言。

（5）故国，此指古代吴国故地，即伍相祠的所在地。

（6）城，此指杭州城。

【赏析】

诗题《伍相祠》。"伍相"，即伍员（？—前484），春秋时吴国相国，字子胥。原是楚国人，因父、兄被陷害，为楚平王所杀，只身逃亡吴国。后帮助阖闾刺杀吴王僚，夺取了王位，整军经武，国势日盛。不久攻破楚国，以功封于申，又称申胥。后来，又佐吴败越。越王勾践请和，吴王夫差答应，并出兵伐齐。子胥劝吴王拒绝越国求和，并停止伐齐，要警惕越国复仇。吴王夫差不但不从，反而听信谗言，赐属镂剑命子胥自刎。九年后，越国果然灭了吴国。传说子胥灵魂不灭，成为涛神，随钱塘江怒潮出没往来。有人见到子胥在潮头之上乘坐着白车白马，因此立庙来祭祀他。祠，供奉祖宗、鬼神或有"功德"的人的庙宇或房屋。伍相祠，即伍子胥庙，在胥山（即今江苏苏州西南胥山）上。伍员是历史上著名的忠心为国却含冤被害的人物。这首七言律诗就是作者瞻仰伍相祠后追思凭吊之作。

首联两句先回忆吴王夫差的专横昏庸和伍员的忠心。黄池，古地名，即黄亭，在今河南封丘西南。春秋初为卫地，后属宋。公元前482年，吴王夫差与晋定公、鲁哀公等会盟于此，史称"黄池之会"。羽书，军中的紧急公文。上插羽毛表示紧急，必须速递。"黄池宴罢羽书催"，据《史记·伍子胥列传》："吴王既诛伍子胥，遂伐齐……不胜而去。其后二年，吴王召鲁卫之君会之橐皋。其明年，因北大会诸侯于黄池，以令周室。越王勾践袭杀吴太子，破吴兵。吴王闻之，乃归，使使厚币与越平。后九年，越王勾践遂灭吴，杀王夫差。"这一句是说，黄池会盟的宴会刚结束，告急的文书就来催行。骨葬鸱夷，把尸骨装入皮口袋里，葬于水中。鸱夷，皮制的口袋。楸，木名，即楸，常同松树一起种在坟墓前，其木材密致，古人常用来做棺椁或刑具。楸可材，指楸树可以做棺材。"骨葬鸱夷楸可材"，此典出自《史记·伍子胥列传》："（吴王）乃使使赐伍子胥属镂之剑，曰：'子以此死。'伍子胥……乃告其舍人曰：'必树吾墓上以梓，令可以为器；而抉吾眼县（悬）吴门之上，以观越寇之入灭吴也。'乃自刭死。吴王闻之大怒，乃取子胥尸盛以鸱夷革，浮之江中。"这一句是说，伍子胥自刭时还让其门人在他的坟墓上栽上树木，将来可做棺材之用，吴王恼怒，把伍员的尸骨装入皮口袋里，抛入江中。

颔联两句写吴王不听伍子胥忠谏的后果。伍子胥最不忍看到的预言出现了。西子，即西施，本是越国的美女，由越王勾践献给吴王夫差，成为夫差最宠爱的妃子。传说吴灭亡后，与范蠡偕入五湖。吴苑，吴王的宫苑。吴国一灭亡，吴王夫差最宠爱的妃子西施就离开了吴国的宫苑。用"已辞"来写难褒难贬的西施离去的复杂行为，既精练准确，又非常含蓄，耐人寻味。东门，指吴国京城的东门。"东门忍见越兵来"，即伍子胥预言越兵从东门进来的情景，还是出现了。越兵从东门来虽是伍子胥的预言，但也是伍子胥最不愿意看到的。所以，诗人在这里用一个"忍"字。这是辛酸的回忆，难以禁受，难以言状，笔墨极精练含蓄。

颈联两句描绘眼前伍相祠的萧条、荒凉景象，渲染出悲凉的历史气氛，透露出诗人的悲凉愤慨之情。故国，指古吴国故地，即指伍相祠所在地。蘼芜，草名，其茎叶靡弱而繁芜，故起此名，此处代指野草。荒祠，荒凉的伍相祠。杜宇，本是传说中的古代蜀国国王的名字，相传他死后化为杜鹃，所以后人把杜鹃又呼为杜宇。哀，悲伤。这两句的意思是，在这吴国故地，刮着春风，生长着茂盛的野草；正当夕阳西下，荒凉的伍相祠中，杜鹃声声，叫声悲哀。这里的景物描绘，渲染出了悲凉的历史气氛，这是诗人认识到晚明国势衰颓、各种社会矛盾尖锐而感到悲凉愤慨情绪的流露。

尾联两句写千年来，忠心为国的伍子胥受到人们的景仰。忠魂，忠心为国的伍子胥的魂魄。弄潮，在江面上泅水为戏。这里指在钱塘江潮到来时到潮中戏水。宋时临安风俗，喜于八月至钱塘观潮，有善泅少年，百十为群，执彩旗、红绿小伞等泅于水上，或浮于潮头为戏，称弄潮之戏。这种风俗一直流传到明、清和现代。这个结尾用了设问，意思是：千年前忠心为国的伍子胥的事迹到何处去询问呢？全城到钱塘潮戏水回来的儿女们都知道。这样作结不仅是加重了语气，使读者印象深刻，而且引导读者，把"弄潮之戏"和"伍员怒潮"联系起来，从而显示伍员的忠心为国是世世代代家喻户晓、人人景仰的。

明朝末期国势衰颓，政权腐朽，民族矛盾、阶级矛盾、统治阶级内部矛盾，都极其尖锐复杂。诗人陈鸣鹤生活在这样的时代，去凭吊伍相祠，歌颂至死不渝、忠心为国之士，鞭挞独断专横残暴，是有积极意义的。这是时代的需要，也是提醒人们和警告统治者，不要让痛心的历史悲剧重演。（东民）

周永年

周永年（1528—1647），字安期，吴江（今江苏吴江）诸生。明代诗人。少有才名，工诗文；晚遭乱，居吴中西山，未几而卒。著诗累万首，信笔匠心，不以推敲刻镂为能事。有《邓尉圣思寺志》《吴都法乘》《怀响斋词》。

【原文】

吊淮阴侯

一市人皆笑⁽¹⁾，三军众尽惊⁽²⁾。

始知真国士⁽³⁾，元不论群情。

楚汉关轻重⁽⁴⁾，英雄出战争。

何能避菹醢⁽⁵⁾，垂钓足平生⁽⁶⁾？

【毛泽东圈评等情况】

毛泽东读清沈德潜、周准编选《明诗别裁集》卷十时圈阅了此诗。

[参考]张贻玖：《毛泽东评点、圈阅的中国古典诗词》，
中国工人出版社1992年版，第260页。

【注释】

（1）"一市"句出《史记·淮阴侯列传》："淮阴屠中少年有侮信者，曰：'若虽长大，好带刀剑，中情怯耳。'众辱之曰：'信能死，刺我；不能死，出我袴下。'于是信孰视之，俯出袴下，蒲伏。一市人皆笑信，以为怯。"

（2）"三军"句事本《史记·淮阴侯列传》：刘邦"择良日，斋戒，

设坛场具礼……诸将皆喜，人人各自以为得大将。至拜大将，乃韩信也。一军皆惊"。此句中的"三军"，是军队的统称，这里同"一军"。

（3）国士，一国中才能最优秀的人物。《左传·成公十六年》："皆曰：国士在，且厚，不可挡也。"

（4）"楚汉"句事本《史记·淮阴侯列传》：盱眙人武涉往说齐王信曰："……当今二王之事，权在足下。足下右投则汉王胜，左投则项王胜。"

（5）韩信后来被吕后所杀时，并未剁成肉酱，故此处"菹醢"只当死刑讲。菹醢，肉酱，古代的一种酷刑，把人剁为肉酱。

（6）垂钓，垂竿钓鱼，此处指隐退或隐居。

【赏析】

诗题《吊淮阴侯》。吊，凭吊，此处是悼念古人，感慨往事。淮阴侯，汉朝名将韩信的封号。韩信，汉初淮阴（今江苏淮阴）人，善用兵，助汉高祖灭项羽，封为楚王，与张良、萧何称"汉兴三杰"。有人诬告其谋反，遂被降为淮阴侯，后为吕后所杀。

这是一首五言律诗。首联两句，诗人首先追叙韩信的两件事——"胯下辱"和"拜帅"。"一市人皆笑"，此句出自《史记·淮阴侯列传》："淮阴屠中少年有侮信者，曰：'若虽长大，好带刀剑，中情怯耳。'众辱之曰：'信能死，刺我；不能死，出我袴下。'于是信孰视之，俯出袴下，蒲伏。一市人皆笑信，以为怯。""三军众尽惊"，仍是出自《史记·淮阴侯列传》：韩信从项羽，项羽不用，韩信便入蜀归汉，汉王也不重用他，他便逃跑。萧何听说韩信逃跑，便亲自去追回，让汉王重用韩信。"何曰：'诸将易得耳。至如信者，国士无双。王必欲长王汉中，无所事信，必欲争天下，非信无所与计事者。顾王策安所决耳。'王曰：'吾为公以为将。'何曰：'虽为将，信必不留。'王曰：'以为大将。'何曰：'幸甚。'于是王欲召信拜之。何曰：'王素慢无礼，今拜大将如呼小儿耳，此乃信所以去也。王必欲拜之，择良日，斋戒，设坛场，具礼，乃可耳。'王许之。诸将皆喜，人人各自以为得大将。至拜大将，乃韩信也，一军皆惊。"三军，军队的统称，这里同"一军"。这两句的意思是说：当年韩信忍辱胯下，闹得一市人都笑他胆小；汉王刘邦突然拜韩信为帅，使全体将士都大吃一惊。首举二事，对比鲜明，赞美了韩信的气度和军事才能。

颔联，始知，才知道。真国士，真正的国士。国士，一国之中，才智出众、受人推崇的人。"元"通"原"，原来，原本。群情，群众的情绪，这里指市俗群众的思想。第三四句紧承前两句，意思是说，这时才知道真正才智出众的人，原本是不顾市俗群众情绪的（此指韩信）。

颈联上句"楚汉关轻重"，见《史记·淮阴侯列传》："楚已亡龙且，项王怒，使盱眙人武涉往说齐王信曰：'……当今二王之事，权在足下。足下右投则汉王胜，左投则项王胜。'""武涉已去。齐人蒯通知天下权在韩信，欲为奇策而感动之，以相人说韩信曰：'……当今两主之命悬于足下。足下为汉则汉胜，与楚则楚胜。'"英雄，指韩信。下句"英雄出战争"即英雄从战争出。第五六两句是说，楚汉相争，谁胜谁负，处于举足轻重地位的是韩信，这个英雄人物是从战争中考验出来的。

尾联两句诗人慨叹韩信的不幸结局，但并不直接叙述或评论，而是替英雄着想，作出假设。垂钓，放下钓钩。相传吕尚（太公望）曾在渭水垂钓，后遇周文王，故以垂钓指隐退或隐居。平生，终身，一生。诗的最后两句是说，怎样才能躲避过死刑呢？晚年隐居起来度过一生不就可以了吗？

这首诗，诗人首先追述英雄人物的最著名的两个不平凡的历史故事；接着对英雄进行议论，指出其在当时所处的重要地位，以及英雄人物是怎样脱颖而出的；最后写韩信晚年的悲惨结局，表达诗人的同情和惋惜之心。全诗层次清楚，顺理成章。在表现手法上特别值得提出的是，对英雄晚年的悲惨结局，不是直接叙述和评论，而是作了假设，"用翻案法，跌入一层"，使思想内容更加丰富，既表达了对英雄悲惨结局的同情和惋惜，也指出了其晚年不理智的局限，真可谓新颖独到，凭吊不落俗套。这首诗的语言通俗，不刻意雕饰。诗人"著诗累万首，信笔匠心，不以推敲刻镂为能事"，此诗可作代表。（东民）

孙友篪

孙友篪（chí），字伯谐，歙县（今安徽歙县）人。明代诗人。

【原文】

过古墓

野水空山拜墓堂⁽¹⁾，松风湿翠洒衣裳。

行人欲问前朝事⁽²⁾，翁仲无言对夕阳⁽³⁾。

【毛泽东圈评等情况】

毛泽东读清沈德潜、周准编选《明诗别裁集》卷十时圈阅了此诗。

[参考]张贻玖：《毛泽东评点、圈阅的中国古典诗词》，

中国工人出版社 1992 年版，第 260 页。

【注释】

（1）墓堂，墓前的祭堂。

（2）行人，出行的人，出征的人。此指诗人。

（3）翁仲，传说为秦时巨人名。此为墓前石人。

【赏析】

这是孙友篪的一首吊古伤怀的七言绝句。诗人行旅途中，经过一无名古墓，有感而作。

"野水空山拜墓堂，松风湿翠洒衣裳。"一二两句写诗人独立古墓时所见。古墓久荒，地又偏僻，溪水流过，不知其源自何处，归向何处，故曰"野"。山林寂寞，除诗人外，旁无一人，故曰"空"。水野山空，诗人

独立古墓之前，其感伤不言而自明。更何况松柏青青，翠绿欲滴，诗人站在树荫下，倍觉凄清，似乎衣裳也有些湿冷的感觉。

"行人欲问前朝事，翁仲无言对夕阳。"翁仲，指古墓墓道旁石像。《淮南子·氾论》"秦之时……铸金人"句下汉高诱注曰："秦皇帝二十六年，初兼天下。有长人见于临洮，其高五丈，足迹六尺。放写其形，铸金人以象之，翁仲君即是也。"诗人凭吊古墓，欲向墓主询问前朝之事，四面悄无人声，但见夕阳之下，墓前石人相对默默无语。结句以景语做情语，"多少难言事，尽在不言中"，寓有诗人的兴亡之叹。联系到当时明朝国事日非，满族崛起于辽东，意欲入关逐鹿中原的趋势此时已透出征兆，诗人念及此事，其笔端自然汇集着诗人心中的惆怅和感伤，发而为诗，写下这首哀怨伤怀的作品。（曾广开）

吴稼豋

吴稼豋（dēng），字翁晋，孝丰（今浙江安吉）人。以例除南光禄典簿，官云南通判。以称见称于王世贞，与吴梦旸、臧懋循、茅维称四子，工乐府。

【原文】

金陵酒肆赠茅平仲

暮年看尔壮心孤，落落酣歌击唾壶[1]。
但数一钱怜姹女[2]，才夸千骑笑罗敷[3]。
梨花雨湿红襟燕[4]，杨柳春藏白项乌。
欲向卢家借双桨[5]，莫愁不是旧时湖[6]。

【毛泽东圈评等情况】

毛泽东读清沈德潜、周准编选《明诗别裁集》卷十时圈阅了此诗。

[参考] 张贻玖：《毛泽东评点、圈阅的中国古典诗词》，中国工人出版社 1992 年版，第 260 页。

【注释】

（1）落落，孤独或高超不凡的样子。击唾壶（痰盂），用晋王敦的典故。

（2）姹女，少女，美女，此指歌女。《后汉书·五行志一》："河间姹女工数钱，以钱为室金为堂。"此句言茅平仲仅有一钱看囊，姹女发挥不了她的特长，岂不堪怜？

（3）才夸千骑，反用汉乐府歌辞《陌上桑》诗意而称赞茅平仲有治国理民之才，又远在罗敷之夫之上。《陌上桑》中罗敷夸夫云："东方千余骑，夫婿居上头。"

（4）红襟燕，红（棕）色胸脯的燕子。

（5）卢家，洛阳女儿莫愁的夫家姓卢。古歌云："莫愁在何处？莫愁石城西。艇子打两桨，催送莫愁来。"

（6）莫愁不是旧时湖，莫愁湖在今江苏南京水西门外，相传为莫愁旧居。明朝时，中山王徐达封于金陵，莫愁湖已经成为徐氏的家园，茅平仲想泛舟莫愁湖的愿望也难以实现了。

【赏析】

吴稼竳这首诗乃赠答酬唱之作，为七言律。金陵，即今江苏南京。茅平仲，即茅溱，字平仲，一字平甫，明镇江府丹徒（今江苏丹徒）人。好学不求闻达，闭门著书，以布衣终。

"暮年看尔壮心孤，落落酣歌击唾壶。"首联概述茅平仲的人品、性格。壮心，写出茅平仲的远大抱负；一个"孤"字，既是茅平仲怀才不遇、壮志难酬的写照，又是作者对友人的同情。茅平仲既然落拓江湖，自然会抒发其意气抱负，"落落酣歌击唾壶"，既写出其豪爽磊落，又可从中窥见其心中之郁愤难抑。击唾壶，乃是用晋王敦的典故。据《北堂书钞》卷一二五晋裴启《语林》："王大将军（敦）每酒后，辄咏魏武帝（曹操）《乐府歌》曰：'老骥伏枥，志在千里；烈士暮年，壮心不已。'以铁如意击唾壶为节，壶尽缺。"

"但数一钱怜姹女，才夸千骑笑罗敷。"颔联运用对比手法，一方面写茅平仲有千里之才，另一方面则叙写茅平仲囊中羞涩，仅有一钱看囊。姹女，少女，美女，此指歌女。诗人说茅平仲因贫囊空如洗，仅剩一钱赏赐给歌女，实在可怜。"才夸千骑笑罗敷"，乃是反用汉乐府歌辞《陌上桑》诗意，称赞茅平仲有治国理民之才，罗敷之夫与之相比其距离何其遥远。《陌上桑》中罗敷夸夫云："东方千余骑，夫婿居上头。"

"梨花雨湿红襟燕，杨柳春藏白项乌。"颈联笔锋一转，写江南春景，实际上则是借写景表现友人茅平仲在金陵游赏园林、诗酒自娱的生活。梨花和雨，飘洒江南，空中燕子掠地而飞，一个"湿"字，传神地摹写燕子在细雨中低飞的情景。远远望去，杨柳丛中，鸟儿在宛转和鸣。上下两句清新自然，写景如画，而字句锻炼又极见功夫，对仗工稳。

"欲向卢家借双桨，莫愁不是旧时湖。"尾联紧承颈联，化用莫愁湖的传说，表现诗人的愤懑和对现实的不满。莫愁湖，在今南京水西门外，相传为莫愁旧居。据《旧唐书·音乐志》（二）："《莫愁乐》，出于《石城乐》。石城有女子名莫愁，善歌谣……故歌云：'莫愁在何处？莫愁石城西。艇子打两桨，催送莫愁来。'"石城在今湖北钟祥，有莫愁村。宋周邦彦《西河·金陵怀古》词有"断崖树，犹倒倚，莫愁艇子曾系"之句，误以石头城为石城，后世遂沿袭其误。又因《乐府诗集》卷八五梁武帝《河中之水歌》中有"洛阳女儿名莫愁""十五嫁为卢家妇"之句，又有人误将洛阳的莫愁当成石城的莫愁。诗人言友人茅平仲"欲向卢家借双桨"，实际上是比喻其要携莫愁放浪湖中。可惜，明代中山王徐达封于金陵，莫愁湖已成为徐氏的家园，诗人泛舟莫愁湖的愿望也难以实现。"莫愁不是旧时湖"，语意婉而多讽。

这首律诗，数处化用前人诗句和典故，十分贴切自然，丝毫没有拼凑的痕迹，说明作者技巧的圆熟和写作的成功。（曾广开）

俞安期

俞安期（约1596年前后在世），初名策，字公临，更名后，改字羡长，吴江（今江苏苏州吴江区）人。明代诗人。曾以长律一百五十韵投王世贞，世贞为之延誉，名由是起，有《唐类函》《类苑琼英》《诗隽类函》等。

【原文】

望　海

纷纷灵异变昏朝[(1)]，阴火随波远自飘[(2)]。

龙藏函经连水府[(3)]，蜃楼开市借云霄[(4)]。

星临东极无分野[(5)]，山入南荒有沃焦[(6)]。

日日潮来长应候[(7)]，似应西答百川朝。

【毛泽东圈评等情况】

毛泽东读清沈德潜、周准编选《明诗别裁集》卷十时圈阅了此诗。

[参考] 张贻玖：《毛泽东评点、圈阅的中国古典诗词》，

中国工人出版社1992年版，第260页。

【注释】

（1）灵异，精灵，怪异，此指海中的各种奇观和奇异的动物。昏，晚上。朝，早上。

（2）阴火，指海中生物所发的幽光。晋王嘉《拾遗记·唐尧》："西海之西，有浮玉山。山下有巨穴，穴中有水，其色若火，昼则通晱不明，夜则照耀穴外，虽波涛灌荡，其光不灭，是谓'阴火'。"

（3）龙藏（zàng），龙宫的经藏，指佛家经典。佛经故事，龙树入龙

宫赞《华严经》。函经，用匣子或封套装盛。水府，神话传说中水神或龙王所住的地方。

（4）蜃（shèn）楼，即蜃气。海面上风平浪静之时，远处出现由折光所形成的城郭楼宇等幻象，古人常以为蜃气乃蜃所吐之气而成。

（5）分野，与星次相对应的区域。古代天文学说，把十二星辰的位置跟地上的州、国位置相对应。如以鹑火对应周，以鹑尾对应楚等。就天文说，称为分星；就地理说，称为分野。诗中言星临极东以后，下面就是广阔无垠的大海了，再无分野可言。东极，东方边际，东方极远之处。《山海经·海外东经》："帝命竖亥步，自东极至于西极，五亿十选九千八百步。"

（6）南荒，指南方荒凉遥远的地方。沃焦，传说东海南部的大石山。山向南到达荒凉之处则山势最高大，称为沃焦，又称尾闾，是海水的归宿。

（7）长，总是。应候，准时。

【赏析】

这是一首描绘大海雄伟景象的写景诗，为七言律。

"纷纷灵异变昏朝，阴火随波远自飘"，首联描写大海瞬息万变的特点。纷纷，形容极多。灵异，指海中各种奇异的生物。阴火，海中生物所发之光。明杨慎《艺林伐山》巷三《阴火》曰："凡海中水，遇阴晦，波如然火满海，以物击之，迸散如星，有月即不复见。"大海气候多变，早晚差异非常大，诗人借助想象，以为大海这种变化恐怕是种种灵异之物逞技使能造成的，特别是海面上阴火随波飘浮，经月不熄，尤为怪异。

"龙藏函经连水府，蜃楼开市借云霄"，颔联借用神话传说，描述大海奇异的自然景观。海底有藏着大乘经典的龙宫，天上有变化多端的海市蜃楼。龙藏，相传佛教大乘经典藏在龙宫。水府，原指水神所管辖的区域，如《文选》晋木玄虚《海赋》云："尔其水府之内，极深之庭，则有崇岛巨鳌，岿峨孤亭。"故水府亦可泛指海底。蜃楼，即蜃气。海面上风平浪静之时，远处出现由折光所形成的城郭楼宇等幻象，古人常以为蜃气乃蜃所吐之气而成。如《史记·天官书》曰："海旁蜃气象楼台，广野气成宫阙然。"海市蜃楼，乃海上一大奇观。宋沈括《梦溪笔淡》卷二一《异事》曰："登州海中，时有云气如宫室、台观、城堞、人物、车马、冠盖，历历可见。"

"星临东极无分野，山入南荒有沃焦"，颈联叙写大海之广阔。古天文学说，把十二星辰的位置跟地上州、国的位置相对应，如以鹑火对应周、鹑尾对应楚等。就天文说，称分星；就地理说，称分野。后《史记·天官书》以二十八星宿配十二州，《汉书·地理志下》则以二十八星宿配战国时地域名，遂为后代沿用。诗中大海在东边，乃分野之外，其广阔无垠，分星根本无法对应其地。沃焦，传说中东海南部的一座大山，《文选》晋郭景纯《江赋》"出信阳而长迈，淙大壑与沃焦"句下李善注引《玄中记》曰："天下之大者，东海之沃焦焉，水灌之而不已。沃焦，山名也。在东海南，方三万里。"南荒，即指东海的最南边。诗中运用神话传说，写大海之无边无际，东海南边有"方三万里"的大山，二十八星宿分属之地合在一起尽管广阔，但和大海的无限宽广相比，毕竟是有限的，根本无法与之相比。

"日日潮来长应候，似应西答百川朝"，尾联运用联想，解释海潮形成的原因。原来海潮每日准时而来，看似回答西边注入东海的条条江河。百川入海，才使大海如此波澜壮阔，诗人明写海潮，实际上仍是写大海的广阔和雄浑。

这首描绘大海的作品，不是采取写实的手法，而是化用神话传说，运用夸张、比拟的手法，突出大海的广阔，写得有声有色，给人留下深刻的印象。（曾广开）

【原文】

登祝融峰

中天积气入清凉⁽¹⁾，云雾翻看地混茫⁽²⁾。
雨挟苍龙奔下岭⁽³⁾，星悬朱鸟定南方⁽⁴⁾。
何年石匮藏金简⁽⁵⁾，自古山祇礼赤璋⁽⁶⁾。
坛上长流青玉乳⁽⁷⁾，神池高捧帝台浆⁽⁸⁾。

【毛泽东圈评等情况】

毛泽东读清沈德潜、周准编选《明诗别裁集》卷十时圈阅了此诗。

[参考] 张贻玖：《毛泽东评点、圈阅的中国古典诗词》，

中国工人出版社 1992 年版，第 260 页。

【注释】

（1）中天，高空中，当空。《列子·周穆王》："王执化人之袪，腾而上者，中天乃止。"唐杜甫《后出塞》："中天悬明月，令严夜寂寥。"积气，聚积之气，聚积阴阳之气。《列子·天瑞》："天，积气耳，亡处亡气。"

（2）混茫，亦作"混芒"，指广大无边的境界。唐杜甫《滟滪堆》："天意存倾覆，神功接混茫。"

（3）苍龙，传说中的青龙，古说青龙为祥瑞之物。《楚辞·九辩》："左朱雀之茇茇兮，右苍龙之跃跃。"

（4）朱鸟，一作"朱雀"，二十八宿中南方七宿（井、鬼、柳、星、张、翼、轸）的总名。七宿连接起来像鸟形；朱，赤色，像火，南方属火，所以叫朱鸟。取象于丹鹑。井、鬼二宿为鹑首，柳、星、张三宿为鹑火，翼、轸二宿为鹑尾。

（5）石匮（kuì），石制的柜子。金简，金质的简册，常指道教仙简或帝王诏书。汉赵晔《吴越春秋·越王无余外传》："圣人所记曰：在于九山东南，天柱号曰宛委……其岩之巅，承以文玉，覆以磐石。其书金简，青玉为字，编以白银，皆琢其文。"

（6）山祇（qí），山神。南朝宋颜延之《东驾幸京口侍游曲阿后湖作》："山祇跸峤路，水若惊沧流。"赤璋，当作"赤章"，道书《赤松子章历》载"千二百官仪，三百大章"，其卷二引《太真科》曰："诸疾病，先上首状章；不愈，即上解考章；不愈，上解先亡罪谪章；不愈，上迁达章；若沈沈，上却杀收注鬼章；若顿困，上解祸恶大章。"赤章，即《赤松之章历》，后以借指道家向天官祷告禳灾的章本。

（7）青玉乳，绿色莹澈的泉水。

（8）帝台，古代神话中的神仙名。《山海经·中山经》："（休与山）上有石焉，名曰帝台之楼，五色而文，其状如鹑卵。帝台之石，所以祷

百神者也。"郭璞注："帝台，神人名。"浆，古代一种微酸的饮料。《诗经·小雅·大东》："或以其酒，不以其浆。"

【赏析】

诗题《登祝融峰》。祝融为传说中的古帝，以为施化，号赤帝，一说为帝喾高辛的火正重黎，能光融天下，帝喾命曰祝融。祝融死后，葬于湖南衡山之阳，是以谓祝融峰，故以祝融峰代衡山。衡山有七十二峰，祝融、紫盖、天柱、芙蓉、石廪是它的五大主峰，以"祝融峰之高，藏经殿之秀，方广寺之深，水帘洞之奇"为南岳四绝。这首诗描写了诗人登祝融峰所见雄伟壮丽的自然景观和积淀深厚的人文景观。

这是一首七言律诗。"中天积气入清凉，云雾翻看地混茫。"首联写诗人登上祝融峰的感觉和回望大地所见景色。一般登山诗词总按登临过程来写，由远及近，由低而高，逐一写出山岭全貌，这首诗却不是这样，诗人开头即写登上绝顶所见。登上山顶方知山之高，祝融峰耸立天际，感觉气候十分清凉，再回过头来往下看，只见山腰云雾翻滚，大地一片朦胧，广阔无边。所见所感非亲历者不能道也。

"雨挟苍龙奔下岭，星悬朱鸟定南方。"颔联写夜晚所见不同景观。白天山上大雨滂沱，好像暴雨裹挟着青龙向脚下的山岭飞走；夜晚星斗满天，只见朱雀七星悬挂在南方的天空。此二句写出祝融峰日夜的不同景观，都颇壮丽。

"何年石匮藏金简，自古山祇礼赤璋。"颈联写山上的寺庙。祝融峰不仅有雄奇壮丽的自然景观，而且也有颇为丰厚的人文景观。你看，不知道何年何月道教的仙简就藏在了玉制的柜子之中，这是因为自古以来山神就信奉道家向天官祷告的章本。寺院之年深日久，道籍之弥足珍贵，充分说明祝融峰上文化积淀的丰厚。

"坛上长流青玉乳，神池高捧帝台浆。"尾联写祝融峰山高水长。俗话说，山高水高，山峰再高，也有流水。你看祝融峰的高台上绿水长流，寺院前的水池中蓄满了神仙饮用的水浆。末二句写出了祝融峰之水美，又渗透着一种神话色彩，读来令人兴味盎然。（毕桂发）

何 白

何白（1562—1642），字无咎，自称丹邱生，又号鹤溪老渔，永嘉（今浙江温州）人，一作乐清（今浙江乐清）人。明代诗人、书画家。工画山水竹石，能诗。幼为郡小吏，龙君御为郡司理，异其才，为加冠，集诸名士赋诗以醮之，为延誉海内，遂有盛名。西游酒泉，南穷湘沅，归隐海屿山中。有《汲古阁集》。

【原文】

淮上归兴

淮泗秋风动地来[1]，月明如水雁声哀。

南经伍员吹篪市[2]，北眺曹公较弩台[3]。

归路渐香菰米饭[4]，佳期已负菊花杯[5]。

愁闻烽火连东北[6]，极目浮云黯未开。

【毛泽东圈评等情况】

毛泽东读清沈德潜、周准编选《明诗别裁集》卷十时圈阅了此诗。

[参考] 张贻玖：《毛泽东评点、圈阅的中国古典诗词》，中国工人出版社1992年版，第260页。

【注释】

（1）淮，淮河，源出河南桐柏山，东流经河南、安徽等省到江苏入洪泽湖。泗，泗水，源于今山东泗水东，四源并发，故名，为淮河下游第一大支流，故淮泗往往连称。《书·禹贡》："于江海，迁于淮泗。"

（2）伍员吹篪（chí）市，即今江苏苏州。伍员，即伍子胥。伍子胥无以糊其口，鼓腹吹篪，乞食于吴市。篪，一作"箫"。

（3）曹公较弩台，三国时曹操校弩射箭操练之地，位于邺中或许都，在北方。

（4）菰米饭，用菰来煮成的饭。《淮南子·诠言训》："心有忧者，筐床衽席弗能安也，菰饭犓牛弗能甘也。"

（5）佳期，重阳节。菊花杯，菊花酒，即菊花酿制的酒，亦指重阳日酒会。唐张说《湘中九日城北亭子》："宁知元水上，复有菊花杯。"

（6）烽火，古时边防报警的烟火。《史记·周本纪》："有寇至，则举烽火。"亦指战争、战乱。

【赏析】

这首诗乃感伤时事之作，为七言律。明代后期，女真族崛起于东北，对明室有着巨大的威胁，而明室昏庸，权奸当道，百姓怨声载道，国势日危。诗人面对危机四伏的社会局势，采取一种逃避的态度，归隐园林。这首诗即写于归隐永嘉的途中。

"淮泗秋风动地来，月明如水雁声哀"，首联是说，诗人途经淮水、泗水之时，秋风劲吹，诗人顿生乡思。而眼见月华如水，空中哀雁啼鸣，一种凄凄惨惨的景象展现在眼前，这实际上也是社会现实的反映，是国势日危的象征。

颔联"南经伍员吹篪市，北眺曹公较弩台"，颔联叙写诗人的行次经过。伍员，即伍子胥。据《史记·范睢蔡泽列传》："伍子胥橐载而出昭关，夜行昼伏，至于陵水，无以糊其口，膝行蒲伏，稽首肉袒，鼓腹吹篪，乞食于吴市。"篪，一作"箫"。伍员吹篪市，即今江苏苏州。作者以此典故来代苏州，实际上是以伍员自比，自己有伍员之才，而今囊空如洗，几乎要行乞于市，由此可见诗人生活之窘困和怀才不遇之痛苦。曹公较弩台，乃三国时曹操校弩射箭操练之地，当在邺中或许都，位于北方。当时，女真人时常犯边，诗人引用曹操的典故，显见是提醒人们注意曹操北征乌桓的战功，借古讽今。

颈联"归路渐香菰米饭，佳期已负菊花杯。"诗人乃永嘉人，离家越近，越能体会到菰米的香味，此句写诗人乡思之浓。诗人早有归隐之念，"佳期已负菊花杯"，乃是反衬自己今日之归为得遂夙愿。

尾联"愁闻烽火连东北，极目浮云黯未开"，诗中篇末奏雅，如同屈原《离骚》末章"仆夫悲余马怀兮，蜷局顾而不行"的表现手法。诗人本来要归隐园林，不问世事，然而，沉重的现实危机无时不在牵动着诗人的心，他清醒地意识到东北烽火连天，战云笼罩，形势十分危急。诗人的归隐，本出于无奈，如果有一日，诗人能够施展自己的才能，他决不会甘老林泉，袖手旁观。他期待着有重整河山、建功立业的机会。所以，尾联的抒情，与首联、颔联相呼应，否定了颈联的归隐，使整个作品的格调顿时呈现出一种慷慨悲壮的色彩，抒发了诗人的爱国情怀。（曾广开）

郑琰

郑琰（生卒年不详），字翰卿，闽县（今福建福州）人。明代诗人。布衣任侠遨游，至都下（今北京），闽中词馆诸公争延致之，高文典策多出其手。后到金陵（今江苏南京），为富人吴生礼以座上客，因酒醉辱骂主人被捕入京兆狱，竟病死狱中。工诗。有《二酡诗稿》。

【原文】

哭李大将军

十万旌旗染血丹(1)，招魂夜夜哭桑干(2)。

残兵来拾中郎印(3)，野鸟飞登大将坛。

金兽锁门严鼓角(4)，石麟窥冢葬衣冠(5)。

至今俺答骑胡马(6)，犹是将军旧战鞍。

【毛泽东圈评等情况】

毛泽东读清沈德潜、周准编选《明诗别裁集》卷十时圈阅了此诗。

[参考]张贻玖：《毛泽东评点、圈阅的中国古典诗词》，中国工人出版社1992年版，第260页。

【注释】

（1）旌旗，旗帜的总称，借指军士。唐王昌龄《青楼曲》之一："白马金鞍从武皇，旌旗十万宿长杨。"

（2）桑干，桑干河，即古漯水，今永定河之上游。相传每年桑椹成熟时河水干涸，故名。

（3）中郎，李广曾任此职。官名，秦置，汉沿用。担任宫中护卫、侍从。属郎中令，分五官、左、右三中郎署，各署长官称中郎将，省称中郎。

（4）金兽，指金色虎首形铺首。唐薛逢《宫词》："锁衔金兽连环冷，水滴铜龙昼夜长。"

（5）石麟，即石麒麟，古代帝王陵前的石雕麒麟。《西帝杂记》卷三："观前有梧桐树，树下有石麒麟二枚，刊其胁为文字，是秦始皇骊山墓上物也。"

（6）俺答，即俺答汗（1507—1581），明代蒙古右翼土默特万户的首领，驻今呼和浩特，与中原地区和平互市，受明封为顺义王。

【赏析】

明代边患严重，主要是北部边境的瓦剌、鞑靼部落兴起，不断扰掠，曾发生过几次大的战争，如明英宗正统十四年（1449），瓦剌贵族也先率部攻明，并俘虏英宗之战；明武宗于正德十二年（1517）巡游阳和、大同等地而遭鞑靼小王子围困的杨河之战；嘉靖二十九年（1550）俺答汗攻至安定门北教场的庚戌之变；嘉靖三十九年（1560）鞑靼军队攻占承德一带的滦河之战，等等，都是以明军大败终。这首七言律诗当是反映了这种现实。李大将军，其事迹不详。

"十万旌旗染血丹，招魂夜夜哭桑干。"首联写李大将军惨败。这次战争规模很大，李大将军率领十万大军参战，遭到惨败，将士们的鲜血把战旗都染红了，在主战场桑干河一带，每天夜里都为他们招魂。起首二句暗点题目。

"残兵来拾中郎印，野鸟飞登大将坛。"颔联写大战之后战场的悲惨景象。中郎，即中郎将，应是李大将军麾下的得力战将，也可能已经战死沙场，所以他的印鉴由残兵拾得；大将坛，应是李大将军战场指挥作战的高台子，如今却由啄食死尸的野鸟落在上面。二句写出此次战役的惨烈。

"金兽锁门严鼓角，石麟窥冢葬衣冠。"颈联写对李大将军的悼念。李大将军为国捐躯，理应受到祭奠，于是明王朝为他修了祠庙，建了衣冠冢。由此看来，李大将军也是壮烈殉国，而且连尸首也没有找到，所以才只有为他修衣冠冢。官位这样高的李将军在关键时刻能杀身成仁，舍生取义，堪受作者为之一哭。

"至今俺答骑胡马，犹是将军旧战鞍。"末联抒情，写对明王朝不吸取教训的感慨。俺答是鞑靼部落首领，他骑胡马是在情理之中，但奇怪的是他用的马鞍却是李大将军的。这个细节意味深长，一方面，说明鞑靼仍很骄横，居然把李大将军的马鞍作为战利品使用，全不把明王朝的脸面放在心上；另一方面也说明了明王朝没有从战败中吸取教训，富国强兵，改变兵力积弱的形势。作者对此现象感慨良深，故写此诗，以期引起明王朝统治者的注意，这大概就是作者写此诗的初衷。（毕桂发）

盛鸣世

盛鸣世（生卒年不详），字太古，凤阳（今安徽凤阳）人。明代诗人。国子监生。能诗工苦，不苟作，善弈棋。有《谷中集》。

【原文】

题岳阳酒家壁

巴陵压酒洞庭春⁽¹⁾，楚女当垆劝客频⁽²⁾。
莫上高楼望湖水，烟波二月已愁人。

【毛泽东圈评等情况】

毛泽东读清沈德潜、周准编选《明诗别裁集》卷十时圈阅了此诗。

[参考] 张贻玖：《毛泽东评点、圈阅的中国古典诗词》，中国工人出版社 1992 年版，第 260 页。

【注释】

（1）巴陵，古县名，传说夏后羿斩巴蛇于洞庭，积骨如丘陵，故名，治所即今湖南岳阳。压酒，米酒酿制将熟之时，压榨取酒。洞庭春，酒名"洞庭春色"之省称，以黄柑酿成。宋苏轼《〈洞庭春〉序》："安定郡王（赵世准）以黄柑酿酒，谓洞庭春色，色香味三绝。"

（2）当垆，指卖酒。垆，本是黑色坚硬的土壤，古时称酒店里放置酒瓮的土墩子，借指酒店。

【赏析】

这是一首含蓄蕴藉的抒情小诗，为七言绝。诗中抒写诗人满腹的忧愁，这愁的根由虽没有明说，但联系到明末社会动乱和外敌压境的现实，诗人的忧愁显然是有感而发。

"巴陵压酒洞庭春，楚女当垆劝客频"，开头两句叙事，为下句的抒情做铺垫。压酒，米酒酿制将熟时，压榨取酒。巴陵，治所在巴陵县（今湖南岳阳）洞庭一带，春秋战国时期属于楚国。"楚女当垆劝客频"，诗人是安徽凤阳人，明末社会动乱，避祸来到南方。当垆楚女见诗人满腹愁苦，自然以酒频频相劝。

"莫上高楼望湖水，烟波二月已愁人"，三四两句以景语来抒情，意味深长。洞庭湖，在岳阳之北，诗人登高远望，一是望家乡，客居在外，自然产生浓郁的乡思；二是望东北，当时女真族崛起，边疆不宁，狼烟四起，诗人为国事担忧。故虽是早春二月，春光明媚，诗人闻鸟惊心，见花落泪，不由得感叹"烟波二月已愁人"，流露出无限的伤怀。

这首绝句，语言圆熟明快，抒情委婉含蓄，从风格上看，实可上追唐贤。（曾广开）

沈 木

沈木（生卒年不详），字子乔，嘉兴（今浙江嘉兴）人。明代诗人，布衣终身。在明朝末年动乱的社会状况之下，避地隐居田园。其诗作有一种清新闲雅之态。

【原文】

夜 起

暑夜不成寐，起步中庭中。
残月忽堕水⁽¹⁾，明河犹在空⁽²⁾。
篱根滴清露，树杪生微风⁽³⁾。
坐爱新凉好，先秋有候虫⁽⁴⁾。

【毛泽东圈评等情况】

毛泽东读清沈德潜、周准编选《明诗别裁集》卷十时圈阅了此诗。

[参考] 张贻玖：《毛泽东评点、圈阅的中国古典诗词》，
中国工人出版社 1992 年版，第 260 页。

【注释】

（1）忽，忽然，好像。水，指嘉兴南湖。

（2）明河，银河。

（3）树杪，树梢。

（4）先秋，指早秋、初秋。候虫，随季节而生或发鸣声的昆虫。此指初入秋时，已有秋虫唧唧鸣叫。

【赏析】

　　这是一首表现诗人生活情趣的小诗，为五言律。作者沈木，布衣终身，在明末动乱的社会状况下，隐于田园，避地而居，其诗作亦有一种清新闲雅之态，显见与其生活经历和个人修养有关。

　　"暑夜不成寐，起步中庭中。"首联两句，平铺直叙，点明季节，为下文的写景蓄势。作者是嘉兴人，夏日苦热，夜不能寐，故起来纳凉消暑。

　　"残月忽堕水，明河犹在空。"颔联两句摹写暑夜景物，细致传神。"残月"之"残"，点明时间，可以想知作者在月下徘徊已久。沈德潜《明诗别裁》卷十盛赞这两句诗已入"神妙"之境，原因就在于其自然清新，宛如图画，没有丝毫的矫揉造作。特别是"明河犹在空"，写天上银河依然闪烁，诗句淡而现成，其韵味之淳厚，耐人咀嚼。

　　"篱根滴清露，树杪生微风。"颈联两句写眼前近景，摹写精细。暑夜将晓，天气微凉，篱笆的下部凝聚着露珠，树在微风中轻轻摇动。此两句与三四句构成一幅完整的夏夜残月图。

　　"坐爱新凉好，先秋有候虫。"尾联即景抒情，与首联遥相呼应。坐，因，因为。先秋，指早秋。早秋夜静之时，虫声唧唧，已透出秋意。诗人亦是因爱"新凉"，这才"暑夜"步月，在如此幽静的景物中赏心悦目。

　　就写作技巧来看，这首诗显然深受王维等山水田园诗人的影响，其诗讲求炼字、炼句、炼意，而又出于自然清新，尤其是中间四句色彩之协调，韵味之隽永，深得王维"诗中有画"之真谛。（曾广开）

范 汭

范汭（ruì，1608—1647），字东生，乌程（今浙江湖州吴兴区）人，后迁居吴门（今江苏苏州）。明代诗人。凿池种竹，刻苦读书，家贫落魄，愤懑不得志以卒。有《范东生集》。

【原文】

琴川夜泊怀孙齐之

野宿次凫鹥⁽¹⁾，青青荻笋齐⁽²⁾。

潮痕随月落，山势压城低。

残梦风前柝⁽³⁾，归心曙后鸡。

还知高隐处⁽⁴⁾，只隔水东西。

【毛泽东圈评等情况】

毛泽东读清沈德潜、周准编选《明诗别裁集》卷十时圈阅了此诗。

[参考] 张贻玖：《毛泽东评点、圈阅的中国古典诗词》，中国工人出版社1992年版，第260页。

【注释】

（1）次，依次。凫，野鸭子。鹥（yī），鸥。

（2）荻笋，亦作"荻筍"。荻的幼苗，像笋，故名，又称荻芽。唐卢象《竹里馆》："柳林春半合，荻筍乱无丛。"

（3）柝（tuò），古代巡夜人敲以报更的木梆。《易·集辞下》："重门击柝，以待暴客。"

（4）高隐处，此指孙齐之栖住之处。

【赏析】

　　这是一首表现隐逸生活并怀念友人的诗，为五言律。诗题中的"琴川"，水名，一名琴水，源出今江苏常熟西北虞山东南麓，东流入元和塘。以有横泾七条，形如琴弦，故名。亦为今江苏常熟的别称。孙齐之，其生平事迹不详。

　　"野宿次凫鹥，青青荻笋齐。"首联两句紧扣诗题中"夜泊"二字，叙写诗人"野宿"于湖边，只见野鸭鸥鸟相继归巢，湖边荻芽青青，十分幽静。"凫鹥"，即野鸭子和鸥。《诗经·大雅·凫鹥》："凫鹥在泾。"诗人起句既是写实，又暗用《凫鹥》诗意，表现自己的闲雅和从容。

　　"潮痕随月落，山势压城低。"颔联两句写景，气象雄阔，从中亦可窥见诗人学杜甫及王孟诸人处。常熟城背山面湖，潮水随着月升月落而来来去去；山势挺拔，使得城池显得特别低小。诗人置身山色湖光之中，其心情之超旷可想而知。

　　"残梦风前柝，归心曙后鸡。"颈联两句写诗人拂晓登程时的心情。天刚刚亮，晨风凄清，送来城中的击柝声，惊破了残梦。待到天光明亮、雄鸡高啼，诗人自己更是急着登程，希望能早些达到目的地。

　　"还知高隐处，只隔水东西。"尾联两句意味隽永，诗人称赞友人孙齐之乃"高隐"之士，自己所要寻的"高隐"栖蹜之地，就在琴水的另一方。诗人急着上路，一是"归心"似箭，希望能早些还归故里，二是急着访贤，希望能尽快见到自己志同道合的朋友。

　　这首诗，意境雄浑，语言自然而又富有表现力，学唐人而又没有模仿硬套的痕迹，确实是一篇情韵俱妙的佳作。（曾广开）

【原文】

春日讯吴兆允

远树微波黯不分⁽¹⁾，闉闉城畔寄孤云⁽²⁾。
春来尽有还乡梦，除却青山便是君⁽³⁾。

【毛泽东圈评等情况】

毛泽东读清沈德潜、周准编选《明诗别裁集》卷十时圈阅了此诗。

[参考] 张贻玖：《毛泽东评点、圈阅的中国古典诗词》，

中国工人出版社 1992 年版，第 260 页。

【注释】

（1）黯，昏暗，深黑。

（2）阖闾城，今江苏苏州的别称，春秋时吴王阖闾所筑，故名。孤云，单独飘浮的云片，此喻贫寒或客居的人。《文选·陶潜〈咏贫士〉》："万族各有托，孤云独无依。"李善注："孤云，咏贫士也。"

（3）青山，此指故乡的青山。君，指友人吴兆亢。

【赏析】

这是一首思归乡里、思念友人的抒情小诗，为七言绝。诗题"春日讯吴兆亢"，即春天来到，诗人以诗代书，传讯友人吴兆亢，以示乡思及友情。吴兆亢，即吴梦旸，字兆亢，归安（今浙江湖州吴兴区）人。

"远树微波黯不分，阖闾城畔寄孤云。"开头两句写景抒情，表现诗人的情思。诗人是乌程（今浙江湖州吴兴区南下菰城）人，写此诗时正寓居苏州，故诗中言"阖闾城畔"。吴王阖闾的故城即苏州，苏州与乌程隔太湖相望。诗人远望家乡，太湖彼岸的树木与太湖水波混而为一，因距离太远而无法分辨，诗人身在苏州而心系家乡，怀念像"孤云"一样无所依托的吴兆亢，以寄乡思和友情。

"春来尽有还乡梦，除却青山便是君。"诗人借梦景抒情，语言浅易而情深意婉。春归江南，草长莺啼，诗人想起家乡的青山绿水，想起志同道合的故友，思归心切，梦魂萦绕。

短短四句小诗，内容丰富，既描绘了太湖优美的景致，又抒写了诗人对故乡的思恋和对友人的深情，其写景、叙事、抒情有机地结合起来，景中有情，情中有景，风情绰约，引人入胜。（曾广开）

徐熥

徐熥（生卒年不详），字惟起，更字兴公，闽县（今福建福州）人。明代诗人。博闻多识，工文，善草隶诗歌，积书数万卷。以布衣终。明神宗万历中与曹学佺同为闽中诗坛领袖，称为"兴公诗派"。有《闽南唐雅》《红雨楼集》《榕荫新检》等。

【原文】

送康元龙之灵武（二首）

贺兰山下战尘收[(1)]，君去征途正值秋[(2)]。
落日故关秦上郡[(3)]，断烟残垒汉灵州[(4)]。
胡儿射猎经河北[(5)]，壮士吹笳怨《陇头》[(6)]。
城窟莫教频饮马[(7)]，水声呜咽动乡愁。

黄河关路黑山程[(8)]，羌笛横吹汉月明[(9)]。
漠北烽烟三里雾[(10)]，陇西鼙鼓十年兵[(11)]。
燕鸿渡塞寒无影[(12)]，胡马行沙暗有声[(13)]。
后夜思君劳远梦，朔风吹过白登城[(14)]。

【毛泽东圈评等情况】

毛泽东读清沈德潜、周准编选《明诗别裁集》卷十时圈点了此二首诗。

[参考] 张贻玖：《毛泽东评点、圈阅的中国古典诗词》，中国工人出版社1992年版，第260页。

【注释】

（1）贺兰山，在宁夏西北边境和内蒙古交界处，山丘多青白草，遥望如骏马，蒙古语称骏马为贺兰，故名。贺兰山下即古长城，灵武就在长城脚下。

（2）秋季通常北部边防又吃紧，有刀兵相见之象。

（3）上郡，古郡名，秦代治所在肤施（今陕西榆林东南），辖今陕北延安、榆林一带，秦始皇时蒙恬统兵三十万屯此以御匈奴。

（4）灵州，古县名。西汉惠帝四年（前191）置。在今宁夏灵武北黄河中沙洲上。东汉废。汉安帝元初三年（116），汉将邓遵与羌人大战于此。

（5）河北，此指长城外的黄河北岸。

（6）陇头，《陇头吟》，汉乐府横吹曲名，内容多抒写戍守边塞的愁苦或为行旅羁思之辞。

（7）城窟，汉乐府有陈琳《饮马长城窟行》："饮马长城窟，水寒伤马骨。"后以"城窟"称长城边的泉眼。

（8）黑山，在今内蒙古包头西北。唐柳中庸《征人怨》："三春白雪归春冢，万里黄河绕黑山。"唐调露元年（679）裴行俭败突厥于此。

（9）羌笛，古代的管乐器，长二尺四寸，三孔或四孔，因出于羌中，故名。唐王之涣《凉州词》："羌笛何须怨杨柳，春风不度玉门关。"

（10）漠北，指蒙古高原大沙漠以北地区。烽烟，烽火台报警之烟，亦借指战争。

（11）陇西，郡名。战国时秦昭襄王二十七年（前280）置，因在陇山之西得名。治所在狄道（今甘肃临洮南）。鼙（pí）鼓，大鼓和小鼓，古代军中所用。《六韬·兵征》："金铎之声扬以清，鼙鼓之声宛以鸣。"

（12）燕鸿，燕地的雁，泛指北雁。唐李白《拟古》十二："越鸟喜海日，燕鸿思翔云。"塞（sài），险要之处，多指边界上可以据险固守的要地。

（13）胡马，泛指西北地区产的马，代指胡人的军队。

（14）朔风，北风。白登城，指白登山，在今山西大同东北。西汉初，高祖刘邦亲率大军北进，抗击匈奴南侵，被匈奴冒顿单于围困于此。

【赏析】

徐𤊶的这首诗乃送别之作。康元龙要到灵武（今宁夏灵武）去，此处历代为边关征战之地，故诗人赋诗赠别。该诗格调雄浑悲壮，有一种苍凉慷慨的味道。康元龙，名彦登，字元龙，福建闽县（今福州）诸生，为人慷慨负气，以诗名世，在万历间为"福州七才子"之一。原作同题二首，为七言律，先看第一首。

"贺兰山下战尘收，君去征途正值秋"，首联两句点明友人要去的地点及出发时的节令，照应诗题。贺兰山，在今宁夏境内。贺兰山下即古长城，灵武就在长城脚下。起句"战尘收"，仅仅是说明眼下局势刚刚平静，但下句"正值秋"却又透出边防吃紧的消息。"秋"字语意双关，既指节候物令之秋，又引申为刀兵争战的兵象。有明一代，西北多事，李自成等义军多起于西北，虽一时平息，转眼烽火又起。这两句诗既说明友人康元龙的目的地，又描绘了当时动乱的社会现实。

"落日故关秦上郡，断烟残垒汉灵州"，颔联两句写景，以古喻今，表现出诗人对现实的深深忧虑。灵武，秦朝时为上郡所辖，乃抗击匈奴的边关重镇之一；汉时为灵州，亦是边防重地。"落日故关""断烟残垒"，既写出其战后断壁残垣、荒芜凄凉之城市景观，又写出其黄昏落日、人烟稀少之边关萧条现状，这就为下文的叙写和抒情做好了准备。

"胡儿射猎经河北，壮士吹笛怨《陇头》"，颈联两句概括边塞征战的生活。长城外，黄河对岸，胡人猎围整日呼叫；守边的将士日夜辛苦，弹唱着哀怨的《陇头曲》。陇头，汉乐府横吹曲名，其辞多抒写戍守边塞的愁苦及行旅羁思之辞。

尾联"城窟莫教频饮马，水声呜咽动乡愁"，汉乐府有古题《饮马长城窟行》，其辞哀苦过人。诗人化用乐府古辞诗意，运用拟人手法，水声呜咽，连边塞之流水亦感到愁苦，何况有血有肉的易于感伤的人呢？诗人想象，友人康元龙到边塞后必然会产生浓重的乡愁，因此，诗人委婉地劝友人"莫教频饮马"，以免过于感伤。

从整首诗来看，此诗结构严谨，语言精练，诗中化用乐府古辞诗意，往往不着痕迹。特别是诗中选用典故，无不暗合诗之主旨，显示出诗人驾驭语言的高超能力，为本诗增色不少。

再看第二首。

如果上一首写灵武自古为战乱频发之地，说康氏去后会思念故乡，这首则抒发诗人对康氏的思念之情。"黄河关路黑山程，羌笛横吹汉月明。"首联，写康氏赴灵武路途的艰辛。二句是说去灵武要渡过天堑黄河和众多的险要关隘，远至黑山，其地已是边地，在明月的照耀下只听见一片羌笛之声。北朝民歌《木兰诗》云："旦辞黄河去，暮至黑山头。不闻爷娘唤女声，但闻燕山胡骑鸣啾啾。"首句化用《木兰诗》中词句，说灵武已是塞外胡地。次句则化用唐王昌龄《出塞》中"秦时明月汉时关，万里长征人未还"和王之涣《凉州词》中"羌笛何须怨杨柳，春风不度玉门关"诗句，来状写灵武景色，都十分得当。

"漠北烽烟三里雾，陇西鼙鼓十年兵。"颔联叙事，写灵武自古乃征战之地。漠北、陇西，皆指我国古代西北地区，灵武亦在其内。烽烟、鼙鼓，皆指战争。三里雾，状战争规模之大；十年兵，写战争时间之久。合而言之，言谓灵武自古以来战争频仍，接连不断，绝非安居之所。这可谓对朋友的忠告。

"燕鸿渡塞寒无影，胡马行沙暗有声。"颈联描写，说灵武地理环境之恶劣——到了秋天，北雁渡过长城向南飞去，整个寒冷的冬季，便再也看不到它的影子；隆冬的夜里，只听见胡人军队的马匹踏在沙子上的声音。二句不仅写出灵武地理环境的恶劣，而且写出时势的紧张，好像随时都有爆发战争的可能。朋友要到这种不安全的地方去，难怪诗人要挂怀了。

所以诗人最后写道："后夜思君劳远梦，朔风吹过白登城。"尾联抒情，写诗人对康元龙的思念：以后我想念您时要做到很远很远地方去的梦，远到比北风吹过的白登山还远。诗人对康元龙思念的殷切，溢于言表。（曾广开　毕桂发）

蒋 灿

蒋灿（1593—1658），字韬仲，长洲（今江苏苏州）人。明代诗人。崇祯戊辰（1628）会魁，官至天津兵备副使。

【原文】

题杜少陵像（二首）

谁貌杜陵老⁽¹⁾，忧怀笔底传⁽²⁾。

凋残悲瘦马⁽³⁾，慷慨拜啼鹃⁽⁴⁾。

作客依江阁⁽⁵⁾，浮家寄楚船⁽⁶⁾。

高才同漠落⁽⁷⁾，千古有青莲⁽⁸⁾。

大雅长往矣⁽⁹⁾，遗容后代看⁽¹⁰⁾。

万间思广厦⁽¹¹⁾，一谏失微官⁽¹²⁾。

抗志隆中对⁽¹³⁾，饥驱蜀道难⁽¹⁴⁾。

萧骚两鬓白⁽¹⁵⁾，应为忆长安⁽¹⁶⁾。

【毛泽东圈评等情况】

毛泽东读清沈德潜、周准编选《明诗别裁集》卷十时圈点了此诗二首。

[参考] 张贻玖：《毛泽东评点、圈阅的中国古典诗词》，中国工人出版社 1992 年版，第 260 页。

【注释】

（1）貌，名词转为动词用，指画出相貌。杜陵老，杜甫自号。

（2）忧怀，忧国忧民的情怀。笔底传，此指在画家画笔下传达出来。

蒋 灿

蒋灿（1593—1658），字韬仲，长洲（今江苏苏州）人。明代诗人。崇祯戊辰（1628）会魁，官至天津兵备副使。

【原文】

题杜少陵像（二首）

谁貌杜陵老[1]，忧怀笔底传[2]。

凋残悲瘦马[3]，慷慨拜啼鹃[4]。

作客依江阁[5]，浮家寄楚船[6]。

高才同漠落[7]，千古有青莲[8]。

大雅长往矣[9]，遗容后代看[10]。

万间思广厦[11]，一谏失微官[12]。

抗志隆中对[13]，饥驱蜀道难[14]。

萧骚两鬓白[15]，应为忆长安[16]。

【毛泽东圈评等情况】

毛泽东读清沈德潜、周准编选《明诗别裁集》卷十时圈点了此诗二首。

[参考] 张贻玖：《毛泽东评点、圈阅的中国古典诗词》，中国工人出版社 1992 年版，第 260 页。

【注释】

（1）貌，名词转为动词用，指画出相貌。杜陵老，杜甫自号。

（2）忧怀，忧国忧民的情怀。笔底传，此指在画家画笔下传达出来。

（3）悲瘦马，杜甫曾作《瘦马行》。

（4）杜甫在成都时，每逢暮春听到杜鹃的啼叫声，他便和蜀人一样起身拜首，以示敬意。

（5）"作客"句，杜甫一生，为穷困所驱使，不断辗转流徙。765 年 5 月，他乘舟到夔州去，路上感染湿气，肺病和风痹发作，不能继续前行，便客居在云安县令严某的水阁里。这水阁面临大江，背负高山，杜甫倒卧在床上，休养了一个冬天。

（6）"浮家"句，770 年 4 月，杜甫一家在潭州遇到兵乱，不得不乘舟南下；到衡州，又计划南下郴州；在耒阳遇大水，不能南下，他又想北上汉阳，沿汉水回长安。但是，从秋到冬，他的小船只能在湘江上漂浮，最后又遇涨大水，所乘的船只好停泊在方田驿。一家人五天没东西吃。

（7）濩（huò）落，同"瓠落""廓落"，引申为沦落失意。唐韩愈《赠族侄》："萧条资用尽，濩落门巷空。"

（8）青莲，指李白，李白号青莲居士。

（9）大雅，此指杜甫的诗作如《诗经》中的《大雅》一样。

（10）遗容，留传下来的画像。

（11）万间思广厦，意出杜甫《茅屋为秋风所破歌》。

（12）"一谏"句，747 年，杜甫三十五岁来到长安，希望得到一个官职，可是直到八年后（755），他才被任命为河西县尉，后来又被任命为一个从八品上的官职左拾遗。为援救当时的宰相房琯，他上疏唐肃宗，因措词太激烈，引起肃宗的反感和愤怒，后来虽然经过张镐营救被视为无罪，但不久，杜甫也就失去了官职。

（13）抗，匹敌，相当。这里是说杜甫的志向可与诸葛亮的隆中对相匹敌。杜甫在安史之乱时对于平定叛乱、收复失地多有见地。

（14）"饥驱"句，安史之乱时，杜甫为避战乱，在 759 年冬天，从同谷（今甘肃成县）出发，前往四川成都，路上经历了饥饿、寒冷。其道路之险恶，正如李白诗《蜀道难》之所言。

（15）萧骚，稀疏。宋陆游《初秋书怀》："二十年前已二毛，即今何恨鬓萧骚。"

（16）忆长安，此言关心国事。长安，唐国都，即今陕西西安。

【赏析】

杜甫是我国伟大的现实主义爱国诗人，他一生留给我们一千四百多首诗。他的诗被称为"史诗"，生动地反映了他那个时代的政治、经济、军事和社会的巨大变化。这两首五言律诗，高度概括了杜甫那悲惨壮丽的一生，称颂他那忧国忧民的积极思想与爱国爱民的政治热情。

第一首写忧国。"谁貌杜陵老，忧怀笔底传。"首联二句，赞扬杜甫画像的成功及杜甫诗歌的忧国忧民的精神。杜甫生活在国家的灾难日渐严重、人民的痛苦日渐加深的年代，经历了安史之乱，目睹了人民所遭受的灾难，他满怀忧愤，写下了"三吏""三别"这两组传世名篇，揭露了尖锐的社会矛盾和腐败的唐朝统治者，抒发了自己忧国忧民的情怀。颔联"凋残悲瘦马，慷慨拜啼鹃。"杜甫曾作皇帝的供奉官左拾遗，终日只是供奉皇帝，但他的处境是十分局促的。官马送还官家后，自己又无马，因此不能去看望自己的友人。因怕在街上徒步时碰见官长，被申斥。他自己也深感这种生活的悲哀。一日，在郊外，他遇见一匹被兵士遗弃在路旁的瘦马，他联想到人世的困顿，写出《瘦马行》，对瘦马表示无限的同情，同时这也是他仕途蹭蹬、身心交瘁、落魄神情的反映，他也借此来宣泄他的郁结胸襟。"啼鹃"羽毛惨黑，啼叫凄苦。据蜀人传说，它是古时蜀国的一个英明君王杜宇的化身。杜宇曾率蜀人开垦田地，兴修水利，死后却变成如此可怜的哀鸟，这引起了杜甫无限的同情。在成都时，每逢暮春听到杜鹃的啼叫，杜甫也和蜀人一样起身拜首，以表敬意。颈联"作客依江阁，浮家寄楚船。"杜甫的一生为穷困所驱，不断地辗转。公元765年5月，他乘舟到云安，因一路感受湿气，肺病和风痹发作，不能继续前行，他不得不居留在云安县令严某的水阁里，这水阁面临大江，背靠高山。公元770年4月，杜甫在湖南潭州遇兵乱，便驾舟南下，在衡州时他计划南下到郴州，却在耒阳遇大水，不能南下，他又想北上汉阳，沿汉水回长安，但从秋到冬，他的小船只能在湘江上漂浮，最后他在小舟中悲惨地死去。尾联"高才同澉落，千古有青莲。"末二句赞扬杜甫才气广大，千古以来只有李白才与之相当。

第二首重在写杜甫爱民。"大雅长往矣,遗容后代看。"首联二句切题,是说杜甫的诗作像《诗经》中的"大雅"一样,已成为历史,但诗人的画像却传留下来供后人瞻仰。颔联"万间思广厦,一谏失微官。"杜甫一生,虽自己穷困潦倒,但从攸关国家兴亡的大变故到饥寒交迫的百姓,都引起他深切的关怀。"万间思广厦"句是杜甫那种炽热的忧国忧民情感的写照。公元760年春天,杜甫好不容易盖了一所茅屋,但秋天就被大风大雨所破,他长夜难眠,在风雨之中他写道:"安得广厦千万间,大庇天下寒士俱欢颜,风雨不动安如山!"当他自己的茅屋为秋风所破漏雨之时,他想到的是要有广厦千万间去大庇天下寒士,他那博大的胸襟和崇高的思想,在这里得到淋漓尽致的表露。杜甫在三十五岁时(747)到长安,他的目的是希望能得到一个官职,可是直到755年他到长安八年后,才被任为河西县尉,后来又被任为一个从八品上的官职左拾遗。杜甫希望得到官职,但他却又不会阿谀奉承、见风使舵,为援救当时的宰相房琯,他上疏肃宗,因措词太激烈,引起肃宗的愤怒,后虽经营救被视为无罪,但不久,杜甫也就辞去了官职。从这一谏失微官之中,我们可以看出杜甫为官忠于职守,为友不顾生死。这也是他精神的体现。颈联"抗志隆中对,饥驱蜀道难"。抗,高尚的志节。隆中对,东汉末,诸葛亮在隆中(今湖北襄阳西)给刘备提出占据荆、益二州,联孙抗曹统一中国,恢复刘家帝业的策略,史称"隆中对"。在这里,诗人借此比喻在安史之乱之际杜甫希望平定叛乱、收复失地的爱国主义思想,"剑外忽传收蓟北,初闻涕泪满衣裳"(《闻官军收河南河北》),"公来练猛士,欲夺天边城"(《严旗》)正是这种思想的体现。"蜀道难"句写出了兵乱之时,杜甫逃难在蜀的艰难生活。杜甫曾在一年冬天从秦州赴同谷,在途中,他要与饥饿寒冷搏斗,还要与凶险的山川搏斗。这些地方,落日里儿童号饥,寒水中马骨欲折,"熊罴咆我东,虎豹号我西,我后鬼长啸,我前狌又啼"(《石龛》);在泥泞不堪的泥功山上,杜家一行老小"白马为铁骊,小儿成老翁"(《泥功山》),但这些杜甫脚踏实地一步一步走了过来。尾联"萧骚两鬓白,应为忆长安。"在饥寒交迫之中,在颠沛流离之中,在萧瑟和悲凉之中,杜甫的两鬓霜白了，他明显地衰老了，但他的心并不老，惦记着国都长安，关心着国事。伟人之所以是伟人，就在于他的不幸遭遇与种种感触都和国家的危机与人民的痛苦是密不可分的，这也使他及他的诗充溢着个人和时代的血泪，从而产生了巨大的感人力量。

诗人用朴素的语言、平铺直叙的手法再现了杜甫悲壮的一生，对之作出了公正的评价，使人们受到启迪，受到感染。（张民德）

徐 汧

徐汧（qiān，1597—1645），字九一，号勿斋，长洲（今江苏苏州）人。明代诗人。少孤贫，为诸生即以名节自任。崇祯中成进士，官春坊。中允黄道周以救钱龙锡贬官，倪元璐请以己代谪，率不允。汧上书言道周、元璐贤，且请自罢黜，亦不听，遂乞假归。还朝，迁右庶子。寻复家居。久之，京师陷，福王召为少詹事，陈时政七事，后称疾归。明年，南京失守，投虎丘后湖新塘桥下死。

【原文】

三月十九日

珍馔精镠赐讲筵(1)，每逢令节主恩偏。
十章书未陈《金鉴》(2)，九逝魂犹恋细旃(3)。
社稷风云谁奏曲(4)？园林霜露已经年。
龙髯回睇桥山远(5)，玉匣珠襦不忍传(6)。

【毛泽东圈评等情况】

毛泽东读清沈德潜、周准编选《明诗别裁集》卷十时圈阅了此诗。

[参考] 张贻玖：《毛泽东评点、圈阅的中国古典诗词》，中国工人出版社 1992 年版，第 260 页。

【注释】

（1）珍馔（zhuàn），珍贵的饮食。精镠（liú），纯金或纯金制品。镠，纯美的黄金，又称唐金。讲筵，讲席。徐汧为崇祯皇帝的日讲官，为皇帝讲经书。

（2）"十章"句，用张九龄劝谏唐玄宗的典故。唐玄宗把自己的生日定为千秋节，到这一天，王公大臣们纷纷奉献金鉴，张九龄却上事鉴十章，号《千秋金鉴录》，以申讽谏。后以金鉴指对人进行讽谕的文章和书籍。徐汧则自愧自己的十章书未能陈述《金鉴》而尽讽谏之职。

（3）九逝，几度飞逝，谓因深思而心灵不安。屈原《抽思》："惟郢路之辽远兮，魂一夕而九逝。"魂逝则死，此言死而犹恋。细旃（zhān），旃同"毡"，细绢之毛毡，此指皇帝的居处。

（4）曲，此指中兴之乐。

（5）龙髯，龙之须，用黄帝升天的典故。司马迁的《史记》说黄帝并未升天，而是死后葬于桥山。桥山，在陕西黄陵西北，山呈桥形，沮水穿山而过，山上有黄帝陵墓。

（6）玉匣珠襦，古代帝后、诸侯王的葬服。《西京杂记》卷一："汉帝送死者皆珠襦玉匣，形如铠甲，连以金镂。武帝匣上皆镂为蛟龙鸾凤龟麟之象，世谓为蛟龙玉匣。"玉匣，玉饰的匣子。汉代帝王葬饰，亦以赐大臣。珠襦，贯珠为饰的短衣，古代帝后及贵族的殓服。

【赏析】

崇祯十七年（1644）三月十九日，是明代朝野难忘的日子。这一天，李自成攻破明王朝京师。崇祯皇帝杀死妻女，自己吊死在万寿山（今北京景山）的一株槐树上。不久，清兵入关，五月入京师，李自成西撤，明王朝实际灭亡。一年后，又是三月十九日，作为明王朝遗老的徐汧，痛定思痛，就以这个难忘的日子为题，写下了这首感情沉重、哀婉凄凉的七律。

徐汧在崇祯元年进士及第，崇祯十四年（1641）以才华受到皇帝的赏识，升任崇祯皇帝的日讲官。首联是说日讲官每天要给皇帝讲授经书，因此徐汧与崇祯皇帝见面的机会多，加之日讲官还受到许多恩宠殊荣，所以对崇祯皇帝的感情就非比一般官员。诗就从自己受到的恩宠写起，表达了对崇祯皇帝的感恩戴德之情：每逢时令节日，都会受到皇帝的特殊赏赐。馔，指饮食之类；精镠，指纯金或纯金制品。

颔联写对崇祯皇帝的缅怀之情。金鉴，用张九龄劝谏唐玄宗的故事，

《新唐书·张九龄传》载，唐玄宗将自己的生日定为千秋节，到这天王公大臣们纷纷奉献宝鉴，张九龄却上事鉴十章，号《千秋金鉴录》，以申讽谏。"九逝魂"化用屈原《抽思》"魂一夕而九逝"句意。细旃，借指皇帝生活的处所。诗人深为自己没能克尽讽谏之职而内疚，也更加怀念往日的生活。

颈联以沉重的笔触，抒写出诗人的感慨：昔日至高无上的皇帝，竟落得如此下场！从前好端端的一个国家，就这样土崩瓦解，几乎亡国！诗人盼望南明能恢复中原，重奏升平中兴之乐。如今时光又过了一年，南明王朝不仅无收复中原之希望，反因权奸干政、节节败退。抚今追昔，往事怎堪回首！

尾联表达诗人对崇祯皇帝的深切悼念和对明王朝的依恋，表现出诗人的民族气节和爱国感情。"龙髯"用黄帝成仙升天的故事。传说黄帝在荆山下铸鼎修炼，鼎铸成之后，有神龙下来迎接黄帝升天。当时随从黄帝登上龙身的有七十多人，还有许多人挤不上去，只好拉着龙的胡子，龙胡子被拉断，这些人纷纷坠落地面，致使黄帝的弓也坠落下来。地上的百姓抱着黄帝的弓，看着升天的黄帝大哭。这个故事后来就成为悼念皇帝去世的典故。司马迁在《史记》中说，黄帝并没升天，他死在了人间，葬在了桥山。玉匣珠襦，是汉朝帝王死后的葬服。诗人用典故寄托了对崇祯皇帝的无限哀思，也表达出对大明王朝前途的担忧。在封建社会里，皇帝与国家是同义词，皇帝就是国家的化身。忠君与爱国是一致的，爱国的表现是忠君，忠君的实质是爱国。诗人对崇祯皇帝表现的真挚感情，正是对明王朝的感情，是一个富有民族精神的遗老的心声。史载徐汧后来殉国，正是这种民族精神与现实激烈冲突的结果。

这首诗字字深含明王朝灭亡的慨叹，句句流露出对崇祯皇帝的哀思，感情沉痛真挚，情思凄凉缠绵。诗紧扣"三月十九日"抒写，笔力劲道，亡国之感在"不忍传"三字中尽数倾泻而出，强烈地感染着读者。（傅瑛）

万寿祺

万寿祺（1603—1652），字介若，一字内景，乡人多称万年少，徐州（今江苏徐州）人。明末清初文学家、诗人。明崇祯三年（1630）举人。曾参加明末反阉党斗争和复社活动。清世祖顺治二年（1645），清军南下，起兵抗清。兵败被执、坚贞不屈，因暗中有人相助，囚系两月得脱，渡江归隐，削发为僧。善诗文，工书画，旁及琴、剑、棋、曲、雕刻、刺绣，无不精通。其诗多记明末清初史实，表现民族气节。有《西草堂集》等。

【原文】

入沛宫

泗亭春尽树婆娑(1)，汉帝宸游不再过(2)。

魂魄有时还至沛，楼台落日半临河。

风吹大泽龙蛇近(3)，天入平沙雁鹜多。

我亦远随黄绮去(4)，东山重唱《采芝歌》(5)。

【毛泽东圈评等情况】

毛泽东读清沈德潜、周准编选《明诗别裁集》卷十时圈阅了此诗。

[参考] 张贻玖：《毛泽东评点、圈阅的中国古典诗词》，中国工人出版社 1992 年版，第 260 页。

【注释】

（1）泗亭，泗水亭，因刘邦曾任亭长而有名，在今江苏沛县东。

（2）宸（chén）游，皇帝巡游。

（3）大泽龙蛇，传说刘邦任泗水亭长时，一次夜过大泽，见一大白蛇盘在路上，就趁醉挥剑将蛇砍死。后面又有人经过此地，见一老妇哀哭，询问她为何哭？老妇回答说她的儿子被赤帝子所杀。大泽，大湖沼，大渊薮。《左传·襄公二十一年》："深山大泽，实生龙蛇。"

（4）黄绮，即夏黄公，与绮里季、东园公、甪里先生共称商山四皓，为商山隐士。他们拒绝汉高祖刘邦的召用，后为太子所用，助太子顺利继承皇位，是为惠帝。

（5）东山，浙江上虞西南的东山，为谢安早年隐居之处；临安、金陵均有东山，也是谢安游憩之地，后以东山指隐居。《采芝歌》，即《四皓歌》，四皓隐居商山所作之歌。歌曰："莫莫高山，深谷逶迤。晔晔紫芝，可以疗饥。唐虞世远，吾将何归？四鸟高盖，其忧甚大。高贵之畏人，不及贫贱之肆志。"见《史记·留侯世家》。

【赏析】

这是一首怀古诗，为七言律。崇祯十七年（1644）三月十九日，李自成攻入京师，崇祯皇帝吊死在万寿山。五月，清兵又攻陷京师，建立清王朝。从此诗的内容看，诗应写于上述事件发生之后。沛宫，在今江苏沛县东南郊，汉高祖刘邦设宴招待父老之处。

首联中的"泗亭"，即泗水亭，因刘邦曾任过泗水亭长而名传千古。宸游，指皇帝的巡游。刘邦消灭项羽建立汉朝以后，曾回过故乡，还写下气势非凡的《大风歌》。而今泗水之亭犹在，昔日的帝王在何处？即使他们还想重游故地，也只能在冥冥之中了。

颔联中，诗人把沛宫放在一个历史的境界中来审视：泗水亭旁，绿树婆娑；落日西沉，半没河中；楼台寂寂，沐浴余晖。诗人笔下的景色不能说不美，但这种美只能唤起没落、衰亡之感，让人想到李商隐的名句："夕阳无限好，只是近黄昏。"它象征着大明王朝的衰亡，暗示着崇祯皇帝的自杀。眼前的景与主观的情、历史与现实，完全被诗人巧妙地融为一体，浑然天成。

颈联"风吹大泽"二句仍是写景：秋风萧萧，落叶飘飘，水天一色，雁鹜阵阵。大泽的荒凉，深秋的肃杀，营造出一个绵长阔远的时空，正是诗人对沧桑变化的感受。传说刘邦任泗水亭长时，一次半夜路经大泽，见一大白蛇盘在路上，就趁醉挥剑将蛇砍死。后面又有人经过此地，见一老妇人哀哭，问其为何哭，妇人回答说她的儿子被赤帝子所杀。诗人在写景中将此传说融入其中，不着痕迹，可称妙笔。

尾联两句是抒怀，借用谢安和四皓的典故，表示自己不愿与新王朝合作，打算隐居的态度。西汉初年，天下有四位负载盛名的隐士，名叫东园公、绮里季、夏黄公、角里先生，他们隐居商山，世称商山四皓。刘邦统一天下后，曾派人请他们出山，但四皓不愿做刘邦的臣子，拒不奉召。怀古诗从来都是借古人之酒杯，浇自己胸中的块垒。诗人也是如此。他借游沛宫，来抒兴亡之怀，字里行间，处处流露出对明王朝的怀恋之情，也表现出诗人的民族气节。（傅瑛）

马世奇

马世奇（生卒年不详），字君常，号素修，无锡（今江苏无锡）人。明代诗人。幼颖异，嗜学有文名。辛未（1631）进士，改庶吉士，官至翰林院侍讲。李自成攻入京师后，捧所署司经局印，望朝拜毕，自缢死。初谥文忠，定谥文肃。

【原文】

赠曹元宰守漳州

灵槎秋泛海天凉，五夜心悬燕寝香[(1)]。
总为至尊忧社稷，汉臣何必薄淮阳[(2)]。

【毛泽东圈评等情况】

毛泽东读清沈德潜、周准编选《明诗别裁集》卷十时圈阅了此诗。

[参考] 张贻玖：《毛泽东评点、圈阅的中国古典诗词》，
中国工人出版社1992年版，第260页。

【注释】

（1）五夜，即五更，古时一夜分为五个更次。《文选·陆倕〈新刻漏铭〉》："六日不辨，五夜不分。"李善注引卫宏《汉旧仪》："昼夜漏起，省中用火，中黄门持五更。五夜者，甲夜、乙夜、丙夜、丁夜、戊夜也。"燕寝，古代帝王居息的宫室。周制王有六寝，一是正寝，余五寝在后，通名燕寝。香，此指皇帝睡得香，是因为有曹元宰守南方海疆。

（2）薄淮阳，用汲黯之典。汲黯为东海太守，多病，常卧闺阁不出，而东海大治。后隐居归田。皇上又召拜汲黯为淮阳太守，黯不受印。皇上说："君薄淮阳邪？"汲黯乃受印如故，淮阳又大治。

【赏析】

诗题《赠曹元宰守漳州》。漳州，府名，治所在福建龙溪（今福建漳州），为南国边境，荒远偏僻。曹元宰要去漳州驻防，或有怨意，诗人作此诗以勉之。

这是一首七言绝句。"灵槎秋泛海天凉"，首句用典，写漳州地处偏远，条件艰苦，显出诗人的关心体贴。槎，即木筏。据晋张华《博物志》卷三载：海边的人见每年八月海上木筏按期往来，便带粮乘筏，泛游天河，见到了牛郎织女。后遂用乘槎、灵槎等来喻指出使或远行所乘之船只。宋苏轼《黄河》诗云："灵槎果有仙家事，试问青天路短长。"此去漳州路途遥远，有如乘槎泛天河。次句紧承首句，为推想之词，"五夜心悬燕寝香"。五夜，古时一夜分甲、乙、丙、丁、戊五段，即五更。唐沈佺期《和中书侍郎杨再思春夜宿值》诗云："千庐宵驾合，五夜晓钟稀。"燕寝，古代帝王休息安寝的所在。此推拟曹元宰到任后日夜操心、勤于政事，皇帝这里就能安寝了。第三句继续生发，进一步加强前二句句意，也为末句张本。至尊，至高无上的地位，古多指皇帝，因用为皇帝的代称。唐杜甫《丹青引》："至尊含笑催赐金，圉人太仆皆惆怅。"此言曹元宰去漳州乃是为皇帝分忧、是为了国家社稷的安危，所以"汉臣何必薄淮阳"。此又用典，含蓄委婉，既是劝说，又是慰勉，确是"温柔敦厚"（清沈德潜《明诗别裁》）。《史记·汲郑列传》记载：汲黯学黄老之言，治官理民，好清静，善于择用贤才，抓大事而不究小节，治务在无为。为东海太守时，多病，常卧闺阁内不出，而东海大治。后隐居归田，会行五铢钱，楚地民多盗铸私钱，"上以为淮阳，楚地之郊，乃召拜黯为淮阳太守。黯伏谢不受印，诏数强予，然后奉诏。……上曰：'君薄淮阳邪？吾今召君矣。顾淮阳吏民不相得，吾徒得君之重，卧而治之。'"黯乃受印，居郡如故治，淮阳政清，百姓称颂。这里以汲黯作比，相信曹元宰定能不负众望，像汲黯治理淮阳一样，治理好漳州。

马士奇为明末节士，京师陷，自缢。他的诗作充满忧国忧民之情。此诗四句，几用典故，贴切自然，含蓄蕴藉，对朋友的慰勉之意、对国家社稷的系念之情，尽在不言中，读后令人深长思之。（韩爱平）

杨廷麟

杨廷麟（1598—1646），字伯祥，清江（今江西临江）人。明代诗人。崇祯辛未（1631）进士，授编修，充讲官，兼直经筵。后改兵部主事，赞卢象升军，象升战死，都城失守。南都陷落，唐王加其吏部右侍郎，进兵部尚书，兼东阁大学士。攻复吉安，未久复失，退保赣州。清兵围之半年，城破，赴水死。

【原文】

别叶侍御

浑水桥边寺北田⁽¹⁾，行縢东去雨连绵⁽²⁾。

桑村古渡沙移路，茅屋人家鸟就烟。

江左衣冠悲楚泽⁽³⁾，淮西烽火接秦川⁽⁴⁾。

更闻群盗郊原遍，欲下浔阳万里船⁽⁵⁾。

【毛泽东圈评等情况】

毛泽东读清沈德潜、周准编选《明诗别裁集》卷十时圈阅了此诗。

[参考] 张贻玖：《毛泽东评点、圈阅的中国古典诗词》，中国工人出版社 1992 年版，第 260 页。

【注释】

（1）浑水，卢沟河在元、明以后别称浑河，今称永定河。浑水桥即卢沟桥。

（2）行縢（téng），绑腿布。《诗经·小雅·采菽》曰"邪幅在下"，汉郑玄笺："邪幅，如今行縢也。逼束其胫，自足到膝，故曰在下。"

（3）江左，长江下游以东地区，即今江苏一带。古人叙地理，以东为左，以西为右。楚泽，指长江中下游两湖一带，因古属楚地，故名。

（4）淮西，指淮河流域西部，即今皖北、豫东一带。

（5）浔阳，古县名，即今江西九江，为陶渊明归隐之地。

【赏析】

诗题《别叶侍御》，叶侍御，生平未详。侍御，即侍御师，帝王御用的医官。《资治通鉴·梁武帝天监七年》："三月，戊子，魏皇子昌卒，侍御师王显失于疗治。"胡三省注："医师侍御左右，因以名官。后魏之制，太医令属太常，掌医药；而门下省别有尚药局侍御师，盖今之御医也。"诗人要离开京都南下便写了这首诗和他的好友叶侍御作别。

这是一首赠别的七律诗。首联即点明送别的地点、环境，一派凄凉景象，给全诗定下了一个悲凉的调子。浑水桥，即卢沟桥。浑水，即浑河，也就是现在的永定河。行縢，绑脚布。《三国志·吴志·吕蒙传》："为兵作绛衣行縢。"此联言阴雨连绵，在永定河上卢沟桥边寺北的田野里，诗人和朋友依依惜别，打紧裹腿，冒雨东行，可前程未卜。君不见，"桑村古渡沙移路，茅屋人家鸟就烟"。由于战争，许许多多的人死于非命，人烟稀少，渡口便少有人行，以致路被沙土掩埋；而村庄人家的茅屋，鸟儿出没其间，来去自由，倒成了主人似的。正是"乾坤垫裂三分在，井邑摧残一半空"（唐罗隐《江亭别裴饶》）。这里沙土埋路、鸟占人居，两个细节，如特写镜头写尽荒凉，深刻揭示了战争造成的灾难性的破坏，令人不忍卒读。

如果说颔联是特写镜头，是精雕细刻，写的是点，那么接下来诗人把镜头徐徐拉开，颈联则描绘了广阔的画面："江左衣冠悲楚泽，淮西烽火接秦川。"江左，长江下游以东地区，即今江苏一带。古人叙地理以东为左，以西为右，故称江东为江左，江西为江右。衣冠，指士大夫、官绅。旧题汉刘歆《西京杂记》二云："故新丰多无赖，无衣冠子弟故也。"楚泽，指长江中下游西湖一带，因古属楚，故名。淮西，地区名，今皖北、豫东淮河北岸一带。烽火，指战争、战乱。唐杜甫《春望》诗云："烽火连三月，家书抵万金。"秦川，古地区名，川指平川而言，或泛指今陕西、甘肃秦岭以北平原地带，因春秋战国时地属秦国而得名。此联讲，中原大地从北到南、从东到西都处于战乱之中。不仅如此，尾联更进一步说，"更闻群盗郊原遍"，战乱不断，更有盗贼四起，哪里可以安身？百姓可怎么过活？这里的"群盗"，当然也包括大大小小的农民起义武装。诗人站在封建阶级立场上，难免有阶级局限，我们不应求全责备。中原到处是"烽火"，遍地是"群盗"，故而只好"欲下浔阳万里船"。浔阳，古县名，治所在今江西九江。从浔阳乘船东下，便是南都（今江苏南京）。后来诗人很受唐王信用，参加了保卫南都的战斗。诗以此作结，言有尽而意无穷，留下许多疑问，令读者思之、念之，更为远行人担心！

　　此诗题作"别"，而且是在郊外雨中，见出友情的不同一般；而且又是战乱中别，很可能是生离死别。但诗人却少写离情别绪，而是通过对战乱后破败景象的描绘，抒发了诗人忧国忧民的极其沉痛的思想感情。战乱造成的破坏惨不忍睹，大好河山被践踏、被蹂躏，作为一个爱国志士，确是有椎心泣血之痛，离情别绪自然就被冲淡了。此诗虽无一直接抒情的句子，但借景抒情，一切景语皆情语。其情看得见、摸得着，沉痛哀绝，感人至深。（韩爱平）

阎尔梅

阎尔梅（生卒年不详），字用卿，一字调鼎，号古古，沛县（今江苏沛县）人。明末清初诗人。崇祯（1636）举人。明亡后，奔走国事。工诗，长于七律，熔铸史事最工。有《白耷山人集》。

【原文】

重过兖州

亭长台西旧酒徒⁽¹⁾，疏狂名姓满江湖。

每从世外寻高蹈，不识人间有畏途。

季札重来周乐散⁽²⁾，奚斯一去鲁宫芜⁽³⁾。

高楼极目谁同醉⁽⁴⁾？正月愁听有蟪蛄⁽⁵⁾。

【毛泽东圈评等情况】

毛泽东读清沈德潜、周准编选《明诗别裁集》卷十时圈阅了此诗。

[参考]张贻玖：《毛泽东评点、圈阅的中国古典诗词》，中国工人出版社1992年版，第260页。

【注释】

（1）亭长台西，指兖州，在沛县泗水亭西。旧酒徒，指郦食其。

（2）季札，春秋时吴王寿梦的小儿子，曾到鲁国观周乐，分析说明天下盛衰大势，颇中时要。

（3）奚斯，春秋时鲁国公子鱼，字奚斯。《诗经·鲁颂·閟宫》："新庙奕奕，奚斯所作。"

（4）高楼，此指兖州城楼。

（5）蟪蛄，蝉的一种，生命周期短，春生夏死，夏生秋死，庄子说："蟪蛄不知春秋。"

【赏析】

诗题《重过兖州》。兖州，古九州之一，辖地为今河南的杞县、陈留及山东的任城、山阳、济阴等地。秦末，刘邦率兵路过兖州的陈留（今河南开封陈留）时，有一位被乡里称为狂士的儒生名叫郦食其的前来求见。刘邦不愿见他，告诉使者说："替我谢绝他，就说我正在考虑天下大事，没时间接见儒生。"使者向郦食其转告了刘邦的话。郦食其却睁圆眼睛，握着佩剑叱责使者说："快去，再进去告诉刘邦，我是高阳酒徒，不是什么儒生。"刘邦听说，才立即接见了郦食其。后来郦食其受到重用，为刘邦立下卓著的功勋。诗人也是沛县人，当他重过兖州，看到的是一片荒凉，想到明王朝的衰亡，回忆起这位狂豪之士，便写了这首七言律诗抒发了亡国之恨。

首联紧扣题目，点明"兖州"。亭长指刘邦。刘邦曾任过沛县的泗水亭长。沛县在江苏，位于兖州的东面，故云。旧酒徒即指郦食其。"疏狂名姓满江湖"，七个字概括出郦食其的狂放和名声，表现诗人对他的钦佩敬仰之情。诗人的奇豪之气，也不减当年的高阳酒徒。颔联两句承上，赞扬郦食其所以敢于在刘邦面前狂放无羁，就因为他无心做官、志在隐居。这两句用的是流水对，上下句意流畅贯通。颈联两句点明"重过"。季札是春秋时吴王寿梦的小儿子，曾到鲁国观过周乐，事见《左传·襄公二十九年》。奚斯是春秋时鲁国公子鱼的字，《诗经·鲁颂·閟宫》："新庙奕奕，奚斯所作。"这两句通过用典，对现实进行了观照。如今诗人又来兖州，已是国破家亡、物是人非，黍离之悲油然而生。虽使事用典，但对仗工整平稳，笔意曲折深沉，把诗人内心的感受委婉地表达出来。

尾联是诗人内心的独白。登上兖州城楼，极目远眺，山河依旧，却不再是大明的天下！这亡国之痛有谁能理解和同情？强烈的故国之思，使诗人心中烦乱，愁肠百转，这时他听到的只是遍地蟪蛄的哀鸣。蟪蛄是蝉的一种，生命期短，春生夏死，夏生秋死，所以庄子说"蟪蛄不知春秋"。

淮南小山在《招隐士》里写道："岁暮兮不自聊，蟪蛄鸣兮啾啾。"诗人化用其意，抒发他对物盛则衰、乐极则哀的浩叹。

　　诗前四句回忆高阳酒徒，后四句抒怀，层次分明，文气贯通，奇气横溢；用典恰切，寄托深远，增加了诗的意蕴。（傅瑛）

顾咸正

顾咸正，字端木，昆山（今江苏昆山）人。崇祯举人。除延安推官，殉节死。

【原文】

登华山

倚杖高台万里秋，山川元气共沉浮⁽¹⁾。
金神法象三千界⁽²⁾，玉女明妆十二楼⁽³⁾。
井钺参旗皆北拱⁽⁴⁾，浊河清渭自东流⁽⁵⁾。
愁看杀气关中满⁽⁶⁾，独立南峰最上头⁽⁷⁾。

【毛泽东圈评等情况】

毛泽东读清沈德潜、周准编选《明诗别裁集》卷十时圈阅了此诗。

[参考] 张贻玖：《毛泽东评点、圈阅的中国古典诗词》，
中国工人出版社1992年版，第260页。

【注释】

（1）元气，为哲学概念，指产生和构成天地万物的原始物质，或指阴阳二气混沌未分的实体。沉浮，比喻世道荣枯盛衰的变迁。

（2）金神，西方之神，秋之神。《山海经·海外西经》："西方蓐收，左耳有蛇，乘两龙。"郭璞注："金神也，人面、虎爪、白毛、执钺。"法象，古代哲学术语，对自然界一切事物现象的总称。三千界，佛教语，即三千大千世界，谓以须弥山为中心，以铁围山为外郭，是一小世界，一千小世界合起来就是小千世界；一千个小千世界合起来就是中千世界；一千

个中千世界合起来就是大千世界，总称三千大千世界。

（3）玉女，即玉女峰，华山中峰的别称。传说春秋时隐士萧史，善吹洞箫，箫声引起了秦穆公女儿弄玉的爱慕，她便跟萧史来此隐居，此峰因称玉女峰。峰上有玉女祠、玉女洗头盆等名胜。十二楼，谓楼台亭阁多。

（4）井，指二十八宿之一的井宿星，亦称"东井""鹑首"，有星八颗，即双子星座。钺（yuè），星名。"东井为水事，其西曲星曰钺。"（见《史记·天官书》）参（shēn）旗，星官名，又名"天旗""天官"，属毕宿，其九星，即猎户星座。

（5）浊河，指黄河。清渭，即渭水，黄河最大支流。

（6）杀气，凶恶的气氛，此指战争。

（7）南峰，即华山落雁峰，海拔2200米，为华山最高峰。

【赏析】

诗题《登华山》。华山，古称西岳，以雄险高峻闻名于世。《水经注》载："远而望之若花状。"因名华山，又以其西临少华山，故称太华。华山不仅山势高峻，名胜古迹也很多。自山麓至绝顶，庙宇道观，天然奇景，处处可见，为古代文人墨客游历探险的地方。这首七言律诗即为诗人登上绝顶的抒怀之作。

自古华山天下雄。诗人会当凌绝顶，居高临下，倚山远望，心生一派惆怅之情。首联"倚杖高台万里秋，山川元气共沉浮。"诗人登临险绝之处，倚杖觅览，万里秋色尽收眼底。那苍郁的山川，飘荡的云雾，似乎与诗人融为一体，迷迷茫茫，一起沉浮。元气，为哲学概念，指产生和构成天地万物的原始物质，或指阴阳二气混沌未分的实体。沉浮，比喻世道荣枯盛衰的变迁。此二句指诗人已与云天、山川融为一体，饱享这登临绝顶时超世拔俗的瞬间感受。

接下来，诗人虚实结合，尽写华山的险绝奇观。颔联"金神法象三千界，玉女明妆十二楼。"前句是诗人登临中看到庙宇，联想到金刚力士，法力无边，恰似这险绝陡峭的峰峦。法象，是哲学术语，指事物现象的总称。三千界，佛教语，谓以须弥山为中心，以铁围山为外郭，是一小世界；

明

诗

一千小世界合起来就是小千世界；一千个小千世界合起来就是中千世界；一千个中千世界合起来就是大千世界，总称三千大千世界。这是虚写，以佛家仙界喻华山之险绝拔世，高不可攀。后句是说玉女峰奇伟瑰丽，神秘莫测。传说春秋时隐士萧史，善吹洞箫，箫声引起了秦穆公女儿弄玉的爱慕，她抛弃了宫廷生活，跟萧史来此隐居。此峰故名玉女峰。峰上有玉女祠、玉女洗头盆等名胜。十二楼，谓楼台亭阁之多。

"井钺参旗皆北拱，浊河清渭自东流。"颈联二句写华山险绝宽阔的地理概貌。井，指二十八宿之一的井宿星，亦称东井；钺，古时兵器，像大斧。参旗，星官名，又名天旗、天弓。前句是说，华山壁立千仞，悬崖峭壁，突兀凌空，连天上的星宿也为之拱趋。后句是说，登临峰巅俯瞰，秦川茫茫，黄河、渭水滚滚东流。浊河，指黄河；清渭，指渭水。华山险绝，各峰都如刀削。传说古代有河神巨灵，左手托起华山，右足蹬开中条山，给黄河劈出一条入海的河道，排放出洪水，拯救了万民。现仍有最峭的一峰为仙人掌。诗人在此进一步描绘了华山山川河流的险峻和壮观。

尾联"愁看杀气关中满，独立南峰最上头。"这是此诗的主旨所在。诗人生活在明末，当时朱明王朝正处于风雨飘摇之中。北方大清虎视眈眈，农民起义风起云涌。闯王李自成于 1629 年揭竿而起，到 1644 年正月已在西安建立大顺政权。诗人作为明朝的忠臣，面对这样的局势，"愁看杀气"是自然之理。关中满，谓当时农民起义已对朱明王朝构成致命的威胁，犹言时局岌岌可危，诗人忧心如焚。关中，古时称函谷关以西、陇关以东的地区。好一个"独立南峰最上头"，写出了诗人对时局的担忧，亦写了诗人的孤高和茫然。南峰，即华山落雁峰，海拔 2200 米，为华山峰高之最。一个"愁看"，更一个"独立"，极写诗人登临绝顶时的忧心愁绪。当时，诗人对农民起义的意义还缺乏清醒的认识，但其忧国忧民的一片赤诚之心亦值得称道。

此诗虽非出自大家手笔，可也写得气象万千、苍郁浑厚、意境深远，字里行间流溢着对祖国壮丽山河的炽情热爱。末二句写出了诗人对朱明王朝的担忧和忠鲠之情，弥漫着一派孤高忠烈之气。非刚正忠耿之人，绝写不出此等诗境。（孙学士）

徐石麒

　　徐石麒（生卒年不详），字宝摩，嘉兴（今浙江嘉兴）人。明代诗人。熹宗天启进士。除工部主事。初入官，即忤魏忠贤，被诬赃削籍。毅宗崇祯初，起南礼部主事，累官刑部尚书。南明福王时，召拜吏部尚书，为权奸所扼。乞归。乙酉（1645）嘉兴城陷，自缢于可经堂。

【原文】

望匡庐

突兀此何处？匡君庐亘天[(1)]。

黛浮五老壁[(2)]，青入九江船[(3)]。

慧远林中寺[(4)]，康王谷口泉[(5)]。

符生今已老[(6)]，谁与买山钱[(7)]？

【毛泽东圈评等情况】

　　毛泽东读清沈德潜、周准编选《明诗别裁集》卷十时圈阅了此诗。

[参考] 张贻玖：《毛泽东评点、圈阅的中国古典诗词》，

中国工人出版社 1992 年版，第 260 页。

【注释】

　　（1）匡君庐，指江西的庐山。殷周之际，有匡俗兄弟七人，受道于仙人，共游此山，遂讬室岸岫，即岩成馆，故时人谓其所止为神仙之庐，因以名山（《庐山记略》）。亘（gèn）天，漫天、连天。

　　（2）五老壁，庐山东南邪山峰名五老峰，五峰形如五老人并肩而立，故名。其石壁为五老壁。黛，青黑色。

（3）九江，今江西九江。

（4）慧远，东晋高僧，太元中立精舍于庐山东林寺。

（5）康王，即赵构，为宋徽宗第九子，宣和三年封康王，后南渡为宋高宗。谷口泉，即谷帘水，在今江西星子西北庐山汉阳峰下。

（6）苻生，氐人，前秦苻健第三子，双目失明，力举千钧。健卒称帝，荒淫无道，被废杀。

（7）买山钱，为隐居而购买山林所需的钱。唐刘禹锡《酬乐天闲卧见忆》："同年未同隐，缘欠买山钱。"买山，典出南朝宋刘义庆《世说新语·排调》："支道林因人就深公买印山，深公答曰：'未闻巢由买山而隐。'"后以买山喻贤士的归隐，亦用以形容人的才德之高。

【赏析】

诗题《望匡庐》。匡庐，即江西九江南庐山，北临长江，是我国著名的风景胜地。这首诗写诗人眺望庐山时所见的庐山雄姿、胜景及其感慨。

这是首五言律诗。"突兀此何处？匡君庐亘天。"首联点题，写出庐山之高大雄伟。诗人并未登山，而是在山下船中眺望，所以便以设问开端。突兀，高耸之状。匡君庐，即庐山。相传殷周之际有匡俗兄弟七人结庐于此，故名。《后汉书·郡国志四·庐江郡》："寻阳南有九江，东合为大江。"刘昭注引南朝宋慧远《庐山记略》："有匡俗先生者，出殷周之际，隐遁潜居其下，受道于仙人而共岭，时谓所止为仙人之庐而命焉。"起首二句是说这么高高耸立的是什么地方呢？它便是横亘天际的庐山。通过设问自答写出庐山的高大雄伟，且是山下眺望的口气。

"黛浮五老壁，青入九江船。"颔联描写庐山胜迹。五老壁，指五老峰。庐山东南部名峰。五峰形如五位老人并肩耸立，故称。峰下九叠屏为李白读书处；东南有白鹿洞书院遗址，为南宋朱熹进学处。李白《登庐山五老峰》："庐山东南五老峰，青天削出金芙蓉。"九江，今江西九江，在庐山脚下长江岸边。两句是说远望庐山东南的五老峰，峰上飘浮着一种青黑色的云气，青翠的山色一直延伸到九江长江岸边的船上。九江船，应是诗人的立足之地，观察之点。

"慧远林中寺，康王谷口泉。"颈联亦是描写，继续写庐山胜景。慧远，东晋高僧。幼好学，博综六经，尤善庄老。受业于道安，太元中立精舍于庐山。与慧永、宗炳、刘遗民、雷次宗等十八人结白莲社于东林寺，因称东林十八贤，而慧远为之冠。卜居三十余年，足不出山，送客以虎溪为界。义熙中卒，年八十三。有《匡山集》。林中寺，指东林寺，在庐山西北。晋太元中，慧远法师在江州刺使桓伊资助下建成此寺。唐武宗会昌三年（843）寺废，宋仁宗天圣二年（1024）复修。宋改名太平兴国寺。为庐山古迹之一。康王，即南宋高宗赵构，宋徽宗第九子，宣和三年（1121）封康王。谷口泉，即谷帘水，在今江西星子西北庐山汉阳峰下。康王南渡后或曾饮马此泉。两句写庐山东林寺和谷口泉两处名胜及与之有密切关系的两位历史人物：慧远和康王。这不仅写出了庐山的山水之美，也写出了庐山人文景观和深厚的文化积蕴。

"苻生今已老，谁与买山钱？"苻生为前秦苻健第三子，健卒称帝。淫荒无道，后被苻坚先废后杀。苻生已老，意谓苻坚来，起百万大军欲灭东晋。此句意以指明末外患在即，社会动荡。末句买山，用南朝宋支道林谓深公典故，后以买山喻贤士的归隐。结以无人出钱买山而抒诗人归隐山林之意，耐人寻味，感慨良深。（毕桂发）

陈子龙

陈子龙（1608—1647），字卧子，号轶符，晚年号大樽。松江华亭（今上海松江）人。南明抗清将领、文学家。崇祯十年（1637）进士，选绍兴推官。南明弘光时任兵科给事中，曾辞职归乡。清军破南京后，在松江起兵抗清，称监军。事败逃匿山中，结太湖兵抗清事露，在苏州被捕，乘隙投水死。清乾隆时予谥忠裕。其文学主张继承后七子，有复古倾向。清兵南下后所作诗歌，感时伤事，悲愤苍凉，风格一变。后人誉为明诗殿军。有《陈忠裕公全集》等。

【原文】

酬李司马萍槎先生

久瞻枢府重明光[1]，投我连城云锦章[2]。

伤乱已闻刘太尉[3]，赏音深愧蔡中郎[4]。

九龙移帐春无草[5]，万马窥边夜有霜[6]。

早晚沧江惊驿使[7]，诏书先问右贤王[8]。

【毛泽东圈评等情况】

毛泽东读清沈德潜、周准编选《明诗别裁集》卷十时圈阅了此诗。

[参考] 张贻玖：《毛泽东评点、圈阅的中国古典诗词》，
中国工人出版社 1992 年版，第 260 页。

【注释】

（1）枢府，主管军政大权的中枢机构，明清时多指内阁。

（2）连城，比喻十分珍贵。典出《史记·廉颇蔺相如列传》："赵惠

文王时，得楚和氏璧。秦昭王闻之，愿以十五城请易璧。"云锦，我国传统工艺美术丝织品。"连城云锦"用来比喻李司马的诗文精美绝妙。

（3）刘太尉，指西晋名将、诗人刘琨（271—318）。刘琨历任并州刺史、大将军、太尉等官职，都督并、驾、幽三州军事。少有诗名，其诗慷慨悲壮、激昂清拔。南朝梁江淹曾模拟其口吻作《刘太尉琨伤乱》一诗。故诗言"伤乱"。

（4）蔡中郎，即蔡邕，东汉文学家、书法家，曾官左中郎将，故世称蔡中郎。

（5）九龙，古人多以九龙为装饰，古有"龙生九子"之说，因以为饰而亦祥瑞。

（6）万马窥边，指敌人很猖狂。

（7）沧江，泛指江，以江水呈青苍色，故称。苍，通"沧"。

（8）右贤王，汉时匈奴对其贵族的封号，此代指李司马。

【赏析】

此为酬答之作。李萍槎司马有诗赠作者，作者写此诗回赠。萍槎先生，《明诗综》："继贞，号萍槎。"李继贞，字征尹，号萍槎，太仓（今江苏太仓）人。明神宗万历四十一年（1613）进士，历迁兵部职方主事。天启间典试山东，坐试录刺魏忠贤，削籍。崇祯间起职方郎中。干用精敏，为人强悍，在事清执，请谒不行。历兵部右侍郎，兼右佥都御史，后巡抚天津，督蓟辽军饷，大兴屯田。十余年间，起废数次，卒于官。

这是一首七言律诗。首联即点题。枢府，旧谓政府的中枢。宋苏辙《贺欧阳副枢启》："位在枢府，才为文师。"明光，汉代宫殿名，后泛指宫殿。唐张籍《节妇吟》："妾家高楼连苑起，良人执戟明光里。"连城，《史记·廉颇蔺相如列传》载："赵惠文王时，得楚和氏璧。秦昭王闻之，使人遗赵王书，愿以十五城请易璧。"秦国愿以十五城换取赵国的和氏璧，可见其珍贵无比。后遂以连城璧、连城玉、价连城、连城等指特别优秀的人才或十分珍美的事物，形容其贵重难得。宋辛弃疾《小重山·席上和人韵送李子永提幹》词云："商量诗价重连城，相如老，汉殿旧知名。"云锦，我国传统工艺美术丝织名，历史悠久，锦纹瑰丽有如云彩，故名。连城云锦都是比喻诗文精美绝妙，见出诗人对李司马诗文的爱重及李司马的文才不同一般。此二句是说，李司马为朝廷重臣，自己仰慕已久；如今又赠锦绣诗篇，读后确实让人感慨无穷。

颔联就具体写所感。刘太尉，指西晋著名将领、爱国志士、诗人刘琨（271—318）。刘琨历任并州刺史、大将军、太尉等官职，都督并、冀、幽三州军事。他忠于晋王朝，长期坚守并州，招抚流亡，与刘聪、石勒相对抗。他少有诗名，其诗慷慨悲壮、激昂清拔。南朝梁江淹模拟其口吻作《刘太尉琨伤乱》一诗，故诗人言"伤乱已闻刘太尉"，是说李司马其人、其诗都可追刘太尉。蔡中郎，即蔡邕，东汉文学家、书法家，曾官左中郎将，故世称蔡中郎。颔联进一步赞美李司马，言他武可比刘太尉，文可比蔡中郎，文武兼备。国家遭难，需要倚重他，靠他戍边御敌；而他还把自己视为知音，赠之以诗，自己确是深感惭愧。

以上两联，两两对举，赞美李司马文武双全，为固国之重将。颈联则详细描写边塞军情，以具体事实歌颂李司马之武功。"九龙移帐春无草，万马窥边夜有霜。"九龙，古人多以九龙为装饰，五代时闽主王延钧作九龙帐，此指李司马的营帐。边塞春晚，时令已进入春天，可李司马戍守之地草木还未萌生，"二月垂杨未挂丝"（唐张敬忠《边词》）；春寒料峭，夜里仍有霜降。而这里却正是敌人窥视中原之地，是军事要塞。这里自然环境恶劣，而敌人又非常猖狂——"万马窥边"，但不过只是"窥"而已，并且是在夜里。这就表明李司马治军有方，将士们严阵以待，不畏严寒，日夜防范，在此地筑起了一道不可逾越的屏障。这里以"春无草"、以"万马窥边"来衬托李司马及其部将勇武顽强、不畏困难的英雄气概。读来确是令人肃然起敬。

"早晚沧江问驿使，诏书先问右贤王。"尾联进一步写李司马戍守之地的重要及朝廷对李司马的依重。沧江，泛指江，以江水呈青苍色，故称。唐杜甫《秋兴》诗云："一卧沧江惊岁晚。几回青琐点朝班。"驿使，古时驿站传送文书的人。诏书，帝王布告臣民之书。右贤王，汉时匈奴对其贵族的封号，这里代指李司马。尾联是说，朝廷常有诏书送达，而诏书往往先问李司马。可见，此地确实关乎朝廷社稷之安危，李司马责任之重大不言而喻。诗以此作结，与首句遥相呼应，完美地表现了题旨。

　　陈子龙为崇祯十年（1637）进士，官至兵科给事中。此诗当作于明亡前他在任之时，表现了他对边事时政、民生疾苦、社稷安危的深切关心。吴伟业《梅村诗话》称他"高华雄深，睥睨一世"，由此诗则见一斑。前人又称他为明诗殿军，他是当之无愧的。他的诗在当时负有重名，只是由于明朝的覆灭，所以没有造成更大的影响，这不无遗憾。（韩爱平）

【原文】

钱塘东望有感

青溪东望大江回⁽¹⁾，立马层崖极望哀。

晓日四明霞气重⁽²⁾，春潮三折浪云开⁽³⁾。

禹陵风雨思王会⁽⁴⁾，越国山川出霸才⁽⁵⁾。

依旧谢公携屐处⁽⁶⁾，红泉碧树待人来⁽⁷⁾。

【毛泽东圈评等情况】

　　毛泽东读清沈德潜、周准编选《明诗别裁集》卷十时圈阅了此诗。

[参考] 张贻玖：《毛泽东评点、圈阅的中国古典诗词》，
中国工人出版社 1992 年版，第 260 页。

【注释】

　　（1）青溪，古县名，治所在今浙江淳安西淳城镇。大江回，镇江有一段河道曲折如"之"字，又名"之江"，故远望江水好似回流。

　　（2）四明，即四明山，传说山上有方石，中通日、月、星、辰之光，故谓之"四明"，在浙江宁波西南，自天台山发脉而绵亘于奉化、余姚诸县境。这里泛指浙东。

　　（3）春潮，指钱塘潮。镇江口呈喇叭状，海潮倒灌，成著名的钱塘潮。涌潮来袭时，潮头壁立，波涛汹涌，有如万马奔腾，景象壮观。"折"，

一作"浙"。

（4）禹陵，夏禹的陵墓，在浙江绍兴稽山门外。陵旁有禹王庙，庙宇雄伟，内有禹碑，为浙东著名胜迹。《史记·夏本纪》载："或言禹会诸侯江南，计功而崩，因葬焉，命曰会稽。"思王会，指思念夏禹那样的英主再世。王会，本为《逸周书》篇名，记周公大会诸侯于王城洛邑事，这里指"禹合诸侯于涂山，执玉帛者万国"事（见《左传·哀公七年》）。涂山，一说在绍兴西北。

（5）霸才，称雄超众之才，指越王勾践。勾践尝与吴争战，公元前494年为吴王夫差所败。勾践卧薪尝胆，刻苦图强，于公元前473年攻灭吴国，并向北扩张，成为霸主。越国建都会稽，禹陵所在地。

（6）谢公，指南朝宋谢灵运。自制木屐事，见《宋书·谢灵运传》。"屐"，一作"伎"，通"妓"。

（7）红泉，红色泉水。传说汉东方朔小时掘井，陷落地下，有人欲引往采仙草，中隔红泉不得渡，其人以一屐与之，遂泛红泉，至仙草处，采而食之（见旧题汉郭宪《洞冥记》）。后遂以红泉代指仙境。此与"碧树"连用，指美丽的景色。

【赏析】

据作者自撰年谱：崇祯十三年（1640），自京师南还，"抵家治装，以八月奉太安人（祖母）携家渡钱塘"，即赴绍兴推官（司礼）之任。此诗当作于次年春季。

此为登临抒怀之作。钱塘，即钱塘江，浙江最大的河流。诗人在钱塘江畔骋目望远，不禁想起禹会诸侯、越灭强吴的故事，而红泉碧树的山川胜景，尽收眼底，于是感慨无穷，写下这首七言律诗。

首联极写钱塘江的气势，前后倒装。本来是"立马层崖"才望见"大江回"，诗人偏倒过来写，不唯增强气势，而且突出了动感，突出了钱塘江的特点。钱塘江有一段河道曲折如"之"字，又名"之江"，故远远望去，江水好似回流。青溪，古县名，治所在今浙江淳安西淳城镇。层崖，重叠很高的山崖。诗人立马其上，表现了诗人傲世独立的大无畏英雄气概。而一个"哀"字，则表达了亡国之忧、悼念之痛。诗人另有诗句云"满目山川极望哀，周原禾黍重徘徊"（《秋日杂感客吴中作十首》）。可见，亡国之哀充溢于诗人胸间，触景便自然流露。但这里写"哀"之后，颔联却没有顺着写下去，而是宕开一笔，写远望所见并赋以想象，极力赞美故国山河的壮丽秀美："晓日四明霞气重，春潮三折浪云开。"四明，即四明山，传说山上有方石，中通日、月、星、辰之光，故称四明山。本来就是"四明"，又值朝阳辉映，霞光万道，更见瑰丽。春潮，当指钱塘潮。钱塘江江口呈喇叭状，海潮倒灌，成著名的钱塘潮。涌潮来袭时，潮头壁立，波涛汹涌，"怒涛卷霜雪"（宋柳永《望海潮》），有如万马奔腾，成为自然界之壮观景象。此"三折浪云开"，写足了钱塘江的雄伟气势、壮丽景观。

地灵本应人杰："禹陵风雨思王会，越国山川出霸才。"颈联由自然景观写到人文景观，缅怀历史，过渡自然。颈联思接千载，怀古伤时，感叹现实缺少"霸才"，以致国土沦丧，实在令人伤痛。禹陵，在浙江绍兴稽山门外，传为夏禹的陵墓。陵旁有禹王庙，庙宇雄伟。《史记·夏本纪》载："或言禹会诸侯江南，计功而崩，因葬焉，命曰会稽。"风雨思王会，其实是诗人和广大人民怀念夏禹，希望夏禹那样的英主再世，收拾破碎河山，重振华夏雄风！霸才，指越王勾践。春秋末，勾践尝与吴争战，公元前494年为吴王夫差所败。勾践卧薪尝胆，刻苦图强，于公元前473年攻灭吴国，并曾向北扩展，成为霸主。越国建都会稽（今浙江绍兴），即禹陵所在地。诗人意谓，越地有禹陵庇佑，曾出了勾践那样的"霸才"，可如今山川依旧，"霸才"在哪里？"共道安危任尊俎，即今谁是出群才！"（陈子龙《辽事杂诗》）

诗人空怀壮志，报国无门，不得已才动归隐之念："依旧谢公携屐处，红泉碧树待人来。"尾联中的谢公，指南朝宋诗人谢灵运。灵运为东晋大将谢玄之孙，曾官永嘉太守，后隐居会稽，"寻山陟岭，必造幽峻，岩嶂千重，莫不备尽。登蹑常著木屐，上山则去前齿，下山去其后齿。"（《宋书·谢灵运传》）唐李白《梦游天姥吟留别》诗云："脚著谢公屐，身登青云梯。"红泉，即红色的泉水。传说汉东方朔小时掘井，陷落地下，有人欲引往采仙草，中隔红泉不得渡，其人以一屐与之，遂泛红泉，至仙草之处，采而食之。见旧题汉郭宪《洞冥记》。后遂以红泉为传说中的仙境景色之一。南朝宋谢灵运《入华子岗是麻源第三谷》诗云："铜陵映碧间，石磴泻红泉。"红泉碧树，皆指美丽的景色。此联是说，越国一带山川秀美，谢灵运曾携屐登临。如今景色依旧，那里的仙境福地正等待着人们呢！明确地表达了归隐之念。此乃哀痛之余万般无奈之举也。

此诗以"哀"起，以"哀"结；中间写景则气势磅礴、壮美秀丽；怀古又感慨悲怆、沉雄顿挫。国亡家破之哀、壮志难酬之痛，使得此诗感情曲折跌宕、唱叹有情，确是大家手笔。（韩爱平）

顾　绛

　　顾绛（1613—1682），本名继绅，更名绛，明亡后改名炎武，字宁人，号亭林，自署蒋山傭。昆山（今江苏昆山亭林）人。明末清初思想家、文学家、诗人。为有明诗文殿军，清代朴学开山。诗宗杜甫，七律尤佳。有《日知录》《音学五书》《亭林诗文集》等。

【原文】

龙　门

亘地黄河出⁽¹⁾，开天此一门⁽²⁾。

千秋凭大禹⁽³⁾，万里下昆仑⁽⁴⁾。

入庙焄蒿接⁽⁵⁾，临流想像存⁽⁶⁾。

无人书壁问⁽⁷⁾，倚马日将昏⁽⁸⁾。

【毛泽东圈评等情况】

　　毛泽东读清沈德潜、周准编选《明诗别裁集》卷十一时圈阅了此诗。

　　[参考] 张贻玖：《毛泽东评点、圈阅的中国古典诗词》，中国工人出版社 1992 年版，第 260 页。

【注释】

　　（1）亘地，地之终极处。

　　（2）开天，创始。顾绛《清江浦》："开天成祖代，转漕北京初。"

　　（3）"千秋"句，谓龙门为大禹开凿。千秋，千年，形容岁月长久。大禹，即禹，传说上古部落联盟领袖。姒姓，名文命，亦称大禹、夏禹、戎禹。传其奉舜命治理洪水。

（4）昆仑，即今新疆、西藏之间的昆仑山脉，西接帕米尔高原，东延入青海境内，势极高峻，多雪峰、冰川，为长江、黄河的发源地。

（5）庙，指大禹庙，在龙门山东南麓叫明德宫。焄（xūn）蒿，祭祀时祭品所发出的气味，后亦用指祭祀。

（6）想像，现作"想象"，缅怀回忆。《楚辞·远游》："思旧故以想像兮，长太息而掩涕。"王逸注："像，一作象。"

（7）书壁，犹题壁，将诗文写于壁上。

（8）倚马，靠在马身上。

【赏析】

诗题《龙门》。龙门，此指禹门口，在今山西河津西北和陕西韩城东北。黄河至此，两岸峭壁对峙，形如门阙，故名。这首五言律诗描写了龙门胜景，歌颂了大禹治水的功绩。

"亘地黄河出，开天此一门。"首联描写，暗点龙门。起首二句是说黄河从地下涌出，奔腾咆哮而来，缔造了龙门这一奇观。这是诗人站在龙门山上所见，是对龙门胜景的鸟瞰。起得十分雄壮有力。

"千秋凭大禹，万里下昆仑。"颔联叙事，说大禹开创了千秋功业。是谁开凿了龙门，建立了这千秋伟业呢？是上古传说中的大禹。《尚书·禹贡》："导河积石，至于龙门。"金履祥《尚书注》云："河南至河中府龙门县之西，山开岸阔，自高而下，奔放倾泻，声如万雷，是为龙门。"郦道元《水经注·河水》："河水又直出龙门口。昔者大禹导河积石，疏决梁山，谓斯处也。"据说大禹治水时，为疏浚河道，亲自凿开了龙门山，以致斧凿之迹留于两壁，"崖际镌迹，遗功尚存"（《魏土地记》）。二句是说，凭着这大禹开凿龙门山的千秋伟业，奔腾咆哮的黄河流淌万里直泻东海。这使人想起唐代大诗人李白的豪迈诗句："黄河西来决昆仑，咆哮万里触龙门。"（汉乐府《相和歌辞》之一《公无渡河》）这是诗人对大禹治水的热烈赞颂。为了纪念大禹治水的功劳，人们在龙门山东南麓修建了禹庙，曰明德宫。自古以来祭祀不绝。

"入庙焄蒿接，临流想像存。"颈联叙事，写人们对大禹的纪念。这二句是说当诗人怀着崇敬的心情，走进禹王庙，只见香烟缭绕，祭祀的人们络绎不绝。走出门来，俯瞰黄河，眼前仿佛闪现出大禹挥斧凿山的形象，诗人不禁想到，大禹将永远活在人们心中。

"无人书壁间，倚马日将昏。"尾联叙事而兼描写，抒写对大禹的赞颂之情。这两句是说，遗憾的是数千年来无人在崖壁上题字一问：大禹是怎样开凿龙门的呢？诗人临流倚马，回头眺望着壮丽的龙门景色，倾听着河水冲击崖岸的轰鸣，沉浸在对大禹治水的追思之中。不知不觉，夕阳西下，已近黄昏时分了。以情结情，发人深思，余味不尽。（毕桂发）

【原文】

嵩 山

位宅中央正⁽¹⁾，高疑上界邻⁽²⁾。

石开曾出启⁽³⁾，岳降再生申⁽⁴⁾。

老柏摇新翠，幽花苗晚春。

岂知巢许窟⁽⁵⁾，多有济时人⁽⁶⁾。

【毛泽东圈评等情况】

毛泽东读清沈德潜、周准编选《明诗别裁集》卷十一时圈阅了此诗。

[参考]张贻玖：《毛泽东评点、圈阅的中国古典诗词》，
中国工人出版社1992年版，第260页。

【注释】

（1）宅，在，居于。中央，四方之中。

（2）上界，天。

（3）石开出启，用大禹治水传说。大禹在轩辕山变作黄熊挖山，其妻前来送饭，见到后深感恐惧，扭头便逃。大禹赶快恢复人形在后追赶，一直追到嵩山。禹妻变成一块巨石。禹捶打巨石高喊：还我儿子！巨石遂从中间裂开，生出禹之子启。那巨石后来被称为启母石，启后成为夏朝国君。

（4）岳降生申，用甫侯和申伯辅助周宣王征伐外族取得胜利并中兴西周的故事。

（5）巢许，巢父和许由，皆传说中唐尧时的高士，隐居山野。尧让位给他们，他们拒绝。窟，土室。

（6）济时人，救助别人的人。

【赏析】

诗题《嵩山》。嵩山，是著名的五岳之一，因它位处东南西北四方之中，故称中岳，在今河南登封。诗人在明王朝沦亡之际，曾历游华北，写下不少记游诗，《嵩山》这首五言律诗就是其中之一。

诗的首联二句化用《诗经·大雅·崧高》"崧高维岳，骏极于天"句意，以简洁的文字交代嵩山的地理位置，以及其高耸入云的巍峨气势。颔联二句换转笔锋，叙写与嵩山有关的两个传说：一是大禹治水时，在轩辕山变作黄熊挖山，被前来送饭的妻子发现，禹的妻子深感恐惧，扭头就跑。大禹发现后赶快恢复人形在后面追，一直追到嵩山。禹的妻子变为一块大石头。禹捶打石头高喊：还我的儿子！石头遂从中间裂开，从中生出禹的儿子启，这块石头后来被称为启母石。启也就是夏朝的开国君王。"岳降再生申"，用的是甫侯和申伯辅助周宣王征伐外族取得胜利并使西周中兴的故事。《大雅·崧高》："维岳降神，生甫及申。维申及甫，维周之翰。四国于蕃，四方于宣。"这两句诗对仗工稳，寄托遥深，表达出诗人对明王朝的耿耿忠心，盼望能有申伯那样的老臣来辅助福王，在征伐外族的战争中获得胜利，中兴明王朝。

颈联二句写景，诗人笔下的景色，既是眼前所见，又含意深远，耐人寻味。柏树以它顶风斗雪傲然屹立的性格受到赞美，如今虽然苍老，犹能再生新枝，翠绿可喜。山中之花，虽说微不足道，不为人知，仍然尽吐芳华，更添春色。这哪里是在写景，不正是一位富有民族气节的诗人在国破家亡时倾吐的心声吗？这两句景中有情，情借景出，融和无痕，浑然一体。

尾联二句以诗人的慨叹作结，收束全诗。巢，即巢父；许，乃许由。他们是传说中唐尧时的高士，隐居山野，尧欲让位给他们，被他们拒绝。

顾绛历游华北，目的就是寻求志同道合之友，匡复大明王朝，因此结句起到画龙点睛的作用，深化了主题，增加了诗的意蕴。

诗人的成功之处是善于用事。在众多关于嵩山的传说和故事里，选取最能表现他的理想和抱负的内容，寄寓恢复明王朝的希望，恰切自然，了无痕迹，这与他渊博的学识有着密切关系。（傅瑛）

【原文】

酬王处士九日见怀之作

是日惊秋老[1]，相望各一涯[2]。
离怀销浊酒[3]，愁眼见黄花[4]。
天地存肝胆[5]，江山阅鬓华[6]。
多蒙千里讯[7]，逐客已无家[8]。

【毛泽东圈评等情况】

毛泽东读清沈德潜、周准编选《明诗别裁集》卷十一时圈阅了此诗。

[参考] 张贻玖：《毛泽东评点、圈阅的中国古典诗词》，
中国工人出版社 1992 年版，第 260 页。

【注释】

（1）是日，指九月九日重阳节。秋老，秋季将尽。

（2）一涯，一方。《文选·古诗〈行行重行行〉》："相去万余里，各在天一涯。"李善注引《广雅》曰："涯，方也。"

（3）浊酒，用糯米、黄米酿制的酒，较浑浊。三国魏嵇康《与山巨源绝交书》："时与亲旧叙阔，陈说平生，浊酒一杯，弹琴一曲，志愿毕矣。"

（4）黄花，指菊花。《礼记·月令》："（季秋之月）鞠有黄华。"陆德明释文："鞠，本又作菊。"华，通花。唐李白《九日龙山歌》："九日龙山饮，黄花笑逐臣。"

（5）肝胆，肝和胆，比喻真心诚意。

（6）鬓华，花白的头发。

（7）千里讯，远方的问候。讯，问候。《文选·谢瞻〈于安城答灵运〉》："绸缪结风徽，烟煴吐芒讯。"李善注："郑玄《礼记注》曰：'讯，问也。'"

（8）逐客，指被贬谪远地的人。

【赏析】

本诗写于南明永历十年，也即清顺治十三年（1656），诗人四十四岁。这一年，作者刚从昆山陆恩事件中被释放，定居于南京蒋山（即钟山），化名蒋山傭。王处士，即王炜，字雄石，歙县（今安徽歙县）人，顾炎武早年在江南时期的朋友。二人多有唱和。这年重阳节（九月九日）王炜写了《秋日怀宁人道长先生》一诗云："孤穷迢递八荒远，肯逐轻肥与世谋。雪水孤芦谁吊影，蒋山风雨自春秋。已从敝籍留千古，欲向空原助一杯。满眼黄花无限酒，不知元亮了销忧？"诗人因而作此诗作答。

首联二句慨叹时光易逝，事业难成，天各一涯，相会无期，表现出对老友刻骨铭心的思念之情。颔联两句继写难以排遣的离情别愁。重阳佳节，倍思亲人，借酒销愁，反落得"举杯销愁愁更愁"；黄花遍地，更引起诗人的故国之念。颈联两句慷慨愤激，表达诗人存肝胆于天地之间、老而愈坚的壮志。尾联两句点明题旨，关结全诗。"已无家"意蕴丰富，令人回味，既指无诗人自己的小家，也指无明朝的大家。正因为已无大家，诗人才远离故乡，浪游边塞，寓居异地。亡国之痛，爱国之殷，尽在其中。因为"已无家"，才四海为家，才以天下为家。诗人晚年定居华阴时曾说：华阴绾关河之口，虽足不出户，亦能见天下之人，闻天下之事，一旦有警，入山守险不过十里之遥，若有志四方，则一出关门亦有建瓴之便。这可作为"已无家"的注脚，足见诗人的广阔胸襟和远大抱负。

诗人在学术上开有清一代朴学之风，他的诗也是不重文采，不事雕凿，情真意切，直从肺腑中流出，富有强烈的感染力。在使典用事上，精当恰切，令人叹绝。如"浊酒"用杜甫《登高》中的原词，"黄花"化用陶潜《九日闲居》诗序中句意，而这两首诗都是写重阳的，紧扣了题中的"九日见怀"。杜甫一生穷困潦倒，但每饭必思君；陶渊明忠于东晋，不

事二君。他们的生活背景、忠诚和气节，与诗人的处境、理想十分相似，于是诗人复杂的感情就在用典中含蓄地表现了出来。（傅瑛）

【原文】

与江南诸子别

绝塞飘零苦著书，朅来行李问何如[(1)]？

云生岱北天多雨[(2)]，水决淮壖地上鱼[(3)]。

浊酒不忘千载上，荒鸡犹唱二更余[(4)]。

诸公莫效王尼叹[(5)]，随处容身足草庐。

【毛泽东圈评等情况】

毛泽东读清沈德潜、周准编选《明诗别裁集》卷十一时圈阅了此诗。

[参考]张贻玖：《毛泽东评点、圈阅的中国古典诗词》，中国工人出版社1992年版，第260页。

【注释】

（1）朅（qiè），通"盍"，何不。朅来，何来。行李，行旅，亦指行旅的人。

（2）云生岱北，《公羊传》："触石而生，肤寸而合，不崇朝而遍雨天下者，惟泰山耳。"岱北，泰山之北，指今山东北部一带。

（3）壖（ruǎn），河边的地。淮，淮河。

（4）荒鸡，古以夜三更前鸣叫的鸡为荒鸡，为兵起之象。自注：《管辂别传》："鸡一二更鸣者为荒鸡。"

（5）王尼叹，晋人王尼早丧妇，有一子，无居宅。唯畜露车，有牛一头，每行辄侍御之，暮则共宿车上，尝叹曰："沧海横流，处处不安也。"（《晋书·王尼传》）

【赏析】

诗人在明末曾参加抗清义军，失败之后，远离江南的家乡，在华北一带游历考察，曾垦田于山东长白山，放牧于淮河边上。史载他每过塞亭障，呼老兵卒询其曲折，有与平日所闻不合的，则发书对勘。他一生浪迹天涯，四海为家，仍手不释卷，勤于著述，同时念念不忘的是恢复明王朝，表现出强烈的民族精神。

诗人游历华北时，曾四次到南京拜谒明孝陵，这首与江南诸子话别的七言律诗，作于南明永历十三年，即清世祖顺治十六年（1659）。诗借话别咏怀，抒发兴废之叹。

诗的首联写自己行将北上，在绝塞孤独寂寞，只能勤苦著书；此次离别，彼此天各一方，难以相互讯问。这样下笔，强化了离别时的凄凉气氛，更给人一种兴亡交替、生离死别之感。行李，行旅的人，诗人自指。竭来，尔来。颔联二句是写景，阴雨绵绵，凄寒冷落，洪水泛滥，生民涂炭。这种自然气候，正暗寓明末清初时风云变幻的政治形势。这灰暗凄凉的景色，与诗人留恋明朝的心态是一致的。

"颈联首句用唐杜甫《登高》"艰难苦恨繁霜鬓，潦倒新停浊酒杯"之意，曲折表达出诗人的故国之思。"荒鸡"句写晋祖逖立志报国而闻鸡起舞的故事，暗示诗人虽历受挫折，仍奋发图强，希望有朝一日能匡复大明王朝。荒鸡，见《三国志·管辂别传》："鸡一二更鸣者为荒鸡。"

尾联诗人以慰安之语作结，看似劝朋友随遇而安，不必为亡国之叹，其实寓意亦为深远。《晋书·王尼传》："尼早丧妇，有一子，无居宅，唯畜露车，有牛一头，每行辄使御之，暮则共宿车上。尝叹曰：'沧海横流，处处不安也'。"以此来安慰老友，也是激励老友。亡国之恨，家国之思，尽在其中。沈德潜谓其诗有"风霜之气，松柏之质"，当即指此。

本诗对仗工稳，词句凝练，寄托深远，在慨叹个人遭遇之中，表现了忧国忧民的爱国之情。在典故的运用上恰切精当，深化了主题，丰富的内涵让人回味无穷。（傅瑛）

韩 洽

韩洽（生卒年不详），字君望，别字艾山，晚自号壶庵，长洲（今江苏苏州）人。明末清初诗人。诸生。隐居阳山。有《蟾香堂集》。

【原文】

铁 马

急响中宵发⁽¹⁾，凌空铁骑行⁽²⁾。

不知风信至⁽³⁾，顿使旅魂惊⁽⁴⁾。

当世正多事⁽⁵⁾，吾侪万苦兵⁽⁶⁾。

那堪檐宇下，又作战声声。

【毛泽东圈评等情况】

毛泽东读清沈德潜、周准编选《明诗别裁集》卷十一时圈阅了此诗。

[参考] 张贻玖：《毛泽东评点、圈阅的中国古典诗词》，
中国工人出版社1992年版，第260页。

【注释】

（1）中宵，半夜，中夜。

（2）铁骑，披挂铁甲的战马。

（3）风信，随着季节变化应时吹来的风。唐张继《江上送客游庐山》："晚来风信始，并发上江船。"

（4）旅魂，旅情。唐杜甫《夜》："露下天高秋水清，空山独夜旅魂惊。"

（5）多事，多事故，多事变。《庄子·天地》："多男子则多惧，富则多事，寿则多辱。"

（6）吾侪，我辈。侪（chái），同辈、同类的人。

【赏析】

这是一首咏物的五言律诗。我国的许多咏物诗往往是借咏物之名，抒慨叹之怀，此诗也不例外。明朝末年是多事之秋，内有李自成、张献忠等人的农民起义，外有清兵的频频骚扰。明王朝为镇压农民起义，拼命增加赋税，征兵充实军队，战事连绵不断，烽火四处不息，生灵涂炭，苦不堪言。诗人通过描写铁马，表现他忧国忧民的赤子之心，以及对安居乐业的盼望之情。

铁马，又叫风铃，是悬挂在房檐下的一种饰物，风起时吹动铁马，可发出琤琤玜玜的声音。相传隋炀帝的皇后喜欢到池边观看竹子，欣赏风吹竹子发出的响声。后来竹子枯死，皇后还思念那竹子发出的迷人的声音，以至于夜不能寐。隋炀帝为讨皇后欢心，让人用薄玉片做成小玉龙数十枚，用丝线拴着悬挂在房檐下，夜风吹拂，玉龙相互撞击，发出悦耳的乐声，皇后十分满意。后来民间百姓纷纷效仿，用铁片代替玉龙，也有用小铁铃的。

诗随作者感情的跌宕起伏分为二层，前四句咏铁马，着重突出铁马在半夜被风吹动所发出的响声；后四句抒怀，抒发诗人对时事的感慨。首联两句破题，点明夜半风起，铁马急响。颔联两句承上，写旅途之人被铁马声惊醒以致魂飞魄散的情态。颈联、尾联四句宕开所咏之物，运用联想，对现实抒发感慨。在战火连绵不断、内外交困的明末，动听悦耳的铁马声已不能给人以美的享受，反让人以为真的又戈矛相击，战祸又起。人民的苦难也就不言而喻了。

此诗立意深刻，构思别致，题为咏物，但又能推开所咏之物，在铁马之名及所发之声中寄寓诗人忧国忧民的愁思，神形兼备。沈德潜评论此诗是"下半忽然推开，感慨时事，咏物诗中别有天地"，就是指这个特点。

咏物诗的可贵之处是寄托遥深。诗人咏写现实中的铁马，但又不穷形尽相地描写铁马。诗中的铁马，既是自然之物，又是当时现实时事的象征。显然，诗人受到唐骆宾王《在狱咏蝉》的启发，只是骆宾王托物风咏的是自己无罪被诬的遭遇，韩洽借题发挥的是明末百姓的愿望和呼声。但他们

都能把物与情的关系处理得和谐统一，从而增加了诗的意蕴。（傅瑛）

【原文】

关山月

晓角数声哀⁽¹⁾，边风卷地来。

十年征戍客⁽²⁾，不上望乡台⁽³⁾。

【毛泽东圈评等情况】

毛泽东读清沈德潜、周准编选《明诗别裁集》卷十一时圈阅了此诗。

[参考] 张贻玖：《毛泽东评点、圈阅的中国古典诗词》，
中国工人出版社 1992 年版，第 260 页。

【注释】

（1）晓角（jiǎo），拂晓时的号角声。

（2）征戍（shù）客，远行屯守边疆的人。

（3）望乡台，古人久戍不归或流离外地，往往登高或筑台眺望家乡，
后世因称为望乡台。

【赏析】

诗题《关山月》。关山月，是乐府旧题，以感伤离别的内容为主。唐
吴兢《乐府解题》曰："《关山月》，伤离别也。古《木兰诗》曰：'万里
赴戎机，关山度若飞。朔气传金柝，寒光照铁衣。'"韩洽的这首五言绝句
《关山月》，正是借传统内容来反映当时社会现实。

明朝末年，陕西连年干旱，造成饥荒，高迎祥、李自成、张献忠等起
义军声势日大，朝廷不断遣将前往镇压。在明朝的东北部，后金崛起，大
举进攻东北边境。为防御后金的入侵，明王朝又不得不在东北屯集重兵。
这样大量征兵的结果是，许多家庭被拆散，征夫思妇天各一方。

诗的一二句勾画边塞特有的景色：号角声声，此起彼伏，发出哀哀的

悲鸣；寒风阵阵，卷起边地的尘土。边塞的辽阔、单调和苍凉，尽在这十字之中，同时也为后面作了铺垫。戍边的士兵本来就思恋故乡，在这荒远凄凉的环境里，更令远离亲人的士兵起了思乡之情。三四句写人，戍守边塞十年还不得回家的士兵，徘徊在望乡台前，迟迟不敢登上去。

诗贵含蓄，过于直露不会给人留下想象的余地。韩洽善于把握这个原则，以极少的语言，表达极丰富的意蕴。"不上望乡台"的原因是什么？是因为戍边时间太久，把家里亲人遗忘了？还是离家太久，感情已经麻木了？不是，都不是。这是诗人用笔的巧妙之处。他从反面着笔，翻进一层来写久戍在外的征夫的复杂心态。不上，不等于不想上，而是不值得上。离家越久，思念家乡亲人的情绪也就越强烈，这强烈的思念之情，已不是登上望乡台往家乡的方向遥望可以平息的、可以安慰的。既然登台遥望已不能让久戍的征夫得到心理上的满足，登台还有什么意义呢？他们需要的是"良人罢远征"，回到故乡，与亲人团聚。冷酷的现实使他们不可能回去，仍要在边塞过着艰苦凄凉的日子。诗人这样写，更让人感到征夫内心深沉的忧伤。

全诗仅二十个字，但言少意多，耐人寻味。从反面翻进一层写，道尽戍卒的复杂心态及无限情思，让人倍感沉痛。正如沈德潜、周准评此诗曰："翻进一层，倍感沉痛。"（《明诗别裁集》）（傅瑛）

李 沂

　　李沂（生卒年不详），字子化，兴化（今江苏兴化）学生。明末清初诗人。终身布衣，不与清廷合作，晚好神仙，尝至千里外芒砀山中求道。有《鸢啸堂诗集》和《秋星阁诗话》。

【原文】

挽从伯瞻鹿公

　　　　丧乱君臣在[(1)]，偏安社稷芜[(2)]。

　　　　封章悬日月[(3)]，旅榇历江湖[(4)]。

　　　　报国余孤剑，匡时屈壮图[(5)]。

　　　　故园春树绿，悉听野禽呼[(6)]。

【毛泽东圈评等情况】

　　毛泽东读清沈德潜、周准编选《明诗别裁集》卷十一时圈阅了此诗。

　　　　　　[参考]张贻玖：《毛泽东评点、圈阅的中国古典诗词》，

　　　　　　　　　　　　　中国工人出版社 1992 年版，第 261 页。

【注释】

　　（1）丧乱，死亡祸乱，后多以形容时势或政局动乱。《诗经·大雅·云汉》："天降丧乱，饥馑荐臻。"

　　（2）偏安，谓封建王朝不能统治全国而苟安一方。三国蜀诸葛亮《后出师表》："先帝虑汉、贼不两立，王业不偏安，故托臣以讨贼也。"

　　（3）封章，言机密事之章奏皆用皂囊重封以进，故名封章，亦称封事。汉扬雄《赵充国颂》："营平守节，属奏封章。"

（4）旅榇，客死者的灵柩。榇（chèn），棺材。

（5）匡时，匡正时世，挽救时局。《后汉书·荀淑传·论》："平运则弘道以求志，陵夷则濡迹以匡时。"壮图，壮志，宏伟的意图。

（6）呼，叫。

【赏析】

五言律诗《挽从伯瞻鹿公》，追忆瞻鹿公为国家所建立的卓越功勋，缅怀他的战绩，寄托对他的哀思。"从伯"，同族伯父。瞻鹿公，生平未详。从诗中"偏安"云云，此诗当写于南明福王时期。

首联两句"丧乱君臣在，偏安社稷芜"，写出在动荡的岁月里，皇帝逃避危机，以求安宁，瞻鹿公只身担起拯救国家的重任。偏安，指皇帝不能统治全国，偏据一方以自安。替天行事，本是权力和得宠的象征，然而，受命于危难之际，乌纱帽就分外沉重。作者选择"丧乱"这一非常时期，为写瞻鹿公的功绩做铺垫。

颔联两句"封章悬日月，旅榇历江湖"，歌颂了瞻鹿公一心为国的品质。这两句的大意是：瞻鹿公向皇帝进的机密奏章如日月高悬，意指其功业永垂千古；而瞻鹿公已经以身殉职，其灵柩却还寄他乡。榇，棺材。旅榇即客死者的灵柩，可理解为瞻鹿公死于外地。"旅榇"对"封章"，从词意上来讲，这是一对反义词，表现出瞻鹿公为了国家，鞠躬尽瘁，死而后已。

颈联两句"报国余孤剑，匡时屈壮图"，慨叹瞻鹿公壮志未酬。从"余孤剑"来看，瞻鹿公可能是一位武将，并战死疆场。

尾联两句"故园春树绿，愁听野禽呼"，表示对瞻鹿公的哀悼，揭出题旨。上句是说故家的树木依然葱绿，用以表示家乡亲人安好，告慰亡灵；下句说自己为失去了这样一位伯父而愁苦不已，连野鸟的鸣叫也不忍听，表示对瞻鹿公的悼念之情。

此诗结构严谨，全诗分三个层次。一至四句，是缅怀瞻鹿公的业绩，唤起读者对瞻鹿公的崇敬。五、六句是为瞻鹿公壮志未酬而惋惜。七、八句，写对瞻鹿公的悼念，寄托作者的无限哀思。全诗风格朴实，感情真挚。（严励）

杜濬

杜濬（1611—1687），原名诏先，字于皇，号茶村，黄冈（今湖北黄冈）人。明末清初诗人。明崇祯十一年（1638）副榜贡生。明亡，寓居江宁（今江苏南京），住鸡鸣山之右。一生贫困，晚年尤甚，但以气节自守。性情耿介，不喜交游，更不轻易接受别人资助。其诗宗杜甫，风格浑厚，工力精深，尤长于五言律诗。有《变雅堂集》《茶村诗》。

【原文】

登金山塔

极目非无岸，沧波接大荒。

人烟沙鸟白，春色岭云黄。

出世登初地[1]，思家傍战场。

咄哉天咫尺[2]，消息转茫茫[3]。

【毛泽东圈评等情况】

毛泽东读清沈德潜、周准编选《明诗别裁集》卷十二时圈阅了此诗。

[参考] 张贻玖：《毛泽东评点、圈阅的中国古典诗词》，中国工人出版社 1992 年版，第 261 页。

【注释】

（1）出世，超脱人世，或指出家。初地，佛教语，谓修行过程十个阶位中的第一阶位，此指佛教寺院。唐王维《登辨觉寺》："竹径从初地，莲峰出化城。"

（2）咄哉，叹词，表示感慨。

（3）转，转而。

【赏析】

《登金山塔》一诗为五言律，通过对美好景色的描述，表达出诗人对和平的渴望和忧国思家的悲凉心境。金山塔，在今江苏镇江西北金山上。

"极目非无岸，沧波接大荒"，首联两句的描写，是说登高远眺方见河岸，青苍水波拍打大地。极目，极力远望。"沧"通"苍"，青绿色，水深而清方能呈青绿色。因诗名为"登金山塔"，我们可把上两句的意境理解为登高所见。这两句，作者以雄浑的气势，描写出登塔所见的宏大场景。接着，作者笔锋一转，一幅"小桥流水人家"的清丽画卷呈现于我们面前。

"人烟沙鸟白，春色岭云黄"，颔联二句继续描写。百姓安居，飞鸟悠然栖寄沙滩，苍茫一片；春色正浓，云霞行至山岭，映山鹅黄。人烟，指人家，住户。烟，炊烟，有炊烟的地方就有住户。这两句为我们描绘出一幅国泰民安的春光图。"春色"对"人烟"，"岭云黄"对"沙鸟白"，把住户、沙滩、飞鸟这几个元素放入同一画面中，以衬托飞鸟之多、生活之宁静。人鸟和平相处，一个其乐无穷的桃花源世界。然而，走出"桃花源"，回到现实中，又是另外一番心境："出世登初地，思家傍战场"，颈联二句写诗人超脱人世来到金山寺这个佛教胜地，就常常惦念家乡靠近战场。出世，离开尘世（地面），形容金山塔的高耸。傍，接近，靠近。由登塔所见的和平景象，联想到国家战火未熄，家乡尚不宁静，一丝对家国的焦虑涌上心头。

尾联两句"咄哉天咫尺，消息转茫茫"的意思是，家乡并不遥远，可亲人的音信却一点也没有。咄，叹词，表示感慨。咫尺表示距离很近。茫茫，辽阔、深远，这里引申为渺茫。转，传递。杜甫曾在《春望》中写道"烽火连三月，家书抵万金"，这是游子的普遍心理体验。由此我们可以理解，在战火纷飞的岁月，作者因"消息转茫茫"而生出的失望、烦闷心情。

此诗艺术上的主要特点是采用了对比的手法。诗的前半部，以高远的气势，隽永的笔触，描写出登金山塔所见的美丽河山，抒发出对和平生活的向往。下半部，作者感叹国家战火连绵，亲人杳无音信，与上半部的欢

乐心情形成鲜明的对比。正是由于有了上半部的铺垫，下半部的哀叹才有了生活依据，同时作者的情感也更为读者所理解。（严励）

【原文】

嵇　康

嵇康人中龙⁽¹⁾，义不可当世⁽²⁾。

视彼盗国臣⁽³⁾，伎俩如儿戏。

吐辞薄汤武，千载有生气。

临命索琴弹⁽⁴⁾，聊示不屑意⁽⁵⁾。

【毛泽东圈评等情况】

毛泽东读清沈德潜、周准编选《明诗别裁集》卷十二时圈阅了此诗。

[参考] 张贻玖：《毛泽东评点、圈阅的中国古典诗词》，中国工人出版社 1992 年版，第 261 页。

【注释】

（1）龙，誉人之词。晋宋纤隐居不仕，太守马岌造访不见，叹曰："名可闻而身不可见，德可仰而形不可睹，吾今而知先生人中之龙也。"事见《晋书·宋纤传》。后因以"人中龙"比喻卓绝出众的人物。

（2）不可，不符合，不称。当世，当代，现世，此指晋代。

（3）盗国臣，窃取国家政权的人，此处指魏时的司马氏。

（4）临命，嵇康善弹《广陵散》，秘不授人，临被处死时索琴弹之，曰："《广陵散》于今绝矣。"见《晋书·嵇康传》。弹，此指弹奏《广陵散》。

（5）聊示，姑且表示。不屑，表示轻视。

【赏析】

《嵇康》是一首讽喻诗，为五言律，借赞扬历史人物嵇康蔑视儒学、蔑视礼教的精神，表达了对专制统治的不满。

　　"嵇康人中龙，义不可当世。"首联两句议论，赞扬嵇康是人中豪杰，但其富于正义的品格不符合当时社会的需要。嵇康（224—263），三国魏文学家、思想家、音乐家，他受老庄思想的影响，提出"越名教而任自然"，对礼教表示憎恶。他孤傲愤世，目空一切，以奇特的举止表示出对统治者的不满。作者赞叹他反抗统治者的勇气，称他为"人中龙"。接着指责司马炎以逼魏元帝曹奂"禅让"而建立晋朝，并在全国实行黑暗统治，颔联"视彼盗国臣，伎俩如儿戏。"儿戏，即小儿嬉戏，比喻做事不严肃，不认真。明贬晋朝，实刺明代。明朝在文化上实行专制制度，把知识分子的思想束缚在孔孟之道和程朱理学之中。读书人为猎取功名，埋头于《四书》《五经》，写空洞的八股文，一切有用的知识概不留心，不少人成了书呆子。这就禁锢了人们的思想，严重阻碍了科学的发展，阻挡了社会的进步，因而作者说他们"伎俩如儿戏"。以"人中龙"与"盗国臣"，"义"与"伎俩"相对，更突出了作者对当今权贵的鄙视。接着作者又盛赞嵇康。颈联"吐辞薄汤武，千载有生气"，前一句出自嵇康诗句"非汤武而薄周孔"（《与山巨源绝交书》），这表明他不但否定礼教，而且否定儒家的一切，作者认为这种大无畏的精神将流传千古。尾联两句为"临命索琴弹，聊示不屑意。"由于嵇康否定礼教，否定儒学，就把司马氏积极准备着以"禅让"形式夺取皇权的根据给推翻了。这种与司马氏集团的对抗，就使嵇康大祸临头，然而生命临终，他还索琴弹奏《广陵散》，姑且表示对司马氏的鄙夷不屑。这就把嵇康桀骜不驯和孤高自赏的性格及超然洒脱的道家思想淋漓地表现出来，同时对应句首，也是对"嵇康人中龙"的最好注解。

　　本诗借古讽今，借嵇康反对礼教的精神，讽刺明朝当权者大肆宣扬孔孟之道和程朱理学，禁锢人们思想的专制统治；借嵇康愤世嫉俗、威武不屈的坚强性格，来讽刺明代知识分子的软弱迂腐。全诗气势昂扬，于怀古中透出涤荡腐朽、渴望清新、自由思想的愿望。（严励）

【原文】

焦 山

一

触处迷人代⁽¹⁾，兹山尚姓焦。

上头仍栋宇，到眼忽云霄。

树色南徐近⁽²⁾，江声北岸遥。

衣冠留洞壑，不必访松寮⁽³⁾。

二

出郭来差远⁽⁴⁾，凭高望独深。

江分神禹迹⁽⁵⁾，海见鲁连心⁽⁶⁾。

密竹藏金像⁽⁷⁾，回流灌石林⁽⁸⁾。

拟寻幽绝处⁽⁹⁾，却诵《白头吟》⁽¹⁰⁾。

【毛泽东圈评等情况】

毛泽东读清沈德潜、周准编选《明诗别裁集》卷十二时圈点了此两首诗。

[参考] 张贻玖：《毛泽东评点、圈阅的中国古典诗词》，
中国工人出版社 1992 年版，第 261 页。

【注释】

（1）触处，到处，随处，极言其多。代，交替、更迭乃至循环。

（2）南徐，州名。东晋南渡，侨置徐州京口（今江苏镇江）。

（3）松寮，松林间小屋的窗户。寮，窗，即寮舍，指僧舍。

（4）差（cī），依次排列。

（5）江分，长江中分。神禹，大禹。

（6）鲁连心，鲁仲连蹈海之心。战国齐人鲁仲连不满秦帝的计划，
曾说，秦如称帝，则蹈东海而死。后因以"鲁连蹈海"表示宁死不受强敌

【原文】

焦 山

一

触处迷人代[1]，兹山尚姓焦。

上头仍栋宇，到眼忽云霄。

树色南徐近[2]，江声北岸遥。

衣冠留洞壑，不必访松寮[3]。

二

出郭来差远[4]，凭高望独深。

江分神禹迹[5]，海见鲁连心[6]。

密竹藏金像[7]，回流灌石林[8]。

拟寻幽绝处[9]，却诵《白头吟》[10]。

【毛泽东圈评等情况】

毛泽东读清沈德潜、周准编选《明诗别裁集》卷十二时圈点了此两首诗。

[参考] 张贻玖：《毛泽东评点、圈阅的中国古典诗词》，
中国工人出版社 1992 年版，第 261 页。

【注释】

（1）触处，到处，随处，极言其多。代，交替、更迭乃至循环。

（2）南徐，州名。东晋南渡，侨置徐州京口（今江苏镇江）。

（3）松寮，松林间小屋的窗户。寮，窗，即寮舍，指僧舍。

（4）差（cī），依次排列。

（5）江分，长江中分。神禹，大禹。

（6）鲁连心，鲁仲连蹈海之心。战国齐人鲁仲连不满秦帝的计划，
曾说，秦如称帝，则蹈东海而死。后因以"鲁连蹈海"表示宁死不受强敌

屈辱的气节、情操。

（7）金像，亦作"金象"，金身佛像。

（8）石林，由水流沿石灰岩的垂直裂隙融蚀而造成的一种地貌，多形成优美的景观。

（9）幽绝，清幽殊绝。

（10）《白头吟》，乐府楚调曲名。司马相如将聘茂陵人女为妾，卓文君作《白头吟》以自绝，相如乃止。

【赏析】

诗题《焦山》。焦山位于今江苏镇江东北。相传汉末常于荒野结草庐独居、见人不语、冬不着衣、卧不设席、满身垢污、数日始一食的处士焦光隐居于此，因而得名。该山屹立江中，地势险要，向为江防之要地。南宋初，韩世忠曾于此抗击金兵。山上有定慧寺、华严祠、三诏洞等名胜，其建筑雄伟，现存瘗鹤铭石刻等文物。这两首五言律诗借对焦山的描写，表达了作者归隐山林、高蹈不仕的思想，用笔洗练，以典传情，耐人寻味。

两首诗互相关联，前八句为第一首，重在写景，描写了焦山美丽旖旎的风光。首联"触处迷人代，兹山尚姓焦"，一个"触"字，极具动感。本为远望焦山，满眼是不断更叠的迷人景色。"触"字却胜于"看""望"之感，给人以唾手可得、美景扑面的感觉，起到了一字传神的作用。颔联、颈联"上头仍栋宇，到眼忽云霄。树色南徐近，江声北岸遥。"这里，作者由远及近，又由近及远，从视觉、听觉和色彩的变化上，勾画了焦山的全景图。如果说首句是作者无以言表，只能惊呼焦山之美的话，那么此时作者却是在惊呼之后细细体味美之所在——蓝蓝的天空，袅袅的白云，朦胧的绿树，清晰而又遥远的江声，这一切历历在目，使整个画面意境顿时生动起来，充满了生机和活力。尾联"衣冠留洞壑，不必访松寮。"衣服和帽子留在山洞之内，不必再去寻找松间僧舍。此二句叙事，表达了作者对大自然的挚爱，陶然之情溢于笔端。

后八句为第二首，重在抒情并多处用典，以典故道出言所未道之意境，冥契自然而又韵味醇厚。"出郭来差远，凭高望独深。"首联起句承上半部尾句，借景抒情，但又转承自然。"深"字一方面是对外界景象的描写，另一方面又蕴含作者对社会的体察，复杂的情感增添了诗的力度。颔联、颈联"江分神禹迹，海见鲁连心。密竹藏金像，回流灌石林。"这四句是说，大江中分是大禹的功劳，直通东海可见鲁仲连的侠义之心；竹林深处藏有佛像，回流的江水冲入石林。禹为传说中古代部落联盟领袖，姒姓，亦称大禹、夏禹、戎禹，一说名文命，鲧之子，原为夏后氏部落领袖，奉舜命治理洪水。后人记载，他领导民众疏通江河，兴修沟渠，发展农业，不怕艰苦，在治大水十三年中三过家门而不入。鲁连为战国齐人，亦称鲁仲连，喜为人排忧解难。此处用鲁连蹈海的典故，表示宁死不受强敌屈辱的气节、情操，当是针对清入主中原的不满而言的。金像，指佛或金身佛像。《后汉书·西域传》："世传明帝梦见金人，长大，顶有光明，以问群臣。或曰：'西方有神，名为佛，其形长丈六尺而金色。'"《汉书·霍去病传》："收休屠祭天金人。"颜师古注："今之佛像是也。"这里，作者以无限景仰的口吻将大禹、鲁连等典故嵌于诗中，流露了作者为国分忧、为民解难而又不屑入仕途宦海的思想，表明作者所追求的是摒弃一切世俗烦恼，进入成佛的境界，此足见其胸襟和情怀。别林斯基曾说："任何一个诗人，不能由于他自己和靠他自己而显得伟大。"作者通过用典，将个人的情感与社会连在了一起，使整个诗意得到了升华，进入了一个为国为民不求名利的崭新高度。尾联，作者以"拟寻幽绝处，却诵《白头吟》"结束全诗，再次用典。《白头吟》为乐府楚调曲名，旧题汉刘歆《西京杂记》（三）："司马相如将聘茂陵人女为妾，卓文君作《白头吟》以自绝，相如乃止。"作者面对焦山秀丽的景色，思潮如涌，焦光、大禹、鲁连、佛等无不引起他深深的思索，涌《白头吟》感叹人生，是其沮丧心情的一种宣泄，也是对当时社会人性受到压抑的一种抨击。收笔于苦闷，读后使人感到诗人处于一种无奈的超脱，似平静的水面下奔涌着痛苦的潜流，更为深沉，也更让人感到封建社会一代文人的悲哀。

二诗清丽的景色中见沉郁深婉，用典浑然无迹，自然流畅，别具风韵，不失为作者较为成功的力作。（刘剑涛）

方 文

方文（1612—1669），字尔止，号嵞山，一名末，字明农，桐城（今安徽桐城）人。明末清初诗人。父大铉，万历进士，任户部主事，早卒。文少孤，与方以智同学达十四年之久。以智入清，以气节学问著称；文为明诸生，拒绝出仕，入清后以游食、卖卜、行医为生，亦以气节著，并负诗名。诗前期学杜甫，多苍老之作，后期学白居易，明白如话，长于叙事。著有《嵞山集》。

【原文】

摄山绝顶

下方惟见石，不信有柴荆。

仄径盘空上⁽¹⁾，危峰到顶平。

夕阳千岭秀，春水一江明。

愁绝浮云外，苍茫旧帝京⁽²⁾。

【毛泽东圈评等情况】

毛泽东读清沈德潜、周准编选《明诗别裁集》卷十二时圈阅了此诗。

[参考] 张贻玖：《毛泽东评点、圈阅的中国古典诗词》，中国工人出版社1992年版，第261页。

【注释】

（1）盘空，凌空，绕空。

（2）旧帝京，此指明朝旧都南京。

【赏析】

这是一首五言律诗，描写了诗人在摄山绝顶所见的雄伟壮观景色，借万里浮云，抒发了其怀念国家昔日繁华的无限感慨。由于诗人观察入微，体验深刻，诗写得情景相生，意境开阔，引人入胜。摄山，一名栖霞山，在今江苏南京东北。南朝梁陈顾野王《舆地志》："山多药草，可以摄生，故名。"古迹极多，风景绝美。

"下方惟见石，不信有柴荆。"看山，须仰视，而作者起笔却把读者的视线由高高的山顶引向山下，出语不凡。这里，作者要描写山的挺拔、高大，但却没有一个挺拔、高大之词，没有一句正面描写，而是借从山顶向下看的感觉——满眼嶙峋的怪石，难以相信还会有灌木丛生，来反衬出欲要表现的意境。信手拈来，寻常感觉写出了不寻常的诗意。

"仄径盘空上，危峰到顶平。"颔联作者又把读者的视线由山下引到了顶峰，重在写山之险要。狭窄的羊肠小道盘空而上，险峻的山峰到顶端却现出了平坦。"盘空""危峰"两词用得极妙，给人以毫无依托、千钧一发之感，进一步强化了山之奇险。但此后作者笔锋陡然一转，轻轻写山"到顶平"三字，笔墨荡处，读者仍有战战兢兢、如履薄冰的余悸和喜悦。常言道：文似看山不喜平。这里，作者写山却不流于平板，文亦自然"不平"了。

"夕阳千岭秀，春水一江明。"颈联写作者处于山之绝顶，放眼望去，山光水色，尽收眼底。山之磅礴，水之浩瀚，着墨极淡却气韵生动，整个画面在极目远望的一瞬间顿然开阔。此联融情于景，"夕阳""春水""秀""明"等字词的运用，流露出作者对大好山河的热爱和由衷的赞美。此时作者的心境是明朗的，重重青山，滔滔江水，寄托了作者无限的深情，为下面进一步抒发情怀埋下了伏笔。

"愁绝浮云外，苍茫旧帝京。"尾联与上联相对照，一喜一悲，反差极大。面对如画的江山，一股悲愁随万里浮云荡胸生来，苍茫中作者所思所想的是昔日繁华的"旧帝京"，所悲所愁的是今日动荡不安的社会现实。一个"愁"字收括了全诗的思想感情，并将深长的愁思凝聚在遥远的旧日京城，忧国忧民之心跃然纸上，无限的凝重和深情俱在言外，自然流转中显露出深沉的诗风。

纵观全诗，作者通过视野和心理感受的交错，生动地描写了山之高大、险峻、平阔，心境之紧张、舒缓、喜悦、悲愁。一首短诗竟写得一波三折，跌宕多姿，多层次的变化使诗的意境更为丰富。王世贞在《艺苑卮言》中指出的"一开则一阖，一扬则一抑，一象则一意，无偏用者"就是这个道理，该诗之妙亦尽在其中矣。（刘剑涛）

顾 苓

顾苓（1609—1682），字云美，一字员美，号塔影园客，吴县（今江苏苏州）人。吴江贡生。明末清初诗人、书法家、金石学家。居虎丘山塘，室悬明庄烈帝御书，常肃衣叩拜，唏嘘叹息。有《塔影图稿》。

【原文】

石公山

茫茫三万顷，日夜浴青葱。

骨立风云外，孤撑涛浪中。

若令当路出，应作一关雄。

朱勔真多事[(1)]，荆榛满故宫[(2)]。

【毛泽东圈评等情况】

毛泽东读清沈德潜、周准编选《明诗别裁集》卷十二时圈阅了此诗。

[参考] 张贻玖：《毛泽东评点、圈阅的中国古典诗词》，中国工人出版社1992年版，第261页。

【注释】

（1）朱勔（miǎn），北宋末年苏州（今江苏苏州）人，商人出身。交结蔡京、童贯，冒军功为官。他受徽宗派遣，在平江（苏州）设应奉局，搜罗花石，运往东京（今河南开封），号为花石纲。凡官吏居民，旧有睚眦之怨者，无不生事陷害。流毒东南二十年，后为钦宗所杀。

（2）故宫，旧时的宫殿，此指北宋都城东京的皇宫。

【赏析】

《石公山》一诗为五言律，以峻峭葱茏的石公山长年废置、备受冷落的遭遇，比喻贤者不用而小人误国。石公山，在今江苏吴县西南太湖中，即洞庭西山东南支脉。

首联两句写景："茫茫三万顷，日夜浴青葱"。石公山峻峭挺拔，连绵起伏，占地三万顷，终年笼罩的云雾使得它碧绿葱茏，饶有生机。浴青葱，高耸云天的山脉顶端总是阴雨霏霏，云雾蒙蒙，大量的水分使得山峦得以沐浴得青翠葱茏。茫茫，原意为辽阔、深远之意，联系"浴青葱"我们可以将之理解为高峻。这两句以雄浑的气势，写出了石公山的壮观景象。接着，颔联进一步写出了石公山的精神："骨立风云外，孤撑涛浪中"。任凭风吹日晒，傲然挺拔；哪管惊天波涛，巍然屹立。"骨"言刚健、不随俗，"孤"说孤独、孤单，因"孤"与"骨"相对，此处"孤"亦有不随俗之意。"撑"对"立"，这两个动词，采用拟人化的手法，准确地表现出了作者眼中石公山的凛然之气。"涛浪中"对"风云外"，都是为了说明石公山不为风雨所动。在这两句中，作者赋予石公山人的品格风貌，将之作为作者情感的外化对象。"若令当路出，应作一关雄"，颈联两句说如果把它立在道路中间，此处一定是雄关隘道。当，路上，路中间。这里作者由石公山的高尚品格，联想到如果对它认真利用，会派上大的用场。至此，作者的意图已非常清楚：托物言志，以石公山作喻，说明贤者尽管有高洁的品性，然而当权者废弃贤者。尾联两句，作者的这一思想表现得更淋漓尽致："朱勔真多事，荆榛满故宫"。意谓朱勔心狠手辣，残害忠良，朝廷内小人得势，横行霸道。朱勔，北宋末年苏州人，商人出身，交结蔡京、童贯，冒军功为官，凡官吏居民旧有睚眦之怨者，无不生事陷害。荆，灌木名，多丛生原野，易阻塞道路。榛，植物名，落叶灌木或小乔木。"荆榛"可理解为小人遍地。故宫，泛指北宋王朝遗存在东京的宫殿。这两句用历史讽刺现实，说明当今社会亦是小人得志。

本诗的显著特点是托物言志。借石公山的高峻挺拔，比喻贤者的高风亮节；又以荆榛遍地，说明皇上忠奸不分、良莠不辨，致使贤者抑郁不得志，小人误国殃民。全诗雄迈高亮，大有汉魏盛唐之气。（严励）

费　密

费密（1623—1699），字此度，号燕峰，成都新繁（今四川成都西北新繁）人，明末清初诗人。其父经虞，曾著《雅论》，详论列代之诗。少遇张献忠起义，弃家为道士，流寓泰州，与王世贞订交。有《鹿峰集》《燕峰集》等，又辑唐宫闱诗。

【原文】

朝天峡

一过朝天峡，巴山断入秦。(1)

大江流汉水(2)，孤艇接残春(3)。

暮色愁过客，风光惑榜人(4)。

明年在何处？杯酒慰艰辛。

【毛泽东圈评等情况】

1958 年 3 月，在成都会议期间，毛泽东圈阅的《诗词若干首》（唐宋明朝诗人写的有关四川的一些诗和词）中有这首《朝天峡》。

[参考]刘开扬注释：《诗词若干首》（唐宋明朝诗人咏四川），

四川人民出版社 1979 年版，第 184 页。

【注释】

（1）巴山，即今四川、陕西二省交界的大巴山。入秦，指入秦之路。秦，陕西在战国时为秦国之地。

（2）大江，此指汉水，其源出今陕西宁强北部的嶓冢山，东南流经陕西南部、湖北西北部和中部，在武汉入长江，为长江最长支流。

（3）残春，指春天将尽的季节，即晚春、春末。

（4）榜人，船夫，舟子。《文选·司马相如〈子虚赋〉》："榜人歌，声流喝，水虫骇，波鸿沸。"郭璞注引张揖曰："榜，船也。"

【赏析】

《朝天峡》一诗为五言律，借对朝天峡风光的描写，表达了作者极度失落、悲观的情感，文辞简严，笔法凝练，不失为明诗之佳作。朝天峡，在今四川广元北朝天岭上。山高路险，关下为峡，崖各百丈，左右屹立，江流其中，为入蜀第一要扼。今其地为朝天驿。

"一过朝天峡，巴山断入秦。"首联一开始便从静态形象写起，把巍然不动的朝天峡和大巴山推入读者的眼帘，给人以气势磅礴之感。一个"断"字，阻隔了入秦的道路，但却截不住人们丰富的想象。蕴意丰富的"秦"字一出现，便把人们的思绪带到了战国七雄争战的硝烟中，带到了秦国那片辽阔的疆土上，时间和空间顿觉在无限地扩张。静静的画面，却气势恢宏，摄人心魄。

"大江流汉水，孤艇接残春。"颔联画面由静到动，描写了流动的江水，漂泊的孤舟。一、二两联，一静一动，相映成趣，形成了较为鲜明的对比。大江涌动，奔腾不息，更增添了朝天峡、大巴山的磅礴。在这博大的景象中，一叶漂泊的孤舟显得何其渺小、无力！虽然是在欣欣向荣、万木争发的春季，但在作者的眼中、心中却是毫无生机的残春。所谓"感时花溅泪，恨别鸟惊心"，此处作者移情于物，掩不住的悲凉流于笔端。沈德潜、周准曰："三、四语十字成句，王新城（世贞）尚书所谓十字堪千古也。"（《明诗别裁集》）

"暮色愁过客，风光惑榜人。"颈联中，作者直抒胸臆，更进一步抒发了自己的苦闷，并引出了一个能与之相比较的人物——榜人，即划船的人。霭霭的暮色，美丽的风光使天天在这里划船的人也感到沉醉、诱惑，朝天峡的景色确实是太迷人了，百看不厌，而在如此迷人的景色中，自己身为一个过客，却柔肠寸断，愁绪百结，无半点惊喜。作者通过心境与风光、自己与榜人的强烈反差，将难以言表的愁苦凸显在读者面前，何等醒目、鲜明!

"明年在何处?杯酒慰艰辛。"作者在尾联进行了设问,但只问不答,聊以薄酒自慰。吞下去的苦酒,象征着作者一生跋涉的艰辛,表现了作者茫然、孤寂的心灵。特别是"杯酒慰艰辛"这一形象,使人感到生活之沉重,一股凉气袭来,顿生几多感慨。

《朝天峡》一诗无疑是一首写景诗,但作者却不穷形尽象地工致刻画一景一物,而是即景寓情,句句写景,句句含情,读后使人久久难以开怀,轻浅疏淡的笔墨显示了纯熟的诗作功力。(刘剑涛)

张纲孙

张纲孙（1619—?），字祖望，改名丹，号泰亨、竹隐。钱塘（今浙江杭州）人。明末清初诗人。与陆折、毛先舒等齐名，称"西泠十子"。古诗得杜一体，时武陵诸子以祖望为最。有《从野堂集》。

【原文】

涿州城

晓霜不在地，微白生牛背。遥望涿鹿城⁽¹⁾，隆然沙碛内⁽²⁾。控绁走其下⁽³⁾，壁立皆土块。此地古范阳⁽⁴⁾，甲兵天下最⁽⁵⁾。侧耳闻啼饥，伤心自我辈。野狼遇人噪，苍鹰攫雉碎。生涯底如此⁽⁶⁾？浩叹兹行迈⁽⁷⁾。

【毛泽东圈评等情况】

毛泽东读清沈德潜、周准编选《明诗别裁集》卷十二时圈阅了此诗。

[参考] 张贻玖：《毛泽东评点、圈阅的中国古典诗词》，

中国工人出版社 1992 年版，第 261 页。

【注释】

（1）这是从涿州城遥望西北方的涿鹿城。

（2）隆然，高起的样子。隆，高起。沙碛，沙漠。

（3）绁（xiè），牵牲畜的绳索。其下，此指涿州城下。

（4）古范阳，涿州汉置涿郡，三国魏改为范阳郡，唐为范阳县。涿州，治所均在范阳（今河北涿州）。

（5）甲兵，铠甲和兵城，泛指兵器，亦代指战争，战乱。

（6）生涯，生命，人生。语本《庄子·养生主》："吾生也有涯，而知也无涯。"原谓生命有限度、有边际。亦指生活。底，何，为什么。

（7）浩叹，长叹，大声叹息。兹，此。行迈，行走不止，远行。《诗经·王风·黍离》："行迈靡靡，中心如醉。"马瑞辰通释："迈亦为行，对行言，则为这行。行迈连言，犹《古诗》云'行行重行行'也。"

【赏析】

　　这首五言古诗借对涿州城（今河北涿州）的描写，在广阔的历史背景下，抚今追昔，展现了作者忧国忧民的情怀，抒发了作者对人生的感慨。文笔清丽，意境明朗，以景结情，具有悲怆之中见雄浑的艺术美感。

　　全诗共十四句，可分为两节。第一节为前八句，以写景为主，在广阔的视觉空间和历史空间上突出了涿州城的威仪。清晨，秋霜已渐渐地从大地上消失，却还残留在牛背之上。举目遥远涿鹿城（在今北京西），它正巍然屹立在连绵起伏的沙漠之中。勒住飞奔的骏马，奔向涿州城下。满眼是军营的围墙，斑驳的土块，这里就是古代的范阳啊，它是天下战乱不止的地方。涿鹿位于今河北西部桑干河流域，邻接北京。范阳为唐方镇名，即幽州，后兼卢龙。唐玄宗先天二年（713）为防御契丹等少数民族，置幽州节度使；唐玄宗天宝元年（742）改名范阳，为玄宗时边防十节度使之一。治所在涿州（今河北涿州），辖境屡有变动，较长期领有幽、蓟、平、檀、妫、燕等州，约当今河北、永清，北京怀柔及房山以东和长城以南地区。安禄山即以范阳等三镇节度使起兵反唐。唐代宗宝应元年（762），复改幽州节度使，兼领卢州节度使，为河北三镇之一。其后为牛怀山、牛希彩、朱泚、刘济、张仲武、李全忠等父子兄弟割据。唐昭宗乾宁二年（895），刘仁恭为藩帅，唐亡遂建号称燕，公元913年为晋所并。从范阳的变迁可以看出，这里自古即是战事频繁之地。此时此刻，作者置身古范阳的军营，仿佛又耳闻目睹了这一军事要塞一场又一场血腥的厮杀，一方面是思绪飞扬，另一方面又巧妙地为下面的抒情作了铺垫。

　　后六句为第二节，以抒情为主，作者从遥远的古战场回到了现实生活，耳旁似乎听到无数黎民百姓饥饿的哭泣。这里，作者控诉了战争给人民带来的灾难，表现了其对现实的不满。"伤心"二字，使读者感到苍白无力，流露出一代文人心有余而力不足，只能枉自叹息的悲切。仔细把玩，给人以语近情遥、含而不露、欲言又止的美。接着，作者又以兴的手法，以动物界的弱肉强食，起发己心，发出对人生的感慨。野狼遇人即凶狠地嗥叫，苍鹰抓起野鸡即将其撕成碎片。人生本来就是这样啊，作者走着看着，不由得高声叹息起来，慨叹人生的道路艰辛，时光易逝！有感而发，感情挚深，使读者读后怦然心动，沉浸在对人生的思索之中。

该诗借景抒情，情景交融，上下贯通，自然流畅，确是明诗中一首难得的抒情佳作。（刘剑涛）

【原文】

苦旱行

田中无水骑马过，苗叶半黄虫咬破。五月不雨至六月，农夫仰天泪交堕。去年腊尽频下雪⁽¹⁾，父老俱言水应大。如何三伏无片云⁽²⁾，米价腾贵人饥饿。大河之壖风扬沙⁽³⁾，桔槔无用袖手坐⁽⁴⁾。林木焦杀鸟开口，鲂鱼枯干沟底卧⁽⁵⁾。人人气喘面皮黑，十个热病死九个⁽⁶⁾。安得昊天降灵雨⁽⁷⁾，童儿欢笑父老贺。高田低田薄有收，比里稍可完国课⁽⁸⁾。不然官吏猛如虎⁽⁹⁾，终朝鞭扑畴能那⁽¹⁰⁾？

【毛泽东圈评等情况】

毛泽东读清沈德潜、周准编选《明诗别裁集》卷十二时圈阅了此诗。

[参考] 张贻玖：《毛泽东评点、圈阅的中国古典诗词》，
中国工人出版社 1992 年版，第 261 页。

【注释】

（1）腊尽，岁末，因腊祭而行名，通指农历十二月或泛指冬月，常与"伏"相对。

（2）三伏，即初伏、中伏、末伏。农历夏至后第三个庚日起为初伏，

第四个庚日起为中伏，立秋后第一个庚日起为末伏，是一年中最热的时候。亦指末伏。农谚："头伏萝卜二伏菜，三伏里头种荞麦。"

（3）壖（ruǎn），空地，边缘余地。

（4）桔槔，设在井上的汲水工具。在井架上设一杠杆，一端系汲器，一端悬绑石块等重物，用不大的力量即可将灌满水的汲器提起。《庄子·天运》："且子独不见乎桔槔者乎，引之则俯，舍之则仰。"

（5）鲂（fáng），鱼类，似鳊，又叫平胸鳊，为淡水鱼。

（6）热病，中医病症名，指冬天受寒，到了夏季因时令之热而发的疾病。《素问·热论》：黄帝问曰："今夫热病者，皆伤寒之类也。或愈或死，其死皆以六七日之间，其愈皆以十日以上者何也？"亦是牛痘的古称，俗称天花。

（7）昊（hào）天，苍天。昊，元气博大之状。灵雨，好雨。《诗经·鄘风·定方之中》："灵雨既零，命彼倌人，星言夙驾，说于桑田。"郑玄笺："灵，善也。"

（8）比，古代行政区划，五户为比。《周礼·地官·遂人》："五家为邻，五邻为里。"课，捐税。

（9）官吏猛如虎，语出《礼记·檀弓下》。孔子过泰山时，遇一妇人在墓旁痛哭，问之，知其翁、夫、子三代，俱死于虎。但她还不愿迁离此地，为其能免受苛政之苦。孔子听了，对他的学生说："小子识之，苛政猛于虎也！"

（10）畴，谁。那，"奈何"的合音。《左传·宣公二年》："牛则有皮，犀兕尚多，弃甲则那？"杜预注："那，犹何也。"杨伯峻注："那，奈何之合音。顾炎武《日知录》三十二云：'直言之曰"那"，长言之曰"奈何"，一也。'"

【赏析】

这首五言古诗在苗叶枯黄、害虫横行、赤地千里的背景下，展现了一幅大旱之年民不聊生的饥荒图，鞭笞了苛政猛于虎的黑暗现实，高度概括了千百万农民的悲惨处境，表达了作者忧国忧民的情感。

全诗可分为两部分。上半部分即前十四句，以土地、禾苗、时空、人等为依托，层层递进，寥寥数笔，勾画了"苦旱"的景象。通俗、平实的语言掩不住跌宕起伏的思绪，一幅幅旱灾的画面展现在人们的面前，似电影中的蒙太奇，虽迅速闪过，却给人以强烈而深刻的印象：干涸的土地、枯萎的禾苗、农夫仰天长叹的热泪、老人在瑞雪中预言来年"水应大"的笑脸，因桔槔（一种原始的提水工具）无用而袖手闲坐的人群，因干渴而张口无声的鸟儿，因无水而枯卧沟底的鲂鱼，因热病而死于非命的尸骨……大自然给人类带来的灾难历历在目，清晰可见，严重的灾情为下半部分抒发情感奠定了坚实的基础。

下半部头两句就写出了自己的祈求："安得昊天降灵雨，童儿欢笑父老贺。"假如该诗仅仅停留于此，或按照人们一般正常的思路，接着写五谷丰登、喜庆丰收，那么其现实主义色彩就会大大削弱，这里作者笔锋急转，所愿所求的仅仅是："高田低田薄有收。比里稍可完国课。"原因何在？悬念陡起。读至"不然官吏猛如虎，终朝鞭扑畴能那？"人们恍然大悟，苛政猛于虎啊！前后比较，童儿欢笑、父老相贺的并不是丰衣足食的生活，而仅仅是完成国家的赋税免遭鞭笞，生活的艰难与辛酸陡然涌上心头，社会的黑暗与残酷坦露无遗。

《苦旱行》一诗的主旨是揭露现实的黑暗，而正面抨击现实的仅有最后一句。但由于有前面"苦旱"情形的生动描写和"童儿欢笑父老贺"与其所贺生活的对比作铺垫，所以，其虽着墨不多却力透纸背，酷吏的形象活脱脱地站在了读者面前，不由使人联想到白居易诗中"杜陵叟"对酷吏的控诉："剥我身上帛，夺我口中粟。虐人害物即豺狼，何必钩爪锯牙食人肉？"一句抨击，猛然收笔，言犹未尽，给读者留下了浩大的思索空间，读者与作者一起沉浸在了久久难以消磨的沉痛悲愤之中。

前人评诗有言："语杂歌谣，最易感人，愈浅愈切。"此诗正是如此，语言贴近口语，清新自然，徐徐讲来，似闲叙家常；不很用力，却字字千斤。其诗境平易，浑成熨帖，无斧凿之痕，内容上抨击与揭露了黑暗的社会，这与现实主义诗人杜甫的作品何其相似，无怪《明诗别裁集》评张纲孙的诗曰："古诗得杜一体，时武陵诸子，以祖望（张纲孙，字祖望）为最。"（吴剑涛）

吴骐

吴骐（生卒年不详），字日干，号铠铁、九峰遗黎、培柱斋主。松江华亭（今上海松江）布衣。明末清初诗人。入清遁迹不出。有《顣颔集》。

【原文】

喜汪振生归自云南

万里归来日，蓬蒿满荜门（1）。

登堂一长恸（2），兄弟几人存？

豹虎关山险（3），烽烟日月昏（4）。

无穷故交意，相与尽清尊（5）。

【毛泽东圈评等情况】

毛泽东读清沈德潜、周准编选《明诗别裁集》卷十二时圈阅了此诗。

[参考] 张贻玖：《毛泽东评点、圈阅的中国古典诗词》，
中国工人出版社 1992 年版，第 261 页。

【注释】

（1）荜（bì）门，同"荜门"，用竹条或荆条编织的院门。荜，荆条竹木之属。

（2）登堂，升上厅堂。堂，建筑于高台基之上的厅房。古代整幢房子建筑在一个高出地面的台基上，前面是堂，不住人，是行吉凶大礼的地方；后面是室，住人。长恸（tòng），大哭。恸，痛哭。

（3）豹虎，豹与虎，泛指猛虎，亦喻凶狠残暴的盗贼，异族入侵者。东汉王粲《七哀诗》："西京乱无象，豹虎方遘患。"关山，关隘山岭。

(4)烽烟，烽火台报警之烟，亦借指战争。

(5)清尊，酒器，亦借指清酒。

【赏析】

这首五言律诗通过对汪振生回家所见的描写，揭露了明末战乱给人民带来的深重灾难。汪振生，吴骐之友人。

全诗分两节。前四句为一节，写汪振生之悲。首联"万里归来日，蓬蒿满荜门。"荜门，柴门；荜，草名。从云南万里归来，回到家园，马上就要见到自己朝思暮想的亲人了，心情该是何等的激动，但他却被眼前的景象惊呆了：只见栅栏门及前院内，蒿草丛生，一片萧条冷落，不闻鸡犬人声。这景象不禁使人想起汉末那种"兔从狗窦入，雉从梁上飞。中庭生旅谷，井上生旅葵"的惨景。亲人都到哪里去了呢？颔联"登堂一长恸，兄弟几人存？"这里，诗人设一疑问，没有作答。但读者从汉乐府《十五从军征》中可以找到答案："遥看是君家，松柏冢累累。"饿死、战死抑或病故，已无需多问。动荡不安的社会怎么可能带给人们一个安定富足的生活呢？

以下四句为第二节，写诗人无言相劝故友。颈联"豺虎关山险，烽烟日月昏"，老朋友啊，你涉过千山万水，闯过战火硝烟，能从云南平安归来，已是多么的不容易啊。尾联"无穷故交意，相与尽清尊"，暂且不要谈论过去的情谊和别后的情况，今日相逢应该高兴才是，先把杯中之酒干了吧。也许只有这样，才能忘却心中的悲痛。"尊"，通"樽"，这里泛指酒器。

全诗采用了倒叙的写法。诗人本写看到江振生归来之喜，但诗一开头，却不写喜而写汪振生之悲，继之写喜而又为悲景所笼罩，令人悲喜交加。前后对比的巨大反差，使悲景之中的相见之喜越见其悲。艺术的批判力量通过这种深深的感染力得到了实现。（葛本成）

【原文】

汉昭烈

名儒卢郑久周旋[1]，正值黄星受命年[2]。

龙种已移三统历[3]，蚕丛还辟半隅天[4]。

金瓯付托耕莘佐[5]，玉几弥留顾命篇[6]。

一代英雄生死际，铜台遗令最堪怜[7]。

【毛泽东圈评等情况】

1958年3月，在成都会议期间，毛泽东圈阅的《诗词若干首》（唐宋明朝诗人写的有关四川的一些诗和词）中有这首《汉昭烈》。

[参考] 刘开扬注释：《诗词若干首》（唐宋明朝诗人咏四川），

四川人民出版社1979年版，第186页。

【注释】

（1）卢，指卢植，东汉涿郡涿县（今河北涿州）人，灵帝时历任博士，九江、庐江太守。后任尚书，因得罪董卓，被罢职，著有《尚书章句》和《三礼解诂》。郑，指郑玄，东汉经学家。周旋，应接。

（2）黄星，黄色之星，古以为瑞星。隋李播《天象赋》："嘉大舜之登禅，耀黄星而靡锋。"

（3）龙种，龙象征皇帝，因称皇帝子孙或皇族后代为龙种，指帝王子孙。刘备为中山靖王之后。《隋书·房陵王勇传》："长宁王俨，勇长子也。诞乳之初，以报高祖，高祖曰：'此即皇太孙，何乃生不得地？'云定，兴奏曰：'天生龙种，所以因云而出。'时人以为敏对。"三统历，西汉末年刘歆根据《太初历》修订而成，是我国史书上第一部记载完整的历法。

（4）蚕丛，周时四川中部偏西的一个部落首领，西周中期以后称蜀王，建立蜀国，后禅位于开明氏，从郫县迁今成都，传十二世。此以蚕丛称王建国，暗指刘备承续汉统在蜀称帝建国。

（5）金瓯，盛酒器，盆盂，此比国家巩固。耕莘，指伊尹。

（6）玉几，可供扶倚的玉饰小案，古代帝王的用具。弥留，病至将死。顾命篇，《周书》篇名，周成王临终，叫康王命召公、毕公率诸侯辅相康王，史官叙其事作顾命篇，取临终四顾而语之意。此指刘备临终之际托付诸葛亮辅佐后主刘禅。

（7）铜台，即铜雀台。

【赏析】

诗题《汉昭烈》。昭烈，即昭烈帝，指刘备。此诗系怀古之作，为七言律。诗人借临终遗嘱一事的对比，赞扬了刘备的贤德，嘲讽了曹操的自私狭隘、识见浅陋。

全诗分两层，前四句为第一节，赞扬了刘备在汉末战乱中，承续汉统，建国立业，光复汉室之举。首联"名儒卢郑久周旋，正值黄星受命年。"卢，指卢植，东汉涿郡涿县（今河北涿州）人。灵帝时历任博士，九江、庐江太守。后任尚书，因得罪董卓，被罢职。著有《尚书章句》和《三礼解诂》。郑，指郑玄，东汉经学家，在整理古代历史文献上颇有贡献。卢、郑皆从学于扶风马融。刘备十五岁时，在本地从卢植学。后率兵归徐州牧陶谦，陶待郑玄以师友之礼，刘备也必与郑玄相接触。黄星，黄色之星，古以为瑞星。东汉桓帝时有黄星见于楚宋之分，辽东人殷馗善天文，说五十年后当有真人（新皇帝）起于梁沛之间，至汉献帝建安五年（200）曹操破袁绍，无敌于天下。曹操，沛国谯人。受命，受天命，此是就曹丕即帝位而言。这是封建帝王所伪造的即位根据。刘备深受卢郑儒学的熏陶，此刻正值黄星照耀，应秉承上苍的意旨，承续汉统。诗人一开始就指出刘备恢复汉室是天意，反映了诗人以汉为正统的狭隘思想。

颔联首句"龙种已移三统历"，龙种，旧时用龙象征皇帝，因称皇帝子孙或皇族后代为龙种。《史记·高祖本纪》："其先刘媪尝息大泽之陂，梦与神遇……太公往视，则见蛟龙于其上，已而有身，遂产高祖。高祖为人，隆准而龙颜。"以后汉朝皇帝都算龙种。这当然是愚弄百姓的。三统历，西汉末刘歆根据《太初历》修订而成，是我国史书上第一部记载完整的历法。按汉初用秦历，凡102年（前206年起），至武帝太初之年（前104）

始改正朔用太初历，是邓平、洛下闳等所造律历，实即刘歆所说三统历。又189年，东汉章帝文和二年（85），改用四分历，实也因太初历而定。现在说"已移三统历"，就是说汉运告终。"蚕丛还辟半隅天"，蚕丛，周时四川中部偏西的一个部落首领，西周中期以后称蜀王，建立蜀国，后禅位开明氏，从郫县迁都今成都，传十二世。这里以蚕丛在蜀称王建国，暗指刘备能承续汉王朝，在蜀地称帝，建立蜀汉政权。

以下四句为第二节，通过临终遗嘱一事的对比，赞扬了刘备等人的贤德，嘲讽了曹操的自私狭隘。颈联"金瓯付托耕莘佐，玉几弥留顾命篇。"金瓯，盛酒器，比喻疆土。耕莘，指伊尹。伊尹耕于莘野（莘，县名，在今山东聊城西南九十里），商汤以币三次聘请，遂幡然而起，相汤伐桀救民，以天下为己任。汤尊之为阿衡。商汤死，其孙太甲无道，伊尹把他流放到桐这个地方。三年后，太甲悔过，伊尹复归之于亳。后伊尹百岁而死，帝沃丁葬以天子之礼。孟子称伊尹为圣之任者。弥留，病至将死。顾命篇，《周书》篇名，取临终遗命之意，此指刘备临终之际托付诸葛亮辅佐后主刘禅。

尾联"一代英雄生死际，铜台遗令最堪怜。"刘备从前为吕布所败，归曹操，程昱劝曹操杀刘备，曹操说："方今收英雄时也，杀一人而失天下之心，不可。"曹操以刘备为豫州牧，助攻吕布，生擒之。刘备从曹操还许（许昌），受汉献帝密诏诛曹操。曹操对刘备说："今天下英雄，唯使君（称刘备）与操耳。"生死际，指临终时。这句兼挽上下，将刘备、曹操二人作一比较。铜台，即铜雀台。《邺都故事》载，曹操遗命诸子把自己遗体葬在邺之西岗，要妻伎住在铜雀台上，早晚供食，每月初一、十五在灵帐前奏乐唱歌，诸子时时瞻望墓田。曹操不愧一代英雄，但在临终之际所留铜台遗嘱，真令人最可哀怜。沈德潜、周准评此语曰："足令老瞒愧死。"

诗中连续运用对比的艺术手法，收到了较好的艺术效果。先是把商汤和刘备两相作正面对比，以突出刘备的仁者形象；后又把曹操与刘备作对比，形成鲜明的对照，使刘备的形象更加鲜明，从而点明了全诗的主旨。

（葛本成）

【原文】

感时书事寄计子山陆孝曾

　　十月寒风急，浮云暗大荒。客行愁道路，时事虑萧墙⁽¹⁾。蓟北非吾土，秦中亦异乡。空忧天欲坠，未见日重光⁽²⁾。

　　庙略惭灵武⁽³⁾，军声谢朔方⁽⁴⁾。元臣夸定策⁽⁵⁾，列帅许勤王⁽⁶⁾。好爵娱姻娅⁽⁷⁾，官评视筐筥⁽⁸⁾。帘编青鸟骨⁽⁹⁾，玉斫辟邪香⁽¹⁰⁾。冠盖晨先集，笙歌夜未央。冰蚕裁宝帐⁽¹¹⁾，堕马斗新装⁽¹²⁾。营窟谋初遂，凭城气转扬。荆牛烹可待⁽¹³⁾，国狗噬何狂⁽¹⁴⁾？铁券封苏峻⁽¹⁵⁾，丹书锡董昌⁽¹⁶⁾。中朝容桀骜⁽¹⁷⁾，群丑益鸱张。百里无烟火，千村绝稻粱。军行咸拥妇，鬼哭暗闻殇。朽索饥难驭⁽¹⁸⁾，开笼饱欲飏。先须忧莘穀，莫道划沮漳⁽¹⁹⁾。每作蛇虫斗⁽²⁰⁾，深虞鹬蚌亡⁽²¹⁾。内睽戎伏莽⁽²²⁾，外侮剥侵床⁽²³⁾。剧盗锋初远⁽²⁴⁾，函关势尚强。雾迷黄帝阵⁽²⁵⁾，彗集紫微房⁽²⁶⁾。造次分旄节⁽²⁷⁾，安危作栋梁。诸公咸倚重，吾意独彷徨。厚宠虽三锡⁽²⁸⁾，雄图愧一匡。藩篱殊未固，肘腋况难防。邯败惟降楚⁽²⁹⁾，温强且叛唐⁽³⁰⁾。养蛇将螫手，管库遂探囊。

　　下土栖蓬室，无因叫帝阍。诗题蕉叶遍，风到葛衣凉。浊酒醨难醉⁽³¹⁾，悲歌激不妨。私心图国是，未敢告明堂。同社多英俊，居贫更慨慷。华阴终拂试⁽³²⁾，霄汉自飞翔。壮志清河洛⁽³³⁾，交情重太行。风涛为砥柱，冰雪见松篁。纵使三灵改⁽³⁴⁾，无移百炼刚。累朝皆养士，努力念前皇。

【毛泽东圈评等情况】

　　毛泽东读清沈德潜、周准编选《明诗别裁集》卷十二时圈阅了此诗。

　　　　　[参考] 张贻玖：《毛泽东评点、圈阅的中国古典诗词》，

　　　　　　　　　　中国工人出版社 1992 年版，第 261 页。

【注释】

　　（1）萧墙，照壁.《论语·季氏》："吾恐季孙之忧，不在颛臾，而

在萧墙之内也。"何晏集解引郑玄曰:"萧之言肃也;墙谓屏也。"比喻内部,此言宫廷内部祸乱。

(2)日重光,指日与月,再放光明,即光复。旧时多用以比喻帝王功德前后两代相继。

(3)庙略,犹言庙算、庙策,旧指帝王或朝廷对于国家大事的策略。灵武,郡名。唐玄宗天宝十五年(756)安禄山攻破潼关。太子亨即位于郡城南楼,以此为根据地,恢复唐朝的统治。弘光帝在南京即位,企图恢复大明,然事已不可为,故此句中说"惭"。

(4)谢,凋落、衰亡。朔方,唐方镇名,在灵武,为玄宗时边防十节度使之一。

(5)元臣定策,古称大臣主谋尊立天子为"元臣定策"。元臣,重臣,老臣。定策,古代尊立天子,书其事于简策,以告宗庙,固称大臣谋立天子为"定策"。

(6)勤王,尽力于王事。《左传·僖公二十五年》:"狐偃言于晋侯曰:'求诸侯莫如勤王。'"后多指君主的统治受到威胁时,臣子起兵援救王朝。

(7)好爵,高官厚禄。姻娅,有婚姻关系的亲戚。《诗经·小雅·节南山》:"琐琐姻亚,则无膴仕。"

(8)官评,做官的声誉,亦指对官的评价。篚筐,篚是竹筐,篚筐指所送的礼物。

(9)青鸟,西王母身边的侍鸟和传信之鸟,转指使者。

(10)辟邪香,即安息香,是一种香料,产于波斯,由波斯献给中国。

(11)冰蚕,古代传说中的冰蚕,长七寸,黑色,有角,有鳞,以霜雪覆之,然后作茧,长一尺,其色五彩。织为文锦,入水不濡,入火经宿不燎。

(12)堕马,堕马髻,一种偏在一边的发髻。斗,比赛。

(13)荆牛,《太平御览》卷九百引南朝宋刘义庆《幽明录》:"桓冲镇江陵,正会夕,当烹牛。牛忽熟视帐下都督甚久,目中泣下。"都督呪之曰:"汝能向我跪者,当启活也。"牛应声而拜,众甚异之。都督复谓曰：'汝若须活，遍拜众人者直往。'牛涕殒如雨，遂拜不止。值冲醉，不得启，遂杀牛。后用以形容乞怜仍难苟活。

（14）国狗，国之中上品名狗，喻妒贤害能之人。《左传·襄十七年》："国狗之瘈（狂），无不噬也。"

（15）铁券，帝王颁赐功臣，授以世代享受某种特权的铁契，以铁为之，便于久存。苏峻，东晋叛将。西晋末年，纠合流人数千家结垒自守，后率众南渡，元帝任为鹰扬将军。以平王敦功，进使持节、冠军将军、历阳内史，有锐卒万人。咸和三年（328），与祖约起兵，攻入建康，专擅朝政。不久为温峤、陶侃等击败而死。

（16）丹书，帝王颁发给功臣的一种用丹笔书写的证件。写于铁板之上，则叫丹书铁券。董昌，唐代叛将。始籍团军，以功擢升石镜镇将。中和年间，进义胜军节度使。始为治廉平，人颇安之。累拜检校太尉同中书门下平章事，爵陇西郡王。后浸自侈大，乾宁年间僭位，国号大越罗平，改元天册，自称圣人。为镇海节度使钱镠所败，去伪号，曰越人劝他为天子，要复为节度使。固无益，镠将执董昌而杀之。

（17）奡（ào），亦作"浇"。夏代寒浞之子，为大力士。

（18）朽索难驭，烂绳易断，驭六马难，喻暗主难以驭民。

（19）沮漳，沮水出湖北保康西南，东南流与漳水合，又东南流经江陵西境，入于长江。此指割据边界。

（20）蛇虫，蛇和蠹（蚀虫），比喻祸国害民的人和事。

（21）鹬（yù）蚌亡，即鹬蚌相争、渔人得利之意。典出《战国策·燕策》："赵且伐燕，苏代为燕谓惠王曰：'今者臣来，过易水，蚌方出曝，而鹬啄其肉，蚌合而拑其喙。'鹬曰：'今日不雨，明日不雨，即有死蚌。'蚌亦谓鹬曰：'今日不出，明日不出，即有死鹬。'两者不肯相舍，渔者得而并禽之。今赵且伐燕，燕赵久相支，以弊大众，臣恐强秦之为渔父也。"后以之比喻双方相持不下，而使第三者从中得利。

（22）暌，分离，违背。戎，战争。莽，深草地。

（23）剥侵床，剥蚀侵害了床。《易经·剥卦》初六、六二、六四这三爻爻辞，都有剥床之说。从床足渐到床上人的皮肤，渐趋严重。

（24）剧盗，势力强大的强盗。

（25）黄帝阵，相传黄帝与蚩尤战于涿鹿，雾塞天地。黄帝，即轩辕，姓公孙，传说中是中原各族的共同祖先。

（26）彗，彗星，古代人认为它是妖星，其出现为灾祸的预兆。紫微，即紫微星，在北斗以北，因内有帝星，故以紫微比喻朝廷。

（27）造次，匆忙鲁莽。旄，古时旗杆头上用旄牛尾作的装饰，因即指装饰旄尾的旗，此指藩镇。

（28）三锡，此指一日之间三次颁发赏赐。本于《易经·晋卦》卦辞。

（29）邯，秦将章邯，败降于项羽。

（30）温，朱温，降唐后又叛唐，建立后梁。

（31）醨（lí），薄酒。

（32）华阴，此指华阴，《后汉书·张楷传》："楷，字公超……隐居弘农山中，学者随之，所居成市，后华阴山南遂有公超市。"后亦称之为华阴市，为学者群集之处。终，终于。拂拭，除去尘垢，此指得到提拔重用。

（33）清河洛，使政治清明。河洛，黄河和洛水的并称，古指中原一带。

（34）三灵，此指日月星。三灵改，即乾坤倒转。

【赏析】

这首长篇五言古诗通过对京都南京社会政治现状的描写，勾勒出了一个暗主无愁、群奸障蔽、强藩跋扈、生灵涂炭的明代社会现实，从而抒发了诗人激昂慷慨、以身报国的决心。计子山和陆孝曾，皆诗人好友。

全诗分三节，前八句为一节，写诗人感时虑事。十月，本是金秋季节，但寒风骤急，乌云遮蔽天日，四野黑暗，以致游客为前去道路暗暗发愁。"浮云暗大荒"，气势壮阔，颇有唐风。这里的"浮云"暗指朝廷政治之混乱。诗人有感于此，忧心忡忡，担心萧墙之祸。萧墙，指宫廷内的祸乱。"蓟北非吾土，秦中亦异乡。"蓟，古地名，在今北京西南。秦中，古地区名，含义与狭义的关中略同，指今陕西中部中原地区。"空忧天欲坠，未见日重光。"重光，指日和月，旧时多用以比喻帝王功德的前后相继。以上四句，诗人交代写作此诗的用意：蓟北、秦中虽不是我的家乡，作为一介书生，虽不过是杞人忧天，但我尚未见到今皇如前皇之英明。

　　"庙略"以下四十八句为第二节，写暗主无愁、群奸障蔽、强藩跋扈、生灵涂炭的社会现状。"庙略惭灵武，军声谢朔方。"庙略，犹言庙算、庙策，旧指帝王或朝廷对于国家大事的策划。灵武，郡名。唐玄宗天宝十五年（756），安禄山攻破潼关，玄宗逃奔蜀中，朔方留后杜鸿渐等迎太子亨即位于郡城南楼，以此为根据地，恢复唐朝的统治。"元臣夸定策，列帅许勤王。"定策，古称大臣主谋尊立天子。勤王，谓起兵救援王朝。以上四句以唐朝太子亨在安史之乱中继位之事，暗喻明成祖朱棣起兵攻破南京、登上皇帝位之事。"好爵"以下八句，写朝廷早晨仕宦云集，宫中夜晚笙歌曼舞。皇上沉溺于声色享乐，忠言逆耳难以听进。青鸟，西王母身边的侍鸟和传信之鸟。冰蚕，古代传说中的一种蚕。《拾遗记》卷十："员峤山……有冰蚕，长七寸，黑色，有角，有鳞。以霜雪覆之，然后作茧，长一尺，其色五彩。织为文锦，入水不濡，以之投火，经宿不燎。"堕马，指堕马髻，一种偏垂在一边的发髻。"帝编青鸟骨，玉斫辟邪香""冰蚕裁宝帐，堕马斗新装"四句，极写宫中生活之奢华淫靡。诗人接着从宫中写到朝中，"营窟"以下八句，写群奸障蔽。苏峻，东晋长广挺县（今山东莱阳南）人，西晋末年，纠合流人数千家结垒自守，后率众南渡，元帝任为鹰扬将军。以平王敦功，进使持节、冠军将军、历阳内史，有锐卒万人。晋成帝咸和三年（328），与祖约起兵，攻入建康（今江苏南京），专擅朝政，不久为温峤、陶侃等击败而死。董昌，人名，未详其事。羿，夏代寒浞之子。鸱张，嚣张、凶暴，像鸱鸟张开翅膀一样。这八句写朝中奸臣相互勾结，蛊惑皇上，把揽朝政，气焰嚣张。朝政混乱，民何以堪？接下"百里无烟火"以下六句，写民生凋敝，田野荒芜，军纪松弛，饿殍遍野。"朽索饥难驭，开笼饱欲飏"，指出了朝廷的政治危机。如此时政，怎能令诗人不忧虑呢？"先须忧"以下四句，诗人借"忧"和"虞"写出了自己对朝政的担忧。"内暌戎伏莽"以下十八句，诗人对在形势急迫的情况下，匆忙之间封将拥兵，深感忧虑。"诸公咸倚重，吾意独彷徨"，并以朱温拥兵自重背叛唐朝之事，提醒对于蒲镇应加防范，"肘腋况难防"，否则，"养蛇将螫手，管库遂探囊"，养痈遗患，祸害无穷。函关，即函谷关，在今河南灵宝西。紫微，即紫微星，星官名，在北斗以北，因内有帝星，故多以紫微来比喻朝廷。彗星，古代叫"妖星"，认为彗星的出现是灾祸的预兆。旄，古时旗杆头上用旄牛尾作的装饰，因即指有这种装饰的旗。这里，旄节指藩镇。这一部分写作层次清楚，先写宫中，次写朝内，接着写生灵涂炭，最后写强藩跋扈，有条不紊，层层写来，丝丝忧虑。诗人关心国事之心，由此可见一斑。

"下土"以下二十句为第三节，写诗人慷慨悲歌报国之心。我本是布衣平民，不能入朝议政，"私心图国是，未敢告明堂。"帝闱，指朝廷。明堂，古代天子宣明政教的地方，凡朝会及祭礼、庆赏、选士、养老、教学等大典，均于其中举行，这里指朝廷。"诗题"四句以题遍、衣凉、难醉和悲歌传达了诗人的忧国之深之急。"同社"四句，诗人赞扬了好友们居贫慷慨的操行，并以此自勉："壮志清河洛，交情重太行。风涛为砥柱，冰雪见松篁。"篁，指竹。"纵使三灵改，无移百炼刚。"三灵，指日、月、星。百炼刚，百炼之铁坚刚，比喻久经锻炼、意志坚强的人。至此，诗人发出了铮铮誓言：纵使乾坤倒转，报国之心矢志不移。"累朝皆养士，努力念前皇。"最后，诗人劝友人们应努力报效国家，以报前皇之恩，同时以此来自勉。

全诗层次清楚，感情充沛，"作者痛哭言之，激于板荡之章"。（葛本成）

【原文】

茂　陵

茂陵枯柏自巑岏⁽¹⁾，露重珠襦马上寒⁽²⁾。
独与铜人相对哭⁽³⁾，三更残月下金盘⁽⁴⁾。

【毛泽东圈评等情况】

毛泽东读清沈德潜、周准编选《明诗别裁集》卷十二时圈阅了此诗。

[参考] 张贻玖：《毛泽东评点、圈阅的中国古典诗词》，中国工人出版社 1992 年版，第 261 页。

【注释】

（1）巑岏（cuán wán），耸立之状。南朝梁江淹《待罪江南思北归赋》："究烟霞之缭绕，具林石之巑岏。"

（2）珠襦，贯珠为饰的短衣，此指古代帝皇的殓服。

（3）铜人，即金铜仙人，金铜铸造的仙人像，指汉武帝时所做的以手掌举盘承露的仙人。唐李贺《〈金铜仙人辞汉歌〉序》："魏明帝青龙元年八月，诏宫官牵车西取汉孝武捧露盘仙人，欲立置前殿。宫官既拆盘，仙人临载，乃潸然泪下。唐诸王孙李长吉遂作《金铜仙人辞汉歌》。"

（4）金盘，金属制成的盘，指金铜仙人所擎承露盘。

【赏析】

诗题《茂陵》。茂陵，陵墓名，西汉五陵之一，汉武帝死后葬此，是汉帝王陵墓中最大的一处。陵的封土，略呈方锥体形，平顶，在今陕西兴平东。这首七言绝句是诗人游茂陵有感而作，全诗借古咏今，兴衰迭替，感触至深。

"茂陵枯柏自巑岏，露重珠襦马上寒。"巑岏，本指山峻峭高大之状，此处借以形容枯柏环绕着的汉武帝陵墓之高大耸立。露重，言夜之深。马上寒，交代了诗人游茂陵是骑马而来。夜深人静，露水早已打湿了墓中帝后的衣服，诗人在马上颇觉寒意，但还伫立在这高大的陵墓之前，不肯离去。是什么如此牵引诗人的一颗心呢？"独与铜人相对哭，三更残月下金盘。"铜人，铜铸的人像，此指金铜仙人。金盘，指承露盘。已是三更天气，一轮金盘似的残月正悄悄从夜空中滑落隐没。诗人想起昔日汉之强盛，想起今日之陵墓、历史之变迁、朝代之更替，面对墓前的石人不禁痛哭起来。

全诗没有议论，唯一能传达诗人感情的只有一个"哭"字。这里哭汉实为哭明。面对明末混乱黑暗的社会，诗人怎能不忧心忡忡？着墨不多，但却生动传神地勾勒出了一位忧国忧民、夜不能寐的诗人形象。（葛本成）

书李舒章诗后

胡笳曲就声多怨⁽¹⁾，破镜诗成意自惭⁽²⁾。
庾信文章真健笔⁽³⁾，可怜江北望江南⁽⁴⁾。

【毛泽东圈评等情况】

毛泽东读清沈德潜、周准编选《明诗别裁集》卷十二时圈阅了此诗。

[参考] 张贻玖：《毛泽东评点、圈阅的中国古典诗词》，
中国工人出版社 1992 年版，第 261 页。

【注释】

（1）胡笳曲，古乐府琴曲歌辞名，即《胡笳十八拍》，相传为汉末蔡邕之女蔡琰所作，共十八章，一章为一拍，自叙其东汉末年被掠入南匈奴为王后，后被曹操赎回的乱离经过。

（2）破镜，南朝陈亡时，驸马徐德言与妻子乐昌公主被迫分离，后终又凭各自所持的半个铜镜得以重新团圆。此见唐孟棨《本事诗·情感》。

（3）庾信，北周诗人，曾作《哀江南赋》。唐杜甫《戏为六绝句》："庾信文章老更成，凌云健笔意纵横。"

（4）"可怜"句，指李舒章身居江北，其妻流落江南。

【赏析】

李舒章即李雯（1608—1647），舒章是其字，华亭（今上海松江）人，与周邑夏允彝、陈子龙等并称"云间六子"。明崇祯十五年（1642）中举入京，同年蓟州城破被清军所虏，因归附清朝，曾任弘文院撰文、中书舍人，著名的多尔衮致史可法书，即出其手。诗、词曾结为《蓼斋集》，今仅留下少量的零篇。这首七言绝句，一方面流露了诗人对好友才华的赞叹，另一方面也表达了对好友不幸遭遇的同情。

"胡笳曲就声多怨，破镜诗成意自惭。"一、二句是对"李舒章诗"

的概述。胡笳，古管乐器，汉时流行于塞北和西域一带。胡笳曲，汉末蔡文姬在匈奴归汉时曾作《胡笳十八拍》，诗中叙述自己离别子女时的哀怨之情。破镜，指南朝陈亡时，驸马徐德言与妻子乐昌公主被迫分离，后终又凭各自所持半个铜镜得以团圆之事。这里，胡笳曲、破镜诗均指李舒章所写之诗。大约李舒章因故夫妻离别，分居江南江北，天各一方。分别后，李舒章颇为思念妻子儿女，为此而赋诗以表思念之情和自责之意。"意自惭"三字，道出了李雯降清后实已无家可归的残酷现实。

三、四句转写作者的观感。"庾信文章真健笔"，诗中将李雯比庾信，欲抑先扬。庾信是北周文学家，善诗赋、骈文，晚年所作，感伤遭遇，风格萧瑟苍凉。这里，诗人以此来形容李舒章之诗一如庾信之清风，感情委婉深沉，才华出众。"可怜江北望江南"，江北，指李舒章所在之处；江南，指李妻所居之所。这里分别以"江北"和"江南"代表李舒章和其妻，同时暗指两人整日处于相思和自责的感情折磨之中。李舒章的这种遭际引起了诗人对好友的深深同情。诗人借一个"怜"字传达出了自己对好友的这种感情。言"望江南"而不言"赋江南"，这就把李雯的诗作与庾信的诗作《哀江南赋》区别开来，言下多少含有微意。

全诗言简意赅，于赞扬其才华的同时，寄寓了无限的同情和对好友的关心。评友人之诗之词得体，感情流露自然真挚，无夸大之辞，亦无雕凿之痕。（葛本成）

余 怀

余怀（1616—?），字澹心，一字无怀，号曼翁，又号曼持老人，莆田（今福建莆田）人。明末清初诗人。侨居江宁（今江苏南京）。晚年退居吴门（今江苏苏州）。

【原文】

由画溪经三箬入合溪

画舫随风入画溪[(1)]，秋高天阔五峰低。

绿萝僧院孤烟外[(2)]，红树人家小阁西[(3)]。

箬水长清鱼可数[(4)]，篁山将尽鸟空啼[(5)]。

桃源仿佛无寻处[(6)]，枫叶纷纷路欲迷。

【毛泽东圈评等情况】

毛泽东读清沈德潜、周准编选《明诗别裁集》卷十二时圈阅了此诗。

[参考] 张贻玖：《毛泽东评点、圈阅的中国古典诗词》，

中国工人出版社 1992 年版，第 261 页。

【注释】

（1）画舫，装饰华丽的游船。舫，并起来的船只，泛指船。

（2）绿萝，绿色松萝或女萝。蔓生植物，色青灰，缘松柏或其他乔木，枝体下垂如丝状。

（3）红树，指经霜叶红之树，如枫树。

（4）箬水，即箬溪，在今浙江台州临苍括卷镇。

（5）篁山，长满竹子的山。篁，即篁竹。晋戴凯之《竹谱》："篁竹

坚而促节，体圆而质坚，皮白如霜粉，大者宜行船，细者为笛。"

（6）桃源，指桃源洞，在今浙江天台北。相传东汉时，刘晨、阮肇至天台山采药迷路，误入桃源洞遇见两个仙女，被邀至家中，半年后回家，子孙已过七代。事见南朝宋刘义庆《幽明录》。后因以指男女幽会的仙境。

【赏析】

这是一首七言律诗，诗人描写了由画溪经三箬到合溪这一段的山水之美，于咏叹赞美之中隐寓了无限情怀。画溪，在浙江东阳西南三十五里，源出大小岔山，以群山环绕草木如画而得名。屈曲西北流至义乌南，注入婺港。三箬，浙江长兴南有箬溪，其南岸有上箬村，北岸有下箬村，因夹箬溪悉生箭箬而得名，三箬即指此处。合溪，在今浙江长兴西北合溪镇。

全诗分两个层次。前四句为一节，描写了由画溪到箬水的山水之美。"画舫随风入画溪，秋高天阔五峰低。"一开始，诗人首联交代了乘船漫游的时间和地点。秋日里，天高气爽，微风拂面，诗人乘坐游船飘荡在画溪的溪水之上。颔联"绿萝僧院孤烟外，红树人家小阁西。"放眼望去，远处山中烟雾淡绕，绿萝掩映之下依稀可辨僧院；近处枫树之下，尚有阁楼人家。绿萝、红树、孤烟，词采清丽，画面鲜明，风调悠扬，颇得唐人"远上寒山石径斜，白云深处有人家"之妙，显示了作者才气的俊爽与思致的活泼。

后四句为第二节，记叙了诗人由箬水到合溪的游程。颈联"箬水长清鱼可数，篁山将尽鸟空啼。"箬水清澈见底，鱼儿在水中自由嬉戏；乘船顺水下游，两岸鸟儿啼鸣，船动山移，篁山渐渐被抛在身后。诗人用词精确，以"鱼可数"和"鸟空啼"，分别形容箬水之清澄和篁山之被渐渐移向身后，不仅描绘出了山水之秀美，也透出了诗人对眼前之景色的欣赏与迷恋。诗人善于在短小的诗句中，展现优美的画面，用精美的语言传达出含蓄的情致。尾联"桃源仿佛无寻处，枫叶纷纷路欲迷。"面对画溪与箬水之美，诗人顿觉置身于刘晨、阮肇遇仙女的桃源洞，说不定还可以得遇仙女呢！然而一阵风吹来，枫叶纷纷落下，看来遇仙的美梦是不能成真了。

全诗用词清丽，画面优美，颇具晚唐诗风。（葛本成）

潘问奇

潘问奇（1632—1695）），字雪帆，又字云程、云客，钱塘（今浙江杭州）人。明末清初诗人。其诗写景力求苍凉劲健，选词用语精当。传诗不多。

【原文】

自磁州趋邯郸途中即事

中宵闻觱发⁽¹⁾，日出走黄沙。

风力能飞石，河冰不陷车。

郊寒腾俊鹘⁽²⁾，树老立饥鸦。

旁午停征辔⁽³⁾，炊烟得几家？

【毛泽东圈评等情况】

毛泽东读清沈德潜、周准编选《明诗别裁集》卷十二时圈阅了此诗。

[参考]张贻玖：《毛泽东评点、圈阅的中国古典诗词》，

中国工人出版社1992年版，第261页。

【注释】

（1）中宵，中夜，半夜。觱发（bì bó），风寒冷。《诗经·豳风·七月》："一之日觱发，二之日栗烈，无衣无褐，何以卒岁？"王传："觱发，风寒也。"

（2）鹘（hú），游隼。

（3）旁午，接近正午。征辔，远行之马的缰绳。此指远行的马。

【赏析】

诗题《自磁州趋邯郸途中即事》。磁州，今河北磁县，在邯郸之南。邯郸，今河北邯郸。这是一首五言律诗。诗人通过对冬季途中所见景物的描写，描绘出了一个荒凉寒冷的明末社会，揭示了战乱给人民带来的沉重灾难。

首联、颔联"中宵闻霏发，日出走黄沙。风力能飞石，河冰不陷车。"霏发，风寒冷。一开始，诗人就为我们描绘出了一个严寒的冬季：深夜，只听得狂风呼啸；白天只见得黄沙弥漫，天昏地暗。到处碎石乱飞，凛冽的寒风使河水亦为之冻结。正是在这样的恶劣环境里，诗人自磁县慢慢向邯郸挪移。诗人连续运用一些富于表现力的词语：闻霏发、走黄沙、飞石和不陷车，组成一个个鲜明的画面，使诗句具有高度的概括力和形象性。《明诗别裁集》卷十二曾评其用字："比'山虚风落石'尤险，每下一字，俱有锋棱。"颈联"郊寒腾俊鹘，老树立饥鸦。"此刻，郊野里出现的强劲的鹘和饥饿的老鸦，更给这空旷的原野增添了凄凉冷落和肃杀的气氛。鹘，鸟纲，隼类动物。前几句写尽冬之严寒，这两句着字尤为险绝，诗人本想在这旷野之中寻找一些生机，以增添旅途的乐趣，非但如愿，他看到的老树、饥鸦平空增加了严寒和肃杀。尾联"旁午停征辔，炊烟得几家？"快到中午停下马匹歇息，哪里看得到几户人家呢？明末历年战乱，使人民流离失所，乡村凋敝，田野荒芜。最后一句诗人以设问作结，寥寥五字，浓缩了诗人的万千感慨，一切尽在不言中，但它留给读者的却是丰富的想象空间。

乍读全诗，以为所写为塞外边关，但实际上自磁州至邯郸这一段，却是在内地平原。内地尚是如此凄凉，塞外边关呢？已无须多言。艺术的暴露和批判力量正在于此。（葛本成）

肃　宁

肃宁池馆旧连阡，过客追思鹿马年[(1)]。

齐国竖刁呼尚父[(2)]，汉朝名士拜中涓[(3)]。

北司计就书难上[(4)]，元祐碑成事可怜[(5)]。

独喜左杨崇庙食[(6)]，春来一曲奏神弦[(7)]。

【毛泽东圈评等情况】

毛泽东读清沈德潜、周准编选《明诗别裁集》卷十二时圈阅了此诗。

[参考] 张贻玖：《毛泽东评点、圈阅的中国古典诗词》，

中国工人出版社 1992 年版，第 261 页。

【注释】

（1）鹿马年，指鹿为马的黑暗年代，事出秦时赵高专权、指鹿为马的故事。鹿马，指鹿为马的略语。

（2）竖刁，春秋时齐桓公的近臣寺人貂，管仲死后，他与易牙、开方专权。桓公死，诸子争位，他与易牙等杀害群吏，立公子无亏。太子昭奔宋。齐国因此发生内乱。见《左传·桓公二十七年》。后世以"竖刁"蔑称寺人貂，亦以泛指宦官奸臣，此以竖刁代指阉党。尚父，指周吕望。周文王称吕望（姜太公）尚父，意谓可尊尚之父辈。《诗经·大雅·大明》："维师尚父，时维鹰扬。"毛传："尚父，可尚可父。"郑玄笺："尚父，吕望也，尊称也。"

（3）中涓，官名，君主亲近的侍从官，后泛指君主的左右亲近。名士，指曹参，曾为汉高祖中涓。

（4）北司，唐代内侍省设在皇宫之北，与三省所属各官署设在宫城之南者相对而言，称作北司，因此又称宦官权势所在地为北司。

（5）元祐碑成，指元祐党争。元丰八年（1085）宋神宗死，哲宗继位，高太后听政。次年，任用司马光为相，尽废王安石新法，排斥新党。

这一党争直至元祐八年（1093）哲宗亲政重新实行新法后才终止。

（6）左杨，左光斗与杨涟，在明万历年间同中进士。天启四年（1624），杨涟上疏弹劾魏忠贤二十四大罪，左光斗参与其事，后又亲劾魏三十二斩罪。次年，二人同被诬陷，死于狱中。崇祯帝即位后，魏被黜职，安置于凤阳，旋命逮捕，在途中畏罪自缢而死。庙食，死后立庙，受人奉祀，享受祭飨。

（7）神弦，即《神弦歌》，属汉乐府《清商曲》一部，现存古辞共十一曲十八首，南朝时祭祀民间杂神所用的乐曲。

【赏析】

诗题《肃宁》。肃宁，县名，在河北中部偏南、潴龙与滹沱两河间，明宦官魏忠贤故里。这是一首七言律诗，诗人一方面揭露了阉党专权的丑恶，同时歌颂了左、杨二人不畏强权，敢于斗争的正直精神。

首联"肃宁池馆旧连阡，过客追思鹿马年"，漫游肃宁，看到这纵横相连的大片池馆，不禁又令人回想起当年宦官魏忠贤把持朝政、指鹿为马的年代。魏忠贤，泰昌元年（1620），明熹宗即位，被任为司礼秉笔太监，后又兼掌东厂。他勾结熹宗的乳母客氏，专断国政，政治日益腐败。天启五年（1625）兴大狱，杀东林党人杨涟等。指鹿为马，本是秦时赵高专权时所为，诗人在这里用"鹿马年"，高度概括了阉党横行时间之久，浓缩了多少人对阉党的愤恨。诗人用词精当，"追思"一词，领起下文，把读者的思绪引入到魏忠贤阉党专权、血雨腥风的那些年月。

颔联"齐国竖刁呼尚父，汉朝名士拜中涓。"竖刁，春秋时齐桓公的近臣，管仲死后，与易牙、开方专权。桓公死，诸子争立，他与易牙等杀害群吏，立公子无亏。太子昭奔宋。齐国因此发生内乱。这里以竖刁暗指阉党。尚父，周文王称吕望为尚父，意谓可尊尚的父辈。诗人在这里斥责那些奸佞之臣认贼作父，投靠魏忠贤，结成阉党，甚至许多名士也都先后投靠了魏。中涓，官名，后世一般用作宦官之称，魏忠贤把揽朝政时，从内阁六部至四方督抚，都有私党。诗人以此写出了魏当时的权倾朝野，气焰嚣张。

颈联"北司计就书难上，元祐碑成事可怜。"北司，唐代内侍省设在皇宫之北，与三省所属各官署设在宫城之南者相对而言，故称北司，因此习惯上称宦官权势所在为北司。元祐碑成，系指元祐党争。元丰八年（1085）宋神宗死，哲宗继位，高太后听政，次年，任用司马光为相，尽废王安石新法，排除新党，这一党争直至元祐八年（1093）哲宗亲政重行新法后才终止。诗人以元祐党争暗喻明代阉党与东林党之争。明万历中，左光斗与杨涟同举进士。天启四年（1624），杨涟上疏弹劾魏忠贤二十四大罪，左光斗参与其事，后左又亲劾魏三十二斩罪。次年，二人同被诬陷，死于狱中。崇祯帝即位后，魏被黜职，安置凤阳，旋命逮捕，在途中畏罪自缢。可叹魏忠贤昔日反手为云，覆手为雨，最后落得个身败名裂，遗臭万年。

尾联"独喜左杨崇庙食，春来一曲奏神弦。"左杨，即左光斗和杨涟。神弦，即神弦歌，属乐府《清商曲》，现存古辞共十一曲十八首，每曲少的两句，多的六句，篇幅短小，后人或以为是南朝时民间祭歌，可喜左、杨二人被后人敬重，享受祭祀，春风吹来，仿佛在为他们吹奏着一曲《神弦歌》。

全诗长于用典，善以古喻今。前后运用对比的手法，通过对比，将诗人自己的爱憎、赞美与抨击深深地表现了出来。（葛本成）

陈恭尹

陈恭尹（1631—1700），字元孝，号半峰，晚号独漉子，广东顺德（今广东顺德）人，明清之际诗人。清世祖顺治四年（1647）父邦彦殉难时，全家遇害，恭尹年十余岁，继父志，不肯事清。永历帝驻肇庆，恭尹上书陈诉父殉难情状，授锦衣卫指挥佥事，给假回家治丧。顺治七年（1650），清军再陷广州，恭尹逃匿山中。尔后数年之间，来往于福建、浙江、江苏之间，从事反清活动，都无结果。各抗清根据地相继失陷，恢复无望后，恭尹返回故乡，自号罗浮布衣，砥砺名节，刻苦著书，与屈大均、梁佩兰称为"岭南三大家"。其诗激昂盘郁，多反映亡国之痛与人民疾苦，怀古诗尤有名。有《独漉堂集》。

【原文】

蜀　中

子规啼罢客天涯[(1)]，蜀道如天古所嗟[(2)]，
诸葛威灵存八阵[(3)]，汉朝终始在三巴[(4)]。
通牛峡路连云栈[(5)]，如马瞿塘走浪花[(6)]，
拟酹昔贤鱼水地[(7)]，海棠开遍野人家[(8)]。

【毛泽东圈评等情况】

1958 年 3 月，在成都会议期间，毛泽东圈阅的《诗词若干首》《唐宋明朝诗人写的有关四川的一些诗和词》中有此诗。

[参考] 刘开扬注释：《诗词若干首》（唐宋明朝诗人咏四川），

四川人民出版社 1979 年版，第 193 页。

（1）子规，即杜鹃鸟。客天涯，唐王勃《杜少府之任蜀州》："海内存知己，天涯若比邻。"

（2）古所嗟，唐李白《蜀道难》："蜀道之难难于上青天，侧身西望长咨嗟。"

（3）八阵，即八阵图。《三国志·蜀志·诸葛亮传》："推演兵法，作八阵图。"其遗址有三：夔州（今重庆奉节）、新都弥牟镇（今成都青白江）和陕西勉县。威灵，神威。

（4）汉朝，项羽封刘邦为汉中王，王巴蜀，这是始；后主刘禅出降曹魏，这是终，故说"终始"。

（5）通牛峡路，指石牛道，也叫金牛道，在四川剑阁西北小剑山，有小石门，穿山通道长六丈余。传说秦惠王伐蜀，作石牛五头，假说牛便金，蜀王派五丁壮士迎石牛入蜀成道。连云栈，在陕西褒城北，这里泛指栈道，连接川狭隘道的古栈道，有东西两线，西出眉县，东出陈仓（宝鸡）。

（6）"如马瞿塘"名，古时歌谣《瞿塘谣》："滟滪大如马，瞿塘不可下。"

（7）"拟酹（lèi）"句，诗人立誓在昔日贤才们如鱼得水之地有所作为。昔贤，从前的贤人，此指诸葛亮。鱼水地，指蜀中共同创业之地。《三国志·蜀志·诸葛亮传》："于是与亮情好日密，关羽、张飞等不悦，先主解之曰：'孤之有孔明，犹鱼之得水也。'"

（8）野人，指平民。

【赏析】

诗题"蜀中"是说蜀国中，所以北道东峡都写到。诗中通过对蜀中（四川）得天独厚的险要地势的描写和对历史的叙述，抒发了诗人宁折不屈、立志报国的决心。

这是一首七言律诗。首联"子规啼罢客天涯，蜀道如天古所嗟。"正是春暖花开的季节，诗人却不得不客居天涯，浪迹异乡。子规，即杜鹃，一称杜宇。子规鸟鸣一般在二月。诗人以子规啼鸣告诉了读者"客"之时间，又以"蜀道"点明了"客"之地点。这里一个"客"字透出无限的苍凉感慨。"蜀道之难，难于上青天。""蜀道"句既是实写，又是虚写。前途艰险，为之奈何？颔联"诸葛威灵存八阵，汉朝终始在三巴"，遥想三国时诸葛亮在此地曾大展才华，至今威灵尚存有八阵图，刘汉王朝亦曾凭此地而兴盛。八阵，即八阵图，三国时，诸葛亮的一种阵法。《三国志·蜀志·诸葛亮传》载"（亮）推演兵法、作八阵图"，后人考其遗迹而绘成图形。相传诸葛亮曾聚石布成八阵图形。据记载，八阵图遗迹有三处：一说在陕西沔县（今勉县）东南诸葛亮墓东，一说在重庆奉节南江边，另一说在四川新都北三十里弥牟镇。三巴，东汉末益州牧刘璋分巴郡为永宁、固陵、巴三郡，后又改为巴、巴东、巴西三郡，称为三巴，相当于今四川嘉陵江和綦江流域以东的大部。汉高祖以蜀王，后主刘禅以蜀而亡，故谓"汉朝终始在三巴"。这两句诗人借咏史以激励自己，下面两句则转入写四川地形之险要。

颈联"通牛峡路连云栈，如马瞿塘走浪花。"通牛峡路，指石牛道，又称金牛道。自今陕西勉县西南行，越七盘岭入四川境，经朝天驿趋剑门关，是古代联系汉中和巴蜀的交通要道。相传战国秦惠文王欲伐蜀，因山道险阻，作五石牛，言能便金，以欺蜀王，蜀王命五丁开道引之，秦军随而灭蜀。"石牛""金牛"由此得名。连云栈，即北栈道，自陕西凤县东北草凉驿入栈。西南至凤县折东南经留坝又南至褒城旧治北鸡头关出栈。北段即古故道，南段即古褒斜道。五代以前自褒斜道北上的或趋斜谷出郿县（今眉县），或西经故道出陈仓（今宝鸡）。宋后专用西道，修筑栈阁至二千余所，元明以来称为连云栈。这两句诗是说：北边有联系汉中和巴蜀的石牛道，以及直趋宝鸡的连云栈，向东的长江三峡是进出四川的唯一通道，尤其瞿塘峡两岸悬崖壁立，江流湍急，更是天堑。如此得天独厚，进可攻、退可守之险要地形，怎能不令诗人作他想？

尾联两句抒发了作者宁折不屈、立志报国的决心。"拟酹昔贤鱼水地，海棠开遍野人家。"在这海棠花开遍山野的春天，诗人立誓要在这块昔日贤才们如鱼得水之地有番作为，使蜀中百姓遍种海棠，过上安定的生活。

全诗诗风沉厚凝重，虽是隐居之作，却不乏积极进取之精神。（葛本成）

【原文】

邺 中

山河百战鼎终分[1]，叹息漳南日暮云[2]。

乱世奸雄空复尔[3]，一家辞赋最怜君[4]。

铜台未散吹笙伎，石马先传出水文[5]。

七十二坟秋草遍[6]，更无人表汉将军[7]。

【毛泽东圈评等情况】

1958年3月，在成都会议期间圈阅的《诗词若干首》（唐宋明朝诗人写的有关四川的一些诗和词）中选录了这首《邺中》，并在编写时特别说明："其中有咏曹操一首，不关四川，放在咏刘备一首之后，因连类而及。"

[参考] 刘开扬注释：《诗词若干首》（唐宋明朝诗人咏四川），

四川人民出版社1979年版，第190页。

【注释】

（1）"山河"句，写曹操生前身经百战，最终形成魏、蜀、吴三国鼎立的局面。

（2）"叹息"句，感叹曹操死后墓地荒凉。漳，漳河，古漳水由临漳东北流，清朝康熙年间才南徙，邺中本在漳水南，所以说漳南。日暮去，暗喻时世变化。

（3）乱世奸雄，即曹操。《三国志》注引孙盛《异国杂语》："（曹操）尝问许子将（劭）：'我何如人？'子将不答。固问之，子将曰：'子治世之能臣，乱世之奸雄。'太祖（曹操）大笑。"空复尔，徒然如此。

（4）一家辞赋，曹操和他的儿子曹丕、曹植都是建安文学的代表作家。辞赋，诗经风雅之变体，即楚骚汉赋。三曹都能诗，曹丕、曹植兼作赋，而以曹操的乐府诗为最好，所以说"怜君"。怜，爱惜。

（5）"石马"句，《魏氏春秋》载魏明帝青龙三年（235），"张掖郡金山之川溢涌"，浮出石马。其南有一字曰：上上三天王。又曰：述大金，大讨曹，金但取之，是"司马氏革运（取代曹魏）之征"。

（6）七十二坟，明陶宗仪《辍耕录》载，传说曹操死后，在漳水边筑七十二疑冢。

（7）汉将军，建安元年（196），汉献帝拜曹操为建德将军，迁镇东将军，封费亭侯。

【赏析】

诗题《邺中》。"邺中"，古都邑名，在今河南安阳北。建安十八年曹操为魏王，定都于此。有二城，南北相连。北城北临漳水，城西北隅自北而南列峙冰井、铜爵、金虎三台；后漳水南移，故址已隔在北岸，在今河北临漳西南邺镇东。南城筑于东魏初年，在今漳水之南，今属河南安阳。这首是咏曹操的。在这首七言律诗中，诗人赞扬了曹操作为诗人才华横溢，风格苍凉，感慨至深，令人赞叹的一面，也指出了其作为"乱世奸雄"，虽称霸一时，只不过是过眼烟去，昙花一现。

首联"山河百战鼎终分，叹息漳南日暮云"，在烟云漫飞的傍晚，诗人面对邺城这块三国时魏之故都，不由得感慨万千。鼎终分，指汉末社会动荡，群雄并起，经过多年战争，最终形成了魏、蜀、吴三国鼎立的局面。"叹息"一词总领全诗，使诗文自然而然地转入下面的议论。

颔联"乱世奸雄空复尔，一家辞赋最怜君。"作为一代枭雄，曹操也不过如此，不得实现其一统心愿。但作为汉魏时期杰出的诗人，曹操那苍凉悲壮、感慨至深的诗文，至今仍为人们所喜读，依然能引起共鸣。"乱世奸雄"一词，反映了诗人把蜀汉作为汉承续者的儒家正统思想及其思想的局限性。以下四句，诗人没有更多地褒扬曹操作为诗人的才华，而着重对"空复尔"进行了注释。颈联"铜台未散吹笙伎，石马先传出水文。"铜台，即铜雀台，亦称铜爵台，现台基大部分已为漳水所冲毁。《邺都故事》载：曹操遗命诸子把自己遗体葬在邺之西岗，要妾伎住在铜雀台上，早晚供食，每月初一、十五在灵帐前奏乐唱歌，诸子时时瞻望墓田。石马，石刻之马，多列于陵墓前。相传由于漳水南移，曹操之墓已被水冲露了出来。铜雀台上那些奏乐唱歌的妾伎还在吹笙作乐，尚未散去，却不知墓前的石马已被漳河之水冲洗了出来。意谓司马氏将兴。这两句极写政治生命之短暂。紧承此二句，尾联两句诗写作为"汉将军"的曹操至今已被人遗忘："七十二坟秋草遍，更无人表汉将军。"传说曹操怕死后有人掘坟墓，故在漳河一带造了七十二个疑冢。现在，七十二个坟头早已遍布秋草，再没有人立碑表识当年叱咤风云的汉将军曹操。生前何其隆，死后何其萧，"神龟虽寿，犹有竟时；腾蛇成雾，终为土灰"。诗中运用对比的艺术手法，揭示了为人之雄者政治生命的短暂，更反衬出了作为诗人的艺术生命之长久。（葛本成）

【原文】

送姜山上人游南岳

送师西去重低徊⁽¹⁾，曾上衡山绝顶来。
夏帝碑芜虫篆遍⁽²⁾，楚天峰断雁行回⁽³⁾。
灯前鬼芊穿沙出⁽⁴⁾，雾后僧门凿雪开。
正是到时二三月，上方明月下方雷。

【毛泽东圈评等情况】

毛泽东读清沈德潜、周准编选《明诗别裁集》卷八时圈阅了此诗。

[参考] 张贻玖：《毛泽东评点、圈阅的中国古典诗词》，
中国工人出版社 1992 年版，第 261 页。

【注释】

（1）师，对僧、尼、道士的尊称。低徊，流连。《汉书·司马相如传》："低徊阴山翔以纡曲兮，吾乃今日睹西王母。"

（2）"夏帝碑"句，荒芜的夏帝碑上记述夏禹功迹的文字像蝌蚪一样。元郑杓《衍极》卷一《至朴篇》刘有定注："禹命九牧贡金铸九鼎，像神奸，使民知备，故有像钟鼎神书，勒铭于天下名山大川。"虫篆，犹虫书，秦八体书之一，王莽变八体为六体，又名鸟虫书。《汉书·艺文志》：

"六体者：古文、奇字、篆书、隶书、缪书、虫书。"颜师古注："虫书，谓为虫鸟之形，所以书幡信也。"亦指虫蚀过的痕迹像文字。唐杜甫《湘夫人词》："虫书玉佩藓，燕舞翠帷尘。"

（3）楚天，南岳之地，战国时属楚国，故云"楚天峰断"。雁行回，衡山有回雁峰，为七十二峰之一，在今湖南衡阳南。相传雁至衡阳而止，遇春而回，或说其峰势如雁回转，故称。

（4）鬼芋，即蒟蒻（jǔ ruò），也称魔芋，植物名，多年生草木，黄花，地下有块茎，有毒（见李时珍《本草纲目·草本·蒟蒻》）。

【赏析】

诗题《送姜山上人游南岳》。姜山上人，生平未详。上人，职位高的统治者。马王堆汉墓帛书《十大经》："上人正一，下人静之，正以侍（待）天，静以须（徐）人。"或指高僧。《释氏要览·称谓》引古顺云："内有德智，外有胜行，在人之上，名上人。"自南宋以后，多用作对和尚的尊称。南岳即衡山，在今湖南衡阳。

《送姜山上人游南岳》这首七言律诗很别致，几乎通篇都是写景，写登衡山时所见所闻、历险历奇的经过。短短八句，紧扣一个"奇"字，写得声色俱备，令人有身临其境之感。

诗的首联直接入题，写诗人送"师"即"姜山上人"去游南岳衡山。重低徊，写殷殷话别之后，诗人又徘徊留恋不舍。这两句意思就是：我怀着依依不舍的心情与姜山上人话别，回想起自己过去也曾经登上过衡山极顶。这里突出一个"绝"字，绝处见奇景，奇景出奇句，为下文做好了铺垫。虽然不著一"离"字，而离情自生，虽无十里长亭折柳相送的感人场面，而诗人的真挚情感却蕴含其中。

颔联点出登岳所见。"夏帝碑"，即传说中禹所制书体或所书字迹。元郑杓《衍极》卷一《至朴篇》刘有定注："禹命九牧贡金铸九鼎，像神奸，使民知备，故有像钟鼎形书，勒铭于天下名山大川。"磨崖为碑，皆蝌蚪文字，隐隐可见，纪夏禹功绩。"夏帝碑芜虫篆遍"，就是夏帝碑上记述夏禹功绩的文字被剥蚀得残缺不全。此二句的意思是：高峻挺拔的山峰横空出世，直插云霄，遮断了楚地开阔的天空，一队队的大雁从北方向回雁峰飞来。黛青色的山峦衬着这一队队大雁，构成一幅奇妙的雁阵图。这里，作者写"夏帝碑芜""楚天峰断"和"雁行低回"，无不在突出一个"奇"字。全诗虽不见一个表示高度的字，但衡山的峭拔险怪陡然如在目前。

颈联两句写大雪封山的奇景。"灯前鬼芋穿沙出"句是说：到傍晚的时候，姜山上人憩息在山上的一座古庙里，在摇曳的灯光下，眼前出现了一种奇妙的幻景，鬼芋从沙石中慢慢地钻了出来。"霁后"句写雪景：大雪纷飞，遮天蔽日，把寺门严严实实地封了起来；不久便雪过云开，南岳群峰银妆素裹，分外妖娆。这时，我们便禁不住要踏雪寻胜，领略衡山素朴的容颜，只好把门口的积雪凿开。灯前的鬼芋穿沙，霁后的僧门凿雪，一夜一昼，相映成趣，既避免了平铺直叙，又显得跌宕多姿。

尾联由奇景得奇句写山。"正是到时二三月"，点出姜山上人游访南岳的时间是春天。在皎洁的月光下，上人尽情领略雪后群山肃穆、万峰矗立的美景。而此时在山下却正响着春天的第一声惊雷。这二句，看似矛盾，实则向读者推出了一幅更加奇妙的图画："东边日出西边雨，道是无晴却有晴。"或许就有这样的境界。试想：中天月光皎洁，山上白雪皑皑，山下春雷阵阵，这是怎样一幅奇妙的画面组合！这里作者不是故弄玄虚，而是借景物的分层装置、自然现象在不同海拔高度上的变化来突出南岳的高大雄伟，真可谓匠心独运，奇中有奇，以奇取胜。

有人评价说陈恭尹的诗似"幽涧之水"，从外面看一览无余，若寻根究底，便可见沿途风光，绝不雷同，越往上则越奇愈美，故其诗能发掘性灵、自开面目。就这一点来说，则是岭南其他二家所不可比拟的。（郭天昊）

道 衍

道衍（1335—1418），本名姚广孝，法名道衍，字斯道，长洲（今江苏苏州）人。明政治家、文学家。明太祖洪武中征入侍燕府。后以靖难功特授少师。

【原文】

京口览古

谯橹年来战血干⁽¹⁾，烟花犹自半凋残。

五州山近朝云乱⁽²⁾，万岁楼空夜月寒⁽³⁾。

江水无潮通铁瓮⁽⁴⁾，野田有路到金坛⁽⁵⁾。

萧梁事业今何在⁽⁶⁾？北固青青客倦看⁽⁷⁾。

【毛泽东圈评等情况】

毛泽东读清沈德潜、周准编选《明诗别裁集》卷十二时圈阅了此诗。

[参考] 张贻玖：《毛泽东评点、圈阅的中国古典诗词》，
中国工人出版社 1992 年版，第 261 页。

【注释】

（1）谯橹，古代在城门上建筑的守望楼。《新唐书·马燧传》："燧聚石种树障之，设二门为谯橹，八日而毕，虏不能暴。"

（2）五州山，在今江苏丹徒西南。

（3）万岁楼，在今江苏镇江西南隅旧城上。

（4）铁瓮，即铁瓮城，本三国时吴国所筑京口子城，后为京口，即今江苏镇江的别称。

（5）金坛，即今江苏金坛，在江苏西南茅山东麓，镇江南。金坛亦指拜将的坛。

（6）萧梁，即南朝时期的梁朝，因皇帝姓萧，故史称萧梁，都建康（今南京）。

（7）北固，即北固山，又名北顾山，在今江苏镇江城内，北临长江，形势险固，故名。

【赏析】

这是一首怀古诗，为七言律。诗人借怀古咏志，抒发了自己宏伟的抱负。京口，古地名，即今江苏镇江，东汉末、三国吴时称为京城，东晋、南朝时期因其凭山临江，通称京口。

首联"谯橹年来战血干，烟花犹自半凋残。"谯橹，设于道上的门楼，供守望用。漫步京口，多年来战火连绵，谯橹上早已殷干的斑斑血迹，仿佛依然在向人们诉说着战乱厮杀的昨日，只有春日的各种花草尚未完全凋零。起笔便把人们带入一个凋敝的现实之中，一"干"一"残"，用字准确，使人仿佛又看到了往日的厮杀与混乱。"五州山近朝云乱，万岁楼空夜月寒。"颔联五州山，在今江苏丹徒西南。万岁楼，在今江苏镇江西南隅旧城内。此二句是说，放眼望去，五州山近，朝云纷乱，人去楼空，昔日的歌舞繁闹早已烟消云散，留下的只有清冷如旧的夜月。这两句紧承前两句，由近及远，写尽了京口历史的沧桑。诗人在京口览古览到了什么呢？展现在他眼前的是：干、残、乱、寒。诗人所感正是由此而生发。

颈联写览古所感。"江水无潮通铁瓮，野田有路到金坛。"金坛，在江苏西南部茅山东麓，镇江南部。长江之水无潮通到京口，但田野之中却有路可通金坛。此句明为实写，暗则有所指。唐玄宗《饯王晙巡边》诗句"金坛申将礼，玉节授军符"，骆宾王《和孙长史秋日卧病》诗言"金坛分上将，玉帐授军符"，由此可知，金坛亦指拜将的坛。这里诗人一语双关，暗示了自己投身功名、不甘寺院中度日的雄心大志。正如同时诗人宗泐所说，"此岂释子语耶"（见《明史》）。尾联"萧梁事业今何在？北固青青客倦看。"萧梁，即南朝时期的梁朝，因皇帝姓萧，历史上也叫萧梁,都建康(今江苏南京)。北固,即北固山,在镇江北,有南、中、北三峰,其中北峰三面临江,形势险要,故称"北固"。萧梁当初的宏伟事业今日何处去寻找呢?只有北固山依旧青青,使游客无心去观赏。道衍本一僧人,本应安心佛门,潜心佛经。故此这里以"客倦看"作结。但这里的"客倦看"却并非真的"倦看",而是不屑于看萧梁之旧事。这恰恰是"野田有路到金坛"的最好注脚。诗人借史咏怀,言志巧妙含蓄,自然贴切。(葛本成)

郭贞顺

郭贞顺（生卒年不详），明初福建龙溪（今福建漳州）人，父为教谕，潮阳（今广东潮州）乡贤周伯玉妻。通经史，尤精数学，能诗文。有《渔樵四咏》。明太祖定天下，遣指挥俞良辅征岭南诸塞之未服者。贞顺从伯玉居溪头寨，明军将强攻此寨，贞顺作诗遮道上，盛赞其仁义之师，良辅览诗大喜，一寨皆全。后与伯玉偕隐。

【原文】

上俞将军

将军开国之武臣，早附凤翼攀龙鳞⁽¹⁾。烟云惨淡遍九野⁽²⁾，半夜捧出扶桑轮⁽³⁾。前年引兵下南粤⁽⁴⁾，眼底群雄尽流血。马蹄带得淮河冰，洒向江南作晴雪。

潮阳僻在南海滨⁽⁵⁾，十载不断干戈尘⁽⁶⁾。仁风溥被万里外⁽⁷⁾，天子亦念遐方民⁽⁸⁾。将军高名迈千古，五千健儿猛如虎。轻裘缓辔踏地来，不减襄阳晋羊祜⁽⁹⁾。此时特奉明主恩，金印斗大龟龙纹⁽¹⁰⁾。大开藩卫制方面⁽¹¹⁾，期以忠义酬明君。宣威布德民大悦，把菜一笠谁敢夺。黄犊春耕万陇云，牦龙夜卧千江月⁽¹²⁾。

去岁壶阳戍守时⁽¹³⁾，下车爱民如爱儿。壶山苍苍壶水碧⁽¹⁴⁾，父老至今歌咏之。欲为将军纪勋绩，天家自有如椽笔⁽¹⁵⁾。但嘱壶民歌太平，磨厓勒尽韩山石⁽¹⁶⁾。

【毛泽东圈评等情况】

毛泽东读清沈德潜、周准编选《明诗别裁集》卷十二时圈阅了此诗。

[参考] 张贻玖：《毛泽东评点、圈阅的中国古典诗词》，

中国工人出版社 1992 年版，第 261 页。

【注释】

（1）"早附凤翼"句，即攀龙附凤，喻依附帝王以成就功业或扬威，亦比喻依附有声望的人以立名。语本汉扬雄《法言·渊骞》："攀龙鳞，附凤翼，翼以扬之，勃勃乎其不可及也。"

（2）九野，九州的土地。《后汉书·冯衍传下》："疆理九野，经营五山。"李贤注："九野，谓九州之野。"

（3）扶桑，传说日出于扶桑之下，拂其树梢而升，因谓为日出处，亦代指太阳。《楚辞·九歌·东君》："暾将出兮东方，照我槛兮扶桑。"

（4）南粤，亦作南越，泛指今广东、广西及越南北部一带，古为越人所居。

（5）潮阳，古县名，治所在今广东潮州，在南海之滨。

（6）干戈，干（盾）和戈（矛）是古代常用兵器，以"干戈"用作兵器的通称，借指战争。

（7）溥被，普遍。

（8）遐方，边远地区。

（9）羊祜（hù），西晋大臣，魏末任相国从事中郎，参与司马昭的机密。晋武帝（司马炎）代魏后，与他筹划灭吴。公元 269 年，以尚书左仆射都督荆州诸军事，出镇襄阳十年，开屯田，储军粮，与吴各保分界，为灭吴作好准备。曾屡表请伐吴，因朝议多不合，致未实现。

（10）金印，旧时帝王或高级官吏的金质印玺。龟龙纹，龟和龙形的花纹。

（11）藩卫，屏障，指诸侯。《后汉书·章帝纪》："东后蕃卫，伯兄伯兄。"唐李贤注："诸侯为天子藩屏，故曰藩卫。"制方面，控制一方。

（12）牦龙，即牦牛。

（13）壶阳，当指壶关，在今山西长治东南壶水之阳（北）。

（14）壶山、壶水，在今山西长治东南。

（15）如椽（chuán）笔，典出《晋书·王珣传》："珣梦人以大笔如椽与之，既觉，语人曰：'此当有大手笔事。'俄而帝崩，哀册谥议，皆珣所草。"后遂以"如椽笔"比喻笔力雄健，犹言大手笔。

（16）厓，山边。勒，刻。韩山，韩陵山，俗名七里冈，在河南安阳东北。北魏高欢曾败尔朱兆于此，并在此建定国寺旌功，由温子升撰作碑文。南朝梁庾信入北方，评定北朝人物所说"唯有韩陵一片石堪共语"，即指此。

【赏析】

郭贞顺，潮阳周伯玉之妻。《明诗综》卷八十六记载："明初，师下岭南，指挥俞良辅征诸寨之未服者。贞顺从伯玉居溪头寨，作诗上之。良辅览诗大喜，一寨得全。"俞将军，指明将俞良辅。全诗歌颂俞良辅功高不可没，劝其应以仁德服人。

全诗共分三节。前八句为一层，赞俞良辅功如夜半之日。一开始，诗人就盛赞俞将军是开国的元勋，早已攀龙附凤。您功勋之高，正如在中原大地愁云遍野时，半夜之日出光照四方。扶桑，日出之地。扶桑轮，指太阳。"半夜捧出扶桑轮"句用夸张的手法，极赞俞之功勋高不可没。此语一出，深得俞之欢喜。"前年引兵下南粤，眼底群雄尽流血"，将军您挥师南下时，所到之处，势如破竹，群雄无不一败涂地。两句写尽俞之威风。接着，"马蹄带得淮河冰，洒向江南作晴雪"，极尽夸张之能事，不仅写出了俞之气势，而且借助比喻，又写出了俞之仁德。文词简捷，语调何等轻快自如，于极度的夸张之中，赞美、钦仰之心溢于言表。诗人用明快的笔调把残酷的战争写得轻快美好，遣词用句深谙俞良辅的心理。诗人才华横溢，不觉中流露无遗，有如此才气者居住于此地，又怎不令俞怜惜！

以下十六句为第二节，于赞美中希望俞以仁德服人。紧承上层，诗人在第二层陈述潮阳虽偏在一隅，但连年战乱，人民深受其苦。诗人委婉地提醒俞："仁风溥被万里外，天子亦念遐方民。""将军高名迈千古"以下十句，借晋羊祜之事，劝俞对诸寨宜以仁德服之，设藩卫，治地方，与民生息。羊祜，西晋大臣，魏末任相同从事中郎，参与司马昭的机密。晋武帝（司马炎）代魏后，与他筹划灭吴。公元 269 年，以尚书左仆射都督荆州诸军事，出镇襄阳。在镇十年，开屯田，储军粮，与吴各保分界。果如这样，"黄犊春耕万陇云，牦龙夜卧千江月"，春耕的田野里，黄牛新翻起的垄垄泥土波涌如云；微风徐徐，月光随波荡漾，光华耀目，牦牛恬静夜卧。这该是怎样安静祥和的生活啊。诗人恳切地倾诉了当地人民渴盼和平宁静生活的殷切心情。

但仅仅如此，并不足以说服俞停止攻打。以下八句为第三节，诗人借俞戍守壶阳爱民如子，使人们感恩戴德，至今不忘之事，指出以仁德治民，自会青史留名。"欲为将军纪勋绩，天家自有如椽笔"，本想为将军您记录下这些勋绩，但朝廷自有史家的如椽大笔，足以使您青史留名，又哪里用得着我在此画蛇添足呢？想写而不能，不赞而赞，极写其功德无量却又了无痕迹，实为妙笔。遣辞用句，炉火纯青。"但嘱壶民歌太平，磨厓勒尽韩山石。"厓，山边。勒，刻。韩山，即韩陵山，俗名七里冈，在河南安阳东北。北魏高欢曾败尔朱兆于此，并在此建定国寺旌功，由温子升撰作碑文。南朝梁庾信入北方，评定北朝人物说，"惟有韩陵一片石堪共语"，即指此。这里，诗人以刻尽韩山之石来记录俞将军之功勋作结，暗示俞对潮阳若能如壶阳，其功德必将青史留名。诗人借此最终说服了俞良辅，从而保全了一寨免遭战争之苦。（葛本成）

许景攀

许景攀（生卒年不详），字翠娥，号兰雪主人。朝鲜人。七岁作《广寒宫上梁文》，长嫁进士金成立。她的两个哥哥皆为状元，景攀亦有诗才。金陵朱兰嵎出使朝鲜，得其诗集，刻行于世。沈无非女史序其诗云："秀色逼人，咄咄无脂粉气。"

【原文】

望高台

层台一柱压嵯峨，西北浮云接塞多。
铁峡霸图龙已去[1]，穆陵秋色雁初过[2]。
山回大陆吞三郡，水割平原纳九河[3]。
万里登临日将暮，醉凭青嶂独悲歌。

【毛泽东圈评等情况】

毛泽东读清沈德潜、周准编选《明诗别裁集》卷十二时圈阅了此诗。

[参考] 张贻玖：《毛泽东评点、圈阅的中国古典诗词》，
中国工人出版社 1992 年版，第 261 页。

【注释】

（1）铁峡，泛指长江三峡一带。

（2）穆陵，南宁理宗的永穆陵，故址在今浙江绍兴东十八公里之宝山（又名攒宫山）。

（3）九河，古代黄河下游许多支派之总称。

【赏析】

　　"望高台"，清朱彝尊《明诗综》一作《次伯兄高原望高台韵》。其伯兄即许豸，状元。同时许景攀还写有一首《次仲兄高原望高台韵》。望高台，实为高台望，即写在高台所见所感。

　　这是一首七言律诗。诗中借描写高台所见，抒发了女诗人对故国的眷恋。全诗分两层，前六句为一层，写女诗人高台所见。首联"层台一柱压嵯峨，西北浮云接塞多。"嵯峨，指山势高峻。接塞，《明诗综》卷九十五下作"入塞"。站在高台上，只见白云飘动，慢慢从塞外涌入内；高台仿佛一柱，压在峻峭的山巅。颔联"铁峡霸图龙已去，穆陵秋色雁初过。"如铁似的长江三峡，广阔的疆土已被异族侵占。龙已去，指皇帝已去。穆陵即南宋理宗的永穆陵，在今浙江绍兴东。秋日里，雁声阵阵，自北向南飞去，哪堪回首！这里隐寓了多少对故土的依恋和思念。颈联"山回大陆吞三郡，水割平原纳九河。"三，多的意思，不确指。九河，《书·禹贡》记载当时黄河流至河北平原中部后"又北播为九河"，据《尔雅·释水》说是徒骇、太史、马颊、覆釜、胡苏、简、絜、钩盘、鬲津等九条河，今已不能确指。多认为九河不一定是九条河，而是古代黄河下游许多支派的总称。这两句诗紧承上两句，描写了故国美丽的山水，雄壮的气势。回、吞、割、纳，诗人于此连用四个动词，把静景变成了动景，更加显示了景色之美。

　　尾联二句为第二层，写诗人登高所感，山水越美，越令人起思念之情。"万里登临日将暮，醉凭青嶂独悲歌"，天色渐渐昏暗，在这高台之上，想起家仇国恨，怎不令人放声悲歌。日将暮，《明诗综》作"愁日暮"。万里登临、醉凭青嶂二语，风格豪迈，气势雄壮，非胸襟开阔者莫能为，颇有唐代边塞遗风。（葛木成）